Über dieses Buch

Im Jahre 1849 wurde Dostojewskij wegen seiner Teilnahme an revolutionären Umtrieben verhaftet und zu einer vierjährigen Zuchthausstrafe in der sibirischen Stadt Omsk verurteilt. Die dort verbrachte Zeit bildet den Hintergrund für die in den Jahren 1859–1862 entstandenen ›Aufzeichnungen aus einem toten Hause‹, mit denen dem aus Sibirien Zurückgekehrten ein sensationeller Publikumserfolg gelang.
Die ›Aufzeichnungen‹ führen den Leser in die menschenverachtende Welt eines russischen Zuchthauses. Die Kritik des Strafvollzuges als Spiegelbild gesellschaftlicher Mißstände unter Nikolaus I. erhält durch die Perspektive des Erzählers Alexander Petrowitsch Gorgantschikow, einem Sträfling und unmittelbar Betroffenen, ihre besondere Schärfe. Bis in die Sprache hinein versuchte Dostojewskij größtmögliche Authentizität zu wahren, um eindrucksvoll zu schildern, »wieviel Kraft und Talent in Rußland in Knechtschaft und Not oft ungenutzt zugrunde gehen«.
Trotz des Bemühens um strenge Objektivität sind die ›Aufzeichnungen‹ zum Roman geworden, zur großen Dichtung, die in der Darstellung von Grenzsituationen menschlicher Existenz über die historische Situation hinausweist. Nicht zuletzt aus diesem Grunde hatte der Roman Vorbildcharakter für viele russische Autoren, angefangen von Tschechow bis hin zu Solschenizyn, und auch Tolstoi zollte diesem Werk uneingeschränktes Lob: »Ich kenne kein besseres Buch aus der gesamten neueren Literatur, einschließlich Puschkin.«

Literatur · Philosophie · Wissenschaft

Fjodor M. Dostojewskij

Aufzeichnungen aus einem toten Hause

Deutscher Taschenbuch Verlag

Vollständige Ausgabe.
Aus dem Russischen übertragen von Ruth Elisabeth Riedt.
Mit einem Nachwort von Rudolf Neuhäuser,
einer Zeittafel und Literaturhinweisen.
Titel der Originalausgabe:
›Zapiski iz mertvogo doma‹ (Petersburg 1861–1862)

Von Fjodor M. Dostojewskij
sind im Deutschen Taschenbuch Verlag erschienen:
Der Idiot (2011)
Schuld und Sühne (2024)
Die Dämonen (2027)
Die Brüder Karamasow (2043)
Der Jüngling (2054)
Der Spieler (2081)
Das Gut Stepantschikowo und seine Bewohner (2104)
Erniedrigte und Beleidigte (2119)
Drei Erzählungen (dtv zweisprachig 9054)
Der Großinquisitor (dtv zweisprachig 9174)

Januar 1985
Deutscher Taschenbuch Verlag GmbH & Co. KG, München

Umschlaggestaltung: Celestino Piatti
unter Verwendung einer Zeichnung von
Alfred Kubin (© 1979 Spangenberg Verlag, München)
Gesamtherstellung: Friedrich Pustet,
Graphischer Großbetrieb, Regensburg
Printed in Germany · ISBN 3-423-02141-1

INHALT

ERSTER TEIL

Einleitung

In entlegenen Gebieten Sibiriens, in der Steppe oder zwischen Bergen und unwegsamen Wäldern trifft man hie und da auf kleine Städte von tausend, höchstens zweitausend Einwohnern; unansehnliche Holzhäuser, dazu zwei Kirchen – eine in der Stadt, die andere auf dem Friedhof –, Städte, die eher an ein größeres Dorf bei Moskau erinnern als an eine Stadt. In der Regel sind sie mit Kreisrichtern, Assessoren und der sonstigen subalternen Beamtenschaft bestens versorgt. Überhaupt führt man als Beamter in Sibirien, ungeachtet der Kälte, ein durchaus behagliches Leben. Die Menschen dort sind schlicht, gefeit gegen liberale Tendenzen, die Ordnungen alt und unerschütterlich, durch Jahrhunderte geheiligt. Die Beamten, die zu Recht die Rolle des Sibirischen Adels spielen, sind entweder Einheimische, alteingesessene Sibirier, oder Zugereiste aus Rußland – zumeist aus den Hauptstädten –, die durch außerordentliche Gehaltszulagen, doppelte Wegegelder und verführerische Zukunftshoffnungen angelockt werden. Wer von ihnen des Lebens Rätsel zu lösen versteht, bleibt fast immer in Sibirien und wird mit Freuden dort heimisch. So einer erntet später reiche und süße Früchte. Andere hingegen, leichtsinniges Volk, die des Lebens Rätsel nicht zu lösen vermögen, haben Sibirien bald gründlich satt und fragen sich voll Verdruß, warum sie überhaupt dorthin gegangen sind. Ungeduldig sitzen sie ihre drei Jahre, die festgelegte Dienstzeit, dort ab, kommen nach Ablauf dieser Frist unverzüglich um Versetzung ein und kehren wieder in ihre Heimat zurück, voller Spott und Hohn über Sibirien. Diese Menschen haben unrecht: nicht allein in dienstlicher, sondern auch in manch anderer Hinsicht läßt sich's in Sibirien herrlich und in Freuden leben. Das Klima ist vortrefflich; man findet dort bemerkenswert viele reiche und gastfreie Kaufleute, viele recht begüterte Nichtrussen, das heißt Angehörige der dort ansässigen Fremdvölker. Die jungen Damen blühen wie die Rosen und sind äußerst tugendhaft. Das Federwild fliegt durch die Straßen und geradewegs auf den Jäger zu. Man trinkt dort ungewöhnlich viel Champagner. Der Kaviar ist unübertrefflich. Die Ernte bringt mancherorts fünfzehnfachen Ertrag. Kurzum, es ist ein gesegnetes Land. Man muß nur verstehen, es sich nutzbar zu machen. Und in Sibirien versteht man, es sich nutzbar zu machen.

In einer solchen vergnügten und selbstzufriedenen Kleinstadt mit der liebenswürdigsten Bevölkerung, die meinem Herzen unvergessen bleiben wird, lernte ich Alexander Petrowitsch Gorjantschikow kennen, einen Ansiedler, der als adliger Gutsherr in Rußland geboren, wegen Ermordung seiner Gattin als Sträfling zweiter Klasse nach Sibirien zur Zwangsarbeit verschickt worden war und nach Verbüßung der über ihn verhängten zehnjährigen Freiheitsstrafe seine Tage friedlich und unauffällig als Ansiedler in dem Städtchen K. beschloß. Eigentlich war er einem Landbezirk außerhalb der Stadt zugewiesen worden, wohnte aber in ihr, weil er hier die Möglichkeit hatte, sich durch Stundengeben einen bescheidenen Lebensunterhalt zu verdienen. In den sibirischen Städten trifft man häufig ehemalige Sträflinge, die sich als Lehrer durchschlagen; man hat hier keine Bedenken, sie zu beschäftigen. Sie unterrichten vorzugsweise im Französischen, dieser fürs Fortkommen im Leben so unerläßlichen Sprache, von der man ohne diese Lehrer in den abgelegenen Gebieten Sibiriens nicht die leiseste Ahnung gehabt hätte. Ich war diesem Alexander Petrowitsch zuerst im Haus eines altväterlichen, verdienstvollen und gastfreien Beamten namens Iwan Iwanytsch Gwosdikow begegnet, der fünf Töchter verschiedenen Alters hatte, die zu den schönsten Hoffnungen berechtigten. Alexander Petrowitsch unterrichtete sie viermal wöchentlich für dreißig Kopeken Silbergeld die Stunde. Sein Äußeres hatte mein Interesse erweckt. Er war auffallend blaß und hager, noch nicht alt, an die Fünfunddreißig vielleicht, aber klein und schwächlich. Er war stets akkurat gekleidet und trug sich europäisch. Suchte man ihn ins Gespräch zu ziehen, so starrte er einen aufmerksam an und achtete mit strenger Höflichkeit auf jedes Wort, das man zu ihm sagte, gerade als müsse er sich erst in dessen Sinn hineindenken, als hätte man ihm mit der an ihn gerichteten Frage eine Aufgabe gestellt oder ein Geheimnis entreißen wollen; schließlich antwortete er klar und knapp, wobei er mit jedem Wort so geizte, daß es dem Fragenden nachgerade unbehaglich wurde und er zuletzt froh war, die Unterhaltung beenden zu können. Ich erkundigte mich sogleich bei Iwan Iwanytsch nach ihm und erfuhr, daß Gorjantschikow ein untadeliges und sittenstrenges Leben führe, andernfalls hätte Iwan Iwanytsch ihm seine Töchter niemals anvertraut; er sei aber geradezu krankhaft menschenscheu, lebe völlig zurückgezogen, er sei ungemein gebildet und belesen, aber sehr wortkarg, und es sei ein Kunststück, mit ihm ins Gespräch zu kommen. Manche Leute behaupteten, er sei erwiesenermaßen verrückt, wenn sie auch einräumten, daß dies kein gar so empfindlicher Mangel sei; es hieß, viele ehrenwerte Bürger der Stadt seien bereit, Alexander Petrowitsch jedes erdenkliche Wohlwollen zu bezeigen, und schließlich könne er sich auch in mancher Hinsicht nützlich machen, beispielsweise bei der Abfassung von Gesuchen oder ähnlichen Schriftstücken. Man nahm an, daß er in Rußland noch achtbare Verwandtschaft haben müsse, möglicherweise nicht einmal aus den untersten Kreisen, doch wußte man auch, daß er seit seiner Verschickung jede Verbindung zu ihnen rigoros abgebrochen hatte – kurzum, daß er sich selbst schadete. Und schließlich war jedermann bei uns über seinen Fall im Bilde, man wußte, daß er seine Gattin bereits im ersten Ehejahr aus Eifersucht getötet und sich daraufhin selbst gestellt hatte (was sein Strafmaß wesentlich gemildert hatte). Verbrechen dieser Art pflegt man hier eher als eine Art Unglück zu betrachten und ist geneigt, die Täter zu bedauern. Trotz allem mied der sonderbare Mensch beharrlich jeden Umgang und zeigte sich nur, um seine Stunden zu geben.

Anfangs hatte ich ihn gar nicht sonderlich beachtet; doch dann hatte er, ich weiß selbst nicht warum, allmählich mein Interesse erregt. Irgend etwas Rätselhaftes war an ihm. Indes sah ich nicht die geringste Möglichkeit, mit ihm in ein richtiges Gespräch zu kommen. Selbstverständlich antwortete er stets auf meine Fragen, ja sogar mit einer Miene, als hielte er dies für seine vornehmste Pflicht, und doch hatte ich nach jeder Antwort Hemmungen, mit weiteren Fragen in ihn zu dringen, zumal sich nach derartigen Gesprächen auf seinem Gesicht stets ein Zug von Leiden und Erschöpfung spiegelte. Ich erinnere mich, wie wir beide an einem schönen Sommerabend von Iwan Iwanytsch aus nach Hause gingen. Plötzlich kam mir der Gedanke, ihn für eine Minute zu mir hereinzubitten, um gemeinsam mit ihm eine Zigarette zu rauchen. Unmöglich, den Schrecken zu schildern, der sich auf seinem Gesicht malte; er verlor alle Fassung, stammelte unzusammenhängende Worte und stürzte dann, nach einem raschen, zornigen Blick auf mich, unversehens in entgegengesetzter Richtung auf und davon. Ich war ganz verblüfft. Wenn er mir nach jenem Vorkommnis begegnete, sah er mich jedesmal ein wenig ängstlich an. Ich aber ließ mich nicht beirren; irgend etwas zog mich zu ihm, und einen Monat später suchte ich Gorjantschikow mir nichts, dir nichts selbst in seiner Wohnung auf. Natürlich war das dumm und taktlos von mir. Er logierte am äußersten Rand der Stadt bei einer alten Kleinbürgersfrau und ihrer schwindsüchtigen Tochter, die ein uneheliches Kind hatte, ein hübsches, munteres, etwa zehnjähriges Mädchen. Als ich eintrat, hatte Alexander Petrowitsch dieses Kind gerade bei sich und unterrichtete es im Lesen. Bei meinem Anblick wurde er so verlegen, als hätte ich ihn bei einem Verbrechen ertappt. Er sprang vom Stuhl und starrte mich mit weitaufgerissenen Augen verstört an. Unablässig verfolgte er jeden meiner Blicke, als argwöhnte er darin irgendeinen geheimnisvollen Hintergedanken. Ich erriet, daß er bis zum Wahnsinn mißtrauisch sein mußte. Er sah mich haßerfüllt an und schien drauf und dran, zu fragen: Willst du dich nicht endlich hinausscheren? Ich begann eine Konversation über unsere Stadt und die jüngsten Neuigkeiten; er aber hüllte sich in Schweigen und lächelte hämisch; es stellte sich heraus, daß er von den ganz banalen, allgemein bekannten städtischen Neuigkeiten überhaupt keine Ahnung hatte, ja daß er sich nicht im geringsten dafür interessierte. Dann brachte ich das Gespräch auf unsere Gegend und ihre Bedürfnisse; er hörte mir schweigend zu und sah mir dabei so sonderbar in die Augen, daß ich zuletzt ein geradezu schlechtes Gewissen bekam. Um ein Haar wäre es mir übrigens gelungen, ihn mit neuen Büchern und Zeitschriften aus seiner Reserve zu lokken; ich hatte sie zufällig gerade von der Post geholt und bot ihm die noch unaufgeschnittenen Bände an. Er warf einen begierigen Blick darauf, änderte aber seine Absicht sogleich und lehnte – aus Zeitmangel, wie er sagte – mein Angebot ab. Schließlich verabschiedete ich mich von ihm und fühlte beim Hinausgehen eine schier unerträgliche Last von meinem Herzen abfallen. Ich schämte mich, und ich schalt mich höchst unbedacht, daß ich mich einem Menschen hatte aufdrängen wollen, dem es doch offensichtlich nur darum zu tun war, sich von aller Welt zurückzuziehen. Aber es war nun einmal geschehen. Ich weiß noch, daß ich in seinem Zimmer so gut wie keine Bücher gesehen hatte, obwohl er, wahrscheinlich zu Unrecht, in dem Ruf stand, sehr viel zu lesen. Und doch hatte ich, als ich einige Male spät nachts an seinem Haus vorüberfuhr, hinter seinen Fenstern noch Licht gesehen. Was mochte er dort treiben, wenn er bis zum Morgengrauen wachte? Am Ende schrieb er etwas? Und wenn dem so war, was mochte es sein?

Umstände hielten mich etwa drei Monate von unserer Stadt fern. Als ich zurückkehrte – es war inzwischen Winter geworden –, erfuhr ich, daß Alexander Petrowitsch im Herbst gestorben war, ganz einsam und verlassen, nicht einmal den Arzt hatte er rufen lassen. In der Stadt hatte man ihn schon fast vergessen. Seine Wohnung stand leer. Ich suchte sofort die Wirtin des Verstorbenen auf, um von ihr zu erfahren, womit ihr Zimmerherr sich eigentlich beschäftigt und ob er nicht am Ende irgend etwas geschrieben habe. Für ein Zwanzigkopekenstück brachte sie mir einen ganzen Handkorb voller Papiere, die der Verblichene hinterlassen hatte. Die Alte gab zu, daß sie zwei Hefte bereits verfeuert hatte. Es war ein mürrisches und maulfaules Weib, von der man nur mühsam eine vernünftige Auskunft erlangen konnte. Ihr Zimmerherr hatte, wie sie sagte, so gut wie nichts getan und monatelang kein Buch aufgeschlagen und keine Feder zur Hand genommen;

dafür sei er nächtelang im Zimmer auf und ab gewandert und habe immerfort über etwas nachgedacht, bisweilen dabei auch Selbstgespräche geführt; ihre Enkelin, Katja, habe er sehr liebgehabt und verwöhnt, besonders seit er erfahren hatte, daß sie Katja hieß, und am Katharinentag sei er regelmäßig in die Kirche gegangen, um für jemanden einen Seelengottesdient halten zu lassen. Besuch habe er nicht ausstehen können, und das Haus habe er nur verlassen, um seine Stunden zu geben; sogar sie selbst, die Alte, habe er schief angesehen, wenn sie einmal wöchentlich in sein Zimmer gekommen sei, um wenigstens etwas Ordnung zu machen; auch mit ihr habe er all die drei Jahre kaum eine Silbe gesprochen. Ich fragte Katja, ob sie sich ihres Lehrers noch entsinnen könne. Sie sah mich schweigend an, wandte sich ab und brach in Tränen aus. So hatte dieser Mensch doch immerhin in einem einzigen Wesen Zuneigung zu sich wachgerufen.

Seine Papiere nahm ich an mich und brachte einen ganzen Tag damit zu, sie durchzusehen. Drei Viertel davon waren nichtige, unbedeutende Notizen oder Übungsarbeiten seiner Schüler. Dazwischen fand sich aber auch ein ziemlich umfangreiches, eng beschriebenes, jedoch unvollendetes Heft, das der Verfasser selbst weggeworfen und vergessen haben mochte. Es war eine, wenn auch unzusammenhängende Schilderung der zehnjährigen Zuchthausstrafe, die Alexander Petrowitsch verbüßt hatte. Stellenweise wurde diese Beschreibung durch eine andere Erzählung unterbrochen, durch sonderbare, schreckliche Erinnerungen, die wirr, krampfhaft, wie unter einem Zwang hingeworfen waren. Ich las diese Fragmente mehrmals hintereinander und war fast sicher, daß sie im Wahnsinn niedergeschrieben seien. Aber diese Aufzeichnungen aus dem Zuchthaus – »Szenen aus einem toten Hause«, wie er selbst sie an einer Stelle seines Manuskripts betitelt hat – schienen mir nicht ohne Bedeutung zu sein. Eine gänzlich neue, mir bislang unbekannte Welt, die Absonderlichkeit mancher Fakten, vor allem einige Bemerkungen über die verlorenen Menschen, die in dieser Welt leben, zogen mich in ihren Bann, und ich las einiges davon mit Interesse. Natürlich kann ich mich auch täuschen. So habe ich zunächst zwei oder drei Kapitel zur Probe ausgewählt; mag der Leser sich selbst sein Urteil bilden ...

1

Das tote Haus

Unser Zuchthaus lag am Rand der Festung gleich hinter dem Festungswall. Da spähst du durch die Zaunritzen hinaus in die Gotteswelt, ob es denn gar nichts zu sehen gibt, und siehst doch nichts als ein winziges Zipfelchen Himmel und den hohen, von Steppengras überwucherten Erdwall, und auf dem Wall patrouillieren auf und ab, bei Tag und bei Nacht die Wachtposten, und dann denkst du daran, wie viele Jahre vergehen werden, und du wirst immer wieder gerade wie jetzt durch die Zaunspalten starren und doch immer wieder nur denselben Erdwall sehen, dieselben Wachtposten und dasselbe kleine Stückchen Himmel, nicht den Himmel über dem Zuchthaus, sondern einen andern, fernen, freien Himmel. Stellen Sie sich einen großen Hof vor, an die zweihundert Schritt lang und hundertfünfzig Schritt breit, der ringsherum, in Form eines unregelmäßigen Sechsecks, von hohen Palisaden umgeben ist – das heißt von einem Zaun aus hohen, tief in die Erde gerammten und seitlich fest aneinandergefügten Pfählen, die noch durch Querplanken verstärkt und oben zugespitzt sind –, so haben Sie die äußere Begrenzung des Zuchthausgeländes. An der einen Seite dieses Zauns befand sich ein festes Tor, das stets verschlossen und Tag und Nacht von Posten bewacht war; es wurde nur bei Bedarf geöffnet, wenn die Sträflinge zur Arbeit auszogen. Draußen vor diesem Tor lag die lichte, freie Welt, dort lebten Menschen wie alle andern. Diesseits des Zaunes jedoch erschien einem jene Welt draußen wie ein unwirkliches Märchenland. Diesseits lag eine eigene, besondere Welt, die nichts gemein hatte mit irgend etwas anderm; hier galten eigene, besondere Gesetze, hier trug man eine besondere Tracht, hatte eigene Sitten und Gebräuche, es war ein lebendiges Totenhaus, ein Leben wie nirgendwo sonst auf der Welt; auch die Menschen darin waren besondere Menschen. Diesen ganz besonderen Winkel also will ich zu beschreiben versuchen.

Hat man die Umzäumung durchschritten, so erblickt man vor sich mehrere Gebäude. Auf beiden Seiten des breiten Innenhofes erstrecken sich zwei lange, einstöckige, roh behauene Blockhütten. Das sind die Kasernen. Hier hausen, nach Sträflingsklassen aufgeteilt, die Arrestanten. Weiter hinten steht eine ebensolche Blockhütte: die Küche, aufgegliedert in zwei Abteilungen; und schließlich gibt es da noch ein Gebäude, unter dessen Dach Keller, Speicher und Schuppen Platz finden. Die Mitte des Hofes ist frei und bildet einen ebenen, recht geräumigen Platz. Hier müssen die Sträflinge antreten, hier finden Kontrolle und Zählappell statt, und zwar morgens, mittags und abends, mitunter auch noch öfter, je nachdem, wie mißtrauisch die Wachtposten sind und wie rasch sie zählen können. Zwischen Gebäuden und Zaun bleibt noch ein relativ großer Zwischenraum. Einige der Sträflinge, die besonders menschenscheu und finsteren Charakters waren, ergingen sich in der arbeitsfreien Zeit besonders gern hier, an der Rückseite der Gebäude, um ungestört, vor aller Augen verborgen, ihren Gedanken nachhängen zu können. Begegnete ich ihnen bei solchen Spaziergängen, so musterte ich aufmerksam ihre düsteren, gebrandmarkten Gesichter und suchte zu erraten, was sie wohl dachten. Da war ein Sträfling, dessen Lieblingsbeschäftigung in freien Stunden darin bestand, die einzelnen Pfähle zu zählen. Es waren an die fünfzehntausend, er hatte sie alle ganz genau gezählt und kannte jeden einzelnen von ihnen. Jeder Zaunpfahl bedeutete für ihn einen Tag; tagtäglich zog er einen neuen Pfahl ab und konnte so anhand der restlichen Pfähle genau übersehen, wie lange er bis zur Verbüßung seiner Strafe noch im Zuchthaus zubringen mußte. Er war jedesmal herzlich froh, wenn er am Ende einer Seite des Sechsecks angekommen war. Noch manches Jahr hatte er vor sich; aber im Zuchthaus hat man genügend Zeit, sich in Geduld zu üben. Ich war einmal Zeuge, wie ein Sträfling sich von seinen Mitgefangenen verabschiedete, der zwanzig Jahre Zwangsarbeit verbüßt hatte und jetzt endlich in die Freiheit zurückkehrte. Einige waren dabei, die konnten sich noch erinnern, wie er ins Zuchthaus eingeliefert worden war, jung, unbekümmert, ohne sich über sein Verbrechen oder die Strafe Gedanken zu machen. Er verließ das Zuchthaus als alter, weißhaariger Mann mit finsterem, verhärmtem Gesicht. Schweigend wanderte er durch alle sechs Kasernen. In jede trat er ein, betete vor den Ikonen, verneigte sich zum Abschied tief vor den Gefährten und bat sie, seiner nicht im Bösen zu gedenken. Ich erinnere mich auch noch daran, wie ein Sträfling, ein einstmals begüterter sibirischer Bauer, eines Abends ans Tor gerufen wurde. Vor einem halben Jahr hatte er die Nachricht bekommen, daß seine Frau sich wieder verheiratet hatte, und war darüber in tiefe Schwermut verfallen. Jetzt war sie selbst zum Zuchthaus gekommen und hatte ihn herausrufen lassen, um ihm ein Almosen zu geben. Sie sprachen vielleicht zwei Minuten miteinander, dabei weinten beide leise und nahmen für immer Abschied voneinander. Ich habe sein Gesicht gesehen, als er in die Kaserne zurückkehrte ... Ja, an diesem Ort konnte man Geduld lernen.

Sobald es dämmerte, wurden wir alle in die Kasernen geführt und für die Nacht darin eingeschlossen. Mir fiel es immer schwer, vom Hof in die Kaserne zurückzukehren. Dies war ein langer, niedriger und stickiger Raum, von Talglichtern nur trübe erleuchtet, mit schwerem, erdrückendem Geruch. Heute begreife ich nicht, wie ich zehn Jahre darin ausgehalten habe. Meine Pritsche bestand aus drei Brettern, das war der ganze Platz, der mir zur Verfügung stand. Auf ebensolchen Pritschen schliefen in unserm Raum etwa dreißig Mann. Im Winter wurden wir schon frühzeitig eingeschlossen; dann dauerte es noch an die vier Stunden, bis alle eingeschlafen waren. Und bis dahin wüster Lärm, lautes Gelächter, Schimpfen, Kettenklirren, Qualm und Ruß, geschorene Köpfe, gebrandmarkte Gesichter, zerlumpte Kleider, lauter ehrlose, verworfene Gesellen ... ja, der Mensch ist zäh! Der Mensch ist ein Wesen, das sich an alles gewöhnt; mir scheint, das ist die beste Definition, die man von ihm geben kann.

In unserm Zuchthaus lebten an die zweihundert Sträflinge; diese Zahl hielt sich fast konstant. Die einen wurden eingeliefert, andere hatten ihre Strafe verbüßt und wurden entlassen, wieder andere starben. Und was für Leute dort zusammengewürfelt waren! Ich glaube, jedes Gouvernement, jede Gegend Rußlands war vertreten. Auch eingeborene Sibirier waren darunter, sogar ein paar Angehörige der kaukasischen Bergstämme. Alle diese Menschen waren nach der Schwere ihrer Verbrechen eingeteilt, demzufolge auch nach der Anzahl der Jahre, die sie zu verbüßen hatten. Man darf wohl annehmen, daß es kein Verbrechen gab, das hier nicht vertreten gewesen wäre. Das Hauptkontingent der Zuchthausinsassen bildeten die zur Zwangsarbeit verschickten Sträflinge aus dem Zivilstand (die »Schwerverschickten«, wie sie selbst es naiverweise nannten). Das waren Verbrecher, denen alle bürgerlichen Rechte aberkannt worden waren, die ein für allemal von der Gesellschaft ausgestoßen worden waren, mit gebrandmarkten Gesichtern als bleibendem Zeichen ihres Ausgestoßenseins. Sie waren zu acht bis zwölf Jahren Zwangsarbeit verurteilt und wurden anschließend als Strafansiedler in die sibirischen Landbezirke abgeschoben. Es gab auch Sträflinge aus dem Soldatenstand, die ihrer Rechte nicht verlustig gegangen waren, ähnlich wie in den anderen Strafkompanien der russischen Armee. Sie waren nur kurzfristig hier und kehrten nach Verbüßung ihrer Strafe wieder dorthin zurück, von wo sie gekommen waren, in ihre alten Einheiten, in sibirische Linienbataillone. Viele von ihnen tauchten freilich nur zu bald wieder im Zuchthaus auf wegen neuerlicher schwerer Verbrechen, jetzt allerdings nicht mehr für eine kurze Strafe, sondern für zwanzig Jahre. Diese Kategorie nannte man die »Ständigen«. Und doch waren auch diesen »Ständigen« noch nicht alle Standesrechte restlos aberkannt. Und schließlich gab es noch eine besondere, relativ zahlreiche Kategorie, bestehend aus den gefährlichsten Verbrechern, vorwiegend Soldaten. Diese Kategorie hieß die »Sonderabteilung«. Aus ganz Rußland wurden Verbrecher in diese Abteilung hergeschickt. Sie selber bezeichneten sich als Lebenslängliche und kannten nicht einmal die Dauer ihrer Strafe. Dem Gesetz nach hätten sie ein doppeltes, ja dreifaches Arbeitspensum ableisten müssen. Sie sollten nur bis zur Errichtung besonders strenger Zwangsarbeitslager in unserem Zuchthaus verbleiben. »Ihr seid bloß auf Zeit hier, wir aber kommen in alle Ewigkeit nicht wieder frei«, pflegten sie zu den andern Sträflingen zu sagen. Später kam mir zu Ohren, daß diese Abteilung aufgelöst worden sei. Überdies wurde in unserer Festung später auch die Zivilabteilung aufgelöst, und allein die militärische Strafkompanie blieb erhalten. Selbstredend wechselten damit auch die Vorgesetzten. Demnach beschreibe ich hier Vorgänge und Umstände, die längst überholt sind und der Vergangenheit angehören.

Das alles ist schon lange her, und ich sehe es jetzt vor mir wie im Traum. Ich erinnere mich, wie ich das Zuchthaus betrat. Es war an einem Dezemberabend. Es dämmerte bereits; die Gefangenen kehrten von der Arbeit zurück und machten sich zum Appell bereit. Endlich schloß mir ein bärtiger Unteroffizier die Tür auf, in dieses sonderbare Haus, in dem ich so viele Jahre zubringen, so viele Dinge erleben sollte, von denen ich, hätte ich sie nicht wirklich erlebt, nicht die leiseste Vorstellung gehabt haben würde. So hätte ich beispielsweise nie geahnt, wie furchtbar und qualvoll es sein würde, daß ich die ganzen zehn Jahre meines Zuchthausaufenthaltes keine Minute allein sein konnte. Bei der Arbeit stets unter Bewachung, im Zuchthaus immer mit zweihundert Leidensgefährten zusammen und niemals, kein einziges Mal allein! Übrigens war das nicht das einzige, an das ich mich gewöhnen mußte!

Hier gab es Menschen, die aus Zufall zu Mördern geworden waren, und solche, deren Handwerk das Töten war, Räuber und Anführer von Räuberbanden. Kleine Taschendiebe waren darunter, Landstreicher und alle Arten von Schwindlern und Betrügern. Freilich gab es auch solche, bei denen man Mühe gehabt hätte zu erraten, welcher Straftat sie sich schuldig gemacht hatten. Und doch hatte jeder einzelne seine Geschichte, verworren und schwer wie der Taumel nach einem nächtlichen Gelage. Im allgemeinen sprachen sie wenig von ihrer Vergangenheit, erzählten ungern davon und waren offensichtlich bemüht, das Vergangene sogar aus ihrem Gedächtnis zu verdrängen. Ich selbst habe Mörder gekannt unter ihnen, die stets guter Dinge waren, völlig unbekümmert, und man hätte wetten können, daß sie niemals auch nur die leisesten Gewissensbisse hatten. Es gab aber auch finstere, einsilbige Charaktere. Im allgemeinen erzählten sie nur selten aus ihrem Leben, aber auch Neugier war hier nicht üblich, dergleichen war nicht Sitte, ja es schickte sich einfach nicht. Hin und wieder, selten genug, mochte der eine oder andere vor lauter Langeweile einmal ins Reden kommen, während ein Mitsträfling ihm ungerührt und finster zuhörte. Hier konnte keiner den andern mit seinen Taten beeindrucken. »Schließlich haben wir ja auch was gelernt!« sagten sie mit sonderbarer Selbstzufriedenheit. Ich erinnere mich, wie ein Bandit im Suff (im Zuchthaus hatte man zuweilen Gelegenheit, sich zu betrinken) damit zu prahlen begann, wie er einen fünfjährigen Knaben umgebracht, wie er ihn zuerst mit einem Spielzeug angelockt, dann in einen leeren Schuppen gebracht und dort ermordet hatte. Da brüllte ihn die ganze Kaserne, die bis dahin über seine Späße gelacht hatte, einstimmig nieder, und der Unhold mußte schweigen; man hatte ihn nicht etwa aus Empörung über seine Untat niedergeschrien, sondern lediglich, weil es sich nicht *schickte*, »davon« zu reden, weil es nicht üblich war, »davon« zu sprechen. Nebenbei gesagt, hatten die Gefangenen wirklich etwas gelernt, und zwar nicht nur im übertragenen, sondern auch im buchstäblichen Sinn des Wortes. Wahrscheinlich konnte mehr als die Hälfte von ihnen lesen und schreiben. An welchem andern Ort, wo einfache Russen in großer Zahl beisammen sind, könnte man zweihundertfünfzig Personen aussondern, von denen die Hälfte des Lesens und Schreibens kundig wäre? Später kam mir einmal zu Ohren, jemand habe aus solchen Angaben den Schluß gezogen, die Schulbildung hätte einen verderblichen Einfluß auf das einfache Volk. Das ist ein Trugschluß: da sind ganz andere Gründe maßgebend, wenn man ihm auch insofern beipflichten muß, als die Fähigkeit zu lesen und zu schreiben das Selbstvertrauen im Volke stärkt. Aber das ist ja schließlich kein Nachteil. Die verschiedenen Sträflingskategorien konnte man an ihrer Kleidung erkennen: die einen trugen eine Jacke, die zur Hälfte dunkelbraun, zur andern Hälfte grau war, genau wie die Hose, deren eines Bein grau, das andere dunkelbraun war. Als wir einmal draußen bei der Arbeit waren, trat eine kleine Kalatschenverkäuferin* zu den Sträflingen; die Kleine starrte mich lange an und brach dann unvermittelt in lautes Lachen aus: »Pfui, wie garstig!« rief sie, »dem hat wohl das graue Tuch nicht gelangt und das schwarze auch nicht!« Es gab auch welche, deren Jacke durchweg grau war und nur die Ärmel dunkelbraun. Auch die Köpfe wurden unterschiedlich geschoren: den einen war die halbe Schädeldecke von vorn nach hinten abrasiert, den andern von links nach rechts.

Schon auf den ersten Blick entdeckte man an dieser sonderbaren Kumpanei ganz auffällige Gemeinsamkeiten. Selbst die eigenwilligsten und originellsten Typen, die wie von selbst die Oberhand über ihre Mitgefangenen hatten, trachteten danach, den allgemeinen, im Zuchthaus herrschenden Ton zu treffen. Dazu möcht ich sagen, daß alle diese Menschen – von wenigen Ausnahmen abgesehen, die sich ihre Munterkeit durch nichts nehmen ließen und dafür allgemein verachtet wurden – in der Regel finster, mißgünstig, unwahrscheinlich eitel, ruhmredig, übelnehmerisch und vor allem sehr auf äußere Formen bedacht waren. Die Fähigkeit, sich durch nichts aus der Fassung bringen zu lassen, galt als höchste Tugend. Das äußere Benehmen war bei allen nachgerade zur Manie geworden. Und doch wich das hochmütigste Gebaren oft mit Blitzesschnelle dem jämmerlichsten Kleinmut. Ein paar wirklich starke Naturen waren auch darunter, die gaben sich, wie sie waren, und heuchelten nicht. Aber sonderbarerweise waren gerade manche dieser aufrechten, starken Menschen von einer extremen, fast krankhaften Eitelkeit besessen. Ganz allgemein spielten Eitelkeit und Äußerlichkeiten eine wesentliche Rolle. Die meisten Sträflinge waren schrecklich lasterhaft und verkommen. Verleumdungen und Klatsch waren an der Tagesordnung: es war eine Hölle, eine undurchdringliche Finsternis. Aber keiner wagte gegen die internen Regeln und

* Kalatsch: eine Art Weizengebäck, ein großer rundlicher, auf einer Seite bauchiger Kringel aus dünnem Teig (Anmerkung des Übersetzers).

Gepflogenheiten des Zuchthauses aufzumucken; darin fügten sich alle. Es gab eigenwillige Charaktere, die sich nur schwer und mühsam unterordneten, aber auch die fügten sich. Ins Zuchthaus kamen Menschen, die schon in Freiheit jede Selbstkontrolle und jeden Maßstab so sehr verloren hatten, daß sie auch ihre Übeltaten eigentlich gar nicht mehr aus freiem Willen begangen hatten, sondern beinahe, ohne selbst zu wissen, warum, in einer Art Fieber, in einem Rauschzustand – häufig nur aus im höchsten Grad aufgestachelter Eitelkeit. Bei uns im Zuchthaus aber wurde man auch mit solchen Typen ohne weiteres fertig, obgleich manche von ihnen vorher der Schrekken ganzer Dörfer und Städte gewesen waren. Schaute sich so ein Neuankömmling um, bemerkte er alsbald, daß hier ein anderer Wind wehte, daß er hier niemandem imponieren konnte, und ganz unmerklich fand er sich damit ab und paßte sich dem allgemein üblichen Ton an. Dieser allgemeine Ton manifestierte sich durch eine ganz eigentümliche Würde, von der fast alle Zuchthausinsassen durchdrungen waren, als ob es besonders ehrenhaft wäre, Zuchthäusler oder abgeurteilter Verbrecher zu sein. Keinerlei Anzeichen von Scham und Reue! Übrigens legten sie dabei durchaus eine gewisse äußerliche, sozusagen offizielle Schicksalsergebenheit an den Tag, einen Hang zum bedächtigen Moralisieren: »Wir sind nun mal ein verlorner Haufen«, hieß es da wohl, oder: »Hast als freier Mann nicht zu leben verstanden, so magst du jetzt durch die grüne Gasse laufen und die Ruten schmecken.« – »Auf Vater und Mutter hast du nicht gehört, so mußt du jetzt aufs Kalbfell hören.« – »Warst für saubre Arbeit dir zu gut und fein, mußt dafür im Kerker klopfen jetzt die Stein!« Dies alles konnte man häufig hören, als eine Art Moralpredigt oder auch nur als gewöhnliche Redensarten oder Sprichwörter; es war aber niemals ernsthaft gemeint. Das waren bloße Worte. Wahrscheinlich war sich kein einziger von allen im Grunde seines Herzens seiner Untat wirklich bewußt. Hätte einer, der nicht selber Sträfling war, einen Zuchthäusler ob seines Verbrechens tadeln oder schelten wollen (wiewohl es der russischen Mentalität eigentlich nicht entspricht, einem Verbrecher Vorwürfe zu machen), wäre eine Flut von Schimpfworten über ihn hereingebrochen. Das Schimpfen und Fluchen verstanden sie meisterlich. Ihr Schimpfen war raffiniert; eine regelrechte Kunst. Der Gebrauch von Schimpfwörtern war bei ihnen bis zur Wissenschaft verfeinert; es war ihnen weniger um das kränkende Wort zu tun als um einen kränkenden Sinn und Gehalt, um eine verletzende Idee – denn diese wirkt nachhaltiger und giftiger. Ununterbrochene Streitereien hatten diese Wissenschaft nur noch vervollkommnet. Alle diese Menschen arbeiteten nur unter der Knute, folglich waren sie träge und liederlich, folglich wurden sie verdorben; wer von ihnen vorher noch nicht verdorben war, wurde es automatisch im Zuchthaus. Sie alle waren ja nicht freiwillig hier, jeder war hier jedem fremd.

»Drei Paar Bastschuhe hat der Teufel durchgelaufen, bis er uns hier alle auf einem Haufen beieinander hatte!« pflegten sie von sich selbst zu sagen; und daher waren Verleumdungen, Intrigen, weibischer Klatsch und Tratsch, Streitereien und Gehässigkeiten in diesem unerträglichen Dasein gang und gäbe. Kein Tratschweib könnte je so weibisch sein wie manche dieser Bösewichte. Wie gesagt, gab es darunter auch starke Charaktere, abgehärtete und furchtlose Draufgänger, ihr Leben lang gewöhnt, zu herrschen und zu kommandieren. Diese Typen wurden unwillkürlich respektiert; sie waren ihrerseits zwar oft eifersüchtig auf ihren Ruhm bedacht, trachteten aber im allgemeinen danach, den andern nicht lästig zu fallen, sie brachen keine grundlosen Streitereien vom Zaun und legten überhaupt eine ungewöhnliche Würde an den Tag, sie waren einsichtig und den Vorgesetzten gegenüber meistens fügsam – nicht etwa aus prinzipiellem Gehorsam, nicht aus Pflichtbewußtsein, sondern gleichsam einem Übereinkommen folgend, das die jeweiligen Privilegien anerkannte. Übrigens ging man mit ihnen auch recht behutsam um. Ich erinnere mich, wie ein Sträfling dieser Sorte, ein furchtloser und zu allem entschlossener Bursche, der den Vorgesetzten wegen seiner bestialischen Neigungen bekannt war, einmal wegen irgendeines Vergehens zur Bestrafung geholt wurde. Es war ein Sommertag und gerade arbeitsfrei. Ein Stabsoffizier, der nächste und unmittelbare Vorgesetzte unseres Zuchthauses, hatte sich selbst zur Wachstube begeben, die sich gleich neben dem Tor befand, um der Exekution beizuwohnen. Dieser Major war eine unheilverkündende Erscheinung für die Gefangenen, und er hatte sie so weit gebracht, daß sie vor ihm zitterten. Er war irrsinnig streng, »er ging auf Menschen los«, wie die Zuchthäusler sagten. Am meisten fürchteten sie den durchdringend scharfen Blick seiner Luchsaugen, denen nichts entging. Er sah alles und jedes, ohne überhaupt hinzusehen. Betrat er das Zuchthausgelände, so wußte er bereits, was sich am andern Ende abspielte. Die Häftlinge nannten ihn das Achtauge. Sein System war falsch. Durch sein brutales Verhalten verbitterte er die bereits verbitterten Sträflinge nur noch mehr, und hätte er nicht noch den Kommandanten über sich gehabt, einen hochherzigen und einsichtigen Menschen, der seine blindwütigen Ausfälle zuweilen milderte, hätte er durch seine Verwaltung noch mehr Unheil angerichtet. Mir ist unbegreiflich, wie es mit ihm ein gutes Ende nehmen konnte: er wurde bei bester Gesundheit pensioniert, wenn er auch später noch vor Gericht gestellt wurde.

Jener Sträfling erbleichte, als man ihn holen kam. Gewöhnlich legte er sich stumm und ohne Zögern nieder und ließ die Rutenhiebe ohne einen Laut über sich ergehen, gleich danach stand er ungerührt wieder auf und trug das erlittene Ungeschick kaltblütig wie ein Philosoph. Im übrigen ging man stets recht behutsam mit ihm um. Dieses Mal aber hielt er sich aus irgendeinem Grund für schuldlos. Er wurde bleich, und es gelang ihm, sich, vom Wachtposten unbemerkt, ein scharfes englisches Schustermesser in den Ärmel zu stecken. Der Besitz von Messern und anderen scharfen Gegenständen war im Zuchthaus strengstens untersagt. Häufig und unerwartet wurden gründliche Durchsuchungen vorgenommen, es gab harte Strafen; da man aber bei einem Dieb schwerlich gerade das finden wird, was er besonders gut zu verbergen entschlossen ist, und da Messer und ähnliches Handwerkszeug überdies tägliche Gebrauchsgegenstände im Zuchthaus waren, gelang es trotz aller Durchsuchungen nicht, den Besitz von Messern zu unterbinden. Und selbst wenn man dem einen oder andern sein Messer abnahm, wurde doch unverzüglich wieder ein neues hereingeschmuggelt. Alle Gefangenen stürzten zum Zaun und starrten mit stockendem Herzen durch die Pfahlritzen. Jedermann wußte, daß Petrow dieses Mal nicht gewillt war, sich auspeitschen zu lassen, und daß des Majors letztes Stündlein geschlagen hatte. Im entscheidenden Moment bestieg der Major jedoch seine Droschke und fuhr auf und davon, nachdem er die Durchführung der Exekution einem andern Offizier übertragen hatte. »Den hat Gott selbst bewahrt!« sagten die Sträflinge hernach. Was Petrow betrifft, so nahm er die Strafe mit größter Seelenruhe hin. Sein Zorn war mit der Abfahrt des Majors verraucht. Der Sträfling ist bis zu einem gewissen Grad fügsam und ergeben; es gibt aber eine Grenze, die man nicht überschreiten darf. Übrigens ist nichts bemerkenswerter als diese sonderbaren Ausbrüche von Aufsässigkeit und Widerspenstigkeit. Oft nimmt einer jahraus, jahrein alles hin, findet sich mit seinem Schicksal ab, erträgt die grausamsten Strafen, bis auf einmal irgendeine Kleinigkeit, eine Lappalie, beinahe ein Nichts das Maß zum Überlaufen bringt. In gewisser Hinsicht kann man einen solchen Menschen geradezu als verrückt bezeichnen; und das tut man ja auch.

Ich sagte bereits, daß ich in all den Jahren bei diesen Menschen nicht die leiseste Spur von Reue entdecken konnte, keinerlei Anzeichen von Trauer über ihre Missetaten, die meisten waren sogar im Grund ihres Herzens durchaus von ihrer Unschuld überzeugt. Das ist eine Tatsache. Selbstredend sind die Ursachen dafür weitgehend Eitelkeit, schlechtes Beispiel, Großtuerei und falsche Scham. Wer aber könnte andererseits behaupten, daß er die Tiefe dieser verlorenen Herzen durchforscht und in ihnen gelesen hätte, was sie vor aller Welt verborgen hielten? Immerhin hätte es in all den Jahren doch möglich sein müssen, wenigstens etwas davon zu bemerken, in den Gemütern dieser Menschen wenigstens einen Hinweis aufzuspüren, der auf Niedergeschlagenheit, auf Leiden hätte schließen lassen. So etwas war indes nicht vorhanden, es war zweifellos nicht vorhanden. Ja, man kann das Verbrechen, so scheint mir, nicht von gegebenen, fertigen Gesichtspunkten aus begreifen, und seine Philosophie ist um einiges komplizierter, als man annimmt. Selbstverständlich können Freiheitsstrafen und das ganze System der Zwangsarbeit den Übeltäter nicht bessern; sie bestrafen ihn lediglich und schützen die Gesellschaft vor weiteren Anschlägen des Bösewichts. Im Verbrecher dagegen fördern Zuchthaus und schärfste Zwangsarbeit nur Haß, Gier nach verbotenen Genüssen und eine ungeheure Leichtfertigkeit. Ich für mein Teil bin fest davon überzeugt, daß auch das berühmte System der Einzelhaft lediglich falsche, trügerische, äußerliche Erfolge zeitigt. Dieses System saugt allen Lebenssaft aus dem Menschen, zermürbt und schwächt seine Seele, schüchtert sie ein und präsentiert hernach eine moralisch verdorrte Mumie, einen Halbwahnsinnigen als Musterbeispiel von Besserung und Reue. Selbstverständlich ist der Verbrecher, der gegen die Gesellschaft revoltiert, vom Haß auf diese Gesellschaft getrieben, überdies glaubt er meistens, im Recht zu sein, und sucht die Schuld nicht bei sich, sondern bei der Gesellschaft. Zudem hat er ja bereits eine Strafe von ihr hinnehmen müssen und hält sich infolgedessen für so gut wie entsühnt und aller Schuld ledig. Schließlich kann man auch von solchen Gesichtspunkten an das Problem herangehen, unter denen der Missetäter einem selbst beinahe gerechtfertigt erscheint. Indes wird wohl jeder mit mir übereinstimmen, daß es, aller erdenklichen Standpunkte ungeachtet, Verbrechen gibt, die immer und überall nach allen Gesetzen seit Anbeginn der Welt als unbestreitbare Freveltaten gelten und gelten werden, solange der Mensch Mensch bleibt. Im Zuchthaus erst hörte ich von entsetzlichen, widernatürlichen Untaten, von grauenvollen Morden, von denen man mit einem unbändigen, geradezu kindlich vergnügten Lachen sprach. Besonders ein Vatermörder geht mir nicht aus dem Sinn. Er war von Adel, hatte gedient und war für seinen sechzigjährigen Vater so etwas wie der verlorene Sohn. Er hatte ein sehr ausschweifendes Leben geführt und sich in Schulden verstrickt. Der Vater suchte ihm Einhalt zu gebieten, redete ihm ins Gewissen; aber der Vater besaß ein Haus, ein kleines Landgut, der Sohn vermutete, daß auch Bargeld vorhanden sein müsse, und – schlug seinen Vater tot, um sich in den Besitz der Erbschaft zu setzen. Die Bluttat wurde erst einen Monat später aufgedeckt. Der Mörder hatte seinen Vater bei der Polizei als vermißt gemeldet. Den ganzen Monat hatte er seinen Lastern und Ausschweifungen gelebt. Schließlich hatte die Polizei in seiner Abwesenheit den Leichnam gefunden. An der Längsseite des Hofes zog sich ein mit Brettern zugedeckter Abwässergraben hin. In diesem Graben lag der Tote. Er war sorgfältig gekleidet, der grauhaarige Kopf war völlig abgetrennt und dann an den Rumpf gelehnt worden, unter den Kopf hatte der Mörder ein Kissen geschoben. Er leugnete die Tat; Adel und Rang wurden ihm aberkannt, und er wurde zu zwanzig Jahren Zwangsarbeit verurteilt. Die ganze Zeit, die ich mit ihm verbrachte, war er in ausgezeichneter, heiterster Gemütsverfassung. Er war ein sprunghafter, leichtsinniger, im höchsten Maß unüberlegter Mensch, wenn auch keineswegs dumm. Niemals habe ich an ihm einen besonderen Hang zur Grausamkeit wahrgenommen. Die Sträflinge verachteten ihn nicht etwa wegen seiner Tat, nach der hier kein Hahn krähte, sondern wegen seines albernen Gebarens, weil er sich nicht zu benehmen wußte. Gesprächsweise erwähnte er mitunter seinen Vater. Als er sich mit mir einmal über die in seiner Familie erbliche gesunde Konstitution unterhielt, fügte er hinzu: »*Mein alter Herr* beispielsweise hatte bis an sein Lebensende niemals über die geringste Krankheit zu klagen.« Eine so unmenschliche Fühllosigkeit ist natürlich undenkbar. Hier handelt es sich um ein Phänomen, um irgendeinen Defekt der Veranlagung, um eine der Wissenschaft noch unbekannte physische und sittliche Entartung, aber nicht um ein Verbrechen schlechthin. Selbstverständlich hatte ich nicht geglaubt, daß er eine solche Untat begangen haben könnte. Aber Leute aus seiner Heimatstadt, die alle Einzelheiten seiner Affäre wissen mußten, haben mir alles genau geschildert. Die Fakten lagen so klar auf der Hand, daß jeder Zweifel ausgeschlossen war.

Seine Mitgefangenen hatten ihn eines Nachts im Schlaf schreien hören: »Halt ihn, halt ihn fest! Schlag ihm den Kopf ab, den Kopf, den Kopf!«

Fast alle Sträflinge redeten nachts und phantasierten im Schlaf. Schimpfworte, Ausdrücke aus der Gaunersprache kamen ihnen dabei am häufigsten über die Lippen, auch Messer und Beile spielten in diesen Phantasien eine große Rolle. »Wir sind ein geprügelter Haufe«, sagten sie, »uns haben sie schon die Eingeweide rausgeprügelt, darum schreien wir auch bei Nacht.«

Die behördlich festgelegte Arbeit war keine Beschäftigung, sondern Zwang und Fron: der Häftling arbeitete seine Zeit ab oder schlug die vorgeschriebenen Stunden irgendwie tot und kehrte wieder ins Zuchthaus zurück. Diese Arbeit war allgemein verhaßt. Ohne eine besondere, individuelle Beschäftigung, der man sich mit all seinem Verstand, aus voller Überlegung widmete, hätte man es im Zuchthaus nicht aushalten können. Wie hätten all diese robusten Menschen, die ein wildes Leben geführt hatten und auch weiterführen wollten, die man gewaltsam hier zusammengepfercht und gewaltsam von der Gesellschaft und ihrem normalen Leben losgerissen hatte, wie hätten die sich hier aus freien Stücken normal und ordentlich einleben und miteinander auskommen können? Allein durch den Müßiggang hätten sich hier in ihnen verbrecherische Eigenschaften ausgebildet, von denen sie zuvor noch nichts gewußt hatten. Ohne Arbeit und ohne ein gewisses normales und legales Eigentum kann der Mensch nicht leben, er verfällt dem Laster und wird zum Vieh. So ging auch jedermann im Zuchthaus infolge dieses natürlichen Bedürfnisses und eines gewissen Selbsterhaltungstriebes seinem eigenen Handwerk und seiner Beschäftigung nach. Der lange Sommertag war fast restlos der behördlich festgelegten Arbeit vorbehalten, die kurze Nacht reichte kaum zum Ausschlafen. Im Winter aber wurden die Gefangenen vorschriftsgemäß, kaum daß es dämmerte, im Zuchthaus eingeschlossen. Wie sollte man sich in den langen, öden Stunden so eines Winterabends die Zeit vertreiben? Daher verwandelte sich, allen Verboten zum Trotz, fast jede Kaserne in eine große Werkstatt. Die Arbeit, die Beschäftigung an sich war nicht verboten, aber es war strengstens untersagt, irgendwelches Handwerkszeug im Zuchthaus bei sich zu haben, ohne das jede Arbeit unmöglich gewesen wäre. So arbeitete man denn insgeheim, und wie mir scheint, drückten die Vorgesetzten zuweilen ein Auge zu. Viele Sträflinge waren ins Gefängnis eingeliefert worden, ohne irgend etwas gelernt zu haben, hier lernten sie dann von den andern und kehrten als tüchtige Handwerker in die Freiheit zurück. Da gab es Schuster, Schneider, Tischler, Schlosser, Schnitzer und Vergolder. Ein Jude, Issai Bumstein, war Juwelier und zugleich Wucherer. Sie alle arbeiteten und verdienten sich so ein paar Kopeken. Die Aufträge wurden aus der Stadt beschafft. Geld ist geprägte Freiheit und darum für einen seiner Freiheit beraubten Menschen zehnmal so wertvoll. Wenn es nur in seiner Tasche klimpert, ist das schon tröstlich genug, selbst wenn er keine Gelegenheit gehabt hätte, es auszugeben. Aber Geld ausgeben kann man immer und überall, um so mehr, als verbotene Frucht doppelt süß ist. Im Zuchthaus konnte man sich sogar Branntwein beschaffen. Pfeiferauchen war strengstens untersagt, und doch rauchte jedermann seine Pfeife. Geld und Tabak bewahrten vor Skorbut und anderen Krankheiten. Die Arbeit ihrerseits bewahrte vor Verbrechen: ohne Arbeit hätten die Gefangenen einander aufgefressen wie Spinnen in einer Flasche. Trotzdem waren jede private Arbeit sowie jeder Geldbesitz verboten. Bei Nacht gab es häufig unerwartete Durchsuchungen, alles Unerlaubte wurde konfisziert, und wie geschickt einer sein Geld auch verstecken mochte, zuweilen fiel es doch den Häschern in die Hände. Dies war eine der Ursachen, daß man sein Geld nicht sparte, sondern möglichst rasch vertrank; darum war im Zuchthaus auch Branntwein zu haben. Nach jeder Durchsuchung büßte der Schuldige nicht nur seine gesamte Habe ein, sondern wurde in der Regel auch noch empfindlich bestraft. Nach jeder solchen Durchsuchung wurde das Fehlende jedoch sofort wieder ergänzt, ungesäumt wurden neue Gegenstände angeschafft, und alles lief weiter wie zuvor. Die Aufsichtsbeamten wußten das genau, und die Gefangenen murrten nicht über die Strafen, wenn auch ein solches Dasein eher dem Leben der Dorfbewohner an den Hängen des Vesuvs zu vergleichen war.

Wer sich auf kein Handwerk verstand, betrieb irgendein anderes Gewerbe. Es gab da recht originelle Talente. Einige waren beispielsweise nur als Zwischenhändler tätig, wobei zuweilen Dinge gehandelt wurden, von denen einem Menschen außerhalb der Zuchthausmauern nie in den Sinn gekommen wäre, sie zu kaufen und zu verkaufen, ja sie überhaupt als Handelsware gelten zu lassen. Im Zuchthaus aber war man sehr arm und dazu ungemein erwerbstüchtig. Noch der letzte Lumpen hatte seinen Wert und konnte zu irgend etwas gut sein. Auf Grund der allgemeinen Armut hatte das Geld im Zuchthaus obendrein einen ganz andern Wert als im freien Leben. Eine langwierige und mühsame Arbeit wurde nach Groschen bezahlt. Einige Sträflinge betrieben mit Erfolg eine Pfandleihe. War ein Zuchthäusler einmal restlos abgebrannt, so trug er seine letzten Habseligkeiten zum Pfandleiher, der ihm für unerhörte Wucherzinsen ein paar Kupfermünzen aushändigte. Wenn er diese Gegenstände nicht fristgemäß einlösen konnte, wurden sie unweigerlich und ohne Erbarmen weiterverkauft; das Wucherwesen stand in so üppiger Blüte, daß sogar die dem Zuchthaus gehörenden Gegenstände, wie Wäsche, Stiefel und so weiter, versetzt wurden – lauter Gegenstände, ohne die ein Sträfling gar nicht auskommen konnte. Bei Pfändern dieser Art nahm die Angelegenheit zuweilen freilich auch eine andere, übrigens nicht ganz unerwartete Wendung. Nachdem ein Sträfling nämlich seine Sachen verpfändet und das Geld dafür eingesteckt hatte, begab er sich unverzüglich und ohne erst viel Worte zu machen zum dienstältesten Unteroffizier, seinem nächsten Vorgesetzten im Zuchthaus, und meldete ihm, daß er seine Anstaltskleidung verpfändet hatte, worauf sie dem Pfandleiher auf der Stelle wieder abgenommen wurde, sogar ohne Meldung an die höheren Dienststellen. Bezeichnenderweise kam es bei solcher Gelegenheit meistens nicht einmal zum Streit: wortlos und mürrisch rückte der Pfandleiher die versetzten Sachen wieder heraus, und fast schien es, als habe er selbst erwartet, daß es so kommen würde. Vielleicht konnte er nicht umhin, sich einzugestehen, daß er selbst anstelle des Schuldners nicht anders gehandelt haben würde. Und wenn er zuweilen hinterher schimpfte, so geschah das ohne allen Groll und lediglich, um sein Gewissen zu beschwichtigen.

Im allgemeinen wurde im Zuchthaus ganz entsetzlich gestohlen. Fast alle hatten ihre eigenen festen, verschließbaren Koffer zur Aufbewahrung der zuchthauseigenen Gegenstände. Das war wohl statthaft, indes boten auch die Koffer keinen Schutz vor Diebstahl. Ich denke, jedermann kann sich selbst ausmalen, was für geschickte Diebe es dort gab. Mir selbst hatte ein Sträfling, der mir aufrichtig ergeben war (das sage ich ohne jede Übertreibung) die Bibel gestohlen, das einzige Buch, dessen Besitz im Zuchthaus zulässig war; noch am selben Tag gestand er mir seinen Diebstahl selber ein, nicht aus Reue, sondern aus Mitleid, weil ich so lange nach ihr suchte. Es gab Schnapsverkäufer, die mit Branntwein handelten und es damit bald zu einem gewissen Reichtum brachten. Auf dieses Geschäft werde ich noch zurückkommen, das ist ein interessantes Kapitel. In unserm Zuchthaus verbüßten viele eine Strafe wegen Schmuggelei, und so ist es nicht verwunderlich, daß trotz aller Durchsuchungen und Wachmannschaften immer wieder Alkohol eingeschmuggelt wurde. Übrigens ist die Schmuggelei ihrem Wesen nach eine ganz eigene Art von Gesetzesübertretung. Wer weiß beispielsweise, daß Geld und Profit für manchen Schmuggler erst an zweiter Stelle stehen und keineswegs das Entscheidende für ihn sind? Und doch ist das eine Tatsache, die man oft beobachten kann. Der Schmuggler betreibt sein Gewerbe aus Passion, aus Berufung. Er ist gewissermaßen ein Poet. Er riskiert das Letzte, setzt sich den ärgsten Gefahren aus, er ist gerissen, kennt alle möglichen Finten und Schliche, um sich aus der Affäre zu ziehen; ja manchmal stehen seine Unternehmungen geradezu unter einer Art von Inspiration. Diese Leidenschaft ist genauso übermächtig wie das Kartenspiel. Ich habe im Zuchthaus einen Sträfling kennengelernt, einen wahren Hünen, aber so unerhört gutmütig, sanft und gefügig, daß man sich unwillkürlich fragte, wie ein solcher Mensch überhaupt hinter Schloß und Riegel geraten sein konnte. Er war so harmlos und verträglich, daß er während seiner ganzen Haftzeit kein einziges Mal Streit hatte. Aber er stammte von der Westgrenze, war wegen Schmuggelei verurteilt worden, konnte natürlich von dieser seiner Passion nicht lassen und begann auch hier gleich wieder Schnaps einzuschmuggeln. Wie oft war er deswegen schon gestraft worden, und wie sehr fürchtete er sich vor den Ruten! Überdies brachte ihm dieser Branntweinschmuggel kaum etwas ein. Vom Branntwein profitierte lediglich der Schnapsverkäufer. Dieser sonderbare Kauz liebte seine Kunst um ihrer selbst willen. Er hatte so nahe am Wasser gebaut wie ein Weibsbild und hatte oft genug nach einer Züchtigung heilige Eide geschworen, nie wieder Konterbande hereinzuschmuggeln. Mannhaft überwand er sich bisweilen einen ganzen Monat, bis er es zuletzt doch nicht mehr aushielt ... Dank solchen Individuen ging der Schnaps im Zuchthaus niemals aus.

Schließlich gab es noch eine Einnahmequelle, welche die Gefangenen zwar nicht bereicherte, dafür aber eine ständige Wohltat für sie war. Das waren die milden Gaben. Die oberen Schichten unserer Gesellschaft haben keine Vorstellung davon, wie Kaufleute, Kleinbürger und überhaupt alle einfachen Leute unseres Volkes für die »Unglücklichen« sorgen. Solche Almosen werden in einem fast nie versiegenden Strom gespendet, und zwar meistens in Form von Brot, Semmeln oder Kalatschen, viel seltener als Geldgeschenke. Ohne diese Zuwendungen wäre es vielerorts für die Sträflinge, besonders für die noch unter Anklage stehenden, die wesentlich strenger gehalten wurden als die bereits Abgeurteilten, beinahe unerträglich gewesen. Diese Almosen wurden von den Gefangenen gottesfürchtig unter alle aufgeteilt. Reichte es nicht für alle, so wurden die Kalatschen in gleiche Stücke zerschnitten, manchmal sogar in sechs Teile, und jeder bekam seinen Anteil ab. Ich erinnere mich noch, wie ich zum erstenmal ein Geldalmosen erhielt. Das war kurz nach meiner Einlieferung ins Zuchthaus. Ich kehrte allein, nur vom Wachtposten begleitet, von der Vormittagsarbeit ins Zuchthaus zurück, da kam mir eine Frau entgegen mit ihrem Töchterchen, einem etwa zehnjährigen Mädchen, liebreizend wie ein kleiner Engel. Ich hatte die beiden schon einmal gesehen. Die Mutter war eine Soldatenwitwe. Ihr Mann, ein junger Soldat, war als Untersuchungshäftling ins Lazarett eingeliefert worden und im Gefangenensaal zur selben Zeit gestorben, als auch ich dort krank lag. Frau und Tochter waren bei ihm gewesen, um Abschied von ihm zu nehmen; beide hatten ganz untröstlich geweint. Als das Mädchen mich jetzt sah, wurde es rot, flüsterte der Mutter etwas zu, die blieb auf der Stelle stehen, nestelte aus ihrem Tuch ein Viertelkopekenstück und gab es dem Mädchen. Die lief eilends hinter mir her. »Da, du ‚Unglücklicher', nimm die Kopeke um Christi willen«, rief sie, als sie mich eingeholt hatte, und schob mir die kleine Münze in die Hand. Ich nahm das Kopekenstück, und das Mädchen kehrte ganz befriedigt zu seiner Mutter zurück. Diese kleine Münze habe ich lange aufbewahrt.

2

Erste Eindrücke

Den ersten Monat wie überhaupt den Beginn meines Zuchthauslebens habe ich jetzt noch in lebhafter Erinnerung. Die darauffolgenden Jahre meiner Haftzeit spiegeln sich in meinem Gedächtnis wesentlich undeutlicher wider. Manches davon ist inzwischen völlig verschwommen und verwischt und hat lediglich einen einzigen Eindruck hinterlassen, den eines lastenden, niederdrückenden Einerleis.

Alles aber, was ich in den ersten Tagen meines Zuchthausaufenthalts erlebte, steht mir so klar vor Augen, als sei es erst gestern gewesen. Und so muß es wohl auch sein.

Ich weiß noch genau, wie verwundert ich von meinem ersten Schritt in diesem neuen Leben an darüber war, daß ich gar nichts sonderlich Staunenswertes, Ungewöhnliches oder, besser gesagt, Unerwartetes dabei fand. Das alles hatte mir schon mehr oder weniger vorgeschwebt, als ich auf dem Weg nach Sibirien versuchte, mir das vor mir liegende Schicksal auszumalen. Bald danach aber tat sich fast auf Schritt und Tritt ein Abgrund der merkwürdigsten Überraschungen, der unglaublichsten Umstände vor mir auf. Und später erst, als ich schon relativ lange im Zuchthaus gelebt hatte, erkannte ich die ganze unvorstellbare Einmaligkeit einer solchen Existenz und mußte mich immer mehr darüber wundern. Ich gebe zu, daß diese Verwunderung mich durch meine ganze lange

Haftzeit begleitete, und ich konnte mich bis zuletzt nicht an sie gewöhnen.

Mein erster Eindruck bei der Einlieferung ins Zuchthaus war höchst abstoßend, und trotzdem schien mir – paradoxerweise –, daß es sich hier wesentlich leichter leben ließe, als ich es unterwegs befürchtet hatte. Die Gefangenen bewegten sich, zwar in Ketten, aber doch ungehindert auf dem ganzen Zuchthausgelände, sie stritten sich, sangen, gingen ihrer privaten Arbeit nach, rauchten Pfeife, einige wenige tranken sogar Schnaps, und abends vertrieben sich manche die Zeit mit Kartenspielen. Die Arbeit selbst empfand ich durchaus nicht als schwer und als *Fron* im eigentlichen Sinn, erst viel später wurde mir bewußt, daß das Deprimierende und die *Fron* dabei nicht so sehr in der Härte und Dauer dieser Arbeit bestand, als vielmehr darin, daß es ein Muß war, ein *erzwungenes* Tun unter der Knute. Ein Bauer im freien Leben draußen arbeitet wahrscheinlich unvergleichlich viel mehr, mitunter, vor allem im Sommer, sogar bei Nacht; aber er rackert sich ab zum eignen Nutz und Frommen, er tut sein Werk mit einem sinnvollen Ziel vor Augen, daher wird es ihm auch viel leichter als dem Zuchthäusler bei seiner ihm aufgezwungenen und für ihn selber absolut nutzlosen Verrichtung. Mir kam einmal der Gedanke, daß man – wollte man einen Menschen restlos zerschmettern und vernichten, ihm die härteste Strafe auferlegen, vor der selbst der abgebrühteste Verbrecher zurückschrecken und sich fürchten würde – nichts weiter zu tun brauchte, als ihm eine völlig sinn- und zwecklose Arbeit aufzutragen. Mag die heutzutage übliche Zwangsarbeit für den Sträfling selbst auch uninteressant und langweilig sein, so ist sie als Arbeit an und für sich doch sinnvoll: der Gefangene brennt Ziegel, führt Erdarbeiten aus, verputzt und baut Häuser, in einer solchen Tätigkeit liegt ein Sinn und ein Ziel. Mitunter findet der Zwangsarbeiter sogar Gefallen an seiner Arbeit, er bemüht sich, sie so geschickt, rasch und gut wie möglich auszuführen. Wollte man ihn aber beispielsweise zwingen, Wasser aus einem Zuber in den andern zu füllen und wieder zurück, oder Sand zu zerreiben oder einen Erdhaufen von einer Stelle auf die andere und zurück zu karren

– so würde sich der Sträfling, glaube ich, schon nach wenigen Tagen aufhängen, oder er würde eine Unzahl von Verbrechen begehen, er würde lieber tot sein wollen, als noch länger einer solchen Erniedrigung, Scham und Qual ausgesetzt sein. Selbstverständlich würde eine solche Strafe zur Folter, zur bloßen Rache werden, und obendrein wäre sie sinnlos, weil sie kein vernünftiges Ziel verfolgt. Weil aber eine solche Folter, Sinnlosigkeit, Erniedrigung und Schmach bis zu einem gewissen Grade jeder erzwungenen Arbeit innewohnt, ist auch die Zuchthausarbeit unvergleichlich viel qualvoller als jede freiwillige Tätigkeit, eben weil sie unter Zwang getan wird.

Überdies kam ich im Winter, im Dezember, ins Zuchthaus und hatte daher noch keinen Begriff von der fünfmal härteren Sommerarbeit. Im Winter gab es in unserer Festung überhaupt nur wenige vorgeschriebene Arbeiten. Die Sträflinge gingen zum Irtysch, um alte, dem Staat gehörige Lastkähne abzuwracken, sie arbeiteten in den Werkstätten, räumten den durch Schneeverwehungen aufgetürmten Schnee vor den öffentlichen Gebäuden, brannten und zerkleinerten Alabaster und ähnliches mehr. Der Wintertag war kurz, die Arbeit wurde bald beendet, und alle Gefangenen kehrten frühzeitig ins Zuchthaus zurück, wo sie so gut wie nichts zu tun hatten, sofern sie nicht irgendeiner privaten Arbeit nachgingen. Mit privater Arbeit beschäftigte sich aber nur ungefähr ein Drittel aller Zuchthausinsassen, die andern hielten Maulaffen feil, lungerten ohne Grund in allen Kasernen herum, schimpften und zanken, suchten mit jedermann anzubinden und intrigierten gegeneinander; sofern einer ein paar Groschen ergattert hatte, betrank er sich, verlor abends beim Kartenspiel sein letztes Hemd, und das alles vor lauter Langeweile, Müßiggang und Nichtstun. Später wurde mir klar, daß es neben dem Entzug der Freiheit, neben der Zwangsarbeit im Dasein eines Zuchthäuslers noch eine weitere Qual gab, die vielleicht noch ärger war als alle anderen. Ich meine das *erzwungene Zusammenleben mit so vielen anderen Menschen.* Ein solches Zusammenleben gibt es selbstredend auch andernorts, ins Zuchthaus aber kommen Subjekte, mit denen zusammenzuleben nicht jedermanns Sache ist, und ich bin sicher, daß jeder Zuchthäusler diese Qual empfand, wenn auch natürlich meist unbewußt.

Auch die Verpflegung erschien mir durchaus ausreichend. Die Sträflinge versicherten mir, daß sie in den Strafkompanien des europäischen Rußlands nicht so reichlich bemessen sei. Ich kann das nicht beurteilen, ich war niemals dort. Überdies hatten viele die Möglichkeit, sich zusätzlich zu verköstigen. Rindfleisch kostete bei uns einen Groschen das Pfund, im Sommer drei Kopeken. Eigenes Essen konnte sich indes nur leisten, wer über ständige Geldeinnahmen verfügte, die meisten jedoch aßen die Anstaltskost. Wenn die Sträflinge ihr Essen so lobten, meinten sie damit übrigens lediglich das Brot und segneten den Umstand, daß das Brot bei uns im Ganzen ausgegeben und nicht nach Gewicht zugeteilt wurde. Vor dieser letzteren Methode hatten sie alle Angst: denn bei einer Verteilung nach Gewicht wäre ein Drittel von ihnen nicht satt geworden, bei der Gemeinschaftsausgabe reichte es jedoch für alle. Unser Brot war übrigens besonders wohlschmeckend und dafür in der ganzen Stadt berühmt. Seine vortreffliche Qualität wurde der geglückten Konstruktion der Zuchthausbacköfen zugeschrieben. Die Kohlsuppe dagegen taugte nicht viel. Sie wurde im Gemeinschaftskessel gekocht, mit ein wenig Grütze angedickt und war, vor allem werktags, dünn und wässerig. Mich ekelte vor den vielen Schaben, die darin herumschwammen. Die andern Sträflinge dagegen achteten überhaupt nicht darauf.

Die ersten drei Tage brauchte ich nicht zur Arbeit zu gehen, so verfuhr man mit jedem Neuankömmling: man ließ ihm Zeit, sich vom Transport zu erholen. Dann aber mußte ich das Zuchthaus verlassen, um mir neue Fußketten anschmieden zu lassen. Meine entsprachen nicht der Vorschrift, sie bestanden aus Ringen, »Klimperketten«, wie die Sträflinge sie nannten. Sie wurden sichtbar über der Hose getragen. Die vorschriftsmäßigen Zuchthausketten, die bei der Arbeit nicht hinderlich waren, bestanden dagegen nicht aus Ringen, sondern aus vier fast fingerdicken Eisenstangen, die mit drei Ringen verbunden waren. Sie wurden unter den Beinkleidern getragen. Am mittleren Ring war ein Riemen angebracht, der seinerseits am Gürtelriemen befestigt wurde, den man über das Hemd zog.

An meinen ersten Morgen in der Kaserne erinnere ich mich noch genau. In der Wachstube am Zuchthaustor schlug die Trommel zum Wecken, und zehn Minuten später ging der wachhabende Unteroffizier von einer Kaserne zur anderen, um aufzuschließen. Allmählich wurden wir alle wach. Im trüben Schein eines billigen Talglichtes erhoben sich die Sträflinge, zitternd vor Kälte, von ihren Pritschen. Die meisten waren noch verschlafen, wortkarg und mürrisch. Sie gähnten, reckten sich, runzelten ihre gebrandmarkten Stirnen. Einige bekreuzigten sich, andere suchten gleich am frühen Morgen wieder Streit. Es war unerträglich stickig drinnen. Kaum daß die Tür geöffnet wurde, strömte frische Winterluft herein und zog in Schwaden durch den Raum. Um die Wassereimer drängten sich die Sträflinge; nacheinander griffen sie zur Schöpfkelle, nahmen den Mund voll Wasser und wuschen sich Hände und Gesicht mit dem Wasser aus dem Mund. Das Wasser war schon am Abend vorher vom Kübelputzer bereitgestellt worden. Laut Vorschrift war in jeder Kaserne ein Sträfling, der von den andern ausgewählt wurde, für den Stubendienst abgestellt. Er wurde Kübelputzer genannt und rückte nicht zur Arbeit aus. Seine Aufgabe war es, die Kaserne sauberzuhalten, Fußböden und Pritschen zu wischen und zu scheuern, den Abtrittkübel zu leeren und täglich zwei Eimer frischen Wassers herbeizuschaffen – morgens zum Waschen und tagsüber zum Trinken. Um die einzige vorhandene Schöpfkelle kam es augenblicklich zu Reibereien.

»Was hast du dich hier vorzudrängeln, du Pestbeule!« knurrte ein mürrischer, langer, hagerer Kerl mit bräunlicher Gesichtshaut und sonderbaren Buckeln auf seinem kahlgeschorenen Schädel, und stieß einen rundlichen, untersetzten Sträfling mit rosig-vergnügtem Gesicht vom Wassereimer weg. »Zurück mit dir!«

»Halt's Maul! Das ‚Zurück' kann dir teuer zu stehen kommen. Ich rate dir gut, verdrück dich lieber selber! Wie 'ne

Bildsäule hat der sich hier aufgepflanzt. Der reinste Ölgötz, Brüder!«

Diese Bemerkung verfehlte ihre Wirkung nicht, viele lachten darüber. Darauf hatte der launige Dickwanst nur gewartet, der in der Kaserne anscheinend freiwillig den Hanswurst machte. Der lange Sträfling sah mit unendlicher Verachtung auf ihn herunter.

»So eine Fettsau«, sagte er vor sich hin, »hat sich an unserm guten Tschistjak* dick und rund gefressen. Na, mir soll's recht sein, wenn das dumme Vieh zum ersten Fleischtag nach den Fasten wenigstens ein Dutzend Ferkel wirft.«

»Was bist du eigentlich für'n drolliger Vogel?« schrie der andere plötzlich los, puterrot im Gesicht.

»Erraten, ich bin ein Vogel!«

»Was für einer?«

»Irgendeiner.«

»Ja, was für einer denn?«

»Er wird schon einen Namen haben.«

»Was für einen, will ich wissen?«

Die beiden Kampfhähne stierten einander grimmig an. Der Dicke wartete auf Antwort und ballte die Fäuste, es sah aus, als würde er jeden Augenblick auf den andern losgehen. Ich war schon darauf gefaßt, daß es eine Schlägerei geben würde. Für mich war das alles ja neu, und ich schaute interessiert zu. Später kam ich darauf, daß Szenen dieser Art in der Regel völlig harmlos waren und wie im Lustspiel nur zum allgemeinen Gaudium aufgeführt wurden; eine Prügelei wurde so gut wie nie daraus. Alles das war typisch für die Gepflogenheiten im Zuchthaus.

Der lange Sträfling spürte aller Blicke auf sich ruhen, er wußte, daß man wartete, ob er sich mit seiner Antwort blamieren würde, daß er sich irgendwie aus der Affäre ziehen und beweisen mußte, daß er wirklich ein Vogel sei, und was für einer obendrein. Mit unsäglicher Verachtung sah er seinen Widersacher an, und zwar warf er, um jenen noch mehr zu kränken, über die Schulter weg nur einen schrägen Blick auf

* Tschistjak (von tschistij = rein) nannte man das Brot aus reinem Mehl ohne andere Zusätze (Anmerkung des Autors).

ihn herunter, wie auf einen erbärmlichen kleinen Käfer, dann sagte er langsam und vernehmlich: »Ein Kagan!«

Das sollte heißen, er sei der Vogel Kagan. Eine laute Lachsalve belohnte seine Schlagfertigkeit.

»Ein Halunke bist du, aber kein Kagan!« kreischte der Dicke, der sich bewußt war, in jeder Hinsicht den kürzeren gezogen zu haben, sein Zorn hatte sich mittlerweile bis zur Raserei gesteigert.

Aber kaum drohte das Wortgefecht ernst zu werden, als man die Streithammel auch schon zur Vernunft brachte.

»Was soll das Geschrei?« rief man von allen Seiten.

»Haut euch lieber den Buckel voll, als hier das Maul aufzureißen!« schrie es aus einer Ecke.

»Das glaubst du wohl selber nicht, daß sie sich prügeln«, war die Antwort. »Was unsre Kerls sind, das sind mir die rechten Draufgänger; ihrer siebene fürchten einen nicht ...«

»Saubere Kumpane, die zwei! Der eine mußte für ein Pfund Brot ins Loch, der andre, dieser Hurenbock, hat bei einem Weibsbild Dickmilch geschleckt, und dafür hat man ihm das Fell gegerbt.«

»Hallo! Gebt endlich Ruhe!« rief der Invalide, der als Ordnungshüter in der Kaserne wohnte und in einer Ecke auf einer gesonderten Lagerstatt schlief.

»Wasser her, Kinder! Der Unvalid Petrowitsch ist aufgewacht! Für Unvalid Petrowitsch, unser liebes Bruderherz!«

»Bruderherz ... Was bin ich dir für ein Bruderherz? Haben schließlich noch keinen Rubel versoffen mitsammen, und du sagst Bruderherz!« brummelte der Invalide, während er in die Ärmel seines Mantels fuhr.

Nun rüstete man zum Morgenappell; es dämmerte schon, in der Küche war bereits eine große Menge versammelt, es war kein Durchkommen mehr. Die Sträflinge in ihren kurzen Pelzen und zweifarbigen Mützen drängten sich um das Brot, das ihnen von einem der Köche zugeteilt wurde. Diese Köche wurden von der Gemeinschaft der Gefangenen gewählt, jeweils zwei für eine Küche. Sie hatten auch das Küchenmesser zum Brot- und Fleischschneiden in Verwahrung, ein einziges für jede Küche.

In allen Ecken und um die Tische hatten sich die Sträflinge gruppiert, in ihren Mützen und Halbpelzen und schon gegürtet, fertig und bereit, zur Arbeit auszurücken. Einige hatten Holzbecher mit Kwas* vor sich stehen. Sie brockten sich ihr Brot in den Kwas und löffelten ihn aus. Lärm und Geschrei waren nicht zum Aushalten; ein paar saßen jedoch still in ihren Ecken und plauderten ganz friedlich miteinander.

»Wohl bekomm's, Großvater Antonytsch, laß dir's schmekken!« sagte ein junger Bursch und nahm neben einem mürrischen, zahnlosen alten Sträfling Platz.

»Wohl bekomm's auch dir, wenn du's ehrlich meinst«, erwiderte dieser, ohne den Blick zu heben, während seine zahnlosen Kiefer mühsam auf dem Brot herumkauten.

»Meiner Treu, Antonytsch, und ich hab gemeint, du wärst schon längst tot.«

»Nein, stirb lieber du zuerst, ich laß dir den Vortritt . . .«

Ich setzte mich neben sie. Rechts von mir unterhielten sich zwei sehr gemessen und sichtlich bemüht, sich voreinander nichts von ihrer Würde zu vergeben.

»Mir nimmt gewiß keiner so leicht etwas weg«, sagte der eine, »da muß ich eher aufpassen, daß ich mich nicht mal unversehens an fremdem Gut vergreife.«

»Tja, mich darf man auch nicht mit der bloßen Hand anrühren, man könnte sich leicht die Finger verbrennen.«

»Was heißt da: Finger verbrennen? Bist ja auch bloß ein armseliger Zuchthäusler, was anderes sind wir alle nicht . . . Rupfen wird sie dich, und nicht mal ein Dankeschön wirst du kriegen dafür. So ist auch meine letzte Kopeke draufgegangen, Bruder. Jüngst ist sie doch tatsächlich von allein bei mir aufgekreuzt. Wo sollte ich hin mit ihr? Da hab ich mich aufs Bitten verlegt beim Henker-Fedjka, der hatte doch in der Vorstadt ein Haus stehen, das er von Salomon gekauft hatte, dem grindsköpfigen Juden, der sich hernach aufgeknüpft hat . . .«

»Kenn ich. Der, wo bei uns vor drei Jahren die Schnaps-

* Säuerliches Getränk aus gesäuertem Schwarzbrotteig oder Schwarzbrot mit Malz (Anmerkung des Übersetzers).

bude betrieben hat, Kaschemmen-Grischa hat man ihn geheißen. Kenn ich.«

»Den kennst du bestimmt nicht. Das muß ein anderer Kaschemmenwirt gewesen ein.«

»Wieso ein andrer? Du hast 'ne Ahnung! Dabei könnte ich dir Gewährsleute bringen, so viel du willst.«

»Wen wirst du schon groß anbringen! Wer bist du, und wer bin ich?«

»Na, wer schon! Dabei hab ich dir oft genug das Fell gegerbt und tu mich nicht groß damit, du aber kommst mir noch mit deinem ‚wer'!«

»Du und mir das Fell gegerbt! Wer mich anrühren will, ist noch nicht geboren, und wer je die Hand gegen mich erhoben hätte, läge längst unterm grünen Rasen.«

»Daß dich die Kränke ...«

»Die Pest soll dich holen!«

»Dir müßte mal ein Türkensäbel Bescheid geben ...«

Und schon war der schönste Streit im Gange.

»Heda! Müssen die schon wieder das Maul aufreißen!« rief es von allen Seiten. »Haben auf freiem Fuß nicht leben können, wie sich's gehört; sollten froh sein, daß ihnen hier ihr Stück Brot sicher ist.«

Auf der Stelle wurden sie zur Vernunft gebracht. Gegen Streitereien, gegen »Zungengefechte«, hatte niemand etwas einzuwenden. So etwas war gewissermaßen eine Zerstreuung für alle. Zu einer Schlägerei ließ man es indessen in der Regel nicht kommen, nur ausnahmsweise wurden die Streithähne einmal handgreiflich. Jede Schlägerei mußte dem Major gemeldet werden, es gab Untersuchungen, der Major erschien höchstpersönlich – kurzum, das brachte für alle nichts Gutes ein, darum wurden Schlägereien auch nicht geduldet. Auch die Widersacher selbst stritten sich mehr zur Unterhaltung, um ihre Zungenfertigkeit zu üben. Nicht selten machten sie sich auch selbst etwas vor, legten los mit wildem Grimm und einer Raserei, daß man jeden Augenblick meinen konnte, sie würden sich aufeinander stürzen; aber kein Gedanke daran; sobald sie es bis zu einem bestimmten Punkt getrieben hatten, gingen sie auseinander, als sei nichts geschehen. Über das alles war ich anfangs außerordentlich erstaunt. Ich habe hier als Beispiel absichtlich ein ganz banales Sträflingsgespräch angeführt. Zuerst konnte ich einfach nicht begreifen, wie man so etwas als Unterhaltung, als vergnüglichen Zeitvertreib betrachten könne. Übrigens darf man nicht vergessen, daß dabei auch die Eitelkeit eine Rolle spielte. Ein geübter Meister im Schimpfen genoß allgemeinen Respekt. Es fehlte nicht viel, und man hätte ihm Beifall geklatscht wie einem Schauspieler.

Schon gestern abend war mir aufgefallen, daß man mich nicht gerade freundlich ansah.

Ich hatte bereits einige finstere Blicke aufgefangen. Andere Sträflinge machten sich dagegen um mich zu schaffen, in der Annahme, daß ich Geld bei mir hätte. Sie boten mir sogleich ihre Dienste an, zeigten mir, wie ich die neuen Ketten tragen mußte, besorgten mir, selbstredend gegen Bezahlung, einen kleinen, verschließbaren Koffer, um die Zuchthauskleidung und etwas eigene Wäsche, die ich mir mitgebracht hatte, darin zu verwahren. Am nächsten Tage hatten sie ihn mir bereits gestohlen und vertrunken. Einer von ihnen war mir später aufs herzlichste ergeben, wenn er es auch nicht lassen konnte, mich bei jeder sich bietenden Gelegenheit zu bestehlen. Das tat er ohne die geringste Verlegenheit, fast unbewußt, gerade als sei es seine Pflicht, und ich konnte ihm unmöglich gram sein deswegen.

Unter anderem klärten sie mich darüber auf, daß ich mir meinen eigenen Tee halten müsse, daß es auch nicht übel wäre, wenn ich mir eine eigene Teekanne zulegte; vorerst besorgten sie mir eine fremde zum Gebrauch und empfahlen mir einen Koch, von dem sie behaupteten, er würde mir für dreißig Kopeken monatlich kochen, was ich wolle, falls ich gesondert zu essen wünschte und mir selbst Lebensmittel kaufte ... Unnötig zu sagen, daß sie sich Geld von mir borgten und daß jeder von ihnen allein an diesem ersten Tag ungefähr dreimal kam, um mich anzupumpen.

Die ehemaligen Adligen wurden im Zuchthaus im allgemeinen feindselig und ohne Wohlwollen betrachtet. Obwohl sie aller Adelsrechte verlustig gegangen und den übrigen

Sträflingen völlig gleichgestellt waren, erkannten diese sie niemals als ihresgleichen an. Dieses Verhalten entsprang nicht einmal einem bewußten Vorurteil, sondern es war ganz aufrichtig und unbewußt. Sie respektierten uns im Grund immer noch als Adlige, obwohl sie sich einen Spaß daraus machten, uns wegen unseres Sturzes zu verhöhnen.

»Nein, das ist zu arg, halt ein! Unser Pjotr, der vorzeiten stolz durch Moskau tat kutschieren, der muß heute, armer Pjotr, Stricke drehn hier in Sibirien«, und was dergleichen Liebeswürdigkeiten mehr waren.

Mit wahrer Wonne sahen sie unsere Leiden, die wir vor ihnen zu verbergen trachteten. Besonders viel hatten wir anfänglich bei der Arbeit auszustehen, weil wir nicht so stark waren wie die andern und ihnen keine ausreichende Hilfe sein konnten. Nichts ist schwerer, als das Vertrauen des einfachen Volkes zu gewinnen (noch dazu dieses Volkes) und seine Sympathie zu erwerben.

In unserm Zuchthaus waren mehrere Adlige. Zunächst einmal fünf Polen. Auf sie werde ich noch zu sprechen kommen. Die Zuchthäusler konnten diese Polen nicht ausstehen, noch weniger als die verschickten russischen Adligen. Die Polen (ich meine hier nur die politischen Gefangenen) behandelten die übrigen Sträflinge mit ausgesuchter und geradezu verletzender Höflichkeit, sie sonderten sich völlig von den andern ab und konnten ihren Abscheu vor ihnen nicht verhehlen; die begriffen das nur zu gut und zahlten es ihnen mit gleicher Münze heim.

Es dauerte fast zwei Jahre, bis es mir gelungen war, die Zuneigung einiger Sträflinge zu erwerben. Aber ein großer Teil von ihnen mochte mich zuletzt doch recht gern und hielt mich für einen »guten« Menschen.

Außer mir waren noch vier andere russische Adlige im Zuchthaus. Einer war ein niedriges, boshaftes, ungemein lasterhaftes Geschöpf, ein Spitzel und Zuträger von Beruf. Ich hatte schon vor meiner Einlieferung ins Zuchthaus von ihm gehört und vom ersten Tag an jeden Kontakt mit ihm gemieden. Der zweite war jener Vatermörder, den ich bereits erwähnte. Der dritte war Akim Akimytsch, und ich bin selten einem so sonderbaren Menschen begegnet, wie dieser Akim Akimytsch es war. Er ist mir ganz deutlich im Gedächtnis geblieben. Hochaufgeschossen und hager, ziemlich beschränkt und schrecklich ungebildet, war er ein Querulant sondergleichen, dabei peinlich genau wie ein Deutscher. Die Gefangenen lachten über ihn, manche scheuten sich aber auch ob seiner Nörgelsucht, seines hochfahrenden und zänkischen Wesens, mit ihm aneinanderzugeraten. Er machte sich augenblicks mit jedermann gemein, zankte und prügelte sich sogar mit den Sträflingen. Dabei war er von wahrhaft einmaliger Anständigkeit. Wenn immer er eine Ungerechtigkeit gewahrte, mischte er sich auf der Stelle ein, auch wenn ihn die Sache gar nichts anging. Er war grenzenlos naiv; wenn er sich beispielsweise mit andern Sträflingen zankte, machte er ihnen oft zum Vorwurf, daß sie Diebe seien, und redete ihnen allen Ernstes ins Gewissen, sie sollten doch das Stehlen aufgeben. Er hatte im Kaukasus als Fähnrich gedient. Wir freundeten uns am ersten Tag an, und er erzählte mir auch gleich seine Geschichte. Er hatte seine Karriere als Junker in einem Infanterieregiment im Kaukasus begonnen und hatte eine lange und harte Dienstzeit hinter sich, als er endlich zum Offizier befördert und als Kommandant an eine Festung versetzt wurde. Ein benachbarter, den Russen loyal gesinnter Stammesfürst hatte die Festung in Brand gesteckt und bei Nacht einen Überfall auf sie unternommen, der jedoch mißlang. Akim Akimytsch gebrauchte eine List und ließ sich nicht anmerken, daß er wußte, wer der Missetäter gewesen war. Der Zwischenfall wurde den unbotmäßigen Stämmen zugeschrieben, und einen Monat später lud Akim Akimytsch den betreffenden Stammesfürsten in aller Freundschaft zu sich zu Gast. Jener kam auch ohne allen Argwohn. Akim Akimytsch hatte seine Leute antreten lassen; er entlarvte den Fürsten und machte ihm Vorhaltungen vor versammelter Mannschaft; er legte ihm dar, daß es eine Schande sei, Festungen in Brand zu stecken. Er instruierte ihn an Ort und Stelle in aller Ausführlichkeit darüber, wie ein loyaler Fürst sich fürderhin zu verhalten habe, und ließ ihn zu guter Letzt erschießen, worüber er seinen Vorgesetzten unverzüglich und mit allen Einzelheiten Meldung erstattete. Dafür kam er vor Gericht, wurde zum Tod verurteilt, jedoch begnadigt und zu zwölf Jahren Zwangsarbeit zweiter Klasse und Festungshaft nach Sibirien verschickt. Er war sich völlig klar darüber, daß er falsch gehandelt hatte, und gestand mir ein, daß er dies auch vor der Füsilierung jenes Stammesfürsten gewußt habe, er habe gewußt, daß man einen loyalen Fürsten vor ein ordentliches Gericht hätte stellen müssen; aber obgleich er dies alles wußte, wollte er seine Schuld im Grunde doch nicht einsehen.

»Ich bitte Sie! Hat er mir die Festung angesteckt oder nicht? Hätte ich mich dafür vielleicht noch bei ihm bedanken sollen?« war seine Erwiderung auf meine Einwände.

Wenn die Sträflinge sich auch über Akim Akimytschs Schrullen lustig machten, respektierten sie ihn doch wegen seiner Sauberkeit und Genauigkeit und seiner vielseitigen Geschicklichkeit. Es gab kein Handwerk, auf das Akim Akimytsch sich nicht verstanden hätte. Er war Tischler, Schuhmacher, Maler, Vergolder, Schlosser, und das alles hatte er erst im Zuchthaus erlernt. Er hatte sich das alles selbst angeeignet: er brauchte den andern nur einmal bei der Arbeit zuzusehen, und schon konnte er es ihnen nachmachen. Daneben verfertigte er alle möglichen Kästen, Körbe, Lampions und Kinderspielzeug und vertrieb diese Dinge in der Stadt. Auf diese Weise hatte er immer etwas Geld, das er unverzüglich für neue Wäsche oder ein weicheres Kopfkissen ausgab, er leistete sich sogar eine zusammenklappbare Matratze. Er wohnte in derselben Kaserne wie ich und war mir in den ersten Tagen meines Zuchthausaufenthalts in vieler Hinsicht behilflich.

Ehe die Gefangenen aus dem Zuchthaus zur Arbeit auszogen, mußten sie vor der Wachstube in zwei Reihen antreten; vor und hinter ihnen standen die Begleitsoldaten mit geladenem Gewehr. Dann erschienen ein Pionieroffizier, ein Offiziersschüler und ein paar niedere Chargen der Pioniertruppen, die die Arbeit zu beaufsichtigen hatten. Der Offiziersschüler ließ die Sträflinge abzählen und schickte sie abteilungsweise zu ihrem jeweiligen Arbeitsplatz.

Ich machte mich mit ein paar andern auf den Weg zur

Pionierwerkstatt. Das war ein niedriges Steingebäude in einem großen Hof, auf dem allerlei Material gelagert war. Dort gab es eine Schmiede, eine Schlosserei, eine Tischlerei und andere Werkstätten. Akim Akimytsch war ebenfalls dort eingesetzt und arbeitete in der Malerwerkstatt, er kochte Firnis, mischte Farben und strich Tische und andere Möbelstücke nußbaumfarben an.

In Erwartung der neuen Fußketten unterhielt ich mich mit Akim Akimytsch über meine ersten Eindrücke im Zuchthaus.

»Ja, auf die Adligen ist man hier gar nicht gut zu sprechen«, bemerkte er, »besonders die Politischen, die würden sie am liebsten auffressen; das ist ja auch kein Wunder, sehen Sie. Erstens sind die von Adel ein andrer Menschenschlag, der nichts gemein hat mit ihnen, zweitens waren sie alle dereinst entweder Gutspflichtige oder bei den Soldaten. Urteilen Sie selbst, wie könnten die für unsereinen etwas übrig haben? Hier haben wir nichts zu lachen, kann ich Ihnen sagen. In den Strafkompanien in Rußland geht es aber noch viel härter zu. Wir haben welche hier, die von dort gekommen sind, die können sich gar nicht genug tun im Lob für unser Zuchthaus hier, als seien sie aus der Hölle geradeswegs ins Paradies versetzt worden. Nicht die Arbeit ist das Schlimme dran, müssen Sie wissen. Man sagt, dort seien die Vorgesetzten, jedenfalls in der ersten Kategorie, nicht ausschließlich Militärs, immerhin hätten sie andere Manieren als hier bei uns, mit Verlaub gesagt. Dort, heißt es, kann der Verschickte in einem eignen kleinen Häuschen wohnen. Ich selbst bin zwar nicht dort gewesen, doch so wird es erzählt. Dort werden die Sträflinge auch nicht geschoren, desgleichen tragen sie keine Gefangenenkleidung, obzwar es wieder auch sein Gutes hat, daß sie hier bei uns einheitlich gekleidet und geschoren sind; es steckt doch mehr Zucht dahinter, auch ist es dem Auge angenehmer, mit Verlaub. Den Leuten selbst aber will das gar nicht gefallen. Sehen Sie doch selber, was für ein bunter Haufen da zusammengewürfelt ist! Der eine ist ein Kantonist*,

* Sohn eines Soldaten, von Geburt an als Wehrpflichtiger registriert (Anmerkung des Übersetzers).

der andere ein Tscherkesse, der dritte ein Raskolnik,* der vierte ein rechtgläubiger Bauer, der seine Familie, seine lieben Kinder in der Heimat zurücklassen mußte, der fünfte ein Jude, der sechste ein Zigeuner, der siebte ich weiß nicht was, und alle diese Menschen müssen, ob sie wollen oder nicht, miteinander auskommen, müssen einträchtig miteinander leben, aus einer Schüssel essen, auf den gleichen Pritschen schlafen. Und was bleibt einem dabei noch an eigenem freiem Belieben: einen Bissen mehr kann man nur verstohlen essen, jeden schäbigen Groschen muß man im Stiefel verstecken, und ringsum nichts als das Zuchthaus und immer wieder das Zuchthaus ... Da muß einer ja auf dumme Gedanken kommen.«

Aber das alles wußte ich bereits. Ich wollte ihn vor allem über unsern Major ausfragen. Akim Akimytsch hielt mit seiner Meinung nicht hinterm Berg, und schon der Eindruck, den sein Bericht auf mich machte, war, wie ich mich heute noch erinnere, nicht gerade ermutigend.

Indes war es mir bestimmt, noch zwei Jahre unter dem Kommando dieses Majors leben zu müssen. Alles, was Akim Akimytsch mir von ihm erzählte, sollte sich hernach als durchaus zutreffend erweisen, mit dem einzigen Unterschied, daß der Eindruck der Wirklichkeit immer noch stärker ist als der Eindruck einer bloßen Erzählung. Dieser Mensch war darum so fürchterlich, weil er der fast unumschränkte Gebieter über zweihundert Seelen war. An und für sich war er nichts als ein zuchtloser und böser Mensch. Die Sträflinge betrachtete er als seine natürlichen Feinde, das war sein erster und entscheidender Fehler. Dabei hatte er sogar einige Fähigkeiten; aber alles, auch das Gute, äußerte sich bei ihm in einer verzerrten und entstellten Weise. Unbeherrscht und heimtückisch, wie er war, tauchte er mitunter sogar bei Nacht unverhofft im Zuchthaus auf, und wenn er einen Sträfling auf der linken Seite oder auf dem Rücken schlafend fand, ließ er ihn am andern Morgen dafür bestrafen: »Schlaf gefälligst

* Schismatiker, ein von der orthodoxen Kirche Abtrünniger, Ketzer, Sektierer; von Raskol = Kirchenspaltung (Anmerkung des Übersetzers).

auf der rechten Seite, wie ich befohlen habe.« Die Gefangenen haßten und fürchteten ihn wie die Pest. Sein Gesicht war blaurot angelaufen und brutal. Jedermann wußte, daß sein Bursche Fedjka ihn völlig in der Hand hatte. Aber mehr als alles andere auf der Welt liebte er seinen Pudel Tresorka und wurde fast wahnsinnig, als Tresorka erkrankte. Man erzählte sich, er habe laut geschluchzt wegen des Pudels, wie über einen leiblichen Sohn; einen Tierarzt hatte er schon davongejagt und sich, nach seiner Gewohnheit, um ein Haar mit ihm geprügelt, und als er von Fedjka hörte, daß es im Zuchthaus einen Sträfling gebe, der sich durch Erfahrung und Übung einige tierärztliche Kenntnisse angeeignet habe und im Kurieren von kranken Tieren äußerst beschlagen sei, ließ er ihn unversäumt zu sich rufen.

»Hilf mir! Ich werde dich mit Gold überschütten, wenn du mir meinen Tresorka gesund machst!« rief er.

Jener Gefangene war ein durchtriebener sibirischer Bauer, dabei ein gescheiter Mann und wirklich sehr bewandert in der Behandlung kranker Tiere.

»Schau ich mir da seinen Tresorka an«, erzählte er später den anderen Sträflingen, übrigens erst lange nach seinem Besuch beim Major, als die ganze Angelegenheit längst vergessen war, »ich seh mir das an: da liegt der Köter auf dem Sofa, auf einem weißen Kissen; und ich seh auf den ersten Blick, der hat eine Entzündung, den muß man zur Ader lassen, und so wahr ich hier stehe: ich hätte ihm sein Hundevieh schon kuriert! Dann aber denke ich bei mir: Was aber, wenn ich ihn nicht durchbringe, wenn er mir draufgeht? – ‚Nein', sagte ich, ‚Euer Hochwohlgeboren haben mich zu spät rufen lassen; hätten Hochwohlgeboren mich gestern herbefohlen oder vorgestern, hätt ich Euch den Hund wohl kuriert, jetzt aber ist's zu spät, ich kann ihn nicht mehr kurieren ...'«

Und so mußte denn Tresorka sterben.

Ich erfuhr auch in allen Einzelheiten, wie man unsern Major hatte umbringen wollen. Im Zuchthaus gab es einen Gefangenen, der schon mehrere Jahre dort zugebracht hatte und sich durch sein sanftmütiges Wesen auszeichnete. Auffällig war auch, daß er so gut wie mit niemandem je ein Wort sprach. Daher glaubte man, daß er nicht ganz richtig im Kopf sein müsse. Er war des Lesens kundig und hatte das ganze letzte Jahr über unablässig in der Bibel gelesen, Tag und Nacht. Um Mitternacht, wenn alle andern eingeschlafen waren, erhob er sich, zündete ein wächsernes Kirchenlicht an, kletterte auf den Ofen, schlug das Buch auf und las darin bis zum andern Morgen. Eines Tages war er zum Unteroffizier gegangen und hatte ihm eröffnet, daß er heute nicht zur Arbeit gehen wolle. Das wurde dem Major gemeldet; der ergrimmte und kam auf der Stelle selber angefahren. Der Sträfling stürzte sich mit einem Ziegelstein auf ihn, den er sich zuvor bereitgelegt hatte, traf ihn jedoch nicht. Er wurde ergriffen und zu einer Prügelstrafe verurteilt. Alles das war sehr schnell vor sich gegangen. Drei Tage danach war er im Lazarett gestorben. Noch im Tode hatte er gesagt, er habe niemandem Böses tun, sondern nur leiden wollen. Übrigens gehörte er nicht etwa irgendeiner Sekte an. Im Zuchthaus gedachte man seiner nur mit Hochachtung.

Endlich wurden mir die neuen Fußketten angeschmiedet. Inzwischen hatten sich mehrere Kalatschenverkäuferinnen in der Werkstatt eingefunden. Manche von ihnen waren noch ganz kleine Mädchen. Sie kamen gewöhnlich, um die von ihren Müttern gebackenen Kalatschen feilzubieten, bis sie erwachsen waren. Wenn sie herangewachsen waren, kamen sie immer noch, jetzt freilich ohne Gebäck, das war hier der Lauf der Dinge. Außer den Mädchen waren auch noch andere Frauen dabei. Ein Kalatsch kostete einen Groschen, und fast alle Gefangenen kauften sich welche.

Ich wurde auf einen Sträfling aufmerksam, einen Tischler, einen bereits ergrauten, aber rotbäckigen Mann, der munter mit den Kalatschenverkäuferinnen schäkerte. Unmittelbar vor ihrem Erscheinen hatte er sich ein rotes Baumwolltuch um den Hals geschlungen. Ein dickes und über und über pockennarbiges junges Frauenzimmer hatte ihre Mulde auf seiner Hobelbank abgestellt. Zwischen den beiden entspann sich folgendes Gespräch:

»Warum habt Ihr Euch gestern denn gar nicht blicken lassen?« fing der Sträfling mit selbstgefälligem Lächeln an.

»Da hört sich doch alles auf! Ich war da, von Euch aber war weit und breit keine Spur«, erwiderte das Weibsbild schlagfertig.

»Wir wurden anderswo benötigt, sonst hätten wir uns unbedingt eingefunden ... Dafür waren vorgestern alle die Eurigen bei mir.«

»Wer wird schon dagewesen sein?«

»Die Marjaschka war da, die Chawroschka war da, die Tschekunda war da, die Zweigroschenmamsell ...«

»Was bedeutet das?« fragte ich Akim Akimytsch, »sollte dergleichen wirklich möglich sein?«

»Ja, das kommt vor, mit Verlaub«, antwortete er und schlug verlegen die Augen nieder, denn er war ein ungewöhnlich keuscher Mensch.

Dergleichen kam selbstverständlich vor, wenn es auch äußerst selten und nur unter größten Schwierigkeiten zu bewerkstelligen war. Im allgemeinen gab es mehr Liebhaber für Schnaps als für diese Dinge, trotz aller natürlichen Bedrängnis eines solchen unfreien Lebens. Es war nicht leicht, an Frauen heranzukommen. Man mußte eine Zeit, einen Ort ausmachen, sich verabreden, das Stelldichein festsetzen, einen einsamen Schlupfwinkel ausfindig machen, was besonders schwierig war, die Wachtposten bestechen, was noch schwerer hielt, und überhaupt im Verhältnis geradezu eine Unsumme Geld dafür springen lassen. Und doch war ich später mehrmals Zeuge solcher Schäferstündchen. Ich weiß noch, wie wir im Sommer einmal zu dritt in einem Schuppen am Irtysch-Ufer eingesetzt waren, wo wir einen Brennofen heizen mußten; unsere Bewacher waren gutmütige Burschen. Schließlich erschienen zwei »Souffleusen«, wie sie von den Sträflingen genannt wurden.

»Heda, wo habt ihr euch denn so lange rumgetrieben? Sicher wieder bei den Swerkows?« empfing sie der Sträfling, um dessentwillen sie gekommen waren und der schon lange auf sie gewartet hatte.

»Ich und mich rumgetrieben? Da bleibt ja eine Elster länger auf einem Pfahl sitzen, als ich bei denen gesessen bin«, erwiderte die Jungfer vergnügt.

Es war das unappetitlichste Frauenzimmer der Welt, ebenjene bereits erwähnte Tschekunda. Mit ihr zusammen war auch die Zweigroschenmamsell gekommen. Die spottete nun wahrlich jeder Beschreibung.

»Euch hab ich auch schon 'ne hübsche Weile nicht mehr gesehn«, wandte sich unser Don Juan jetzt an die Zweigroschenmamsell. »Mir scheint, Ihr habt ein wenig abgenommen.«

»Kann schon sein. Früher war ich ganz schön dick, jetzt aber – grad als ob ich 'ne Nadel verschluckt hätte.«

»Ihr geht wohl immer noch mit den Soldaten, wie?«

»Kein Gedanke, das müssen Euch böse Zungen eingeflüstert haben; im übrigen, was wär denn schon dabei? Soldatenliebchen möcht ich sein, steck ich dann auch mal Prügel ein.«

»Laßt sie doch laufen und haltet Euch lieber an uns; wir können wenigstens was springen lassen . . .«

Zur Vervollständigung dieses Bildes stelle man sich den Schwerenöter nur mal vor, mit geschorenem Kopf und Fußketten, in zweifarbiger Sträflingskleidung und unter Bewachung.

Ich verabschiedete mich von Akim Akimytsch, und als ich erfahren hatte, daß ich ins Zuchthaus zurückkehren konnte, machte ich mich mit einem Wachsoldaten auf den Rückweg. Einige Gefangene waren schon dort eingetroffen. Als erste kehrten die zurück, die zu irgendeiner Terminarbeit eingesetzt waren. Das einzige Mittel, einen Sträfling zu fleißiger Arbeit zu bewegen, war, ihm eine Terminarbeit zu übertragen. Mitunter wird ihnen dabei eine wahrhaft gewaltige Leistung abverlangt, und doch sind sie doppelt so rasch fertig, als wenn sie bis zum Mittagsignal arbeiten müßten. Sobald ein Sträfling sein Arbeitspensum erledigt hatte, konnte er ungehindert heimgehen, und niemand hätte ihn mehr zurückgehalten.

Das Mittagessen wurde nicht gemeinsam eingenommen, sondern jeder aß, wenn er gerade kam; überdies hätte die Küche auch nicht alle auf einmal beherbergen können. Ich kostete von der Kohlsuppe, brachte sie aber, da ich noch nicht an dieses Zuchthausessen gewöhnt war, nicht über die Lippen und kochte mir einen Tee. Wir nahmen am Ende eines Tisches Platz. Ich war mit einem Kameraden zusammen, einem ehemaligen Adligen wie ich.

Die Sträflinge kamen und gingen. Übrigens war noch Platz genug, weil noch nicht alle eingetroffen waren. Eine Gruppe von fünf Mann saß abgesondert an einem großen Tisch. Der Koch schüttete ihnen Kohlsuppe in zwei Schüsseln und stellte eine große Tonpfanne mit gebratenem Fisch vor sie hin. Sie feierten irgend etwas und aßen auf eigene Rechnung. Uns bedachten sie mit scheelen Blicken. Einer der Polen trat ein und setzte sich neben uns.

»Ich war zwar nicht hier, bin aber doch über alles genau im Bild!« brüllte ein hochgewachsener Sträfling beim Betreten der Küche und ließ seinen Blick über die Anwesenden schweifen.

Er mochte an die fünzig Jahre alt sein, war muskulös und hager. Sein Gesicht wirkte verschlagen und hatte zugleich einen vergnügten Ausdruck. Besonders auffällig war seine dicke, vorstehende Unterlippe, die ihm etwas ungemein Komisches verlieh.

»Hallo, gut geschlafen, hoffe ich! Was begrüßt ihr mich nicht? Unsere Kursker sollen sich's schmecken lassen!« fügte er hinzu und setzte sich neben die Männer, die sich an ihrem eigenen Essen gütlich taten. »Wohl bekomm's! So empfangt euren Gast, wie sich's gehört!«

»Wir sind aber gar nicht aus Kursk, Bruderherz.«

»Na, dann doch bestimmt aus Tambow?«

»Auch nicht aus Tambow. Bei uns gibt's nichts für dich zu holen, Bruder. Versuch dein Glück bei 'nem reichen Bauern, den magst du anschnorren.«

»In meinem Wanst, Brüder, hab ich heut den Kohldampf-Iwan und die Nimmersatt-Marie; wo wär denn euer reicher Bauersmann zu finden?«

»Der Gasin, das wär so'n reicher Bauernkerl; geh doch zu dem.«

»Gasin hat heute seinen Sauftag, Brüder; der ist schon voll wie 'n Schwein; der verjubelt heut sein letztes Geld.«

»Der Gasin hat gut und gern seine zwanzig Silberrubel«,

warf ein andrer ein. »Hier den Kneipwirt zu machen, zahlt sich schon aus, Brüder.«

»Na, wie ist's, ihr wollt mich also nicht als Kostgänger haben? Dann wolln wir uns mal den Zuchthausfraß zu Gemüte führen.«

»Geh doch da rüber und bitt um Tee. Die Herrschaften dort trinken gerade welchen.«

»Was für Herrschaften? Hier gibt's keine Herrschaften; die sind jetzt auch nichts Besseres als wir alle«, warf ein Sträfling finster ein, der in einer Ecke saß und sich bisher nicht am Gespräch beteiligt hatte.

»Würd ja ganz gern einen Becher Tee trinken, aber ich genier mich, drum zu bitten: man hat ja auch seinen Stolz«, entgegnete der Sträfling mit der wulstigen Lippe und sah zutraulich zu uns herüber.

»Wenn Sie wollen, geb ich Ihnen gern was ab«, sagte ich einladend, »das heißt, falls es Ihnen recht ist.«

»Ob's mir recht ist?! Und wie recht es mir ist!« Mit diesen Worten kam er an unsern Tisch.

»Sieh dir so was an, daheim hat er seine Kohlsuppe aus dem Bastschuh gelöffelt, hier aber ist er auf den Geschmack gekommen; jetzt ist er ganz wild auf das Herrengetränk«, brummte der mürrische Sträfling.

»Trinkt denn hier sonst niemand Tee?« fragte ich ihn, er aber würdigte mich keiner Antwort.

»Da kommen auch schon die Kalatschen. Spendieren Sie mir noch einen kleinen Kalatsch dazu, wenn's beliebt!«

Das Gebäck wurde hereingetragen. Ein junger Sträfling ging mit einem ganzen Bündel herum und bot sie den Gefangenen feil. Die Kalatschenverkäuferin ließ ihm jeden zehnten Kalatsch ab, das war sein kalkulierter Verdienst dabei.

»Kalatschen, Kalatschen!« rief er, in die Küche tretend. »Frische Moskauer Kalatschen! Am liebsten würd ich sie ja alle selber essen, aber ich brauch das Geld. Na, immer ran, Leute, wer will noch mal, ein einziger ist noch zu haben: habt doch alle eine Mutter gehabt!«

Dieser Appell an die Mutterliebe brachte die Anwesenden zum Lachen, und er wurde noch ein paar Kalatschen los.

»Was soll ich euch sagen, Brüder«, fing er an, »mit Gasin wird's heute noch ein böses Ende nehmen. Muß der's denn auch wieder so bunt treiben. Und wenn das Achtauge aufkreuzt?«

»Man wird ihn schon rechtzeitig verstecken. Ist er denn schlimm besoffen?«

»Und wie! Wie ein Wilder ist er, legt sich mit einem jeden an.«

»Na, dann wird's wohl wieder mal Hiebe setzen.«

»Von wem ist da die Rede?« fragte ich den neben mir sitzenden Polen.

»Die meinen den Gasin, auch einen Gefangenen. Er hält hier Wodka feil. Sobald er ein bißchen Geld beisammen hat, versäuft er es auf der Stelle. Er ist brutal und bösartig, im nüchternen Zustand übrigens ganz harmlos; aber wenn er getrunken hat, zeigt sich sein wahrer Charakter; dann geht er mit dem Messer auf einen los. Man muß ihn dann eben wieder zur Räson bringen.«

»Was heißt: zur Räson bringen?«

»Dann gehen an die zehn Sträflinge auf ihn los und prügeln ihn ganz unmenschlich, bis er das Bewußtsein verliert, das heißt, sie schlagen ihn halbtot. Dann packt man ihn auf seine Pritsche und deckt ihn mit seinem Halbpelz zu.«

»Kann man ihn denn nicht totschlagen dabei?«

»Jeder andere wäre nach einer solchen Abreibung längst draufgegangen, nur Gasin nicht. Er ist unwahrscheinlich stark, stärker als alle andern hier und von robuster Konstitution. Am andern Morgen steht er wieder auf und ist munter und gesund.«

»Sagen Sie mir eines«, fragte ich den Polen weiter, »hier kann sich doch jeder auf eigene Rechnung verköstigen, ich aber trinke bloß meinen Tee. Dabei sieht man mich an, als ob man mir diesen Tee mißgönnte. Was hat das zu bedeuten?«

»Es geht nicht um den Tee dabei«, antwortete der Pole. »Man verübelt Ihnen, daß Sie von Adel sind und anders als die andern. Viele hier würden nur zu gern einen Streit mit Ihnen vom Zaun brechen – man würde sich einen Spaß draus machen, Sie zu beleidigen und zu kränken. Sie werden noch manche Unannehmlichkeiten haben. Für unsereinen ist es hier entsetzlich schwer. Wir haben es in jeder Hinsicht schwerer als alle andern. Man braucht viel Gleichmut, um sich damit abzufinden. Sie werden noch manchen Verdruß haben, und man wird Sie schelten wegen des Tees und weil Sie sich selbst beköstigen, obgleich sehr viele hier oft genug auf eigene Rechnung essen und manche auch ständig Tee trinken. Die andern dürfen es, Sie hingegen nicht.«

Damit stand er auf und ging fort. Nur wenige Augenblicke später sollten seine Worte sich bewahrheiten ...

3

Erste Eindrücke

Kaum war M.* gegangen, als Gasin, völlig betrunken, in die Küche torkelte.

Ein betrunkener Sträfling, am hellichten Tag, noch dazu an einem Werktag, wo jedermann gleich wieder zur Arbeit ausrücken mußte, trotz des gestrengen Majors, der alle Augenblicke selbst im Zuchthaus auftauchen konnte, trotz des aufsichthabenden Unteroffiziers, der ständig im Zuchthaus anwesend war, und trotz der vielen Wachtposten und Invaliden – kurz, trotz der strengen Disziplin mit allen ihren Vorschriften –, brachte alle meine festen Vorstellungen vom Sträflingsdasein restlos durcheinander. Und ich mußte noch relativ lange im Zuchthaus zubringen, ehe ich mir derartige Tatsachen zu erklären vermochte, die mir in den ersten Tagen meines Aufenthaltes so rätselhaft erschienen.

Ich sagte bereits, daß die Sträflinge stets irgendeiner privaten Arbeit nachgingen und daß diese Arbeit im Leben jedes Zuchthäuslers ein natürliches Bedürfnis war; von diesem Bedürfnis abgesehen, hatten die Gefangenen eine wahre Leiden-

* Gemeint ist der polnische Revolutionär Alexander Mirecki, der 1846 zu zehn Jahren Zwangsarbeit verurteilt worden war (Anmerkung des Übersetzers).

schaft fürs Geld und schätzten es höher als alles andere, fast so hoch wie die Freiheit, sie waren schon zufrieden, wenn sie es nur in ihrer Tasche klimpern hörten. Dagegen waren sie niedergeschlagen, traurig, unruhig und mutlos, wenn sie keines hatten, und dann waren sie zu allem bereit, selbst zum Diebstahl, nur um sich Geld zu verschaffen. Wenn das Geld im Zuchthaus auch eine so große Kostbarkeit war, hielt es sich doch nie lange bei dem Glückspilz, der darüber verfügte. Erstens war es schwer, es so zu verwahren, daß es einem nicht gestohlen oder abgenommen wurde. Wenn der Major es bei seinen plötzlichen Durchsuchungen entdeckte, zog er es unverzüglich ein. Vielleicht verwandte er es zur Aufbesserung der Sträflingskost, jedenfalls mußte alles Geld bei ihm abgeliefert werden. Aber viel öfter noch wurde es gestohlen; in dieser Hinsicht war auf niemanden Verlaß. Später freilich fand man bei uns eine Methode, sein Geld absolut sicher zu verwahren. Man vertraute es einem alten Manne an, einem Altgläubigen.* Er war aus der Vorstadt von Starodub zu uns gekommen, wo sich die dereinst auf der Insel Wetka ansässigen Altgläubigen niedergelassen hatten ...** Aber ich kann es nicht erwarten, ein paar Worte über ihn zu sagen, obwohl ich damit von meinem eigentlichen Thema abschweife. Er mochte an die sechzig Jahre sein, ein kleiner, weißhaariger Mann. Vom ersten Augenblick an hatte er mich tief beeindruckt. Er hatte so gar nichts gemein mit den andern Sträflingen: in seinem Blick war eine so heitere Gelassenheit, daß ich, wie ich mich entsinne, mit besonderem Vergnügen in seine klaren hellen, von zahlreichen kleinen Fältchen umgebenen Augen schaute. Ich habe mich oft mit ihm unterhalten und bin nur selten in meinem Leben einem so guten und edelmü-

* Russische Sektierer, Anhänger einer Mitte des 17. Jahrhunderts entstandenen religiösen Bewegung, die sich gegen die offiziell eingeführten Reformen der orthodoxen Kirche wandte (Anmerkung des Übersetzers).

** Gemeint sind die Siedlungen der Altgläubigen in Starodub (Gouvernement Tschernigow). Im 18. Jahrhundert waren die Altgläubigen von der Insel Wetka im Fluß Sosch hierher übersiedelt, um sich vor den Verfolgungen der Regierung zu retten (Anmerkung des Übersetzers).

tigen Menschen begegnet. Er war wegen eines sehr schwerwiegenden Delikts ins Zuchthaus gekommen. Von den Altgläubigen in Starodub hatten sich einige zur rechtgläubigen Kirche bekehrt. Die Regierung förderte sie nach Kräften und machte alle Anstrengungen zur Bekehrung auch der übrigen Sektierer. Da hatte der alte Mann mit einigen andern Fanatikern beschlossen, »für seinen Glauben einzustehen«, wie er sich ausdrückte. Als mit dem Bau einer eingläubigen* Kirche begonnen wurde, hatten sie diese in Brand gesteckt. Der alte Mann wurde als einer der Rädelsführer zur Zwangsarbeit verschickt. Er war ein begüterter Kleinbürger, ein Kaufmann; daheim hatte er Weib und Kinder zurückgelassen, war aber ungebrochen in die Verbannung gegangen, die er in seiner Verblendung als »Leiden um des Glaubens willen« ansah. Wenn man eine Zeitlang mit ihm zusammen gelebt hatte, mußte man sich unwillkürlich fragen, wie dieser friedfertige, kindlich sanftmütige Mensch überhaupt zum Aufrührer hatte werden können. Ich habe ihn im Gespräch mehrmals nach seinem »Glauben« befragt. Er gab kein Tüpfelchen von seinen Überzeugungen preis, und doch klang aus seinen Antworten niemals die geringste Bosheit, der leiseste Haß. Dabei hatte er eine Kirche eingeäschert und leugnete es nicht. Anscheinend hielt er diese Tat und die »Leiden«, die er dafür auf sich genommen hatte, seiner Überzeugung gemäß für löblich und gut. Aber so genau ich ihn auch beobachtete und so eingehend ich mich auch mit ihm beschäftigte, habe ich doch nie auch nur den kleinsten Anflug von Hoffart oder Stolz an ihm bemerkt. Bei uns im Zuchthaus gab es auch andere Altgläubige, größtenteils Sibirier. Die waren keineswegs auf den Kopf gefallen, sondern gewitzte, höchst bibelfeste Bauern, die an keinem Jota der Schrift rütteln ließen, gewiegte Dialektiker auf ihre Art, ein hochmütiger, aufgeblasener, listiger und äußerst unduldsamer Menschenschlag. Der alte Mann war von ganz anderer Wesensart. Er war vielleicht noch bibelkundiger als sie alle, ging aber jedem Streit aus dem Wege. Er hatte ein verträgliches, sehr

* Altgläubige, welche sich, ohne die alten liturgischen Formen aufzugeben, der orthodoxen Kirche anschließen (Anmerkung des Übersetzers).

umgängliches Gemüt. Er war stets fröhlich, lachte gern – aber nicht grob und zynisch wie die andern Sträflinge, sondern ein heiteres, stilles Lachen, in dem viel kindliche Einfalt lag und das sich so gut mit seinem weißen Haar vertrug. Vielleicht täusche ich mich, aber ich glaube, daß man einen Menschen an seinem Lachen erkennen kann, und wenn euch das Lachen eines völlig Unbekannten bei der ersten Begegnung sympathisch ist, könnt ihr getrost sagen, daß dies ein guter Mensch sein muß. Der alte Mann hatte sich im Zuchthaus allgemeine Achtung erworben, auf die er sich indes gar nichts zugute hielt. Die Sträflinge nannten ihn Großvater, und niemand hätte ihm je etwas zuleide getan. Ich kann mir recht gut vorstellen, wie groß sein Einfluß auf seine Glaubensbrüder gewesen sein muß.

Aber trotz der äußerlichen Unerschütterlichkeit, mit der er seine Haft ertrug, lebte in ihm doch ein tiefer, unheilbarer Gram, den er vor jedermann zu verbergen trachtete. Ich wohnte in derselben Kaserne wie er. Eines Nachts wachte ich gegen drei Uhr auf und hörte ein leises, gedämpftes Weinen. Der Alte saß auf dem Ofen (demselben, auf dem dereinst der Sträfling nächtelang gelesen und gebetet hatte, der den Major hatte umbringen wollen) und las Gebete aus seinem handgeschriebenen Buch. Er weinte, und immer wieder hörte ich ihn sagen: »Verlaß mich nicht, Herr, Herr, gib mir Kraft! Ihr, meine kleinen Kinderchen, meine lieben, kleinen Kinderchen, niemals werden wir uns wiedersehen!« Unmöglich zu beschreiben, wie schwer es mir da ums Herz wurde. Diesem alten Manne also vertrauten im Lauf der Zeit alle Gefangenen ihr Geld zur Verwahrung an. Im Zuchthaus waren fast ausnahmslos alles Diebe, doch auf einmal war es die einhellige Überzeugung, daß dieser alte Mann sich nie und nimmer an fremdem Eigentum vergreifen würde. Man wußte, daß er das ihm anvertraute Geld irgendwo versteckte, aber an einem so geheimen Ort, daß niemand es ausfindig machen konnte. Später weihte er mich und einige der Polen in sein Geheimnis ein. An einem der Zaunpfähle befand sich eine kleine Astgabelung, die scheinbar völlig mit dem Holz verwachsen war Sie ließ sich aber herausnehmen, und darunter war im Holz eine tiefe Höhlung. Dort verbarg der Großvater das Geld und steckte den Ast dann wieder so fest hinein, daß niemand etwas davon hätte ahnen können.

Doch ich bin abgeschweift. Ich war dabei stehengeblieben, daß sich das Geld in den Taschen der Sträflinge nie lange hielt. Abgesehen von den Schwierigkeiten, es zu bewahren, herrschte im Zuchthaus so große Hoffnungslosigkeit, zudem ist der Gefangene naturgemäß so freiheitshungrig und schließlich seiner sozialen Stellung gemäß so leichtsinnig und hemmungslos, daß es ihn einfach dazu drängt, »alles auf einmal springen zu lassen«, sein gesamtes Hab und Gut in Saus und Braus zu verjubeln, um wenigstens für kurze Zeit seinen Gram zu vergessen. Es war geradezu sonderbar mit anzusehen, wie manch einer sich zuweilen monatelang abschuftete, ohne sich einen Augenblick Ruhe zu gönnen, nur um an einem einzigen Tag seinen ganzen Verdienst bis auf die letzte Kopeke durchzubringen, um sich dann wieder monatelang abzurackern bis zum nächsten Saufgelage. Viele Sträflinge legten Wert auf neue Kleidung, und zwar mußten es um jeden Preis Zivilsachen sein: irgendwelche schwarzen Zivilhosen, Westen oder kurze, pelzverbrämte Überröcke. Sehr begehrt waren auch Kattunhemden und kupferbeschlagene Gürtel. Zu den Feiertagen putzte man sich damit heraus, und der also Herausstaffierte stolzierte dann unbedingt durch die Kasernen, um sich aller Welt zu zeigen. Der Stolz eines gutgekleideten Sträflings nahm oft geradezu kindische Formen an; ja in vieler Hinsicht benahmen sich die Sträflinge wie die Kinder. Freilich wechselten alle diese schmucken Dinge meist ganz schnell den Besitzer, zuweilen wurden sie noch am selben Abend verpfändet oder um einen Pappenstiel verschleudert. Übrigens fing eine solche Sauferei meist ganz manierlich an. In der Regel fand sie entweder an Festtagen oder am Namenstag des Betreffenden statt. Wenn ein Sträfling Namenstag hatte, stand er in der Frühe auf, stellte eine Kerze vor die Ikone und betete; dann putzte er sich heraus und bestellte sich ein Festmahl. Da wurde Rindfleisch und Fisch gekauft, es gab sibirische Maultaschen, und er schlug sich den Wanst voll wie ein Bulle, fast immer allein, nur ausnahmsweise wurden Kameraden eingeladen, bei der Schmauserei mitzuhalten. Auf einmal war auch Schnaps da, der Feiernde ließ sich vollaufen wie eine Haubitze und zeigte sich dann schwankend und torkelnd in allen Kasernen, um jedermann kundzutun, daß er betrunken war, daß er sich »einen guten Tag« machte, und sich dadurch allgemeine Hochachtung zu erwerben. Überall im russischen Volk wird dem Betrunkenen eine gewisse Sympathie entgegengebracht, im Zuchthaus begegnete man ihm geradezu mit Ehrerbietung. Bei solchen Saufereien hatte sich hier eine Vornehmheit eigenen Stils herausgebildet. Sobald ein Gefangener erst richtig lustig geworden war, heuerte er sich einen Musikanten an. Im Zuchthaus war ein kleiner Pole, ein Deserteur und widerlicher Geselle, der konnte Geige spielen und hatte sein Instrument auch bei sich, das war sein ganzes Hab und Gut. Er hatte kein Handwerk erlernt und verdiente sich damit sein bißchen Geld, daß er sich an die Feiernden verdingte, um ihnen lustige Tänze aufzuspielen. Er hatte seinem betrunkenen Auftraggeber auf dem Fuß von einer Kaserne in die andere zu folgen und dabei auf seiner Fiedel zu kratzen, was das Zeug hielt. Oft standen ihm Langeweile und Überdruß auf dem Gesicht geschrieben. Aber der Zufruf: »Spiel auf, hast doch den Zaster eingesteckt dafür!« zwang ihn, immer weiter seinen Fiedelbogen zu streichen. Wenn ein Sträfling seinen Sauftag hatte, konnte er sicher sein, daß man ein Auge auf ihn haben würde, falls er sich zu sehr betrinken sollte, daß man ihn beizeiten schlafen legen und vor allem beim Erscheinen eines Vorgesetzten rechtzeitig verstecken würde, und dies alles ohne jeden Eigennutz. Der Unteroffizier und die Invaliden, die zur Aufrechterhaltung der Ordnung im Zuchthaus lebten, konnten ebenfalls ganz unbesorgt sein: der Betrunkene würde bestimmt keine Unruhe stiften. Die ganze Kaserne achtete auf ihn, und wenn er begonnen hätte zu randalieren oder aufsässig zu werden, hätte man ihn augenblicklich zur Ruhe gebracht, ihn notfalls sogar ohne viel Umstände gefesselt. Daher drückte das subalterne Zuchthauspersonal, was die Trunkenheit betraf, auch beide Augen zu und wollte einfach nicht wahrhaben, daß dergleichen vorkam. Man wußte sehr wohl, daß eine strenge Einhaltung des Alkoholverbots die Lage nur verschlimmert hätte. Wie aber konnte man hier überhaupt zu Branntwein kommen?

Schnaps erstand man im Zuchthaus bei den sogenannten Schankwirten. Es gab mehrere dieses Gewerbes, und die betrieben ihr Geschäft unablässig und gewinnbringend, wenn sich auch nur wenige leisten konnten, zu trinken und zu »feiern«, denn jede derartige Zecherei kostete Geld, und für die Sträflinge war es schwer, sich Geld zu beschaffen. Dieser Handel wickelte sich auf recht originelle Weise ab. Da ist beispielsweise ein Sträfling, der kein Handwerk erlernt hat und zum Arbeiten keine Lust hat (es gab solche), der aber dennoch Geld verdienen will, der zudem von ungeduldiger Wesensart ist und es rasch zu etwas bringen will. Für den Anfang verfügt er über ein bißchen Geld, und so beschließt er, Branntweinhändler zu werden: ein wagemutiges Unterfangen, verbunden mit einem großen Risiko. Man kann dafür unter Umständen seinen Rücken hinhalten müssen und mit einem Schlag sowohl Ware als auch Kapital einbüßen. Ein angehender Schankwirt ist jedoch bereit, dieses Risiko einzugehen. Zuerst hat er nur wenig Geld, daher schmuggelt er den Schnaps zum erstenmal am eigenen Leib ins Zuchthaus ein und schlägt ihn selbstredend sehr vorteilhaft los. Dieses Experiment wiederholt er ein zweites und drittes Mal, und wenn er dabei nicht erwischt wird, kommt sein Handel rasch in Schwung, und erst dann eröffnet er ein regelrechtes Geschäft auf breiter Basis: er wird zum Unternehmer, zum Kapitalisten, hält sich Agenten und Gehilfen, sein Risiko wird immer kleiner und sein Profit immer größer. Das Risiko gehen jetzt die Gehilfen an seiner Statt ein.

Im Gefängnis gibt es immer eine ganze Anzahl von Leuten, die bei Spiel oder Schnaps alles bis auf die letzte Kopeke durchgebracht haben, Menschen, die kein Handwerk gelernt haben, jämmerliche und heruntergekommene Individuen, aber ausgestattet mit einem gewissen Grad von Wagemut und Entschlossenheit. Leute dieses Schlages haben als Kapital nichts weiter als ihren Buckel, der aber kann ihnen immer noch zu etwas gut sein, und so beschließt der abgebrannte Trunkenbold, ebendieses sein letztes Kapital in Umlauf zu setzen. Er geht zum Schnapshändler und verdingt sich diesem für den Branntweinschmuggel; ein begüterter Schankwirt hat mehrere solcher Hilfskräfte in seinen Diensten. Irgendwo draußen, außerhalb der Zuchthausmauern, hat er dann eine Mittelsperson – einen Soldaten, einen Kleinbürger, mitunter sogar ein Frauenzimmer –, die für das Geld des Schankwirtes und eine feste, relativ geringe Vermittlergebühr in einem Wirtshaus Branntwein aufkauft und an irgendeinem abgelegenen Platz versteckt, wohin die Sträflinge zur Arbeit kommen. In aller Regel vergewissert sich der Lieferant zunächst einmal selbst, ob der Schnaps auch gut ist, und ersetzt die fehlende Menge unbekümmert durch Wasser; friß Vogel oder stirb, ist die Devise, und schließlich darf ein Zuchthäusler nicht wählerisch sein: er kann froh sein, daß er sein Geld nicht ganz umsonst bezahlt hat und daß er seinen Schnaps dafür erhält, wenn auch mehr schlechten als rechten, aber immerhin Schnaps. Bei diesem Lieferanten stellen sich dann die ihm zuvor vom Schankwirt im Zuchthaus bezeichneten Schmuggler mit Rinderdärmen ein. Diese Därme werden zunächst gereinigt, dann gießt man Wasser hinein, auf diese Weise erhalten sie sich ihre ursprüngliche Feuchtigkeit und Elastizität und können nach einiger Zeit zur Schnapsbeförderung verwendet werden. Wenn der Sträfling die Därme mit Schnaps gefüllt hat, schlingt er sie sich um den Leib, nach Möglichkeit an den verborgensten Stellen seines Körpers. Selbstverständlich erweist sich hier die ganze Geschicklichkeit und Diebesschläue des Schmugglers. Immerhin steht dabei auch seine Schmugglerehre auf dem Spiel; denn er muß sowohl die Begleitmannschaften als auch den Wachtposten an der Nase herumführen. Und das tut er auch: einem geschickten Schmuggler merkt der Begleitsoldat, oft ein blutjunger Rekrut, meist überhaupt nichts Verdächtiges an. Selbstverständlich wird der Wachsoldat vorher genau unter die Lupe genommen; außerdem muß Zeit und Ort des Arbeitseinsatzes berücksichtigt werden. Ist der Gefangene beispielsweise Ofenbauer und klettert auf den Ofen: wer wollte da wohl nachschauen, was er sich da oben zu schaffen macht? Der Wachtposten wird kaum hinter ihm herklettern. Sobald der Schmuggler sich dem Zuchthaus nähert, nimmt er auf alle Fälle ein Geldstück zur Hand – fünfzehn oder zwanzig Kopeken in Silber, und wartet vor dem Tor auf den Gefreiten. Jeder von der Arbeit zurückkehrende Sträfling wird von dem diensthabenden Gefreiten eingehend kontrolliert und abgetastet, dann erst wird ihm das Zuchthaustor aufgeschlossen. Der Branntweinschmuggler verläßt sich gewöhnlich darauf, daß man sich scheuen wird, ihn an gewissen Körperstellen allzu genau abzutasten. Hin und wieder gelangt ein findiger Gefreiter aber auch bis zu diesen Stellen und entdeckt den Schnaps. Dann gibt es noch ein letztes Mittel: der Schmuggler steckt dem Gefreiten wortlos und vom Wachsoldaten unbemerkt die in der Hand versteckte Geldmünze zu. Es kommt vor, daß er mittels eines solchen Manövers ungeschoren durchschlüpft und seinen Schnaps wohlbehalten ins Zuchthaus bringt. Zuweilen aber mißlingt das Manöver, dann bleibt ihm nichts weiter übrig, als mit seinem letzten Kapital zu zahlen, das heißt mit seinem Buckel. Er wird dem Major gemeldet, sein Kapital wird ihm versohlt, und zwar sehr fühlbar, der Schnaps wird konfisziert, und der Schmuggler nimmt alle Schuld auf sich, ohne seinen Auftraggeber zu verraten; aber, um keine Mißverständnisse aufkommen zu lassen, nicht etwa, weil er sich schämen würde, ihn anzugeben, sondern einzig und allein, weil eine Anzeige ihm selbst keinen Vorteil bringen würde: er würde seine Hiebe in jedem Fall beziehen, und sein einziger Trost dabei wäre, daß man sie alle beide prügeln würde. Er ist jedoch noch auf den Unternehmer angewiesen, wenngleich ein Schmuggler auch nach Brauch und Sitte und dem vorher abgeschlossenen Vertrag gemäß vom Unternehmer für die Hiebe keine Kopeke Schmerzensgeld erhält.

Was aber die Denunziation im allgemeinen betrifft, so steht sie hoch im Schwange. Der Denunziant hat im Zuchthaus nicht die mindeste Demütigung zu befürchten, es wäre nachgerade undenkbar, sich über ihn zu entrüsten. Man meidet ihn nicht, man hält Freundschaft mit ihm, so daß die Sträflinge, wenn ihnen jemand die ganze Niedertracht der Denunziation vor Augen halten wollte, ihn einfach nicht verstehen würden. Jener lasterhafte und gemeine Sträfling, der ehemalige Adelige, zu dem ich jeden Verkehr abgebrochen hatte, stand sich gut mit Fedjka, dem Burschen des Majors, und diente ihm als Spitzel, dieser wiederum hinterbrachte dem Major alles, was er über die Gefangenen erfahren hatte. Das war allgemein bekannt, und niemand wäre auf den Gedanken gekommen, den Schurken dafür zu bestrafen oder ihm auch nur Vorwürfe zu machen.

Aber ich bin abgeschweift. Natürlich kommt es auch vor, daß der Branntwein wohlbehalten hineingeschmuggelt wird; dann nimmt der Schnapshändler die ihm überbrachten Därme in Empfang, zahlt den Überbringer aus und macht sich daran, seine Unkosten zu überschlagen. Dieser Überschlag ergibt, daß die Ware ihn teuer genug zu stehen kommt; darum schüttet er sie, des größeren Profits willen, noch einmal um, wobei er sie noch ein weiteres Mal, fast um die Hälfte, mit Wasser verdünnt, und wenn er sich so restlos vorbereitet hat, erwartet er seine Kundschaft. Am nächstbesten Feiertag, manchmal aber auch an einem Werktag, stellt sich richtig der erste Kunde ein: ein Sträfling, der sich monatelang wie ein Lastochse abgerackert und ein paar Kopeken erspart hat, um seine ganze Barschaft an diesem einen, dafür schon vorher festgesetzten Tag zu versaufen. Dieser Tag stand dem schwer schuftenden armen Teufel schon lange vorher im Schlafen und Wachen, in glückseligen Träumereien während der Arbeit vor Augen, und allein die verlockende Aussicht darauf hat ihn im öden Einerlei des Zuchthausdaseins bei Laune gehalten. Endlich steigt das Morgenrot dieses herrlichen Tages im Osten auf; er hat das nötige Geld beisammen, es ist ihm weder abgenommen noch gestohlen worden, und so trägt er es zum Schankwirt. Der schenkt ihm zunächst möglichst puren, das heißt nur zweimal verdünnten Schnaps ein; aber in dem Maße, wie die Flasche sich leert, füllt er sie unverzüglich wieder mit Wasser auf. Ein Becher Schnaps kostet hier fünf- bis sechsmal soviel wie im Wirtshaus. Man kann sich ausmalen, wie viele solcher Becher einer leeren und wieviel er dafür bezahlen muß, um betrunken zu werden! Infolge der Entwöhnung und der langen Enthaltsamkeit steigt der Alkohol dem Gefangenen jedoch relativ schnell zu Kopf, und in der Regel trinkt er so lange weiter, bis er sein letztes Geld dafür hergegeben hat. Dann beginnt er, seine übrigen Habseligkeiten zu versetzen, der Schankwirt ist zugleich auch Pfandleiher. Zuerst gehen die neuerworbenen Zivilkleider in seinen Besitz über, dann kommen allerlei altes Zeug und Lumpen an die Reihe und zu guter Letzt sogar die zuchthauseigenen Gegenstände. Wenn der Saufbruder so alles bis auf den letzten Fetzen vertrunken hat, legt er sich schlafen und bettelt am nächsten Morgen, wo er unweigerlich mit einem gewaltigen Brummschädel erwacht, den Schankwirt vergeblich um einen einzigen Tropfen Schnaps zur Ernüchterung an. Bekümmert erträgt er sein Ungemach und macht sich noch am selben Tag wieder ans Werk, wieder schuftet er monatelang, ohne sich Ruhe zu gönnen, und träumt dabei von dem glückseligen Tag des großen Gelages, der unwiderbringlich im Schoß der Ewigkeit verschwunden ist, doch dann faßt er allmählich wieder neuen Mut in der Hoffnung auf einen andern, ebenso wunderbaren Tag, der zwar noch in weiter Ferne liegt, aber dennoch irgendwann einmal anbrechen wird.

Was den Schankwirt selbst betrifft, so stellt dieser, wenn er sich schließlich eine Riesensumme, das heißt ein paar Dutzend Rubel erworben hat, zum letzten Male Branntwein bereit, den er dieses Mal nicht mit Wasser pantscht, denn diesmal ist der Schnaps für ihn selbst bestimmt; er hat genug eingehandelt: jetzt ist es an der Zeit, sich's auch selbst einmal richtig wohl sein zu lassen! Und nun beginnt ein großes Gelage mit Essen, Trinken und Musik. Er hat ganz andere Möglichkeiten zum Feiern, sogar das im Zuchthaus diensttuende niedere Wachpersonal läßt sich von ihm bewirten. Ein solches Fest dauert zuweilen tagelang. Natürlich ist der dafür reservierte Schnaps bald vertrunken; dann geht der Zecher zu den andern Schankwirten, die ihn bereits erwarten, und versäuft sein Geld bis auf die letzte Kopeke. Sosehr die anderen Gefangenen auch auf den Trunkenbold achtgeben mögen, geschieht es mitunter doch, daß er den höheren Vorgesetzten, dem Major oder dem wachhabenden Offizier, unter die Augen kommt. Dann wird er in die Wachstube abgeführt, sein Geld wird beschlagnahmt, falls sich noch etwas findet, und obendrein setzt es Hiebe. Hat er die Strafe glücklich überstanden, schüttelt er sich, geht zurück ins Zuchthaus und nimmt nach wenigen Tagen das Geschäft des Schankwirts wieder auf. Einige dieser Lebemänner, selbstredend nur die begüterten unter ihnen, hatten auch eine Schwäche für das schöne Geschlecht. Für viel Geld konnten sie sich mitunter, in Begleitung eines bestochenen Postens, aus der Festung entfernen und anstatt zur Arbeit heimlich in die Vorstadt begeben. In einem abgelegenen Schlupfwinkel irgendwo am äußersten Stadtrand wurde dann ein rauschendes Gelage gefeiert, bei dem wirklich große Summen verjubelt wurden. Für Geld nahm man auch mit einem Sträfling vorlieb, und der Begleitsoldat wurde vorher rechtzeitig und mit Sachkenntnis ausgewählt. In der Regel waren Wachtposten dieses Schlages selber schon Zuchthauskandidaten. Im übrigen konnte man für Geld alles haben, und dergleichen Abenteuer blieben fast immer unentdeckt. Ich muß aber hinzusetzen, daß sie nur äußerst selten stattfanden, denn man brauchte viel Geld dazu, und die Liebhaber des schönen Geschlechts nahmen ihre Zuflucht eher zu anderen, völlig risikolosen Mitteln.

Schon in den ersten Tagen meines Zuchthausaufenthaltes hatte ein junger Sträfling, ein ungewöhnlich hübscher Bursche, mein besonderes Interesse wachgerufen. Er hieß Sirotkin. Dieser Sirotkin war in vieler Hinsicht ein rätselhaftes Geschöpf. Zunächst war mir sein schönes Gesicht aufgefallen; er war wohl nicht älter als dreiundzwanzig Jahre. Er gehörte zur Sonderabteilung, das heißt zur unbefristeten Abteilung, und galt demzufolge als besonders schwerer Delinquent aus dem Soldatenstand. Er war still und sanft, sprach wenig und lachte nur selten. Er hatte blaue Augen, regelmäßige Gesichtszüge, ein zartes, glattes Gesichtchen und hellbraunes Haar. Er war so hübsch, daß selbst der zur Hälfte geschorene Kopf ihn kaum entstellte. Ein Handwerk hatte er nicht erlernt, wußte sich aber, wenn auch nicht viel, so doch ziemlich regelmäßig Geld zu verschaffen. Er war auffallend träge und lief schlampig umher. Wenn ein anderer ihm einmal ein hübsches Kleidungsstück verehrte, zuweilen sogar ein rotes Hemd, freute sich Sirotkin offensichtlich über seinen neuen Staat: dann erschien er in allen Kasernen, um sich zu zeigen. Er trank nicht, spielte nicht Karten und hatte eigentlich niemals Streit. Manchmal erging er sich hinter den Kasernen, die Hände in den Taschen, sanftmütig und gedankenverloren. Man konnte sich schwer vorstellen, woran er wohl dachte. Redete man ihn dann etwa aus Neugier an und fragte ihn irgend etwas, so antwortete er prompt und sogar mit einer gewissen Ehrerbietung, gar nicht wie ein Sträfling, aber stets kurz und einsilbig, dabei sah er einen an wie ein zehnjähriges Kind. Wenn er etwas Geld in der Tasche hatte, kaufte er sich nicht etwa das, was er notwendig gebraucht hätte, gab nicht etwa seine Jacke zum Ausbessern und schaffte sich keine neuen Stiefel an, sondern er erstand sich dafür einen Kalatsch oder einen Lebkuchen und verspeiste diesen, als wäre er nicht mehr als sieben Jahre alt. »Ach du, Sirotkin«, pflegten die Gefangenen zu ihm zu sagen, »du Waisenknabe aus Kasan!*« In der Freizeit trieb er sich meistens in fremden Kasernen herum; fast alle gingen irgendeiner Beschäftigung nach, er allein hatte nichts zu tun. Wenn einer ihn anredete, meistens um ihn zu verspotten (er und seinesgleichen wurden oft ausgelacht), drehte er sich auf der Stelle um und ging wortlos in eine andere Kaserne, mitunter aber, wenn man es allzu arg mit ihm trieb, stieg ihm das Blut ins Gesicht. Oft dachte ich darüber nach, wofür dieses friedfertige, einfältige Geschöpf ins Zuchthaus gekommen sein mochte. Es fügte sich, daß ich einmal im Sträflingssaal des Lazaretts krank lag. Sirotkin war ebenfalls krank und lag neben mir. Eines Abends kamen wir ins Gespräch, dabei wurde er unversehens ganz lebhaft und erzählte mir im Lauf der Unterhaltung, wie man ihn zu den Soldaten gesteckt und wie seine Mutter beim Abschied geweint habe und wie hart ihn das Rekrutendasein angekommen sei. Er habe das Rekrutenleben einfach nicht mehr aushalten können, weil dort jedermann böse und streng gewesen sei, und die Kommandeure seien fast immer unzufrieden mit ihm gewesen.

* Sirotkin, du Waisenknabe aus Kasan: Ein Wortspiel: sirota = Waise. Außerdem eine Redensart: Waise aus Kasan = ein Mensch, der Armut heuchelt (Anmerkung des Übersetzers).

»Und wie ist es weitergegangen?« fragte ich. »Wofür bist du hierhergeraten? Noch dazu in die Sonderabteilung? ... Ach, Sirotkin, Sirotkin!«

»Zu Diensten, Alexander Petrowitsch, ich war nur ein einziges Jahr beim Bataillon; und hierher hat man mich verschickt, weil ich Grigorij Petrowitsch erschlagen habe, meinen Kompaniechef.«

»Davon habe ich gehört, Sirotkin, aber ich kann's nicht glauben. Ausgerechnet du hättest einen Menschen umgebracht?«

»Es hat sich so gefügt, Alexander Petrowitsch. Gar zu schwer ist mir's dort ums Herz gewesen.«

»Aber andere Rekruten müssen es doch auch aushalten. Gewiß, anfangs ist es hart, aber dann findet man sich drein, und ehe du dich's versiehst, bist du ein großartiger Soldat. Dich hat deine Mutter wahrscheinlich zu sehr verhätschelt, hat dich mit Milch und Pfefferkuchen gefüttert, bis du achtzehn warst.«

»Mein Mütterchen hatte mich in der Tat sehr lieb, halten zu Gnaden. Wie ich zu den Rekruten gemußt hab, hat sie sich legen müssen und ist, wie ich höre, nicht mehr aufgestanden ... Bitterschwer ist es für mich zuletzt bei den Rekruten geworden. Der Kommandeur hat mich nicht leiden mögen, ständig hat er mich gestraft – und wofür, mit Verlaub? Ich bin allezeit fügsam gewesen, lebe, wie es sich geziemt, Wodka rühre ich nicht an, ich tue nichts Unrechtes, Alexander Petrowitsch, denn das ist von Übel, wenn der Mensch Unrecht tut. Aber alle ringsum sind so hartherzig, nirgendwo kannst du dich ausweinen. Verkriechst dich zuweilen in irgendeinen Winkel und weinst dir das Herz aus. Und da hab ich einmal Wache stehen müssen. Nacht ist's gewesen, man hatte mich bei der Hauptwache, bei den Gewehrständen, postiert. Wind ist gegangen, es war Herbst und eine solche Höllenfinsternis, daß einer sich die Augen aus dem Kopf hätte schauen können. Und so weh, so weh ist mir's da ums Herz gewesen. Da hab ich das Gewehr abgesetzt, das Bajonett abgezogen und danebengelegt, den rechten Stiefel hab ich ausgezogen, die Mündung mir grad auf die Brust gerichtet, dann hab ich mich aufs

Gewehr gelehnt und mit der großen Zehe den Hahn abgezogen. Aber was muß ich sehen: Fehlzündung! Dann hab ich mir das Gewehr genau besehen, das Zündloch geputzt, frisches Pulver aufgeschüttet, den Zündstein abgewetzt, und wieder mit der Mündung gegen die Brust. Und was geschieht? Das Pulver ist wohl aufgeflammt, aber wieder ist kein Schuß losgegangen. Was ist das nur? denke ich. Da hab ich meinen Stiefel genommen und ihn wieder angezogen, das Bajonett hab ich aufgesteckt und bin still für mich auf und ab gegangen. Und dabei hab ich mir das eine vorgenommen, einerlei wohin, nur fort von den Rekruten! Eine halbe Stunde später kommt dann der Kommandeur angefahren, er macht gerade die Runde. Wie der mich sieht, schreit er mich doch gleich an: ‚Steht man so auf Posten?' Da hab ich das Gewehr genommen und ihm das Seitengewehr bis zum Lauf in den Leib gerannt. Viertausend hab ich dafür bezogen, und dann ging's hierher, in die Sonderabteilung . . .«

Er hatte nicht gelogen. Weswegen hätte man ihn sonst auch in die Sonderabteilung gesteckt? Gewöhnliche Delikte werden viel milder geahndet. Übrigens war Sirotkin der einzige hübsche Bursche unter seinen Gefährten. Was die übrigen betrifft, es dürften in unserm Zuchthaus etwa fünfzehn gewesen sein, so waren sie merkwürdig genug anzusehen; nur zwei oder drei Gesichter mochten noch angehen, die übrigen waren häßliche, schlampige, verkommene Gesellen, manche sogar schon mit grauem Haar. Wenn die Umstände es zulassen, werde ich noch ausführlicher auf dieses Häuflein zu sprechen kommen. Sirotkin stand sich recht gut mit Gasin, dem Sträfling, von dem ich zu Beginn dieses Kapitels sprach und erwähnte, daß er sternhagelbesoffen in die Küche torkelte und dadurch meine ursprünglichen Vorstellungen vom Zuchthausleben auf den Kopf gestellt hatte.

Dieser Gasin war ein entsetzliches Wesen. Er rief bei jedermann Furcht und Grauen hervor. Ich bin stets der Meinung gewesen, daß es nichts Wilderes und Unheimlicheres geben könne als ihn. In Tobolsk habe ich den wegen seiner Greueltaten berüchtigten Banditen Kamenjew gesehen; später habe ich auch Sokolow zu Gesicht bekommen, einen unter

Anklage stehenden fahnenflüchtigen Soldaten und brutalen Mörder. Aber keiner hat auf mich einen so abstoßenden Eindruck gemacht wie ebenjener Gasin. Manchmal glaubte ich, in ihm eine gewaltige Riesenspinne von Menschengröße vor mir zu haben. Er war ein Tatar, von ungeheurer Körperkraft, stärker als jeder andere im Zuchthaus, mehr als mittelgroß, eine Gestalt wie ein Herkules, mit einem unförmigen, unverhältnismäßig großen Kopf; er ging gebückt und sah immer mürrisch und finster drein. Im Zuchthaus waren sonderbare Gerüchte über ihn im Umlauf: man wußte, daß er Soldat gewesen war, aber die Sträflinge erzählten unter sich – ob es stimmt, weiß ich nicht –, daß er aus Nertschinsk* entflohen sei, er sei nicht das erste Mal verschickt worden und nicht zum erstenmal geflohen, er habe mehrmals den Namen gewechselt, bis er schließlich in unserm Zuchthaus in der Sonderabteilung gelandet sei. Weiter erzählte man von ihm, daß er früher mit besonderem Vergnügen kleine Kinder umgebracht habe, aus purer Mordlust; er habe so ein Kind an irgendeinen geeigneten Ort gelockt, habe es zunächst erschreckt und gequält, und nachdem er sich lange genug am Schrecken und an der zitternden Angst seines armen kleinen Opfers geweidet, habe er es allmählich und langsam mit wahrer Wollust umgebracht. Dies alles mochten vielleicht nur Hirngespinste gewesen sein und eine Folge des unheimlichen Eindrucks, den Gasin bei jedermann hervorrief, und doch paßten diese Hirngespinste auf ihn, standen ihm zu Gesicht. Dabei führte er sich im Zuchthaus für gewöhnlich, das heißt, solange er nicht betrunken war, durchaus verständig auf. Er war immer ruhig, zankte sich mit niemandem, ja er ging jedem Streit aus dem Weg; dies tat er indes nur, weil er für alle andern nichts als Verachtung übrig hatte und sich selbst viel höher einschätzte. Er war äußerst wortkarg und hielt sich mit Vorbedacht von den andern fern. Seine Bewegungen waren langsam, bedächtig und selbstsicher. An seinen Augen konnte man sehen, daß er keineswegs dumm, sondern mit

* Sibirische Stadt im Transbaikalgebiet mit Silber-, Zinn- und Quecksilbergruben, wohin Sträflinge zur Zwangsarbeit verschickt wurden (Anmerkung des Übersetzers).

allen Wassern gewaschen war; sein Gesicht und sein Lächeln hatten aber stets einen hochmütig-spöttischen und brutalen Zug. Er handelte mit Schnaps und war einer der begütertsten Schankwirte im Zuchthaus. Indes hatte er die Angewohnheit, sich etwa zweimal im Jahr bis zur Bewußtlosigkeit zu betrinken, und in diesem Zustand offenbarte sich dann seine ganze Bestialität. Während ihm der Alkohol allmählich zu Kopf stieg, fing er zunächst damit an, die anderen mit den bösartigsten Spöttereien zu reizen, die er genau berechnet und sich schon lange vorher ausgedacht zu haben schien, bis er zuletzt, wenn er völlig betrunken war, in eine fürchterliche Raserei geriet, dann packte er ein Messer und ging damit auf seine Kameraden los. Die Sträflinge, die seine ungeheure Kraft kannten, liefen vor ihm davon und brachten sich in Sicherheit, denn er fiel jeden an, der ihm in den Weg kam. Bald fand man jedoch eine Methode, um ihn zu bändigen. Wohl ein Dutzend Männer aus seiner Kaserne stürzten sich auf ihn und verdroschen ihn, was das Zeug hielt. Man kann sich nichts Grausameres denken als diese Schläge: sie schlugen ihn auf die Brust, in die Herzgegend, in die Magengrube, in den Bauch, sie schlugen mit aller Kraft und lange auf ihn ein und ließen erst ab, wenn er völlig bewußtlos war und wie tot dalag. Keinen andern als Gasin hätten sie so zu verprügeln gewagt; denn jeden andern, den man so geschlagen hätte, hätte man damit erschlagen. Nach dieser Abreibung wickelten sie den Bewußtlosen in seinen Halbpelz und schleppten ihn auf seine Pritsche. »Der schläft sich schon wieder gesund!« Und in der Tat stand er am andern Morgen beinahe gesund wieder auf und ging finster und schweigend an die Arbeit. Und jedesmal, wenn Gasin sich so betrank, wußten alle im Zuchthaus, daß der Tag für ihn unvermeidlich mit Prügeln enden würde. Er selbst wußte es auch, und doch ließ er sich nicht davon abhalten. So ging es mehrere Jahre. Allmählich aber merkte man, daß Gasins Widerstandskraft erlahmte. Er fing an, über allerlei Schmerzen zu klagen, siechte merklich dahin, ging immer häufiger ins Lazarett ... »Hat er am Ende doch klein beigegeben!« sagten die Sträflinge untereinander.

Er betrat die Küche in Begleitung jenes widerlichen Polen

mit der Fiedel, den die Feiernden gewöhnlich zur Vervollständigung ihres Vergnügens anheuerten, und blieb in der Mitte stehen, um alle Anwesenden stumm und aufmerksam zu mustern. Alle verstummten. Zuletzt gewahrte er mich und meinen Gefährten, er sah uns boshaft und spöttisch an und grinste selbstzufrieden, als ob ihm soeben etwas eingefallen sei, dann kam er heftig torkelnd an unsern Tisch.

»Wenn die Frage gestattet ist«, fing er an (er sprach russisch), »aus was für Einkünften belieben die Herrschaften hier ihren Tee zu sich zu nehmen?«

Ich wechselte einen stummen Blick mit meinem Gefährten, denn mir war klar, daß es besser wäre, zu schweigen und ihn nicht durch eine Antwort zu reizen. Beim ersten Anzeichen von Widerstand hätte sich seine Wut zur Raserei gesteigert.

»Demnach seid Ihr im Besitz von Geld?« forschte er weiter. »Demnach verfügt Ihr über einen Haufen Geld, wie? Ihr seid wohl nur ins Zuchthaus gekommen, um hier in aller Ruhe Euern Tee zu trinken? Ihr seid zum Teetrinken hier, wie? So antwortet doch, zum Satan!«

Da er jedoch begriff, daß wir entschlossen waren, zu schweigen und ihn nicht zu beachten, lief er blaurot an und zitterte vor Grimm. In der Ecke neben ihm stand ein großer muldenförmiger Trog, in dem das zum Mittag oder Abendessen aufgeschnittene Brot für die Sträflinge aufgeschichtet wurde. Er war so groß, daß die Brotration für das halbe Zuchthaus darin Platz hatte, jetzt stand er gerade leer. Diesen Trog packte Gasin mit beiden Händen und holte damit zum Schwunge aus. Nur einen Augenblick noch, und er hätte uns damit den Schädel eingeschlagen. Und obwohl für Mord oder Mordversuch allen Zuchthausinsassen außerordentliche Unannehmlichkeiten drohten: es hätte Ermittlungen und Durchsuchungen gegeben, die Disziplin wäre verschärft worden, und daher waren die Gefangenen nach Kräften bedacht, derartige Unannehmlichkeiten zu vermeiden – trotz alledem saßen alle ringsum stumm und abwartend da. Kein Wort zu unserer Verteidigung! Nicht ein warnender Zuruf zu Gasin! So unüberwindlich war ihr Haß gegen uns. Die Gefahr, in der wir schwebten, war ihnen sichtlich angenehm ... Aber die Angelegenheit lief noch glimpflich ab: just in dem Moment, als er den Trog niedersausen lassen wollte, rief jemand aus dem Flur: »Gasin! Jemand hat deinen Schnaps geklaut!«

Da ließ er den Trog zu Boden krachen und raste wie ein Wahnsinniger aus der Küche.

»Die hat Gott selbst gerettet!« sagten die Sträflinge untereinander.

So sagten sie noch lange danach.

Ich konnte hinterher nicht herausbringen, ob die Meldung vom Schnapsdiebstahl auf Wahrheit beruhte oder ob sie sich einer zu unserer Rettung hatte einfallen lassen.

Gegen Abend, es war schon dunkel, kurz vor dem Einschließen in die Kasernen, ging ich noch ein wenig bei dem Palisadenzaun auf und ab, und eine schwere Traurigkeit legte sich mir auf die Seele, eine Traurigkeit, wie ich sie später während meines ganzen Zuchthausaufenthalts nie wieder verspürt habe. Der erste Tag der Kerkerhaft ist schwer zu ertragen, gleichviel, wo es sei, im Zuchthaus, in der Kasematte oder bei irgendeiner anderen Form der Zwangsarbeit ... Aber ich weiß noch, daß mich dabei vor allem eine Frage quälte, die mich auch während meiner gesamten Haftzeit nicht wieder loslassen sollte, eine Frage, für die es keine rechte Antwort gibt, auf die ich auch jetzt keine Antwort weiß, nämlich das Problem der Ungleichheit in der Bestrafung für ein und dasselbe Verbrechen. Freilich kann man das eine Delikt nicht mit dem andern vergleichen, nicht einmal annähernd. Um nur ein Beispiel zu nennen: Der eine wie der andere hat einen Menschen getötet, die Umstände beider Straftaten sind genau abgewogen, über den einen wie den andern wird fast die gleiche Sühne verhängt. Dabei sollte man sich nur einmal klarmachen, wie groß der Unterschied zwischen den beiden Taten ist. Da hat etwa der eine einen Menschen umgebracht um ein Nichts, um eine Zwiebel vielleicht: er ist auf die Straße hinausgegangen und hat einen gerade des Weges vorüberfahrenden Bauern umgebracht, der hatte nichts bei sich als eine einzige armselige Zwiebel. »Was soll das, Vater! Du hast mich um Beute ausgesandt, ich habe dir einen Bauern erschlagen und nichts bei ihm gefunden wie eine Zwiebel!« –

»Du Tropf! Eine Zwiebel macht eine Kopeke. Hundert Seelen machen hundert Zwiebeln, da hast du dann schon einen ganzen Rubel beisammen!« (eine Anekdote, die ich im Zuchthaus gehört habe). Der andere aber hat getötet, um die Ehre seiner Braut, seiner Schwester oder Tochter vor einem wollüstigen Tyrannen zu schützen. Der eine ist als Landstreicher zum Mörder geworden, indem er sein Leben, seine Freiheit gegen ein ganzes Regiment von Häschern verteidigte, oft selber schon dem Hungertode nahe; der andere aber schlachtet kleine Kinder ab aus purer Mordlust, nur um ihr warmes Blut über seine Hände rinnen zu sehen, um sich an ihrer Angst, an ihrem letzten unschuldigen Zittern unter seinem Messer zu weiden. Und was ist die Folge? Der eine wie der andere muß die gleiche Zwangsarbeit verbüßen. Wohl gibt es einen Unterschied in der Strafdauer. Doch diese Unterschiede sind relativ gering, während es unzählige Motive gibt für ein und dieselbe Straftat. Der Charakter des Täters ist es, der diese Unterschiede ausmacht. Nehmen wir einmal an, daß es unmöglich wäre, diese Unterschiede zu mildern und auszugleichen, daß dies eine ihrer Natur nach unlösbare Aufgabe sei, die Quadratur des Kreises, nehmen wir das an! Und selbst wenn diese Unterschiede nicht bestünden – so bedenkt doch wenigstens den andern Unterschied, die Ungleichheit in den Folgen der Strafe ... Der eine Mensch verkümmert bei der Zwangsarbeit, er brennt nieder wie ein Wachslicht; ein anderer dagegen hatte bis zu seiner Einlieferung ins Zuchthaus überhaupt keine Ahnung, daß es auf dieser Welt ein so vergnügliches Leben, einen so lustigen Klub tollkühner Kumpane geben könne. Jawohl, auch solche Typen kommen ins Gefängnis. Da ist beispielsweise ein gebildeter Mensch mit empfindlichem Gewissen, mit Urteilsvermögen und mit Herz. Allein die Qual seines eigenen Herzens peinigt ihn mehr als alle noch so schweren Strafen. Er selbst verurteilt sich für seine Missetat schonungsloser und härter als das strengste Gesetz. Und daneben ein anderer, der während seiner ganzen Haftzeit keinen einzigen Gedanken auf die von ihm begangene Bluttat wendet. Und schließlich gibt es auch solche, die absichtlich straffällig werden, nur um ins Zuchthaus zu kommen und so dem unvergleichlich viel härteren Leben in der Freiheit zu entrinnen. Dort hat so ein armer Teufel auf der untersten Stufe der Erniedrigung dahinvegetiert, hat sich niemals satt essen können und sich vom frühen Morgen bis in die Nacht für seinen Unternehmer abschuften müssen; im Zuchthaus hingegen ist die Arbeit leichter als daheim, Brot gibt es zur Genüge und von einer Güte, wie er es noch nie zu Gesicht bekommen hatte, an Feiertagen gibt es Rindfleisch, dazu die Almosen, und obendrein hat man Gelegenheit, sich auch mal ein paar Kopeken dazuzuverdienen. Und die Gesellschaft? Lauter durchtriebene, schlaue, mit allen Wassern gewaschene Gesellen, und so betrachtet er seine Gefährten mit respektvollem Staunen, nie zuvor hat er solche Menschen gesehen, er hält sie für die beste Gesellschaft, die einer auf dieser Welt nur haben kann. Und da wäre die Strafe für diese beiden Täter wirklich gleichermaßen fühlbar? Doch, was nützt es, sich mit unlösbaren Problemen herumzuschlagen? Die Trommel schlägt, es ist Zeit, in die Kasernen zu gehen.

4

Erste Eindrücke

Der letzte Zählappell begann. Nach diesem Appell wurden die Kasernen abgesperrt, jede mit einem eigenen Schloß, und die Gefangenen bleiben bis zum Morgengrauen eingeschlossen.

Der Zählappell wurde von einem Unteroffizier und zwei Soldaten durchgeführt. Manchmal mußten die Gefangenen dazu auf dem Hof antreten, immer dann nämlich, wenn der wachhabende Offizier selbst erschien. In der Regel aber wurde diese Zeremonie weniger offiziell durchgeführt, das heißt, man zählte der Einfachheit halber gleich in den Kasernen. So geschah es auch dieses Mal. Oft kam es vor, daß die kontrollierenden Soldaten sich irrten, sich verzählten, fortgingen und noch einmal zurückkehrten. Endlich hatten die armen Wachleute die erforderliche Zahl beisammen und versperrten die

Kaserne. Drinnen hockten nun an die dreißig Sträflinge dicht gedrängt auf ihren Pritschen. Zum Schlafen war es noch zu früh. Darum mußte sich jeder irgendeine Beschäftigung suchen.

Vom Aufsichtspersonal blieb nur der bereits erwähnte Invalide in der Kaserne zurück. Außerdem gab es in jeder Kaserne einen Stubenältesten, der, selbstredend auf Grund seiner guten Führung, vom Platzmajor persönlich ernannt worden war. Es war durchaus keine Seltenheit, daß auch diese Stubenältesten bei ernsthaften Verfehlungen erwischt wurden; dann bekamen sie ihre Prügel zudiktiert, verloren alsbald ihr Amt und wurden durch andere abgelöst. Stubenältester in unserer Kaserne war Akim Akimytsch, der die andern Gefangenen zu meiner Überraschung wiederholt anschnauzte. Diese reagierten gewöhnlich nur mit Spott und Hohngelächter. Der Invalide war gescheiter und mischte sich gar nicht erst ein, und wenn er einmal nicht umhinkonnte, den einen oder andern zur Ordnung zu rufen, so tat er dies eher aus Pflichtgefühl und Gewissenhaftigkeit. Er saß schweigend auf seiner Lagerstatt und flickte einen Stiefel. Die Gefangenen kümmerten sich so gut wie gar nicht um ihn.

Schon an diesem ersten Tag meines Zuchthausdaseins hatte ich eine Beobachtung gemacht, von deren Richtigkeit ich mich später überzeugen konnte. Die Beobachtung nämlich, daß alle andern Menschen, wer es auch sein mochte, angefangen von denen, die unmittelbar mit den Gefangenen in Berührung kamen, wie die Begleitmannschaften und die Wachen, bis zu allen andern Personen, die in irgendeiner Weise mit dem Zuchthaus zu tun hatten, den Gefangenen mit übertriebener Furcht begegneten. Es war, als ob sie jeden Augenblick voll Besorgnis darauf warteten, daß ein Sträfling mit dem Messer auf sie losgehen könnte. Was aber noch bemerkenswerter war – die Sträflinge wußten, daß man sie fürchtete, und dieses Bewußtsein verlieh ihnen sichtlich einen gewissen Schneid. Dabei ist der beste Vorgesetzte für Gefangene immer noch derjenige, der keine Angst vor ihnen hat. Und trotz des erwähnten Schneids ist es den Gefangenen selbst auch viel lieber, wenn man Vertrauen zu ihnen hat. Dadurch kann man sogar ihre Sympathie erwerben. Auch während meines Zuchthausaufenthaltes kam es, wenn auch sehr selten, vor, daß einer der Offiziere sich ohne Begleitung ins Zuchthausgelände wagte. Man mußte gesehen haben, wie das die Sträflinge beeindruckte, und zwar positiv beeindruckte. Ein so unerschrokkener Besucher konnte ihrer Hochachtung sicher sein, und wenn es wirklich einmal einen Zwischenfall hätte geben können, so gewiß nicht in seiner Gegenwart. Die Furcht vor den Sträflingen ist überall da verbreitet, wo es Sträflinge gibt, dabei kann ich mir schlechterdings nicht erklären, worin diese Furcht ihren Ursprung hat. In gewisser Hinsicht ist sie zwar motiviert, schon durch das Äußere des Sträflings, der ja erwiesenermaßen ein Verbrecher und Übeltäter ist, zudem spürt jeder, der ein Zuchthaus betritt, daß alle diese Menschen nicht aus freien Stücken hier sind und daß man, allen Vorkehrungen zum Trotz, einen lebendigen Menschen nicht einfach abtöten kann: er bleibt, was er ist, mit seinen Gefühlen, seinem Durst nach Rache, seiner Lebensgier, seinen Leidenschaften und dem Bedürfnis, sie zu befriedigen. Aber trotz alledem bin ich restlos überzeugt, daß es keinen Anlaß gibt, sich vor den Sträflingen zu fürchten. Immerhin geht ein Mensch nicht leicht und ohne weiteres mit dem Messer auf seinesgleichen los. Kurzum, selbst wenn ein gewisses Risiko dann und wann nicht auszuschließen ist, kann man doch allein aus der Seltenheit derartiger Unglücksfälle schließen, daß es verschwindend gering ist. Ich spreche hier selbstverständlich nur von bereits abgeurteilten Gefangenen, unter denen manch einer geradezu froh ist, endlich im Zuchthaus gelandet zu sein (so angenehm erscheint einem zuweilen das neue Leben!), und die deshalb dazu neigen, sich ruhig und friedlich zu verhalten; überdies lassen die Gefangenen selber nicht zu, daß die paar wirklichen Ruhestörer unter ihnen etwas Ernstliches anrichten. Jeder Sträfling, so tollkühn und verwegen er vorher auch gewesen sein mag, fürchtet sich im Zuchthaus vor allem und jedem. Bei Gefangenen, deren Verfahren noch nicht abgeschlossen ist, sieht es freilich anders aus. So einer ist tatsächlich imstande, auf einen völlig unbeteiligten Menschen loszugehen, ohne jeden Anlaß, einzig und allein, weil er etwa am nächsten Tag eine Prügelstrafe zu verbüßen hat; wenn er sich aber, so denkt er im stillen, irgendeine neuerliche Untat zuschulden kommen läßt, wird vielleicht auch die Bestrafung aufgeschoben. Hier ist ein Motiv vorhanden, ein Ziel seiner aggressiven Handlung, nämlich um jeden Preis und so schnell wie möglich sein »Los zu ändern«. Einen psychologisch höchst merkwürdigen Fall dieser Art habe ich selbst kennengelernt.

In der Militärabteilung unseres Zuchthauses war ein Soldat, der seiner Standesrechte nicht verlustig gegangen, aber zu zwei Jahren Haft verurteilt worden war, ein gewaltiger Aufschneider, dabei aber bemerkenswert feig. Im allgemeinen sind Aufschneiderei und Feigheit bei russischen Soldaten äußerst selten. Unser Soldat ist immer so eingespannt, daß er, selbst wenn er wollte, gar keine Zeit zum Aufschneiden hätte. Ist einer aber doch einmal ein Prahlhans, so ist er in der Regel zugleich auch ein Faulpelz und Feigling. Dutov (so hieß der betreffende Sträfling) hatte seine kurze Strafe verbüßt und kehrte wieder in sein Linienbataillon zurück. Da aber alle seinesgleichen, die zur Besserung ins Zuchthaus geschickt werden, hier nur endgültig verdorben werden, kommen sie in der Regel, nachdem sie sich allenfalls ein paar Wochen ihrer Freiheit erfreut haben, wieder vor Gericht und finden sich erneut im Zuchthaus ein, diesmal freilich nicht mehr nur für zwei oder drei Jährchen, sondern für fünfzehn oder zwanzig Jahre in der »ständigen« Abteilung. Nicht anders verhielt es sich auch in diesem Fall. Drei Wochen nach seiner Entlassung hatte Dutow schon wieder einen Einbruchdiebstahl verübt; obendrein war er unbotmäßig gewesen und hatte randaliert. Er wurde vor Gericht gestellt und zu schwerer körperlicher Züchtigung verurteilt. Als der jämmerliche Feigling, der er war, fürchtete er sich unsäglich vor dieser bevorstehenden Züchtigung, und so ging er am Tag vor dem Spießrutenlaufen mit dem Messer auf den in seine Arrestzelle tretenden Wachoffizier los. Natürlich wußte er nur zu gut, daß er durch diese Tat die Härte des Urteils und die Höhe seiner Strafe wesentlich verschärfen würde. Aber seine Berechnung lief darauf hinaus, den schrecklichen Augenblick der Exekution wenigstens für ein paar Tage, für ein paar Stunden nur hinauszuzögern! Er war so feige, daß er dem Offizier nicht einmal eine Schramme zufügte, als er mit dem Messer auf ihn losging, er hatte alles nur zum Schein getan, nur um sich ein weiteres Vergehen zuschulden kommen zu lassen, für das man ihn erneut vor Gericht stellen mußte.

Der Augenblick vor der Strafvollstreckung ist für den Delinquenten natürlich schrecklich, und im Laufe mehrerer Jahre habe ich genügend Verurteilte am Vorabend des für sie so verhängnisvollen Tages gesehen. Gewöhnlich traf ich mit solchen zum Spießrutenlaufen verurteilten Sträflingen in den Gefangenensälen des Lazaretts zusammen, wenn ich dort krank lag, was relativ häufig der Fall war. Alle Gefangenen in Rußland wissen, daß die Menschen, die am meisten Mitleid mit ihnen haben, die Ärzte sind. Nie machen sie auch nur den geringsten Unterschied zwischen den Gefangenen, wie es ungewollt fast alle Außenstehenden tun, wenn man vom einfachen Volk absieht. Die einfachen Leute machen dem Sträfling seine Missetat niemals zum Vorwurf, so schrecklich sie auch gewesen sein mag, sie vergeben ihm alles um der erlittenen Strafe willen und überhaupt, weil er unglücklich ist. Nicht von ungefähr bezeichnet das Volk in ganz Rußland das Verbrechen als Unglück und die Verbrecher als Unglückliche. Das ist eine Definition, die aller Beachtung wert ist. Sie ist um so bedeutsamer, als sie unbewußt und instinktiv getroffen wird. Die Ärzte ihrerseits sind in vielen Fällen wahrlich die Zuflucht der Gefangenen, besonders für die, deren Fall noch nicht abgeurteilt ist, weil sie strenger gehalten werden als die bereits Verurteilten ... Und so flüchtet sich ein zu Stockschlägen Verurteilter, der sich den wahrscheinlichen Termin des für ihn so schrecklichen Tages errechnen kann, häufig ins Lazarett, um den schweren Gang wenigstens etwas hinauszuzögern. Wird er dann wieder gesundgeschrieben, im fast sicheren Bewußtsein, daß der verhängnisvolle Tag morgen anbrechen wird, befindet er sich in der Regel in einem Zustand heftigster Erregung. Manche bemühen sich aus Eitelkeit, ihre Empfindungen zu verbergen, doch kann ihre plumpe, gekünstelte Munterkeit die Kameraden nicht täuschen. Jedermann weiß, wie es in Wahrheit um ihn bestellt ist, verschweigt es aber aus Mitgefühl. Ich habe einen Sträfling gekannt, einen Mörder, einen noch jungen Mann und ehemaligen Soldaten, der zur Höchstzahl von Stockschlägen verurteilt worden war. Er hatte so große Angst, daß er am Vorabend der Vollstrekkung einen Krug Branntwein leerte, den er mit Schnupftabak versetzt hatte. Vor der Exekution hat übrigens jeder Sträfling Schnaps zur Verfügung. Den beschafft er sich schon lange vor dem fälligen Termin für teures Geld, und jeder Verurteilte wird sich ein halbes Jahr lang das Allernotwendigste versagen, nur um die erforderliche Summe für das Maß Branntwein zu ersparen, das er dann eine Viertelstunde vor der Züchtigung zu trinken gedenkt. Unter den Sträflingen hielt sich die Überzeugung, daß man Peitsche oder Stock im Rausch nicht so schmerzhaft spüre. Doch ich bin abgeschweift. Der arme kleine Kerl wurde, nachdem er seinen Becher Schnaps geleert hatte, tatsächlich krank; er erbrach sich und begann Blut zu spucken, und man schaffte ihn fast leblos ins Lazarett. Dieses Erbrechen schwächte seine Brust so sehr, daß man einige Tage später bei ihm die Symptome echter Schwindsucht entdeckte, an der er ein halbes Jahr danach starb. Die Ärzte, die seine Schwindsucht behandelten, hatten keine Ahnung, worauf sie zurückzuführen war.

Wenn ich jedoch von dem häufig anzutreffenden Kleinmut der Delinquenten vor der Strafvollstreckung berichte, muß ich ergänzend sagen, daß einige von ihnen den Beobachter im Gegenteil durch ungewöhnliche Furchtlosigkeit in Erstaunen setzen. Ich erinnere mich an verschiedene Beispiele solcher Unerschrockenheit, die sich bis zu einer Art Unempfindlichkeit steigerte, und diese Beispiele waren gar nicht so selten. Besonders erinnerlich ist mir da noch die Begegnung mit einem furchtbaren Übeltäter. An einem Sommertag verbreitete sich in den Gefangenensälen das Gerücht, daß am Abend der berüchtigte Bandit und Deserteur Orlow abgestraft werden solle und man ihn nach der Exekution ins Lazarett einliefern würde. Die kranken Sträflinge waren in Erwartung dieses Orlow samt und sonders davon überzeugt, daß man ihn grausam zurichten würde. Ihrer aller hatte sich eine gewisse Erregung bemächtigt, auch ich selbst, wie ich offen zugebe, wartete mit gespannter Neugier auf das Eintreffen dieses berüchtigten Banditen. Seit langem schon hatte ich die unglaublichsten Geschichten über ihn gehört. Er war ein Bösewicht, wie man sie selten findet, kaltblütig hatte er Greise und Kinder abgeschlachtet, ein Mann von unheimlicher Willenskraft, der sich dieser seiner Kraft zudem noch voller Stolz bewußt war. Er hatte sich vieler Mordtaten schuldig gemacht und war zum Spießrutenlaufen verurteilt worden. Man schaffte ihn noch am selben Abend ins Lazarett. Im Krankensaal dämmerte es bereits, und man zündete gerade die Lichter an. Orlow war so gut wie besinnungslos, leichenblaß, mit dichtem, zerzaustem, pechschwarzem Haar. Sein Rücken war ganz geschwollen und blaurot angelaufen. Die ganze Nacht wurde er von den Sträflingen betreut, sie machten ihm ständig frische Umschläge, drehten ihn von einer Seite auf die andere, flößten ihm Medizin ein, als sei er ein lieber Verwandter, ein Wohltäter. Am andern Tag kam er völlig zu sich und humpelte sogar ein paarmal im Krankensaal auf und ab! Das versetzte mich in Staunen, denn wie elend und zerschunden war er gestern eingeliefert worden! Die Hälfte der ihm zudiktierten Hiebe hatte er auf einmal hinter sich gebracht. Der anwesende Arzt hatte die Exekution erst gestoppt, als er sah, daß ihre Weiterführung den Tod des Delinquenten zur Folge gehabt hätte. Übrigens war dieser Orlow klein und schwächlich, zudem erschöpft durch das lange Gerichtsverfahren. Wer einmal Gelegenheit hatte, Gefangene zu sehen, deren Verfahren noch nicht abgeschlossen war, wird ihre erschöpften, ausgemergelten und bleichen Gesichter, ihren fiebrigen Blick gewiß so bald nicht vergessen können. Trotzdem besserte Orlows Befinden sich schnell. Offensichtlich kam seine innere Energie und Seelenstärke der Natur zu Hilfe. In der Tat, dies war kein durchschnittlicher Mensch. Aus Wißbegier schloß ich nähere Bekanntschaft mit ihm und suchte eine ganze Woche lang seinen Charakter zu ergründen. Ich kann mit aller Bestimmtheit sagen, daß ich nie im Leben einem Menschen von so eiserner Willenskraft begegnet bin. In Tobolsk hatte ich schon eine andere Berühmtheit dieses Kalibers gesehen, einen ehemaligen Räuberhauptmann. Das war eine durch und durch wilde

Bestie, und wenn man nur in seiner Nähe stand, noch ohne seinen Namen zu kennen, fühlte man doch instinktiv, was für ein Ungeheuer man neben sich hatte. An jenem Menschen hatte mich vor allem die Stumpfheit seines Gemüts entsetzt. Alle seine Seelenregungen waren so restlos von Fleischeslust beherrscht, daß man beim ersten Blick auf sein Gesicht innewurde, wie in diesem Menschen nichts lebendig war als wilde Gier nach leiblichen Genüssen, nach Wollust und Befriedigung der Sinnlichkeit. Ich bin sicher, daß Korenjew, so hieß dieser Bandit – mutlos geworden und aus Angst vor der Exekution gezittert hätte, wenngleich er, ohne mit der Wimper zu zucken, einen anderen Menschen umbringen konnte. Orlow war das ganze Gegenteil von ihm. Er verkörperte deutlich den absoluten Sieg über alle leiblichen Begierden. Dieser Mensch hatte sich offenbar uneingeschränkt in der Gewalt, er verachtete Qualen und Strafe und fürchtete sich vor nichts auf der Welt. Nichts war an ihm zu sehen als grenzenlose Energie, Tatendurst, Rachgier und der Drang, das angestrebte Ziel zu erreichen. Im übrigen war ich betroffen von seinem sonderbaren Hochmut. Unsäglich hochmütig sah er auf alles und alle herab, aber durchaus nicht aus der Sucht, sich über die andern zu erheben, sondern dieser Hochmut war ihm ganz natürlich. Es gab, so will mir scheinen, kein Wesen auf Erden, das ihn allein durch seine Autorität hätte beeinflussen können. Er betrachtete alles ringsum so unwahrscheinlich gelassen, als gäbe es nichts auf der Welt, das ihn aus der Fassung bringen könnte. Obgleich er sich durchaus bewußt war, daß die anderen Gefangenen voll Ehrerbietung zu ihm aufsahen, spielte er sich doch nicht im mindesten vor ihnen auf. Dabei sind gerade Eitelkeit und Großtuerei Eigenschaften, die man sonst bei fast allen Sträflingen antrifft. Er war keineswegs dumm und sonderbar aufrichtig, wenn auch beileibe kein Schwätzer. Auf mein Fragen antwortete er ohne Umschweife, daß er auf seine Genesung warte, um den Rest der Strafe so bald wie möglich hinter sich zu bringen, und daß er vor der Exekution zunächst gefürchtet habe, er würde sie nicht überstehen. »Jetzt aber«, fügte er augenzwinkernd hinzu, »ist die Sache schon geritzt. Ich bring den Rest meiner Strafe hinter mich, dann geht's mit einem Gefangenentransport ab nach Nertschinsk, da kann ich mich unterwegs dünn machen! Das werde ich unter allen Umständen. Wenn bloß mein Buckel endlich zuheilen wollte!« Und die ganzen fünf Tage seines Lazarettaufenthaltes hatte er nichts anderes im Sinn, als so rasch wie möglich gesundgeschrieben zu werden. In dieser seiner ungeduldigen Erwartung war er zuweilen sehr amüsant und vergnügt. Ich versuchte, das Gespräch auf seine Erlebnisse zu bringen. Bei solchen Fragen umdüsterte sich sein Gesicht, wenn er mir auch immer offen Rede und Antwort stand. Als er jedoch innewurde, daß ich an sein Gewissen appellieren und wenigstens eine Spur von Reue in ihm wachrufen wollte, warf er mir einen so unbeschreiblich verächtlichen und hochmütigen Blick zu, als hätte ich mich vor seinen Augen unversehens in einen kleinen törichten Bengel verwandelt, mit dem man nicht reden könne wie mit einem Erwachsenen. Sogar etwas wie Mitleid mit mir spiegelte sich auf seinen Zügen. Einen Augenblick danach brach er über meine Naivität in schallendes Gelächter aus, ganz treuherzig, ohne jede Ironie, und ich bin sicher, daß er später in der Erinnerung an meine Worte noch mehr als einmal vor sich hingekichert hat. Schließlich wurde er mit noch nicht gänzlich verheiltem Rücken gesundgeschrieben; auch ich wurde gerade um diese Zeit aus dem Lazarett entlassen, und so fügte es sich, daß wir gemeinsam den Rückweg antraten, ich ins Zuchthaus, er in die Wachstube vor dem Zuchthausgelände, wo er auch vorher schon arretiert gewesen war. Beim Abschied schüttelte er mir die Hand, das war von seiner Seite ein hoher Vertrauensbeweis. Ich glaube, er tat es, weil er mit sich und seiner augenblicklichen Situation vollauf zufrieden war. Im Grund konnte er gar nicht anders als mich verachten und auf mich herabsehen als auf eine unterwürfige, schwächliche, jämmerliche Kreatur, die ihm in keiner Hinsicht das Wasser reichen konnte. Anderntags führte man ihn aufs neue zur Exekution ...

Kaum war unsere Kaserne abgesperrt worden, da bekam sie augenblicklich ein ganz eigenes Gesicht, das Gesicht einer wirklichen Wohnstatt, eines häuslichen Herdes. Jetzt erst machte ich die Beobachtung, daß sich meine Kameraden, die andern Sträflinge, ganz wie zu Hause benahmen. Tagsüber können jeden Augenblick die Unteroffiziere, die Wachtposten und überhaupt irgend jemand vom Aufsichtspersonal im Zuchthaus auftauchen, daher geben sich auch die Insassen niemals ganz ungezwungen, es ist vielmehr, als erwarteten sie jede Minute irgendein Mißgeschick, als seien sie ständig vor irgend etwas auf der Hut. Kaum aber war die Kaserne abgeschlossen worden, da setzte sich jeder ruhig auf seinen Platz, und fast alle nahmen irgendeine Arbeit zur Hand. Plötzlich wurde es hell in der Kaserne. Jeder hatte sein Talglicht und seinen meist hölzernen Kerzenhalter vor sich aufgestellt. Der eine machte sich ans Stiefelflicken, der andere nähte irgendein Kleidungsstück. Der Gestank in der Kaserne wurde stündlich ärger. Ein paar Nichtstuer hatten sich in einem Winkel im Schneidersitz vor einen ausgebreiteten Teppich hingesetzt, um Karten zu spielen. Fast in jeder Kaserne war ein Sträfling, der einen etwa einen Arschin* großen schäbigen Teppich, eine Kerze und ein jeder Beschreibung spottendes, schmieriges, fettiges Kartenspiel besaß. Das alles bezeichnete man als Majdan, d. h. Spielhaus. Der Besitzer erhielt von den Mitspielenden ein Eintrittsgeld, etwa fünfzehn Kopeken pro Abend; das war seine Verdienstquelle. Gespielt wurde gewöhnlich Dreiblatt, Eisberg und dergleichen. Alle Spiele waren ausschließlich Glücksspiele. Jeder Spieler schüttete ein Häuflein Kupfermünzen vor sich aus – alles, was er in der Tasche hatte – und stand erst wieder auf, wenn er alles restlos verspielt oder seinen Kameraden alles abgewonnen hatte. Das Spiel endete spät in der Nacht, zuweilen zog es sich auch bis zum Morgengrauen hin, bis unmittelbar vor dem Aufschließen. In unserer Kaserne gab es wie in allen anderen Kasernen Habenichtse und arme Teufel, die alles verspielt oder vertrunken hatten, oder solche, die einfach von Natur aus Bettler waren. Ich sage »von Natur« und lege besonderen Wert auf diesen Ausdruck. Denn in der Tat stößt man überall im Volk, unabhängig von

* Altes russisches Längenmaß = 0,71 m (Anmerkung des Übersetzers).

Milieu und Umständen, immer wieder auf merkwürdige Individuen, stille und demütige Leute und oft durchaus keine Faulpelze, die aber vom Schicksal dazu ausersehen sind, für immer und alle Zeiten Bettler zu bleiben. Sie sind stets arme Schlucker, stets unordentlich gekleidet, sie machen stets einen geprügelten und bedrückten Eindruck, und ewig sind sie irgend jemandes Laufbursche oder Handlanger, in aller Regel bei den Saufbrüdern oder bei Emporkömmlingen, die es unverhofft zu etwas gebracht haben. Jeder eigene Anlauf, jede Initiative sind für diese Typen Pein und schwere Last. Sie sind gleichsam unter der Bedingung auf die Welt gekommen, daß sie niemals etwas von sich aus in Angriff nehmen dürfen, sondern stets und ständig andern dienstbar sein, daß sie nicht nach ihrem eigenen Willen leben dürfen, sondern immer nach fremder Pfeife tanzen müssen; sie sind dazu bestimmt, nur auszuführen, was andre ihnen auftragen. Und schließlich gibt es keinerlei Umstände oder Veränderungen, die imstande wären, ihnen zu Wohlstand zu verhelfen. Sie sind und bleiben arme Teufel. Ich habe die Beobachtung gemacht, daß Menschen dieses Typs nicht nur beim einfachen Volk zu finden sind, sondern in allen Schichten, in allen Ständen, Parteien, Zeitungsredaktionen, Verbindungen. Nicht anders war es auch in jeder Kaserne, in jedem Zuchthaus, und kaum setzte man sich irgendwo zu einem Spielchen zusammen, da war auch schon einer dieser Habenichtse zur Stelle und bot den Spielern seine Dienste an. Übrigens konnte keine Spielrunde auf so einen Gehilfen verzichten. Gewöhnlich wurde er von allen Spielern gemeinsam zu einem Lohn von fünf Silberkopeken für die ganze Nacht angeheuert, und seine Hauptaufgabe bestand darin, die ganze lange Nacht über Schmiere zu stehen. Meistens mußte er sechs oder sieben Stunden im dunklen Flur stehen, bei dreißig Grad Kälte, und auf jedes Klopfen, jeden Laut, jeden Schritt draußen achten. Der Platzmajor oder die Wachtposten inspizierten die Kasernen nämlich zuweilen noch mitten in der Nacht, traten unbemerkt ein, ertappten dann Spieler und Arbeitende und fanden die überzähligen Kerzen, deren Lichtschein sie von draußen gesehen hatten. Wenn erst das Schloß in der Außentür klirrte, war es in jedem Fall zu spät, sich aus dem Staub zu machen, die Kerzen zu löschen und sich auf die Pritschen zu legen. Da der Aufpasser, dem ein solches Malheur widerfuhr, von der ganzen Spielrunde tüchtig verbleut wurde, kam es höchst selten vor, daß er das Kommen der Wachen überhörte. Freilich sind fünf Kopeken selbst für Zuchthausbegriffe eine lächerlich geringe Entlohnung, aber ich war bei dieser wie bei anderen Gelegenheiten immer wieder erschüttert über die Hartherzigkeit der Auftraggeber. »Hast den Zaster eingesteckt, also magst du dich abrackern!« Dieses Argument duldete keinen Widerspruch. Für den ausbezahlten Hungerlohn verlangte der Auftraggeber alles, was er nur herausschinden konnte, er nahm sogar noch mehr, wenn es sich irgend machen ließ, und glaubte noch, dem Angeworbenen damit einen Gefallen zu erweisen. Ein trunkener Tagedieb, der sein Geld unbesehen nach links und rechts hinauswarf, suchte seinen Mietling doch um jeden Preis zu übervorteilen, das habe ich nicht etwa nur im Zuchthaus oder beim Kartenspiel beobachtet.

Ich sagte schon, daß sich fast jedermann in der Kaserne abends an irgendeine Beschäftigung setzte: außer den Spielern waren es höchstens fünf Gefangene, die überhaupt nichts taten, sondern sich sogleich schlafen legten. Mein Pritschenplatz befand sich unmittelbar neben der Tür. Auf der anderen Seite, Kopf an Kopf mit mir, war Akim Akimytschs Lagerstatt. Bis zehn oder elf Uhr saß er an der Arbeit, er klebte einen bunten chinesischen Lampion, den jemand aus der Stadt für relativ gute Bezahlung bei ihm in Auftrag gegeben hatte. Er verstand sich meisterlich auf die Anfertigung dieser kleinen Lampions, arbeitete methodisch, ohne sich ablenken zu lassen; sobald er zu arbeiten aufhörte, räumte er alles fein säuberlich fort, klappte seine Matratze auf, sprach sein Nachtgebet und legte sich wohlgesittet zur Ruhe. Diese Sittsamkeit und Ordnungsliebe war bei ihm offensichtlich in kleinlichste Pedanterie ausgeartet. Wie alle stumpfen und beschränkten Menschen hielt er sich für ungewöhnlich gescheit. Ich mochte ihn schon am ersten Tag nicht recht leiden, obgleich ich, wie ich mich heute noch erinnere, schon an diesem ersten Tag viel über ihn nachdachte und mich vor allem darüber wunderte, daß ein solcher Mensch, anstatt es im Leben zu etwas gebracht zu haben, im Zuchthaus gelandet war. Ich werde in Zukunft noch wiederholt auf Akim Akimytsch zu sprechen kommen.

Aber zunächst will ich kurz die Insassen unserer Kaserne beschreiben. Immerhin mußte ich noch manches Jahr darin zubringen, und alle diese Menschen waren meine künftigen Mitbewohner und Kameraden. So ist es verständlich, daß ich sie alle mit lebhafter Neugier betrachtete. Links von mir war eine Gruppe von Kaukasiern untergebracht, die meistens wegen Raubes hierher verschickt worden waren, und zwar für unterschiedlich lange Zeit. Diese Gruppe bestand aus zwei Lesginern, einem Tschetschenzen und drei dagestanischen Tataren. Der Tschetschenze war ein finsterer und mürrischer Geselle, er sprach so gut wie nie und schaute nur immer haßerfüllt und düster, mit einem giftigen, hämischen Lächeln um sich. Der eine Lesginer war schon ein alter Mann mit langer, schmaler Adlernase, ein Räuber, wie er im Buche steht. Dafür machte der andere, namens Nurra, vom ersten Tag an einen sehr erfreulichen und sympathischen Eindruck auf mich. Er war noch nicht alt, von kleinem Wuchs, aber kräftig wie ein Herkules, blond, mit hellblauen Augen, einer Stupsnase, einem Gesicht, so zart wie bei einem Finnenmädchen, und vom ständigen Reiten krummen Beinen. Sein Leib war ganz durchlöchert und zerschrammt von Säbelhieben und Gewehrkugeln. Er hatte daheim im Kaukasus einem friedlichen Stamm angehört, war aber immer wieder insgeheim zu den feindlichen Bergstämmen geritten und hatte sich an Überfällen auf Russen beteiligt. Im Zuchthaus war er allgemein beliebt. Er war immer guter Dinge, freundlich gegen jedermann, arbeitete ohne Murren, war gelassenen und heiteren Gemütes, wenn er sich auch oft empörte über Gemeinheit und Niedertracht des Sträflingsdaseins und in Erbitterung geraten konnte über jeden Diebstahl, jede Gaunerei, über Trunksucht und schlechthin über jedes unehrenhafte Verhalten; dabei brach er aber niemals Streit vom Zaun, sondern ließ es mit seiner Empörung genug sein. Er selbst hatte sich während seiner ganzen Haft niemals auch nur das geringste angeeignet und sich überhaupt nie einen Fehltritt zuschulden kommen lassen. Er war ungemein gottesfürchtig. Seine religiösen Pflichten erfüllte er mit peinlichster Treue; in der Fastenzeit vor den mohammedanischen Feiertagen fastete er wie ein Fanatiker und brachte ganze Nächte im Gebet zu. Jeder hatte ihn gern und verließ sich auf seine Redlichkeit. »Nurra, der Löwe«, nannten ihn die andern Gefangenen, und dieser Name ist ihm geblieben. Er war restlos überzeugt, daß man ihm erlauben würde, nach Verbüßung seiner Strafe wieder nach Hause in den Kaukasus zurückzukehren, und allein diese Hoffnung hielt ihn am Leben. Ich glaube, er wäre gestorben, wenn man sie ihm genommen hätte. Schon am ersten Tag meines Zuchthausaufenthaltes war er mir aufgefallen. Man konnte sein gutes, freundliches Gesicht zwischen all den bösen, finsteren und spöttischen Mienen der andern Sträflinge auch gar nicht übersehen. Schon in der ersten halben Stunde nach meiner Ankunft klopfte er mir im Vorübergehen gutmütig lachend auf die Schulter. Anfangs wußte ich nicht, was das zu bedeuten hatte. Er sprach nur wenige Worte Russisch. Wenig später ging er wieder an mir vorüber und klopfte mir wieder lachend und freundschaftlich auf die Schulter. Das tat er noch oft in den nächsten drei Tagen. Wie ich später herausbekam, wollte er mir damit zu verstehen geben, daß ich ihm leid tat, daß er spürte, wie schwer mir das Einleben ins Zuchthaus fiel, daß er mir seine freundschaftlichen Gefühle zeigen, mich aufmuntern und mich seines Schutzes versichern wollte. Der gute und einfältige Nurra!

Ferner waren da die drei dagestanischen Tataren, drei leibliche Brüder. Zwei von ihnen waren schon in Jahren, der dritte, Alej, mochte höchstens zwanzig Jahre alt sein, wirkte aber noch jünger. Er lag auf den Pritschen neben mir. Sein schönes, offenes, kluges und dabei doch gutmütig-naives Gesicht hatte ihm sogleich mein Herz zugeneigt, und ich war froh, daß mir das Schicksal ihn und keinen andern zum Nachbarn bestimmt hatte. Seine ganze Seele spiegelte sich auf seinem wohlgestalten, ja, man kann getrost sagen, schönen Antlitz. Sein Lächeln war so vertrauensvoll, so treuherzigkindlich, seine großen schwarzen Augen so weich und zärtlich, daß ich stets besonderes Vergnügen darin fand, ja sogar Linderung in Gram und Traurigkeit, wenn ich ihn nur ansah. Ich sage das, ohne zu übertreiben. In der Heimat hatte sein ältester Bruder (er hatte fünf ältere Brüder, die drei andern waren als Zwangsarbeiter in irgendeine Fabrik geschickt worden) ihm eines Tages geboten, den Säbel zu nehmen und sein Pferd zu besteigen, um die andern auf eine Expedition zu begleiten. Die Ehrfurcht vor den Älteren ist in den Sippen dieser Bergvölker so groß, daß der Knabe nicht wagte, ja nicht einmal auf den Gedanken kam, zu fragen, wohin es denn eigentlich gehe. Desgleichen hielten die Älteren es nicht für erforderlich, ihm zu sagen, was sie im Schilde führten. Sie waren gemeinsam auf einen Raubzug ausgeritten, um an der Straße einem reichen armenischen Kaufherrn aufzulauern und ihn auszuplündern. So geschah es auch: sie machten die Begleitmannschaft nieder, ermordeten den Armenier und raubten seine Waren. Aber der Überfall wurde entdeckt: alle sechs wurden gefangengenommen, vor Gericht gestellt, für schuldig befunden und zur Zwangsarbeit nach Sibirien verschickt. Alles, was das Gericht für Alej zu tun vermochte, war, daß man ihm ein geringeres Strafmaß zuerkannte; er erhielt nur vier Jahre Zuchthaus. Seine Brüder liebten ihn über alles, und zwar eher mit väterlicher als mit brüderlicher Liebe. Er war ihr Trost und Augenstern in der Verbannung, und sie, die gewöhnlich finster dreinschauten, lächelten stets, wenn sie ihn ansahen oder das Wort an ihn richteten – was freilich nur selten geschah, als betrachteten sie ihn immer noch als unmündigen Knaben, mit dem man nichts Ernsthaftes besprechen könne –, ihre rauhen Gesichter glätteten sich, und ich erriet, daß sie mit ihm ein vergnügliches, fast kindliches Gespräch führten, wenigstens warfen sie sich dabei immer entsprechende Blicke zu und lachten gutmütig, wenn sie sich seine Antwort anhörten. Er selbst wagte fast nie, von sich aus das Wort an sie zu richten: so groß war seine Ehrerbietung. Es war kaum zu begreifen, daß sich dieser Knabe während seiner ganzen Haftzeit ein so weiches Herz bewahren konnte, eine so unbedingte Ehrenhaftigkeit, ein so herzliches und sympathisches Wesen, daß er nie unverschämt war und auch nicht verdorben wurde. Er war übrigens trotz seiner äußeren Weichheit ein starker und in sich gefestigter Charakter. Später habe ich ihn noch sehr gut kennengelernt. Er war keusch wie eine Jungfrau, und jedwedes häßliche, zynische, schmutzige oder unrechte, gewalttätige Verhalten ließ in seinen schönen Augen ein Feuer der Empörung auflodern, die dadurch nur noch schöner wurden. Dabei ging er jedem Zank und Streit aus dem Weg, wenn er auch beileibe nicht der Typ war, sich ungestraft beleidigen zu lassen, und durchaus imstande, sich selbst zu verteidigen. Doch hatte er mit niemandem Streit: alle liebten und verhätschelten ihn. Anfangs behandelte er mich nur mit höflicher Zuvorkommenheit. Allmählich aber begann ich ihn ins Gespräch zu ziehen, und innerhalb weniger Monate lernte er ausgezeichnet Russisch, was seine Brüder während ihrer ganzen Haftzeit nicht zuwege brachten. Ich erkannte, daß er ein ungemein gescheiter, dabei aber äußerst bescheidener und taktvoller junger Mann war, der sich über vielerlei Dinge seine eigenen Gedanken gemacht hatte. Ich will gleich vorausschicken, daß ich diesen Alej durchaus nicht als Dutzendmenschen ansehe, und die Begegnung mit ihm schätze ich heute noch als eine der wertvollsten Bekanntschaften meines Lebens. Es gibt Menschen, die von Natur aus so schön sind, so sehr von Gott begnadet, daß der bloße Gedanke, sie könnten sich irgendwann zu ihrem Nachteil verändern, einem nie in den Sinn kommen könnte. Um solche Menschen kann man stets ganz unbesorgt sein. Genauso bin ich auch jetzt ganz unbesorgt, was Alej betrifft. Wo mag er jetzt sein? . . .

Eines Abends, schon lange nach meiner Einlieferung, lag ich auf der Pritsche und hing meinen düsteren Gedanken nach. Alej, sonst stets arbeitsam und fleißig, lag heute auch müßig da, obwohl es noch zu früh zum Schlafen war. Es war gerade ein Feiertag der Mohammedaner, darum arbeiteten sie nicht. Er lag da, die Arme unter dem Kopf verschränkt, und schien ebenfalls über etwas nachzusinnen. Dann fragte er mich ganz unvermittelt: »Du bist gewiß ganz furchtbar traurig?«

Ich sah ihn erstaunt an, denn diese direkte Frage erschien mir sonderbar, gerade von Alej, der immer soviel Behutsamkeit und Herzenstakt bewiesen hatte; als ich ihn jedoch aufmerksamer ansah, las ich in seinen Zügen so viel Sehnsucht, so viel Qual der Erinnerung, daß ich sofort erkannte, wie schwer es ihm selbst in diesem Augenblick ums Herz war. Ich teilte ihm diese meine Vermutung mit. Er seufzte und lächelte traurig. Ich liebte dieses freundliche und herzliche Lächeln. Außerdem entblößte er dabei zwei Reihen perlmuttfarbener Zähne, um deren Makellosigkeit ihn jede Schönheit der Welt hätte beneiden können.

»Und du, Alej, hast wohl gerade daran gedacht, wie man bei euch daheim in Dagestan diesen Festtag begeht? Das muß wunderbar schön sein.«

»Oh, ja«, antwortete er begeistert und mit leuchtenden Augen. »Wie aber kannst du wissen, daß ich daran gedacht habe?«

»Wie sollte einer das nicht wissen! Dort ist es gewiß viel schöner als hier?«

»Oh! Warum sprichst du davon? ...«

»Ich kann mir vorstellen, wie in eurer Heimat jetzt die Blumen blühen, es muß ein Paradies sein!«

»Ach ... sprich nicht davon.« Er war in höchster Erregung.

»Höre, Alej, hast du eine Schwester?«

»Ja, aber was fragst du mich das?«

»Gewiß ist sie sehr schön, wenn sie dir gleicht.«

»Mir gleicht? Sie ist so wunderschön, daß man in ganz Dagestan kein schöneres Mädchen findet. Ach, wie wunderschön ist meine Schwester, so ein Mädchen hast du noch nie gesehen. Auch meine Mutter war schön.«

»Hat deine Mutter dich liebgehabt?«

»Ach! Was sprichst du da? Wahrscheinlich ist sie gestorben aus Gram über mich. Ich war ihr Lieblingskind. Sie liebte mich mehr als die Schwester, mehr als alle andern ... Heute nacht ist sie mir im Traum erschienen und hat geweint über mein Los.«

Er verstummte und sprach den ganzen Abend kein Wort mehr. Seit dieser Zeit suchte er das Gespräch mit mir, wenn er auch aus Ehrerbietung, die er, ich weiß nicht warum, für mich hegte, nie als erster das Wort an mich richtete. Aber er war immer sichtlich erfreut, wenn ich ihn anredete. Ich fragte ihn nach dem Kaukasus und nach seinem früheren Leben. Seine Brüder hatten nichts dagegen, daß er sich mit mir unterhielt, es war ihnen sogar angenehm. Auch sie wurden viel umgänglicher, als sie sahen, wie Alej mir immer mehr ans Herz wuchs.

Alej war mir bei der Arbeit behilflich und ging mir auch in der Kaserne zur Hand, wo er nur konnte, und er war offensichtlich froh darüber, daß er mir das Leben wenigstens etwas erleichtern und mir gefällig sein konnte; in diesem Bemühen, mir gefällig zu sein, war jedoch nicht die leiseste Spur von Liebedienerei oder Eigennützigkeit, sondern es war die Frucht eines warmen, freundschaftlichen Gefühls, das er jetzt auch nicht mehr vor mir zu verbergen suchte. Er hatte mancherlei handwerkliche Fähigkeiten; er hatte leidlich nähen gelernt, konnte Stiefel flicken und eignete sich später, so gut er konnte, das Tischlerhandwerk an. Seine Brüder waren stolz darüber und des Lobes voll.

»Hör, Alej«, sagte ich eines Tages, »warum willst du eigentlich nicht Russisch lesen und schreiben lernen? Wer weiß, wie sehr dir das hier in Sibirien später noch nützen kann.«

»Nur zu gern wollte ich das. Wer aber könnte es mir beibringen?«

»Es sind doch genügend Leute hier, die lesen und schreiben können. Wenn du magst, bring ich es dir bei.«

»Ach ja, tu das, bitte!« er richtete sich sogar ein wenig von der Pritsche auf, legte die Hände zusammen und sah mich bittend an.

Gleich am nächsten Abend machten wir uns ans Werk. Ich hatte die russische Ausgabe des Neuen Testamentes bei mir – das einzige Buch, das im Zuchthaus nicht verboten war. Ohne Lesefibel, nur mit diesem Buch hatte Alej nach ein paar Wochen vortrefflich lesen gelernt. Drei Monate später konnte er die Literatursprache völlig verstehen. Er lernte mit Feuereifer und Hingabe.

Eines Abends lasen wir gemeinsam die Bergpredigt. Dabei war mir aufgefallen, daß er bestimmte Verse mit besonderer innerer Anteilnahme vorgelesen hatte.

Ich fragte ihn, ob ihm gefallen habe, was er soeben gelesen hatte.

Er warf mir einen raschen Blick zu, und die Röte schoß ihm ins Gesicht.

»Ach ja!« erwiderte er, »ja. Isa ist ein heiliger Prophet, Isa hat Gottes Wort verkündet. Wie schön ist das!«

»Was hat dir denn am meisten gefallen?«

»Da, wo er sagt: du sollst vergeben, du sollst lieben, du sollst niemanden kränken und auch deine Feinde lieben. Ach, wie schön er das gesagt hat!«

Er wandte sich seinen Brüdern zu, die unser Gespräch mit angehört hatten, und redete voller Eifer auf sie ein. Sie sprachen lange und ernsthaft miteinander und wiegten zustimmend die Köpfe. Dann wandten sie sich mit ihrem würdevollen, wohlwollenden, typisch muselmanischen Lächeln (das ich vor allem wegen seiner Würde so liebe) zu mir und bekräftigten: Isa sei Gottes Prophet gewesen und habe große Wunder vollbracht; er habe einen Vogel aus Ton geknetet, ihn angehaucht, und der Vogel sei auf und davongeflogen ... so stünde es in ihren Schriften geschrieben. Dabei waren sie fest überzeugt, mir, indem sie Jesus lobten, eine große Freude zu bereiten, und Alej seinerseits war restlos glücklich, daß seine Brüder sich bereit gefunden hatten, mir diese Freude zu erweisen.

Auch der Schreibunterricht ging mit Riesenschritten vorwärts. Alej beschaffte sich Papier (er duldete nicht, daß ich es für mein Geld kaufte), Federn und Tinte, und nach etwa zwei Monaten konnte er ausgezeichnet schreiben. Darüber waren selbst seine Brüder erstaunt. Ihr Stolz und ihre Zufriedenheit kannte keine Grenzen. Sie wußten nicht, wie sie mir danken sollten. Wenn wir zufällig am selben Arbeitsplatz eingesetzt waren, halfen sie mir abwechselnd und waren glücklich, mir diese Gefälligkeit tun zu können. Von Alej ganz zu schweigen. Er hing an mir mit vielleicht nicht geringerer Liebe als an seinen Brüdern. Nie werde ich vergessen, wie er aus dem Zuchthaus entlassen wurde. Er nahm mich beiseite hinter die Kaserne und fiel mir schluchzend um den Hals. Nie zuvor hatte er mich geküßt, und nie hatte ich ihn weinen sehen. »Du hast so viel für mich getan, so viel, wie Vater und Mutter nicht für mich hätten tun können: du hast einen Menschen aus mir gemacht, Gott wird es dir lohnen, ich aber werde dich nie vergessen ...«

Wo mag er jetzt sein, mein guter, lieber, lieber Alej?! ...

Außer den Tscherkessen hauste in unserer Kaserne noch eine Gruppe Polen, die eine gänzlich abgesonderte Familie bildeten und mit den übrigen Gefangenen so gut wie keinen Kontakt hielten. Ich sagte bereits, daß sie auf Grund ihrer Exklusivität und ihrer Antipathie gegen die gefangenen Russen allgemein verhaßt waren. Es waren gequälte, kranke Menschen, sechs an der Zahl. Ein paar von ihnen waren gebildete Leute, auf sie werde ich noch besonders und ausführlich zu sprechen kommen. Von ihnen bekam ich in den letzten Jahren meiner Zuchthauszeit sogar einige Bücher. Das erste dieser Bücher hinterließ bei mir einen starken, seltsamen, ganz eigentümlichen Eindruck. Von diesen Eindrücken werde ich noch berichten. Sie waren für mich ungemein interessant, obwohl ich sicher bin, daß sie manchem meiner Leser gänzlich unbegreiflich sein werden. Über das, was man nicht selbst durchgemacht hat, kann man sich kein Urteil erlauben. Ich will hier nur das eine sagen: moralische Entbehrungen sind härter als alle physischen Qualen. Wenn einfache Menschen ins Zuchthaus kommen, finden sie dort die ihnen gemäße Gesellschaft vor, vielleicht sogar eine höherstehende. Freilich haben auch sie viel verloren – Heimat, Familie, alles, was ihnen teuer ist –, aber sie bleiben wenigstens in ihrem Milieu. Ein gebildeter Mensch dagegen, der nach dem Gesetz der gleichen Strafe unterworfen ist wie das einfache Volk, muß häufig auf unvergleichlich viel mehr verzichten. Er muß alle seine Bedürfnisse unterdrücken, seine Gewohnheiten aufgeben; er muß sich mit einem für ihn unzureichenden Milieu abfinden, muß sich daran gewöhnen, eine völlig andere Luft zu atmen. Ihm ist zumute wie einem Fisch auf dem Trocknen ... Und so wird die nach dem Gesetz für alle gleiche Strafe für ihn oft zur verzehnfachten Pein. Das ist die reine Wahrheit, selbst wenn es dabei lediglich um die materiellen Gewohnheiten ginge, die man opfern muß.

Die Polen also bildeten eine isolierte, in sich geschlossene Gruppe. Es waren sechs, und sie waren stets beisammen. Von allen Sträflingen in unserer Kaserne hatten sie lediglich für den einen Juden etwas übrig, und das vielleicht auch nur, weil er sie erheiterte. Unsern Juden mochten übrigens auch die andern Gefangenen gut leiden, wenn sich auch ausnahmslos alle über ihn lustig machten. Er war der einzige Jude unter uns, und selbst jetzt noch kann ich nicht umhin zu lachen, wenn ich an ihn denke. Immer, wenn ich ihn ansah, kam mir Gogols Jude Jankel aus dem »Taras Bulba« in den Sinn, der, sobald er sich auszog, um sich zur Nacht mit seiner Judenfrau in eine Art Schrank zur Ruhe zu begeben, große Ähnlichkeit mit einem gerupften Hühnchen hatte. Auch Issai Fomitsch, unser Jude, ähnelte einem gerupften Hühnchen wie ein Wassertropfen dem andern. Er war nicht mehr jung, an die fünfzig, klein und schwächlich von Gestalt, pfiffig und doch zweifellos ein wenig beschränkt. Er war keck und hochfahrend und dabei auch wieder entsetzlich feige. Sein Gesicht war ganz verhutzelt, Stirn und Wangen waren von Brandmalen verunstaltet, die man ihm auf dem Schafott eingebrannt hatte. Mir war schlechterdings unbegreiflich, wie er, dieser schwächliche kleine Kerl, sechzig Peitschenhiebe überlebt hatte. Er war wegen Mordes ins Zuchthaus gekommen. Er hielt ein Rezept verborgen, das ihm seine Glaubensbrüder gleich nach der Strafvollstreckung von einem Arzt besorgt hatten. Auf diesem Rezept war eine Mixtur verzeichnet, die seine Brandmale innerhalb von zwei Wochen zum Verschwinden bringen sollte. Er getraute sich nicht, diese Mixtur im Zuchthaus anzuwenden und wollte erst das Ende seiner zwölfjährigen Strafe abwarten, dann aber, wenn er als Strafansiedler freigelassen würde, war er entschlossen, das Rezept zu benutzen. »Sonst find is keine Frau«, sagte er einmal zu mir, »aber is will eine Frau um jeden Preis.« Wir beiden wurden dicke Freunde. Er war stets in heiterster Gemütsverfassung. Im Zuchthaus hatte er kein schlechtes

Leben; er war gelernter Juwelier und mit Aufträgen aus der Stadt überhäuft, wo es keinen Juwelier gab, daher war er von aller schweren Arbeit befreit. Selbstredend betrieb er daneben auch noch das Wuchergeschäft und versorgte gegen Zins und Pfänder das ganze Zuchthaus mit Geld. Er war vor mir eingeliefert worden, und einer der Polen hat mir seine Ankunft genau beschrieben. Das ist eine höchst amüsante Geschichte, die ich später erzählen werde; auf Issai Fomitsch werde ich noch wiederholt zu sprechen kommen.

Die übrigen Bewohner unserer Kaserne waren vier Altgläubige, alte, bibelkundige Männer, unter ihnen der Greis aus der Staroduber Vorstadt; zwei oder drei Kleinrussen, finstere Gestalten, ein junger Sträfling mit spitzem Gesichtchen und spitzem Näschen, nicht mehr als dreiundzwanzig Jahre alt, der bereits acht Menschenleben auf dem Gewissen hatte, ein Häuflein Falschmünzer, von denen einer der Witzbold der ganzen Kaserne war, und schließlich noch ein paar düstere und mürrische, geschorene und gebrandmarkte, wortkarge mißgünstige Gestalten, die finster und haßerfüllt um sich stierten und sichtlich gewillt waren, noch lange Jahre, die ganze Zeit ihrer Haft hindurch, so stumm, mürrisch und haßerfüllt dreinzuschauen. Dies alles nahm ich an diesem ersten trostlosen Abend meines neuen Lebensabschnitts nur undeutlich wahr, ich sah es durch Qualm und Ruß, unter Gezänk und unaussprechlich zynischen Reden, im Gestank und beim Klirren der Ketten, unter Flüchen und schamlosem Gelächter. Ich streckte mich auf die kahle Pritsche, legte mir meinen Anzug unter den Kopf (ein Kissen besaß ich noch nicht), deckte mich mit meinem Pelz zu, fand aber noch lange keinen Schlaf, so zerquält und zerschlagen ich auch war von all den ungeheuerlichen und unerwarteten Eindrücken dieses ersten Tages. Dabei hatte mein neues Leben gerade erst begonnen. Vieles lag noch vor mir, an das ich selbst im Traum nie gedacht, das ich nie zuvor hätte erraten können . . .

5

Der erste Monat

Drei Tage nach meiner Einlieferung erhielt ich Befehl, mit den andern zur Arbeit auszurücken. Dieser erste Arbeitstag ist mir noch sehr genau erinnerlich, wenn sich auch in seinem Verlauf nichts Außergewöhnliches für mich zugetragen hat, zumindest, wenn man bedenkt, daß in meiner Situation ohnehin alles neu und ungewöhnlich für mich war. Aber auch das gehörte zu meinen ersten Eindrücken, und ich betrachtete alles um mich herum noch immer mit lebhaftester Neugier. Die ersten drei Tage hatte ich durchweg in tiefster Niedergeschlagenheit zugebracht. Hier also ist das Ende meiner Wanderschaft: das Zuchthaus! – sagte ich mir immer wieder, das ist nun meine Heimstatt für viele, lange Jahre, mein Fleckchen auf Erden, das ich mit so viel Mißtrauen, mit so schmerzlichen Gefühlen betreten habe ... Und doch, wer weiß? Vielleicht wird es mir noch leid tun, wenn ich diesen Ort nach Jahren wieder verlassen werde, fügte ich in Gedanken hinzu, nicht ohne einen Beigeschmack von Schadenfreude, die sich zuweilen bis zu dem Bedürfnis steigert, die eigene Wunde absichtlich wieder aufzureißen, als ob man es darauf anlegte, sich an seinem eigenen Schmerz zu weiden, als ob man im Bewußtsein der ganzen Größe seines Unglücks eine Befriedigung finden könnte. Allein die Vorstellung, daß ich irgendwann einmal mit Bedauern an diesen Ort zurückdenken könnte, erfüllte mich mit Schrecken: damals ahnte ich bereits, wie ungeheuer anpassungsfähig der Mensch ist. Aber diese Erfahrung lag noch vor mir, zunächst einmal war mir alles ringsum feindselig und schrecklich ... wenn auch in Wahrheit nicht alles, so kam es mir doch so vor. Die hemmungslose Neugier, mit der meine neuen Mitgefangenen mich musterten, ihre betont ablehnende Haltung dem adligen Neuankömmling gegenüber, der so mir nichts dir nichts in ihre Gemeinschaft getreten war, eine Ablehnung, die sich zuweilen fast schon zum Haß steigerte – das alles bedrückte mich so sehr, daß ich selbst den Arbeitsbeginn herbeisehnte, um so bald wie möglich den ganzen Umfang meines Elends kennenzulernen und auszukosten, um zu leben wie alle andern auch, um so bald wie möglich den normalen Tagesablauf mit ihnen zu teilen. Natürlich bemerkte und ahnte ich damals manches noch nicht, was sich in meiner unmittelbaren Umgebung zutrug: unter so viel Feindseligkeit hatte ich noch nicht herausgefunden, daß es auch manches Tröstliche gab. Übrigens hatten mich bereits die wenigen freundlichen und wohlwollenden Gesichter, denen ich in diesen ersten drei Tagen begegnete, spürbar aufgemuntert. Besonders entgegenkommend und herzlich behandelte mich Akim Akimytsch. Unter den mürrischen und haßerfüllten Gesichtern der übrigen Sträflinge mußten mir die wenigen guten und frohgemuten ganz einfach auffallen. Überall gibt es schlechte Menschen, und unter den Schlechten finden sich auch Gute, sagte ich mir zum Trost, wer weiß, vielleicht sind die Menschen hier gar nicht soviel schlechter als die *andern*, die draußen, außerhalb der Zuchthausmauern leben! Während mir dieser Gedanke durch den Sinn ging, schüttelte ich selbst den Kopf darüber, und doch, mein Gott! wenn ich damals schon geahnt hätte, wie recht ich damit hatte!

Zum Beispiel war dort ein Mann, den ich erst viele Jahre später richtig kennenlernte, obwohl ich ihn fast die ganze Zeit meines Zuchthausaufenthaltes über ständig um mich hatte. Das war der Sträfling Suschilow. Als ich eben die Gefangenen erwähnte, die nicht *schlechter* sind als andere Menschen, mußte ich unwillkürlich an ihn denken. Er war mein Aufwärter. Außer ihm hatte ich noch einen anderen Aufwärter. Akim Akimytsch hatte mir schon in den ersten Tagen einen Sträfling namens Osip empfohlen und gesagt, dieser würde mir um dreißig Kopeken monatlich täglich eigenes Essen kochen, falls mir die Zuchthauskost gar zu widerwärtig sei und ich über die Mittel verfügte, mir eigenes Essen zu leisten. Osip war einer der vier Köche, die von allen Sträflingen gemeinsam für unsere zwei Küchen gewählt worden waren, wobei es ihnen gänzlich freistand, die Wahl anzunehmen oder abzulehnen, und selbst wenn sie einmal angenommen hatten, konnten sie schon an nächsten Tag wieder von ihrem

Amt zurücktreten. Diese Köche mußten nicht zur Arbeit ausrücken, ihre Obliegenheit bestand lediglich darin, das Brot zu backen und die Kohlsuppe zu kochen. Sie wurden übrigens nicht Köche, sondern »Kochmamsells« (also weiblichen Geschlechts) genannt, aber keineswegs aus Geringschätzung – um so mehr, als für den Küchendienst stets verständige und nach Möglichkeit auch ehrliche Leute ausgewählt wurden –, sondern nur so, als harmloser Scherz, wodurch sich unsere Köche auch nicht im mindesten gekränkt fühlten. Osip wurde beinahe regelmäßig wiedergewählt, er blieb mehrere Jahre hintereinander fast ununterbrochen Kochmamsell und legte dieses Amt nur zeitweilig und vorübergehend nieder, wenn ihn die Schwermut allzusehr übermannte, und mit der Schwermut auch die Lust, Branntwein zu schmuggeln. Er war von einer Redlichkeit und Sanftmut, wie man sie selten trifft, obwohl er wegen Schmuggelei verurteilt worden war. Er war jener Schmuggler, der hochgewachsene, gesunde Bursche, von dem ich schon gesprochen habe, ein unwahrscheinlicher Hasenfuß, der sich mehr als vor allem andern vor Rutenhieben fürchtete, friedfertig, harmlos, freundlich zu jedermann, er hatte noch *nie* mit irgend jemandem Streit gehabt, konnte aber aus lauter Schmuggelleidenschaft nicht anders: er mußte immer wieder Branntwein schmuggeln, all seiner Angst und Feigheit zum Trotz. Wie die andern Köche handelte auch er mit Schnaps, wenn auch selbstverständlich nicht in so großem Stil wie Gasin zum Beispiel, weil er nicht den Mut besaß, viel zu riskieren. Mit diesem Osip kam ich die ganze Zeit über ausgezeichnet aus. Was nun die Ausgaben für eine solche eigene Beköstigung betraf, so hielten sie sich wahrlich in untersten Grenzen. Ich werde kaum fehlgehen mit der Feststellung, daß ich für meinen Unterhalt im Monat nicht mehr als einen Silberrubel benötigte, natürlich ohne das Brot zu rechnen, das ja vom Zuchthaus ausgegeben wurde, und hie und da einen Schlag Kohlsuppe, wenn ich einmal gar zu hungrig war und meinen Ekel vor dieser Suppe überwand, der sich später übrigens ganz von selber legte. Gewöhnlich kaufte ich mir ein Stück Rindfleisch von etwa einem Pfund pro Tag. Rindfleisch kostete bei uns im Winter einen Groschen. Dieses Rindfleisch wurde auf dem Markt von einem der Invaliden besorgt, die, jeweils einer, als Aufseher in den Kasernen Dienst taten und die freiwillig, von sich aus die Aufgabe übernommen hatten, täglich auf den Markt zu gehen und für die Sträflinge einzukaufen, wofür sie, von Kleinigkeiten abgesehen, so gut wie keine Bezahlung annahmen. Sie taten das, um ihre Ruhe zu haben, denn andernfalls hätten sie mit den Zuchthäuslern ihre liebe Not gehabt. So besorgten sie Tabak, gepreßten Tee, Rindfleisch, Kalatschen und anderes mehr, alles mit Ausnahme von Schnaps. Man bat sie auch niemals, Schnaps mitzubringen, wenn man ihnen auch ab und zu ein Gläschen spendierte. Dieser Osip also bereitete mir jahraus, jahrein immer wieder das gleiche Stück Rindfleisch. Wie es gebraten war, steht freilich auf einem andern Blatt, aber darauf kam es wahrlich nicht an. Dabei muß ich hervorheben, daß ich mit Osip jahrelang so gut wie kein Wort wechselte. Oft wollte ich ein Gespräch mit ihm beginnen, aber er war geradezu außerstande, eine Unterhaltung aufrechtzuerhalten: er grinste mich an, sagte »ja« oder »nein«, und damit hatte es sein Bewenden. Dieser Herkules von Gestalt mit dem Verstand eines siebenjährigen Kindes war sonderbar genug anzusehen.

Neben Osip hatte ich noch einen anderen Aufwärter, nämlich Suschilow. Ich hatte ihn weder gerufen noch gesucht. Es war, als habe er mich aufgespürt und sich selbst zu meinem Dienst abkommandiert; ich weiß nicht einmal mehr, wie das eigentlich zugegangen ist. Es fing damit an, daß er meine Wäsche wusch. Hinter den Kasernen befand sich eine eigens zu diesem Zweck errichtete große Spülichtgrube. Über dieser Grube wurde in zuchthauseigenen Waschzubern die Wäsche der Gefangenen gewaschen. Außerdem erfand Suschilow noch tausenderlei verschiedene Pflichten, um sich mir nützlich zu erweisen; er bereitete mir den Tee, erledigte jeden Auftrag für mich, machte ausfindig, was ich benötigte, schaffte meine Jacke zum Ausbessern fort, wichste mir viermal monatlich die Stiefel; und das alles tat er so eifrig und geschäftig, als hätte man ihm Gott weiß was für verantwortungsvolle Aufgaben anvertraut – kurz, er hatte sein Wohlergehen völlig mit dem meinen identifiziert und kümmerte sich um alle meine Angelegenheiten; so sagte er beispielsweise nie: »Ihr habt soundso viele Hemden, Eure Jacke ist zerrissen«, und so weiter, sondern stets: »*Wir* haben soundso viele Hemden, *unsere* Jacke ist zerrissen.« Dabei sah er mir treuherzig in die Augen und hielt das anscheinend für den eigentlichen Sinn seines Lebens. Ein Handwerk, oder wie die Sträflinge es nannten, eine Hantierung hatte er nicht erlernt, und das bißchen Geld, das ich ihm zahlte, war wohl das einzige, was er sich verdiente. Ich zahlte ihm, so viel ich konnte, das heißt in Groschen, und er war stets zufrieden damit und murrte nie. Er konnte gar nicht anders, als sich jemandem dienstbar zu erweisen, und wie ich glaube, hatte er mich vor allem darum auserkoren, weil ich umgänglicher war als die andern und ehrlicher im Bezahlen. Er gehörte zu dem Menschenschlag, die nie auf einen grünen Zweig kommen und die bei uns im Zuchthaus dazu herhalten mußten, die nächtlichen Spielrunden abzusichern, wobei sie nächtelang im eisigen Flur draußen Schmiere stehen und auf jeden Laut im Hof lauschen mußten für den Fall, daß der Platzmajor die Runde machen sollte, und die für die ganze lange Nacht schäbige fünf Silberkopeken bekamen und obendrein, falls sie einmal nicht achtgaben, nicht nur alles verloren, sondern auch noch ihre Haut zu Markte tragen mußten. Ich habe schon von ihnen gesprochen. Es ist die charakteristische Eigenschaft dieser Menschen, daß sie sich ihrer eigenen Persönlichkeit immer, überall und beinahe vor jedermann entäußern und im allgemeinen nicht einmal die zweite, sondern allenfalls die dritte Rolle spielen. Dies alles liegt schlechthin in ihrer Natur begründet. Suschilow war so ein armseliges Geschöpf, widerspruchslos und geduckt wie ein geprügelter Hund, obgleich niemand bei uns die Hand gegen ihn erhoben hätte, er wirkte eben von Natur aus so. Ich empfand immer Mitleid mit ihm. Ich konnte ihn nicht ansehen ohne dieses Gefühl des Mitleids, doch warum er mir eigentlich leid tat, hätte ich nicht zu sagen vermocht. Auch ihn konnte ich nicht in ein Gespräch ziehen, auch er war unfähig, sich zu unterhalten, das Reden war ihm sichtlich eine Last, und er lebte erst wieder auf, wenn man ihm, um das Gespräch zu beenden, irgendeinen Auftrag erteilte und ihn bat, irgend etwas zu erledigen. Zuletzt gelangte ich sogar zu der Überzeugung, daß ich ihm damit geradezu eine Freude machte. Er war weder groß noch klein, weder hübsch noch häßlich, weder dumm noch gescheit, weder alt noch jung, pockennarbig und mit fast weißblondem Haar. Etwas Konkreteres hätte man von ihm nicht sagen können. Nur das eine: er gehörte allem Anschein nach und, soviel ich erraten konnte, der gleichen Sippschaft an wie Sirotkin und war einzig durch sein unterwürfiges, gefügiges Wesen da hineingeraten. Die andern Sträflinge machten sich manchmal lustig über ihn, vor allem, weil er unterwegs auf dem Transport nach Sibirien mit einem andern »getauscht« hatte, und zwar für ein rotes Hemd und einen Silberrubel. Wegen dieses Spottpreises, für den er sich verkauft hatte, verhöhnten ihn die andern Gefangenen. Tauschen heißt, mit einem andern den Namen und folglich auch das Strafmaß tauschen. So unglaublich diese Praxis erscheinen mag, ist sie doch verbürgt, und zu meiner Zeit noch war sie, durch Traditionen geheiligt und durch ganz bestimmte Formen festgelegt, unter den nach Sibirien transportierten Gefangenen in vollem Schwange. Zuerst konnte ich das einfach nicht glauben, bis ich mich schließlich mit eigenen Augen davon überzeugen mußte.

Ein solcher Tausch ging folgendermaßen vonstatten. Da wird, sagen wir, eine Gruppe von Sträflingen nach Sibirien in Marsch gesetzt. Dem Transport gehören verschiedene Gefangene an: die einen sind zu Zwangsarbeit verurteilt, die andern kommen in eine Fabrik, die dritten zur Strafansiedlung; alle diese Leute gehören demselben Transport an. Irgendwo unterwegs, nehmen wir an im Gouvernement Perm, kommt einer der Sträflinge auf die Idee, mit einem andern zu tauschen. So hält es beispielsweise irgendein wegen Mordes oder eines andern Kapitalverbrechens verurteilter Michailow für unklug, sich für viele Jahre hinter Zuchthausmauern begraben zu lassen. Nehmen wir an, dieser Michailow ist ein gerissener, mit allen Wassern gewaschener Halunke, der weiß, wohin der Hase läuft, dann sucht er sich im selben

Transport einen möglichst einfältigen, verschüchterten und fügsamen Burschen heraus, der eine relativ geringe Strafe zu verbüßen hat: der entweder nur für ein paar Jahre in eine Fabrik muß oder zur Strafansiedlung vorgesehen ist oder auch selbst ins Zuchthaus kommt, aber für eine kürzere Strafzeit. Und so stößt er auf Suschilow. Der ist ein ehemaliger Gutsknecht und wird lediglich zur Strafansiedlung verschickt. Er ist schon anderthalbtausend Werst marschiert, natürlich ohne eine Kopeke in der Tasche, denn Suschilow ist nicht der Typ, der je Geld in der Tasche hätte, er ist restlos erschöpft und abgezehrt, er lebt ja ausschließlich von der offiziellen Sträflingsration, ohne sich je bessere Kost leisten zu können, er marschiert in seiner Gefangenenkluft und bietet jedermann für ein paar armselige Kupfergroschen seine Dienste an. Diesen Suschilow also zieht Michailow ins Gespräch, schleicht sich in sein Vertrauen, schließt sogar Freundschaft mit ihm, und schließlich macht er ihn auf irgendeiner Etappenstation auch noch betrunken. Hier erst rückt er mit dem Vorschlag heraus, ob jener nicht Lust hätte, mit ihm zu tauschen. Er sagt dann beispielsweise, mit mir, Michailow, steht's soundso, ich muß zwar zur Zwangsarbeit, aber doch nicht in ein regelrechtes Zuchthaus, sondern in eine »Sonderabteilung«. Das ist zwar auch Zwangsarbeit, aber eine besondere, eine feinere Art, wie mir scheint. Von dieser Sonderabteilung hatten während ihres Bestehens nicht einmal alle höheren Beamten in Petersburg Kenntnis. Das war eine ausgefallene Spezialabteilung in einem der entlegensten Winkel Sibiriens, außerdem gehörten ihr nur so wenige Gefangene an (zu meiner Zeit waren es nicht mehr als siebzig), daß man Mühe gehabt hätte, sie aufzuspüren. Ich habe später Menschen getroffen, die in Sibirien gedient hatten und die dortigen Verhältnisse kannten und doch erst durch mich von der Existenz einer solchen »Sonderabteilung« erfuhren. Im Gesetzbuch ist sie nur mit wenigen Zeilen erwähnt: »Dem Zuchthaus X ist zur Verwahrung der gefährlichsten Verbrecher eine Sonderabteilung anzugliedern bis zur Errichtung besonders strenger Zwangsarbeitslager in Sibirien.« Sogar die Sträflinge dieser Abteilung selbst wußten nicht, ob sie lebenslänglich oder nur befristet darin waren. Eine Frist war nicht vorgesehen, es hieß lediglich »bis zur Errichtung besonders strenger Zwangsarbeitslager«, also »Zwangsarbeit ohne Ende«. So war es kein Wunder, daß weder Suschilow noch sonst irgendeiner im Trupp je von dieser Abteilung gehört hatte, Michailow eingeschlossen, der sich von der Sonderabteilung lediglich auf Grund der Schwere seiner Untat einen Begriff machen konnte, eines Verbrechens, das ihm bereits drei- oder gar viertausend Hiebe eingetragen hatte. So lag es für ihn klar auf der Hand, daß man ihn schwerlich an einen besonders angenehmen Ort schicken würde. Suschilow dagegen war nur zur Zwangansiedlung verurteilt; was konnte es Besseres geben? »Hättest du nicht Lust, mit mir zu tauschen?« Suschilow ist vom Schnaps benebelt, eine einfältige Seele, voller Dankbarkeit für Michailow, der so freundlich zu ihm gewesen ist, und so bringt er es nicht übers Herz, ihm seine Bitte abzuschlagen. Überdies hat er unterwegs schon etwas läuten hören, daß man mit einem andern tauschen könne, daß dergleichen auch anderweitig vorkomme und daß durchaus nichts Ungewöhnliches oder Unerhörtes dabei sei. So willigt er denn ein. Der gewissenlose Michailow, der sich Suschilows ungewöhnliche Naivität zunutze macht, kauft ihm seinen Namen ab für ein rotes Hemd und einen Silberrubel und händigt ihm diesen Kaufpreis auf der Stelle und vor Zeugen aus. Anderntags ist Suschilow wieder nüchtern, aber man macht ihn aufs neue betrunken, auch wäre es schäbig von ihm, jetzt einen Rückzieher zu machen: der Rubel ist vertrunken, dem roten Hemd ergeht es wenig später genauso. Willst du nicht, so rück das Geld wieder raus! Wo sollte Suschilow aber einen ganzen Silberrubel auftreiben? Gibt er ihn nicht zurück, so zwingt ihn das ganze Kollektiv dazu: in derlei Dingen hält man streng auf Ordnung. Was du versprochen hast, mußt du halten – auch darauf besteht das Kollektiv. Andernfalls würdest du's mit ihnen allen zu tun bekommen. Windelweich würden sie dich schlagen, vielleicht sogar gleich ganz totschlagen, zumindest aber würden sie dir damit drohen.

Freilich, würde das Kollektiv auch nur einen einzigen solchen Fall durchgehen lassen, so wäre es mit der Praxis des Namentausches ein für allemal vorbei. Wenn man von dem einmal gemachten Versprechen abstehen und den getätigten Handel rückgängig machen könnte, nachdem man das Geld genommen hat – wer würde sich dann künftig noch daran halten? Kurzum, dies ist eine Angelegenheit, die alle angeht, darum wird in den Gefangenentransporten sehr streng auf ihre Einhaltung geachtet. Schließlich sieht Suschilow ein, daß er sich nicht mehr herausreden kann, und beschließt, sich in sein Los zu schicken. Diesen Entschluß gibt er allen seinen Kameraden bekannt, und dann wird, falls es sich als nötig erweisen sollte, auch noch der eine oder andere bestochen oder betrunken gemacht. Den andern ist natürlich alles einerlei: den Michailow oder den Suschilow mag der Teufel auf die Hörner nehmen. Was schert es sie, man hat ihnen einen Freischnaps spendiert, folglich wird keiner von ihnen ein Sterbenswörtchen darüber verlieren. Und dann kommt der Appell bei der nächsten Station; sobald Michailow aufgerufen wird: »Michailow!« antwortet Suschilow »*Hier*!« Ruft man »Suschilow!« meldet sich Michailow: »*Hier!*« und so wird es auch künftig gehalten. Niemand verliert noch ein Wort darüber. In Tobolsk werden die Verschickten aussortiert. Michailow kommt zur Ansiedlung und Suschilow wird unter verstärkter Bewachung in die Sonderabteilung weitergeleitet. Hernach ist dann jedweder Protest sinnlos, wie sollte er auch den Beweis für das alles erbringen? Durch wie viele Jahre würde sich die Aufklärung eines solchen Falles hinziehen? Was würde die Täuschung der Behörden für eine Strafe nach sich ziehen? Und wo sind schließlich die Zeugen? Sie würden alles abstreiten, selbst wenn es gelänge, sie ausfindig zu machen. So bleibt es letzten Endes eben dabei, daß Suschilow für einen Silberrubel und ein rotes Hemd in der »Sonderabteilung« landet.

Die Sträflinge verspotteten Suschilow, nicht weil er getauscht hatte (obgleich man alle verachtete, die sich eine härtere Strafe eingehandelt hatten, wie überhaupt alle Tölpel, die sich übers Ohr hauen ließen), sondern weil er nicht mehr dabei herausgeschlagen hatte als ein rotes Hemd und einen

Silberrubel: das war denn doch ein gar zu lächerlicher Preis. In der Regel wird ein solcher Tauschhandel für wahre Unsummen abgeschlossen, natürlich relativ gesehen. Man konnte es auf mehrere Dutzend Rubel bringen dabei. Suschilow aber war dabei so willfährig, so harmlos, so farblos und ein solches Nichts in jedermanns Augen, daß sie nicht einmal den rechten Geschmack daran fanden, ihn auszulachen.

Lange hatten Suschilow und ich so miteinander gelebt, mehrere Jahre lang. Im Lauf der Zeit war er sehr anhänglich geworden, was mir nicht verborgen bleiben konnte, denn auch ich hatte mich an ihn gewöhnt. Eines Tages aber – ich kann mir mein damaliges Verhalten nie verzeihen – hatte er irgendeinen Auftrag nicht ausgeführt, obwohl er sich gerade Geld von mir geholt hatte, und da war ich hartherzig genug zu sagen: »Geld haben Sie von mir genommen, Suschilow, aber meinen Auftrag haben Sie nicht erfüllt.« Suschilow schwieg, lief eilends, meinen Auftrag zu erledigen, war aber von Stund an bekümmert und niedergeschlagen. Zwei Tage gingen dahin. Ich dachte, er kann sich meine Worte unmöglich so zu Herzen genommen haben. Ich wußte, daß ein Sträfling namens Anton Wasiljew ihn wegen einer lächerlichen Schuld von ein paar Groschen hartnäckig bedrängte. Wahrscheinlich hatte er dieses Geld nicht und traute sich nicht, mich darum zu bitten. Am dritten Tag sagte ich: »Suschilow, wollten Sie mich vielleicht um Geld bitten, um es Anton Wasiljew zurückzuzahlen? Da haben Sie's.« Ich saß auf meinem Pritschenplatz; Suschilow stand vor mir. Er war augenscheinlich völlig überrascht darüber, daß ich ihm aus freien Stücken Geld angeboten hatte, daß ich ungefragt auf seine vertrackte Situation zu sprechen gekommen war, um so mehr, als er in letzter Zeit seiner Meinung nach bereits zu viel von mir bekommen hatte und nie zu hoffen gewagt hätte, daß ich ihm noch mehr geben würde. Er starrte auf das Geld, dann auf mich, machte unvermittelt kehrt und lief hinaus. Dieses sonderbare Gebaren setzte mich in höchstes Erstaunen. Ich folgte ihm und fand ihn hinter den Kasernen. Er stand am Palisadenzaun, mit dem Gesicht zu den Pfählen, den Kopf hatte er auf den Zaun gelegt und stützte sich mit einem Arm darauf. »Suschilow, was haben Sie denn?« fragte ich. Er sah mich nicht an, und ich gewahrte zu meiner äußersten Verwunderung, daß er den Tränen nahe war. »Ihr denkt wohl, Alexander Petrowitsch ...« begann er mit schluchzender Stimme, bemüht, meinem Blick auszuweichen, »daß ich's ... für Geld ... aber ich ... ach!« Damit drehte er sich wieder zum Palisadenzaun, so heftig, daß er sogar mit der Stirn dagegen stieß – und brach in lautes Schluchzen aus! ... Zum ersten Mal hatte ich einen Menschen im Zuchthaus weinen sehen. Es kostete mich viel Mühe, ihn zu beruhigen, und obwohl er von diesem Augenblick, wenn das überhaupt noch möglich war, noch eifriger um mich bemüht war und mir jeden Wunsch von den Augen ablas, merkte ich doch an einigen kaum wahrnehmbaren Anzeichen, daß sein Herz meinen Vorwurf nicht verwinden konnte. Dabei verspotteten ihn die andern, machten sich bei jeder Gelegenheit über ihn lustig, bedachten ihn zuweilen mit wüsten Beschimpfungen – er aber blieb stets verträglich und freundlich zu jedermann und trug niemandem etwas nach. Ja, es ist schwer, einen Menschen richtig kennenzulernen, auch wenn man jahrelang mit ihm zusammenlebt!

Darum konnte ich mir das Zuchthaus zunächst auch nicht so vorstellen, wie ich es später kennenlernen sollte. Darum vermochte ich auch – ich sagte es bereits –, obzwar ich alles mit lebhafter, gespannter Aufmerksamkeit betrachtete, vieles von dem nicht zu erkennen, was sich unmittelbar vor meinen Augen abspielte. Selbstverständlich war ich von Anfang an betroffen über besonders hervorstechende, sich scharf von allem andern abhebende Erscheinungen, aber auch die habe ich möglicherweise nicht richtig begriffen, und sie hinterließen in meiner Seele nichts als einen einzigen schwer lastenden, hoffnungslos traurigen Eindruck. Viel Schuld daran hatte auch mein Zusammentreffen mit A., einem andern Sträfling, der erst kurz vor mir ins Zuchthaus eingeliefert worden war und dessen Anwesenheit mich in den ersten Tagen meines Aufenthalts besonders bedrückte. Übrigens hatte ich noch vor meiner Ankunft erfahren, daß ich im Zuchthaus diesem A. begegnen würde. Er hat mir die erste harte

Zeit vergiftet und meine Seelenqualen noch gesteigert. Ich kann ihn nicht mit Stillschweigen übergehen.

Er war das abstoßendste Beispiel dafür, wie tief ein Mensch sinken, wie nichtswürdig er werden, bis zu welchem Grad er mühelos und ohne Reue jedwedes sittliche Gefühl in sich ertöten kann. Dieser A. war ein noch junger Mann, ein ehemaliger Adliger, von dem ich schon andeutete, daß er unserm Platzmajor als Zuträger diente und ihm alles hinterbrachte, was im Zuchthaus geschah, und mit dessen Burschen Fedjka unter einer Decke steckte. Hier ist in Kürze seine Geschichte: ohne seine Studien zum Abschluß gebracht zu haben und nachdem er sich in Moskau mit seiner Familie überworfen hatte, die entsetzt war über seinen ausschweifenden Lebenswandel, war er nach Petersburg gegangen, und um zu Geld zu kommen, fand er sich hier bereit zu einer ganz niederträchtigen Denunziation, das heißt, er schämte sich nicht, zehn unschuldige Menschen ans Messer zu liefern, nur um seine unersättliche Gier nach den gemeinsten und lästerlichsten Genüssen zu stillen, von denen er, verdorben durch Petersburg mit seinen Konditoreien und Spelunken auf der Meschtschanskaja*, so abhängig war, daß er sich, obwohl keineswegs ein Dummkopf, zu einer so unvernünftigen und sinnlosen Tat hatte hinreißen lassen. Man kam ihm bald auf die Schliche; seine Anzeige bezog sich auf absolut unschuldige Menschen, andere hatte er betrogen, dafür wurde er für zehn Jahre nach Sibirien verbannt und kam in unser Zuchthaus. Er war noch sehr jung, sein Leben hatte gerade erst begonnen. Nun hätte man annehmen sollen, daß eine so schreckliche Schicksalswendung ihn hätte erschüttern, seine Widerstandskraft wecken und eine Wandlung in seinem Wesen hätte bewirken müssen. Er aber nahm sein neues Geschick ohne die leiseste Bestürzung, ja sogar ohne den geringsten Widerwillen hin, er empörte sich nicht darüber, nichts daran schreckte ihn, allenfalls die Notwendigkeit zu arbeiten und den Konditoreien und Kneipen der Meschtschanskaja Valet sagen zu müssen. Er war sogar der Ansicht, als Zuchthäusler

* Im alten Petersburg befanden sich auf der Meschtschanskaja Uliza viele Kneipen und Spelunken (Anmerkung des Übersetzers).

noch freiere Hand zu haben für nur noch ärgere Niedertracht und Schurkereien. »Zuchthäusler bleibt Zuchthäusler, ist man erst mal im Zuchthaus gelandet, kann man auch jede Gemeinheit begehen, ohne rot zu werden.« Das war wortwörtlich sein Standpunkt. Für mich ist und bleibt dieses widerwärtige Geschöpf ein Phänomen. Ich habe jahrelang unter Mördern, Wüstlingen und schlimmsten Übeltätern zugebracht, aber ich kann mit Nachdruck behaupten, daß ich bei keinem von ihnen einen so unwiderruflichen moralischen Verfall, eine so ausweglose Verderbtheit und schamlose Niedertracht gefunden habe wie bei diesem A. Wir hatten einen Adligen unter uns, einen Vatermörder; ich habe schon von ihm gesprochen, und doch konnte ich mich anhand vieler Eigenschaften und Begebenheiten davon überzeugen, daß selbst dieser Unhold noch unvergleichlich viel edler und menschlicher war als A.

Meiner Ansicht nach war und blieb dieser A. während der ganzen Dauer meines Zuchthausaufenthaltes nichts als ein mit Zähnen und Magen bewehrter Fleischklumpen, erfüllt von einer unersättlichen Gier nach den niedrigsten viehischen, körperlichen Genüssen, und nur um den unbedeutendsten und grillenhaftesten seiner Triebe zu befriedigen, wäre er imstande gewesen, kaltblütig zu töten, einen Menschen zu ermorden, kurzum, er wäre zu allem bereit gewesen, vorausgesetzt, daß es nicht ans Licht kam. Das ist nicht übertrieben, ich hatte Gelegenheit, diesen A. nur zu gut kennenzulernen. Er war ein Musterbeispiel dafür, wie tief das Triebleben einen Menschen erniedrigen kann, sofern es nicht von einer inneren Norm, einem inneren Gesetz gezügelt wird. Und wie sehr stieß mich sein ewiges spöttisches Grinsen ab. Er war ein Ungeheuer, ein moralischer Quasimodo*. Zur Ergänzung des Bildes muß gesagt werden, daß er durchaus intelligent war, gut aussah, über eine gewisse Bildung verfügte und nicht unbegabt war. Nein, lieber Feuer, Pestilenz und Hunger, als die Gesellschaft eines solchen Menschen! Ich sagte bereits, daß alle Ehrbegriffe im Zuchthaus so auf den Kopf gestellt

* Gestalt aus Victor Hugos „Notre-Dame de Paris“ (Anmerkung des Übersetzers).

waren, daß Spitzelei und Denunziantentum als etwas ganz Normales galten und die Sträflinge sich nicht im mindesten darüber empörten. Im Gegenteil, sie standen alle sehr gut mit A. und behandelten ihn viel liebenswürdiger als zum Beispiel uns. Es war die Gunst unseres Saufbolds von Major, die ihm in ihren Augen Bedeutung und Gewicht verlieh. Übrigens hatte er dem Major weisgemacht, daß er Porträtmaler sei (den Gefangenen gegenüber hatte er behauptet, er sei Gardeleutnant gewesen), und der hatte ihn zur Arbeit zu sich nach Haus abkommandieren lassen, selbstredend in der Absicht, sich von ihm porträtieren zu lassen. Bei dieser Gelegenheit hatte A. sich mit dem Burschen Fedjka angefreundet, der unerhörten Einfluß auf seinen Herrn und demzufolge auf alle und alles im Zuchthaus hatte. A. bespitzelte uns im Auftrag des Majors, dieser indes schalt ihn oft im Suff, ohrfeigte ihn und hieß ihn einen Spitzel und Ohrenbläser. Es kam vor, und zwar recht häufig, daß sich der Major nach einer solchen Abreibung auf seinen Stuhl setzte und A. befahl, an seinem Porträt weiterzuarbeiten. Unser Major glaubte anscheinend wirklich daran, daß A. ein hervorragender Maler sei, ein zweiter Brjullow*, von dem er irgendwann einmal etwa hatte läuten hören; dennoch hielt er sich für durchaus berechtigt, ihn zu ohrfeigen, denn, so argumentierte er bei sich, magst du auch ein noch so berühmter Maler sein, jetzt bist du jedenfalls Zuchthäusler, magst du auch Brjullow in höchsteigener Person sein, so bin ich doch immer noch dein Vorgesetzter und kann mit dir umspringen, wie es mir paßt. Unter anderem verlangte er von A., daß dieser ihm die Stiefel ausziehe und alle möglichen Töpfe aus dem Schlafzimmer hinaustrage; trotzdem ließ er lange nicht von der Vorstellung, daß A. ein großer Künstler wäre. Das Porträtieren zog sich endlos in die Länge, fast ein ganzes Jahr. Schließlich kam der Major doch dahinter, daß man ihm einen Bären aufgebunden hatte, und als er sich endgültig davon überzeugen mußte, daß das Porträt weit von seiner Vollendung entfernt war, ja daß es im Gegenteil von Tag zu Tag

* Brjullow, Karl Pawlowitsch, 1799–1852, russischer Maler (Anmerkung des Übersetzers).

immer weniger Ähnlichkeit mit ihm aufwies, da wurde er wütend, prügelte den Künstler windelweich und schickte ihn zur Strafe zur niedrigsten Arbeit ins Zuchthaus zurück. Es kam A. sichtlich hart an, daß er auf die faulen Tage, die guten Bissen vom Tische des Majors, auf seinen Kumpan, den Fedjka, und auf alle Genüsse verzichten mußte, die sie sich zu zweit in der Küche des Majors zu verschaffen gewußt hatten. Wenigstens hatte der Major, nachdem er A. hinausgeworfen hatte, aufgehört, den Häftling M. mit seinem Haß zu verfolgen, gegen den A. ihn unaufhörlich aufgehetzt hatte, und zwar aus folgendem Grund: Dieser M. war bis zu A.'s Einlieferung sehr einsam gewesen. Er litt sehr unter dieser Einsamkeit: mit den andern Gefangenen hatte er nichts gemein, sie flößten ihm nur Schrecken und Abscheu ein, er bemerkte nicht oder übersah, was ihn hätte versöhnlich stimmen können, und fand keinen Kontakt zu ihnen. Die andern ihrerseits zahlten ihm dafür mit der nämlichen Antipathie heim. Ganz allgemein sind Menschen von der Art dieses M. im Zuchthaus in einer entsetzlichen Lage. M. hatte keine Ahnung, warum A. ins Zuchthaus gekommen war. Im Gegenteil, als A. erriet, mit wem er es zu tun hatte, machte er ihn sofort glauben, er sei für eine der Denunziation genau entgegengesetzte Tat verhaftet worden, beinah aus demselben Grund wie M. selber. M. war unsagbar froh, einen Leidensgefährten, einen Freund gefunden zu haben. Er betreute ihn, suchte ihn in den ersten Tagen seiner Haftzeit aufzurichten in der Annahme, daß jener Entsetzliches durchmachen müsse, gab ihm sein letztes Geld, versorgte ihn mit Essen und teilte das Notwendigste mit ihm. A. indessen warf sofort seinen Haß auf ihn – aus keinem anderen Grund, als weil M. so edelmütig war, weil er jedwede Schurkerei so sehr verabscheute, weil jener so völlig anders war als er selbst – und hatte nichts Eiligeres zu tun als alles, was M. ihm bei früheren Gesprächen über das Zuchthaus und den Major berichtet hatte, diesem bei der erstbesten Gelegenheit zu hinterbringen. Der Major verfolgte M. daraufhin mit seinem ganzen Haß und schikanierte ihn, wo er nur konnte, und ohne den mäßigenden Einfluß des Festungskommandanten hätte es mit M. sicher ein schlimmes Ende genommen. A. seinerseits war keineswegs verlegen, als M. später von seiner Niedertracht erfuhr, sondern machte sich noch einen Spaß daraus, jenen mit schadenfrohem Grinsen zu fixieren, wann immer er ihm begegnete. Das bereitete ihm sichtlich eine ganz besondere Genugtuung. M. selbst hatte mich wiederholt darauf aufmerksam gemacht. A., diese hinterlistige Kreatur, floh später mit einem Gefangenen und einem Wachtposten, aber von diesem Fluchtversuch werde ich noch berichten. Er trachtete von Anfang an danach, sich bei mir einzuschmeicheln, in der Annahme, daß ich von ihm und seiner Geschichte noch nichts gehört hätte. Ich muß noch einmal sagen, daß er mir die ersten Tage im Zuchthaus noch mehr verdüstert hat. Ich war entsetzt über die furchtbare Gemeinheit und Niedertracht, in die ich hineingestoßen worden war, in deren Mitte ich hinfort leben mußte. Ich glaubte, alles an diesem Ort sei genauso niedrig und gemein. Indes hatte ich mich darin getäuscht: ich hatte von A. auf alle anderen geschlossen.

Die drei Tage über wanderte ich in tiefster Bekümmernis ziellos durch das Zuchthausgelände, lag untätig auf meiner Pritsche, ließ mir von einem verläßlichen Sträfling, den Akim Akimytsch mir empfohlen hatte, aus dem von der Kleiderkammer zugeteilten Leinen Hemden nähen, selbstredend gegen Bezahlung (ein paar Groschen pro Hemd), besorgte mir auf Akim Akimytschs dringliches Anraten eine zusammenlegbare Matratze (aus leinenüberzogenem Woilach), die dünn war wie ein Pfannkuchen, und ein Kopfkissen mit Wollfüllung, das mir, da ich dergleichen nicht gewöhnt war, furchtbar hart erschien. Akim Akimytsch kümmerte sich nach Kräften um die Anschaffung all dieser Gegenstände, ja er arbeitete sogar selbst daran; so nähte er mir beispielsweise eigenhändig eine Flickendecke aus Resten von abgelegten Hosen und Jacken, die ich andern Gefangenen abgekauft hatte. Die ausgediente Sträflingskleidung ging in das Eigentum der Gefangenen über und wurde von diesen unverzüglich weiterverkauft; so abgetragen ein Kleidungsstück auch sein mochte, war doch immer noch Aussicht, daß es für einen, wenn auch geringen Preis den Besitzer wechselte. Alle diese Praktiken erstaunten mich zunächst über die Maßen. Überhaupt war dies die Zeit meiner ersten Kontakte mit Menschen aus dem einfachen Volk. Ich selbst war ja nun zu einem Glied des einfachen Volkes geworden, ein Zuchthäusler wie alle andern. Ihre Gewohnheiten, Begriffe, Meinungen, Bräuche wurden gleichsam auch die meinen, zum mindesten äußerlich und formal, wenn ich sie im Innersten auch nicht teilte. Ich war perplex und verwirrt darüber, als hätte ich nie zuvor von einem solchen Dasein gehört, obgleich ich doch sehr wohl davon wußte und gehört hatte. Aber die Realität ist ungleich eindrucksvoller als das Wissen nur vom Hörensagen. Wäre ich beispielsweise je zuvor auf die Idee gekommen, daß solcher Plunder, so abgetragene Lumpen überhaupt noch als Gebrauchsgegenstände angesehen werden könnten? Jetzt aber ließ ich selbst mir aus diesem alten Plunder eine Decke nähen! Man kann sich auch kaum einen Begriff von der Qualität des für die Sträflingskleidung bestimmten Tuches machen. Äußerlich hatte es Ähnlichkeit mit richtigem, dicken Uniformstoff, aber schon nach kurzem Gebrauch war es zerlöchert wie ein Sieb und bestand allzu früh nur noch aus Fetzen. Diese Anzüge wurden einmal jährlich ausgegeben, aber es war ein Kunststück, mit einem Anzug pro Jahr auszukommen. Schließlich muß ein Sträfling ja arbeiten, schwere Lasten tragen, dadurch verschleißt sich der Anzug und geht rasch entzwei. Die Pelze dagegen mußten drei Jahre halten und dienten in der Regel die ganze Zeit über zugleich als Mantel, Decke und Unterlage. Aber die Pelze waren wenigstens haltbar, wenn man auch nicht selten einem Sträfling begegnen konnte, dessen Pelz gegen Ende des dritten Jahres, das heißt kurz vor der Erneuerung, einfach mit Leinwandflicken ausgebessert war. Dessenungeachtet wurden selbst die verschlissensten Pelze nach ihrer Ausmusterung noch für vierzig Silberkopeken gehandelt; andere, besser erhaltene, erbrachten noch ganze sechzig oder siebzig Silberkopeken, und das war im Zuchthaus eine Menge Geld.

Geld hatte – ich sagte es bereits – im Zuchthaus eine unerhörte Bedeutung, es war eine wirkliche Macht. Ich kann mit Bestimmtheit versichern, daß ein Gefangener, der wenigstens über geringe Geldmittel verfügte, zehnmal weniger zu leiden hatte als einer, der keine Kopeke besaß, obwohl der letztere doch genauso mit allem versorgt war, was ihm behördlicherseits zustand; wozu brauchte ein Gefangener da überhaupt noch Geld? – um die Argumentation unserer Zuchthausleitung zu wiederholen. Und doch, ich betone noch einmal, wäre den Gefangenen restlos jede Möglichkeit abgeschnitten worden, sich eigenes Geld zu erwerben, so wären sie entweder wahnsinnig geworden oder eingegangen wie die Fliegen (obwohl sie doch mit allem Lebensnotwendigen versorgt waren), oder sie hätten schließlich ihr Heil in den unerhörtesten Missetaten gesucht – die einen vor Überdruß, die andern, um so bald wie möglich auf irgendeine Weise umgebracht und ausgelöscht zu werden und so wenigstens »ihr Los zu ändern« (ein terminus technicus im Zuchthausjargon). Wenn dann aber ein Gefangener, der sich seine paar Kopeken fast mit blutigem Schweiß erworben oder der sich, nur um zu Geld zu gelangen, ungewöhnlicher Listen bedient hat, die oft genug mit Diebstahl und Betrug einhergehen, dieses Geld zugleich so unvernünftig, mit so viel kindischer Unbesonnenheit wieder hinauswirft, bedeutet dies keineswegs, daß er sein Geld nicht zu schätzen wüßte, wenn es auch auf den ersten Blick so scheinen mag. Der Sträfling ist geradezu krampfhaft, bis zur Trübung seines Verstandes hinter dem Geld her, und wenn er es bei einem Gelage tatsächlich wie Hobelspäne um sich wirft, gibt er es lediglich für etwas aus, was er noch um einen Grad höher schätzt als das Geld als solches. Was aber könnte einem Sträfling mehr wert sein als Geld? Nur die Freiheit oder wenigstens ein Traum von Freiheit. Und Gefangene sind geübte Träumer. Darauf werde ich später noch zu sprechen kommen, hier aber sei beiläufig nur folgendes erwähnt: ob man mir glaubt oder nicht, ich habe zu zwanzigjähriger Haft verurteilte Menschen gesehen, die mir in aller Ruhe etwa Folgendes sagten: »Warte nur, wenn ich mit Gottes Hilfe meine Strafe abgesessen habe ...« Der ganze Sinn des Wortes »Gefangener« kennzeichnet einen Menschen ohne eigenen Willen; indem er aber sein Geld für etwas ausgibt, vollzieht er damit einen *eigenen Willensakt*.

Allen Brandmalen, Fußketten und den verhaßten Palisadenzäunen zum Trotz, die ihm den Blick in Gottes freie Welt versperren und ihn gefangenhalten wie ein wildes Tier im Käfig, kann er sich Branntwein beschaffen, das heißt einen strengstens verbotenen Genuß, er kann zu einer Hure gehen, er kann sogar hier und da (wenn auch nicht immer) seine nächsten Vorgesetzten, die Invaliden, oder sogar den Unteroffizier bestechen, daß sie die Augen zudrücken, wenn er gegen Reglement und Disziplin verstößt; er kann sich obendrein noch damit großtun, worauf ein Sträfling ja besonders viel Wert legt, das heißt, er kann sich vor seinen Kameraden in Szene setzen und sogar sich selbst wenigstens für eine bestimmte Zeitdauer weismachen, daß er unvergleichlich viel mehr Freiheit und Macht besäße, als es den Anschein hat – kurzum, er kann ein Saufgelage abhalten, kann randalieren, kann einen andern tödlich beleidigen und dadurch beweisen, daß er alles das tun *kann*, daß dies alles »in unserer Hand« liegt, das heißt, er kann sich etwas einreden, woran ein armer Teufel wie er nicht einmal im Traum denken dürfte. Von daher rührt vielleicht auch der allen Sträflingen selbst im nüchternen Zustand eigene Hang zum Sichaufspielen, zur Angeberei, zu einer lächerlichen und naiven und illusionären Überbewertung der eigenen Person. Und schließlich geht man bei solchen Saufereien immerhin ein gewisses Risiko ein, das heißt, dies alles bietet doch mindestens eine Illusion des wirklichen Lebens, einen wenn auch noch so entfernten Abglanz der Freiheit. Und was würde einer nicht alles geben für die Freiheit? Welcher Millionär würde nicht, wenn er mit dem Hals in der Schlinge steckte, alle seine Millionen bereitwillig hergeben für einen einzigen tiefen Atemzug?

Mitunter wundert sich die Zuchthausleitung, daß ein Sträfling, der sich jahrelang untadelig verhalten hat, so daß man ihn auf Grund seiner Führung sogar zum Hilfsaufseher ernannt hat, auf einmal, sozusagen aus heiterem Himmel, über die Stränge schlägt, gerade als ob der Teufel in ihn gefahren sei, er fängt an zu saufen, zu randalieren, oder er läßt sich gar zu einer richtigen Straftat hinreißen oder zu offener Unbotmäßigkeit gegenüber den Vorgesetzten, oder er bringt jemanden um oder wird sonstwie gewalttätig. Dann stehen sie ihm fassungslos gegenüber. Dabei ist die Ursache solchen plötzlichen Ausbruchs bei einem Menschen, von dem man sich dergleichen am allerwenigsten erwartet hätte, möglicherweise nichts weiter als das sehnsüchtige, krampfhafte Aufbegehren seiner Persönlichkeit, das instinktive Suchen nach sich selbst, der Wunsch, in seiner eigenen gedemütigten Individualität zur Kenntnis genommen zu werden, ein Wunsch, urplötzlich hervorgebrochen, der sich bis zur Erbitterung, zur Raserei, bis zur Trübung des Verstandes, zum Anfall, zum Krampf gesteigert hat. Nicht anders hämmert wohl auch ein lebendig Begrabener, der in seinem Sarg zum Bewußtsein erwacht, mit den Fäusten gegen den Sargdeckel im Bemühen, ihn zu öffnen, obgleich ihm sein Verstand doch sagen müßte, daß alle seine Anstrengungen zum Scheitern verurteilt sind. Aber das ist es ja gerade, daß in einer solchen Situation der Verstand ausgeschaltet ist: hier ist alles nur noch Krampf. Schließlich darf man nicht übersehen, daß einem Sträfling so gut wie jede eigenwillige Regung seiner Persönlichkeit als Verbrechen angekreidet wird; und so kommt es für ihn im Grund auf dasselbe heraus, ob er im Kleinen oder im Großem aufbegehrt. Wenn er schon einmal über die Stränge schlägt, dann aber auch richtig, wenn er schon was aufs Spiel setzt, dann gleich alles, dann wird er selbst vor einem Mord nicht zurückschrecken. Und wenn einer damit erst einmal den Anfang gemacht hat, ist er wie im Rausch, dann gibt es kein Halten mehr! Daher wäre es in jeder Hinsicht vernünftiger, ihn gar nicht erst so weit zu bringen. Dann könnten alle ruhiger leben.

Ja; wie aber könnte man das erreichen?

6

Der erste Monat

Bei meiner Ankunft im Zuchthaus besaß ich etwas Geld, freilich trug ich nur wenig bei mir aus Furcht, man könnte es mir abnehmen, und auf alle Fälle hatte ich es versteckt; das heißt, in den Einband des Neuen Testamentes, das man ja ins Zuchthaus mitbringen durfte, waren ein paar Rubelscheine eingeklebt. Dieses Buch mitsamt den darin eingeklebten Geldscheinen hatte ich in Tobolsk von Personen geschenkt bekommen, die gleichfalls in der Verbannung schmachteten, die Zeit ihrer Verbannung aber bereits nach Jahrzehnten maßen und sich längst daran gewöhnt hatten, jeden Unglücklichen als Bruder anzusehen. In Sibirien gibt es Menschen und wird sie wohl immer geben, die sich die brüderliche Fürsorge für die »Unglücklichen« offensichtlich zur Lebensaufgabe gemacht haben, getrieben von einem durch und durch selbstlosen und heiligen Mitgefühl und Mit-Leiden, als wären diese Unglücklichen ihre leiblichen Kinder. Ich kann mir nicht versagen, hier in aller Kürze von der Begegnung mit einem solchen Menschen zu berichten. In der Stadt, in der sich unser Zuchthaus befand, lebte eine Witwe namens Nastasja Iwanowna. Solange wir im Zuchthaus gefangen waren, hatte natürlich keiner von uns ihre persönliche Bekanntschaft gemacht. Anscheinend sah sie ihre Lebensaufgabe darin, die Not der Verbannten zu lindern, und uns ließ sie ihre besondere Fürsorge angedeihen. Ob ihre Familie dereinst von einem ähnlichen Unglück betroffen worden war oder ob ein Mensch, der ihrem Herzen besonders teuer war und nahegestanden hatte, wegen einer ähnlichen Tat hatte leiden müssen – jedenfalls empfand sie es als besonderes Glück, alles für uns zu tun, was in ihrer Macht stand. Viel vermochte sie freilich nicht, denn sie war sehr arm. Wir aber wußten, während wir im Zuchthaus gefangen saßen, daß wir draußen, jenseits der Zuchthausmauern, einen Menschen hatten, der uns freundschaftlich verbunden war. Unter anderm ließ sie uns häufig Nachrichten zukommen, nach denen wir geradezu lechzten.

Als ich nach meiner Entlassung in eine andere Stadt übersiedelte, versäumte ich nicht, sie vorher aufzusuchen und persönlich kennenzulernen. Sie wohnte draußen in der Vorstadt bei einem nahen Verwandten. Sie war weder alt noch jung, weder hübsch noch häßlich, ich konnte nicht einmal dahinterkommen, ob sie klug und gebildet war oder nicht. Man spürte an ihr auf Schritt und Tritt nur eine unendliche Güte, den unüberwindlichen Drang, zu helfen, Gutes zu tun. Das alles konnte man ihr an den stillen, sanften Augen ablesen. Mit einem andern Gefährten aus dem Zuchthaus zusammen habe ich fast einen ganzen Abend bei ihr zugebracht. Sie sah uns unverwandt in die Augen, lachte, wenn wir lachten, pflichtete uns in allem bei, was wir sagten, beeilte sich, uns das wenige aufzutischen, das sie zu bieten hatte. Es wurde Tee gereicht, ein Imbiß, ein paar Süßigkeiten, und hätte sie Tausende besessen, so hätte sie sich darüber gewiß nur gefreut, weil sie uns dann noch besser hätte helfen und unsern im Zuchthaus zurückgebliebenen Kameraden das Leben noch mehr hätte erleichtern können. Zum Abschied schenkte sie jedem von uns ein Zigarettenetui zur Erinnerung. Dieses Zigarettenetui hatte sie eigenhändig aus Pappe für uns gebastelt (Gott allein weiß wie) und mit buntem Papier beklebt, mit dem gleichen Papier, in das die Rechenbücher für Elementarschulen eingebunden sind. (Vielleicht hatte sie dazu ein solches Rechenbuch verwendet). Ringsherum waren die beiden Etuis der größeren Schönheit halber noch mit einem schmalen Streifen Goldpapier verziert, nach dem sie vielleicht erst in vielen Kaufläden hatte suchen müssen. »Sie rauchen doch Zigaretten, vielleicht können Sie das brauchen«, sagte sie schüchtern, als müsse sie uns um Verzeihung bitten. Manche Leute behaupten (ich habe so etwas schon gehört und gelesen), die größte Nächstenliebe sei zugleich auch die höchste Form von Egoismus. Worin hier der Egoismus bestanden haben soll, kann ich beim besten Willen nicht herausfinden.

Obwohl ich bei meiner Ankunft also nur wenig Geld bei mir hatte, konnte ich mich doch nicht ernstlich über die Gefangenen ärgern, die beinahe schon in den ersten Stunden meines Aufenthalts, nachdem sie mir schon einmal etwas abgelistet hatten, in aller Naivität noch ein zweites, drittes, ja sogar fünftes Mal bei mir erschienen, um mich anzupumpen. Aber eines muß ich offen zugeben: es verdroß mich sehr, daß sie mich, wie mir schien, mit ihren naiven Schlichen für einen Einfaltspinsel und dummen Tropf ansahen und sich über mich lustig machten, gerade weil ich so dumm war und ihnen auch noch zum fünften Male etwas gab. Sie mußten ja glauben, daß ich auf ihre Flunkereien hereinfiel, und ich bin sicher, daß ich ihnen mehr imponiert hätte, wenn ich ihre Bitten abgeschlagen und sie davongejagt hätte. Es verdroß mich deshalb, weil ich in diesen ersten Tagen ernsthaft und gründlich darüber nachgedacht hatte, wie ich mich meinen Mitgefangenen gegenüber verhalten, oder besser gesagt, auf welchen Fuß ich mich mit ihnen stellen sollte. Ich wußte rein instinktiv, daß dies ein ganz neues Milieu für mich war, daß ich noch völlig im dunkeln tappte, daß ich aber unmöglich all die Jahre lang in dieser Dunkelheit leben konnte. Ich mußte mich auf die neue Situation einstellen. Natürlich war mir klar, daß ich mich in erster Linie ehrlich und ungekünstelt geben müsse, wie mein inneres Gefühl und mein Gewissen es mir vorschrieben. Ich wußte aber auch, daß dies nur eine schöne Redensart war, und daß ich es trotz aller guter Vorsätze mit einer ganz unerwarteten Wirklichkeit zu tun haben würde.

Ungeachtet aller Besorgungen und aller Geschäftigkeit für meine künftige Einrichtung in der Kaserne, von denen ich bereits gesprochen habe und deren treibende Kraft Akim Akimytsch war, und obgleich sie mich in der Tat ein wenig ablenkten, bemächtigte sich meiner immer mehr ein entsetzlicher, bohrender Schmerz. Ein totes Haus! dachte ich bei mir, wenn ich in der Dämmerung von den Stufen vor unserer Kaserne das Treiben der Sträflinge beobachtete, die, von der Arbeit zurückgekehrt, träge über den Hof schlenderten, von den Kasernen zur Küche und wieder zurück. Ich vertiefte mich in ihren Anblick und trachtete danach, aus ihren Gesichtszügen und Bewegungen zu erraten, was für Menschen, was für Charaktere das waren. Sie lungerten da vor meinen Augen herum, mit gerunzelter Stirn oder in gemachter

Munterkeit (diese beiden Typen trifft man besonders häufig, und sie sind geradezu bezeichnend für das äußere Bild des Zuchthauses), stritten miteinander oder plauderten, manche hielten sich auch abseits und spazierten mit gleichmäßigen Schritten allein, still und gedankenverloren umher, einige mit müdem, apathischem Gesicht, andere (sogar an diesem Ort!) mit dem Ausdruck prahlerischer Überlegenheit, die Mütze verwegen auf einem Ohr, den Pelzmantel weit aufgeschlagen, mit keckem, verschlagenem Blick und unverschämtem Grinsen. Das also ist meine neue Umgebung, das ist hinfort meine Welt, dachte ich, in der ich leben muß, ob ich will oder nicht ... Ich versuchte, etwas über unsere Mitgefangenen von Akim Akimytsch zu erfahren, mit dem ich sehr gern den Tee trank, um nicht allein sein zu müssen. Nebenbei gesagt, nährte ich mich in dieser ersten Zeit fast ausschließlich von Tee.

Akim Akimytsch schlug den Tee niemals aus, und stellte eigenhändig den komischen, selbstgebastelten kleinen Blechsamowar auf, den M. mir zur Benutzung überlassen hatte. Akim Akimytsch trank gewöhnlich nur ein Glas (er besaß sogar Gläser), er leerte es stumm und mit Anstand, gab es mir mit Dank zurück und machte sich dann gleich wieder an meine Decke. Das aber, was ich so gern gewußt hätte, konnte er mir nicht sagen, ja er begriff nicht einmal, warum ich mich so sehr für die Wesensart der neben uns und unmittelbar mit uns lebenden Gefangenen interessierte, er hörte mir nur mit einem merkwürdigen, verschmitzten Lächeln zu, an das ich mich noch genau erinnere. Nein, das muß ich schon selbst herausfinden, alles Fragen ist zwecklos, dachte ich.

Genau wie an dem Morgen, da man mich fortgeschickt hatte, um mir die neuen Fußketten anschmieden zu lassen, stellten sich die Gefangenen am vierten Tag frühmorgens in Zweierreihen auf dem Platz vor der Wachstube neben dem Zuchthaustor auf. Vor ihnen, das Gesicht ihnen zugewandt, und hinter ihnen, waren die Wachsoldaten angetreten, mit geladenem Gewehr und aufgepflanztem Bajonett. Der Soldat ist befugt, auf einen Sträfling zu schießen, falls es diesem einfallen sollte, einen Fluchtversuch zu machen; zugleich wird er aber für jeden ohne äußerste Notwendigkeit abgegebenen Schuß zur Verantwortung gezogen; diese Schießerlaubnis erstreckt sich auch auf eine etwaige offene Meuterei der Gefangenen. Wer aber wäre wohl auf die Idee gekommen, so vor aller Augen einen Fluchtversuch zu wagen? Dann erschienen ein Ingenieuroffizier, ein Offiziersschüler, die Unteroffiziere und Soldaten, die als Aufseher bei den verschiedenen Arbeitsstellen eingesetzt waren. Der Appell begann, danach setzten sich die Gefangenen, die in der Schneiderei arbeiteten, als erste in Marsch; sie waren dem Kommando der Offiziere nicht unterstellt, sondern arbeiteten direkt für das Zuchthaus und erledigten alle anfallenden Schneiderarbeiten. Es folgten die Gruppen, die in den verschiedenen Werkstätten arbeiteten, und zuletzt rückten die zur gewöhnlichen Arbeit eingesetzten Trupps ab. Mit etwa zwanzig anderen zusammen machte auch ich mich auf den Weg. Auf dem zugefrorenen Fluß hinter der Festung lagen zwei alte, ausgediente, dem Staat gehörende Lastkähne, die abgewrackt werden sollten, damit wenigstens das Holz nicht ungenutzt verkam. Nebenbei gesagt hatte dieses alte Material meiner Ansicht nach so gut wie überhaupt keinen Wert. Holz war in der Stadt für einen Spottpreis zu haben, und Wälder gab es ringsum in Hülle und Fülle. Man schickte die Gefangenen im Grunde nur deshalb hinaus, damit sie nicht untätig herumsaßen, und das wußten diese selbst nur zu gut. Arbeiten dieser Art wurden immer unlustig, schwunglos und apathisch ausgeführt; ganz anders sah es dagegen aus, wenn die Arbeit als solche sinnvoll und vernünftig war, besonders wenn »auf Leistung« gearbeitet wurde. Bei solchen Gelegenheiten wurden die Gefangenen geradezu von einer Art Begeisterung erfaßt, und obwohl sie nicht den geringsten persönlichen Vorteil davon hatten, habe ich mit eigenen Augen gesehen, wie sie sich abrackerten, nur um die ihnen gestellte Aufgabe so schnell und so gut wie möglich zu erledigen; in solchen Fällen wurde sogar ihr Ehrgeiz geweckt. Bei der normalen Arbeit dagegen, die mehr der Form halber als aus einer Notwendigkeit heraus angeordnet wurde, durfte nur selten »auf Leistung« gearbeitet werden, da hieß es durcharbeiten bis zum Trommelsignal um elf Uhr vormittags. Es war ein warmer, nebliger Tag, fast wäre der Schnee geschmolzen. Unser Trupp machte sich auf den Weg von der Festung zum Ufer hinab, begleitet vom Klirren der Ketten, die, obzwar unter den Beinkleidern verborgen, bei jedem Schritt einen hellen, spitzen, metallischen Klang von sich gaben. Ein paar Mann wurden fortgeschickt, um das erforderliche Werkzeug aus dem Lagerhaus zu holen. Ich ging mit den andern und lebte geradezu ein wenig auf: ich wollte die Arbeit so bald wie möglich kennenlernen. Was hatte es mit dieser Zwangsarbeit auf sich? Und wie würde ich selbst mich dabei anstellen?

Ich erinnere mich noch genau an jede Einzelheit. Unterwegs begegnete uns ein bärtiger Kleinbürger, blieb stehen und steckte die Hand in die Tasche. Unverzüglich löste sich ein Sträfling von unserm Trupp, zog die Mütze, nahm das Almosen – ein Fünfkopekenstück – in Empfang und kehrte geschwind wieder in die Abteilung zurück. Der Kleinbürger bekreuzigte sich und ging seines Weges. Die fünf Kopeken wurden noch an diesem Morgen in Kalatschen umgesetzt, die gerecht unter alle aufgeteilt wurden.

In unserm Trupp waren die einen wie gewöhnlich finster und maulfaul, andere trotteten gleichgültig und apathisch dahin, während wieder andere träge miteinander plauderten. Einer war unerklärlicherweise sehr vergnügt und ausgelassen, er trällerte und hüpfte den ganzen Weg, und bei jedem Sprung klirrten seine Ketten. Das war derselbe kleine, untersetzte Sträfling, der sich am ersten Morgen beim Waschen vor dem Wassereimer mit einem andern gezankt hatte, weil der sinnloserweise von sich behauptet hatte, er sei ein *Kagan.* Dieser übermütige Geselle hieß Skuratow. Zuletzt stimmte er ein fideles Liedchen an, von dem ich nur noch den Kehrreim weiß:

Wie ich Hochzeit halten sollt,
Lief ich fort,
Zu meinem Schätzchen in die Mühle.

Nur die Balalaika fehlte noch.

Natürlich erregte seine ungewohnt gute Laune sofort Anstoß bei den andern, ja manche faßten sie geradezu als Beleidigung auf.

»Scheußliches Gegröle!« sagte einer, obwohl es ihn im Grund überhaupt nichts anging.

»Der hat wohl bei den Wölfen das Heulen gelernt, der Kerl aus Tula«, bekräftigte ein anderer mürrisch mit deutlich ukrainischer Aussprache.

»Bin ich auch aus Tula«, antwortete Skuratow nicht faul, »so habt ihr euch in euerm Poltawa an Mehlklößen dick und dämlich gefressen.«

»Altes Lügenmaul! Was hast du denn gefressen? Hast die Kohlsuppe aus 'nem Bastschuh gelöffelt.«

»Und jetzt hat ihn der Teufel mit Bomben und Granaten genudelt«, mischte sich ein dritter ein.

»Bin doch fürwahr eine arg verhätschelte Kreatur«, gab Skuratow mit leichtem Seufzen zurück, als schäme er sich seiner Verzärtelung, dabei wandte er sich an keinen im besonderen, sondern an alle insgesamt, »von Kindesbeinen an hat man mich mit Dörrzwetschen und feinen Wecken hochgepäppelt, meine leiblichen Brüder haben jetzt noch ihre Kaufbude in Moskau, die handeln auf dem Durchgangsmarkt mit Wind, die werden's gewiß zu was bringen.«

»Und du, womit hast du gehandelt?«

»Tja, ich hab mich in mancherlei Geschäften versucht. Und dabei hab ich auch meine ersten zweihundert eingesteckt ... Brüder ...«

»Meinst du etwa Rubel?« fragte einer neugierig dazwischen, der ordentlich zusammengefahren war, als er von soviel Geld hatte reden hören.

»I bewahre, mein Lieber, Rubel doch nicht, Stockschläge sind's gewesen. Luka, he Luka!«

»Für dich immer noch Luka Kusmitsch«, antwortete unwirsch ein kleiner dünner Mensch mit spitzem Näschen.

»Von mir aus auch Luka Kusmitsch, zum Teufel.«

»Hat sich was mit Luka Kusmitsch, für dich allemal noch Onkelchen.«

»Scher dich zur Hölle, Onkelchen, es verlohnt sich nicht,

mit dir zu reden. Dabei hab ich dir grad ein gutes Wort geben wollen. Also, paßt auf, Brüder, wie's zugegangen ist, daß ich nicht lange in Moskau hab bleiben können, die haben mir doch als Dreingabe fünfzehn Knutenhiebe verpaßt und mich auf und davon gejagt. So bin ich ...«

»Warum hat man dich davongejagt?« fiel ihm einer ins Wort, der eifrig zugehört hatte.

»Ach, geh nicht in Quarantäne, trink nicht vom Faß, mach nicht den Spaßvogel; und so ist mir's nicht vergönnt gewesen, Brüder, es in Moskau zu was zu bringen. Und das hab ich doch über alle Maßen gern gewollt. So sehr hab ich das gewollt, ich weiß nicht, wie ich's euch sagen soll.«

Viele lachten. Skuratow war augenscheinlich einer der freiwilligen Possenreißer oder Narren, die es sich gleichsam selber zur Pflicht gemacht haben, ihre mißmutigen Gefährten aufzuheitern, und die dafür natürlich nichts als Schimpf und Schande ernten. Er gehörte zu diesen besonderen und bemerkenswerten Typen, auf die ich vielleicht noch zurückkommen werde.

»Dich könnte man wahrlich als Zobel totschlagen«, stichelte Luka Kusmitsch. »Seht nur, allein der Pelz ist gut und gern seine hundert Rubel wert.«

Skuratow trug einen überall geflickten, verschlissenen und schäbigen Pelz. Er betrachtete ihn mit gleichmütiger Aufmerksamkeit von oben bis unten.

»Dafür hab ich wenigstens was im Hirnkasten, Brüder!« gab er zurück. »Wie ich Moskau Lebewohl sagen mußte, hab ich mich damit getröstet, daß mir immerhin mein Kopf nicht abhanden gekommmen ist. Leb wohl, Moskau, hab Dank für Schwitzbad und Abreibung, die haben mir tüchtig das Fell gegerbt! Meinen Pelz aber solltest du wirklich nicht so genau betrachten ...«

»Soll wohl lieber deinen Hirnkasten betrachten?«

»Das ist ja gar nicht sein eigener«, stichelte Luka von neuem. »Den hat ihm einer unterwegs um Christi willen geschenkt, als er mit dem Trupp vorüberkam.«

»Wie ist's, Skuratow, hast du eigentlich kein Handwerk gelernt?«

»Was wird der schon gelernt haben! Blinde Bettler hat er geführt oder Steine gekarrt«, warf einer der Mißmutigen ein, »das wird sein ganzes Handwerk gewesen sein.«

»Hab mich doch meiner Treu einmal im Stiefelmachen versucht«, antwortete Skuratow, der die bissige Bemerkung völlig ignorierte. »Ein Paar hab ich doch tatsächlich zuwege gebracht.«

»Und, hat man's dir auch abgekauft?«

»Da ist einer dahergekommen, der Gott nicht fürchtete, Vater und Mutter nicht ehrte, den hat Gott der Herr gestraft – er hat sie doch wahr und wahrhaftig genommen.«

Alles ringsum schüttelte sich vor Lachen.

»Tja, und dann hab ich noch einmal gearbeitet, das ist schon hier gewesen«, fuhr Skuratow ungerührt fort. »Für Stepan Fjodorytsch, den Leutnant Momorzew, hab ich neue Stiefelspitzen gemacht.«

»Na, war er zufrieden?«

»I bewahre, Brüder, unzufrieden ist der gewesen. Für tausend Jahre hat er mich ausgeschimpft und obendrein in den Hintern getreten. Ganz gewaltig böse ist der gewesen. Ach, das Leben, dieses Sträflingsleben, hat mir arg mitgespielt.

Über eine kleine Weile
Kam Akulinas Mann nach Haus . . .«

grölte er plötzlich wieder los und stampfte mit den Füßen den Takt dazu.

»Seht euch das an, so ein Widerling!« knurrte der neben mir laufende Ukrainer und sah ihn mit zorniger Verachtung an.

»Ein unnützer Bursch!« stellte ein anderer in vollem Ernst fest.

Ich konnte einfach nicht begreifen, warum sie sich so über Skuratow erbosten und warum überhaupt alle, die guter Dinge waren, von den andern scheel angesehen wurden, was mir schon in den ersten Tagen aufgefallen war. Den Ärger des Ukrainers und der anderen schrieb ich persönlichen Gründen zu. Dabei war hier gar nichts Persönliches im Spiel, sondern sie waren nur darüber aufgebracht, daß Skuratow keine Selbstbeherrschung besaß, daß es ihm an der strengen, freilich nur geheuchelten Würde gebrach, von der jedermann im Zuchthaus bis zur Pedanterie erfüllt war, kurz gesagt, weil er, wie sie es nannten, »unnütz« war. Dabei richtete sich die Empörung nicht etwa in gleicher Weise gegen alle munteren Gemüter, auch wurden sie durchaus nicht alle so kujoniert wie Skuratow und seinesgleichen. Es hing in jedem Fall davon ab, wie einer mit sich umspringen ließ: war einer gutmütig, wurde er in jedem Fall gedemütigt, auch wenn er kein Hanswurst war. Diese Feststellung hat mich sehr erschüttert. Auch unter den Spaßvögeln gab es solche, die sehr wohl imstande waren, sich ihrer Haut zu wehren, und sich von keinem etwas bieten ließen: diese mußten von den andern respektiert werden, ob die wollten oder nicht. In dieser Gruppe war zum Beispiel einer, der hatte wirklich Haare auf den Zähnen und war dabei doch der lustigste und liebste Mensch, den man sich denken kann, aber von dieser Seite sollte ich ihn erst später kennenlernen, ein stattlicher, hochgewachsener Bursche mit einer großen Warze auf der Backe und einem drolligen Ausdruck im Gesicht, das aber im übrigen durchaus hübsch und intelligent aussah. Er wurde Pionier genannt, weil er bei den Pionieren gedient hatte; jetzt verbüßte er seine Strafe in der Sonderabteilung. Auf ihn muß ich noch zu sprechen kommen.

Nebenbei bemerkt, waren keineswegs alle »Ernsthaften« so unduldsam wie jener Ukrainer, der sich über den lustigen Skuratow aufgeregt hatte. Es gab einige Sträflinge, die den Anspruch erhoben, überall die ersten zu sein, die danach trachteten, alles zu wissen und zu verstehen und sich stets als intelligent, charakterfest und verständig zu erweisen. Viele von ihnen waren in der Tat gescheite, charakterfeste Menschen, die das auch erreichten, um was es ihnen zu tun war, nämlich in allen Dingen tonangebend zu sein und einen beträchtlichen moralischen Einfluß auf ihre Kameraden zu gewinnen. Untereinander waren diese Neunmalklugen häufig arg verfeindet, und jeder von ihnen hatte seine Neider. Die anderen Sträflinge betrachteten sie mit Würde, ja mit einer gewissen Herablassung, niemals brachen sie Streit vom Zaun, beim Aufsichtspersonal waren sie gut angeschrieben, während der Arbeit fungierten sie als Aufseher, und keinem von ihnen wäre es im Traum eingefallen, sich über ein Liedchen zu erregen; um derlei Lappalien kümmerten sie sich überhaupt nicht. Ich wurde von ihnen allen während meiner ganzen Haft bemerkenswert höflich behandelt, aber sie waren nie sonderlich gesprächig, auch das aus einer gewissen Würde. Von ihnen muß ich ebenfalls noch ausführlicher berichten.

Inzwischen waren wir am Ufer angelangt. Unten, auf dem Fluß, lag der festgefrorene Lastkahn, den wir abwracken sollten. Am andern Ufer dehnte sich die Steppe im blauen Dunst; es war ein schwermütiges und ödes Bild. Ich hatte erwartet, daß alle sich unverzüglich auf die Arbeit stürzen würden, aber sie dachten gar nicht daran. Manche hockten sich auf die am Ufer herumliegenden Balken, fast alle zogen aus ihren Stiefelschäften Tabaksbeutel mit sibirischem Tabak, der auf dem Markt in ganzen Blättern für drei Kopeken das Pfund gehandelt wurde, und kurze Weidenpfeifen mit kleinen, selbstgeschnitzten hölzernen Mundstücken. Die Pfeifen wurden in Brand gesetzt, die Soldaten bildeten eine Postenkette und begannen ihren Wachdienst mit höchst gelangweilten Mienen.

»Wer mag bloß auf die hirnverbrannte Idee gekommen sein, diesen alten Dreckskahn auseinandernehmen zu lassen?« sagte einer vor sich hin, ohne sich dabei an einen der anderen zu wenden. »Die sind wohl versessen auf die paar Holzspäne?«

»Das muß einer gewesen sein, dem vor uns nicht bange ist«, bemerkte ein anderer.

»Wo mag dieses Bauernpack wohl hingehen?« fragte der erste nach kurzem Schweigen, selbstverständlich ohne die Antwort auf seine vorangegangene Frage zur Kenntnis genommen zu haben, und deutete auf ein Grüppchen Bauern, die in der Ferne im Gänsemarsch durch den frischen Schnee stapften. Alle wandten sich träge nach jener Seite, und vor lauter Nichtstun fingen sie an, sich über die Bauern lustig zu machen. Einer der Bauern, der letzte in der Reihe, hatte einen sehr drolligen Gang, er lief mit abgespreizten Armen, den Kopf, auf dem eine lange, oben abgeflachte Bauernmütze saß, schief zur Seite geneigt. Seine Gestalt hob sich deutlich und klar vom weißen Schnee ab.

»Sieh dir doch mal den Gevatter Petrowitsch an, hat der sich aber eingemummelt«, spöttelte einer, die Sprechweise der Bauern nachäffend. Bemerkenswert war, daß die Sträflinge im allgemeinen auf die Bauern von oben herabsahen, obwohl die Hälfte von ihnen selber Bauern waren.

»Der hinterste läuft, als wollte er Rettiche setzen, Brüder.«

»Der ist ganz hübsch bei Leibe, der hat gewiß Geld wie Heu«, warf ein dritter ein.

Ein allgemeines Gelächter antwortete ihm, aber auch das nur lustlos und fast widerwillig. Inzwischen hatte sich eine Kalatschenverkäuferin eingefunden, ein munteres und schlagfertiges Frauenzimmer.

Man kaufte ihr für den geschenkten Fünfer Kalatschen ab und teilte sie auf der Stelle redlich unter alle auf.

Der junge Bursche, der im Zuchthaus mit Kalatschen handelte, nahm ihr gleich zwanzig ab und hub ein heftiges Feilschen an, um drei anstelle der üblichen zwei Kalatschen als Dreingabe für sich herauszuschlagen. Aber die Kalatschenverkäuferin ließ nicht mit sich handeln.

»Soso, und was andres krieg ich wohl auch nicht von dir, oder?«

»Was denn noch?«

»Das, was keine Maus dir wegfressen kann.«

»Daß dich die Kränke hole!« kreischte das Weibsbild und lachte schrill.

Schließlich erschien der Aufseher, ein Unteroffizier mit einem Stöckchen.

»Heda, was hockt ihr da herum! An die Arbeit!«

»Laßt uns doch lieber auf Leistung arbeiten, Iwan Matwejitsch!« sagte einer der »Anführer«, während er sich träge von seinem Balken hochräkelte.

»Das hättet ihr vorhin bei der Arbeitseinteilung regeln sollen. Ihr habt den Kahn abzumontieren, das ist eure Leistung!«

Endlich hatten sich alle zum Aufstehen bequemt und trödelten nun mit schleppenden Schritten zum Fluß hinunter. Auch zum »Organisieren« fanden sich gleich welche bereit, zumindest mit dem Mund. Wie sich herausstellte, sollte der Kahn nicht einfach zerschlagen werden, sondern die Balken sollten möglichst unversehrt geborgen werden, besonders die querlaufenden Kniehölzer, die am Boden des Schiffes mit Holznägeln befestigt waren – eine langwierige und eintönige Arbeit.

»Als erstes müßte man diesen Balken beiseite schaffen. Packt zu, Jungs!« sagte einer, der überhaupt kein Anführer war und nichts zu melden hatte, ein ungelernter Arbeiter, ein wortkarger, unauffälliger, etwas einfältiger Tropf, der bisher noch kein Wort gesprochen hatte: er bückte sich, umschlang mit beiden Armen einen dicken Balken und wartete auf Hilfe. Aber niemand sprang ihm bei.

»Bild dir bloß nicht ein, daß du den zwingen könntest! Den bringst du nie in die Höhe, und selbst wenn dein Eltervater Bärenkräfte hätte und dir zu Hilfe käme, so könnte auch der nichts ausrichten«, knurrte einer durch die Zähne.

»Wie ihr meint, Brüder, aber wie soll man's denn anfangen? Ich weiß wahrlich nicht ...« stammelte der Voreilige ganz verdattert, ließ von dem Balken ab und richtete sich auf.

»Du wirst ja doch nicht fertig ... Was hast du's dann gar so eilig?«

»Der ist ja zum Hühnerfüttern zu blöde, hier aber muß er sein Maul aufreißen, der Gernegroß!«

»Ich hab's nicht so gemeint, Brüder ...« sagte der verdatterte Bursch, sich entschuldigend, »ich wollte bloß ...«

»Soll ich euch vielleicht in Watte packen, wie? Oder für den Winter einpökeln?« rief der Aufseher wieder und sah unschlüssig zu der zwanzigköpfigen Männerschar herüber, die nicht wußte, wie sie die Arbeit anpacken sollte. »Anfangen! Und macht endlich etwas Dampf dahinter!«

»Schneller als schnell kann keiner, Iwan Matwejitsch.«

»Du bist auch so ein Tagedieb, Saweljew! He, Petrowitsch, ich red mit dir: was stehst du herum und hältst Maulaffen feil ... fang endlich an!«

»Was kann ich allein denn ausrichten? ...«

»Laßt uns doch auf Leistung arbeiten, Iwan Matwejitsch.«

»Ich hab euch schon einmal gesagt – auf Leistung gibt es nichts. Ihr habt den Kahn auseinanderzunehmen, dann geht's nach Hause. Also ran!«

Zu guter Letzt gingen sie endlich ans Werk, aber so schlapp, so unlustig und ungeschickt. Es konnte einen schon verdrießen, wenn man diese Schar gesunder, robuster Männer sah, die anscheinend wirklich nicht wußten, wie sie die Arbeit anpacken sollten. Als sie das erste kleine Knieholz herauslösen wollten, brach es ihnen sofort entzwei. »Es geht ganz von alleine entzwei«, meldete man dem Aufseher zur Rechtfertigung; also hatte man etwas falsch gemacht und mußte anders an die Sache herangehen. Nun folgte eine ausgedehnte allgemeine Debatte, was man tun, wie man die Sache anpacken solle. Natürlich gerieten sie darüber bald in Streit, und um ein Haar wäre es noch zu einer Prügelei gekommen. Der Aufseher brüllte wieder herüber und fuchtelte wütend mit seinem Stöckchen, aber auch ein zweites Knieholz zerbrach beim Herausnehmen. Schließlich kam man dahinter, daß zu wenig Äxte vorhanden waren und daß auch noch anderes Werkzeug benötigt wurde. Auf der Stelle wurden zwei Mann unter Bewachung in die Festung abkommandiert, um das erforderliche Werkzeug zu holen, und in Erwartung ihrer Rückkehr ließen sich die andern seelenruhig auf dem Lastkahn nieder, zogen ihre Pfeifen heraus und schmauchten sich eins.

Jetzt lief dem Aufseher endlich die Galle über, und er spuckte ärgerlich aus.

»Von euch kann man wahrlich nichts Gescheites erwarten! So ein Lumpenpack!« brummte er aufgebracht, machte eine verächtliche Handbewegung und ging, sein Stöckchen schwenkend, in die Festung zurück.

Eine Stunde später kam ein Offiziersschüler. Er hörte sich das Anliegen der Sträflinge ruhig an und gab ihnen dann als Leistung auf, vier weitere Kniehölzer auszubauen, aber so, daß sie nicht zerbrachen, sondern unversehrt blieben, darüber hinaus trug er ihnen noch auf, einen beachtlichen Teil des

Schiffes zu zerlegen, und wenn sie das alles erledigt hätten, dürften sie nach Hause gehen. Es war ein schönes Stück Arbeit, aber, meiner Treu! wie konnten die sich auf einmal ins Zeug legen! Wo war die Trägheit, die Ungeschicklichkeit geblieben? Man schwang die Äxte, die hölzernen Nägel wurden herausgedreht. Die übrigen legten dicke Stangen als Hebel unter, stemmten sich mit zwanzig Armen darauf und drückten auf diese Weise die Kniehölzer geschwind und geschickt heraus, die zu meiner Überraschung diesmal völlig unversehrt blieben. Die Arbeit lief auf vollen Touren. Alle miteinander waren urplötzlich merklich gescheiter geworden. Es fiel kein überflüssiges Wort, gab keinen Streit, jeder wußte, was er zu sagen und zu tun hatte, wo er stehen, was er raten sollte. Genau eine halbe Stunde vor dem Trommelsignal war die aufgetragene Leistungsarbeit erledigt, und die Gefangenen machten sich auf den Heimweg, müde, aber restlos zufrieden, wenn sie auch nicht mehr als eine halbe Stunde vor der Mittagspause gewonnen hatten. Was mich selbst betraf, machte ich eine ganz eigene Erfahrung: wo ich mich auch hinwenden mochte, um ihnen bei der Arbeit zu helfen, überall war ich fehl am Platze, überall störte ich, überall wurde ich barsch, mit Schimpfworten fortgejagt.

Jeder letzte Schmutzfink, der selbst bei der Arbeit nichts taugte und in Gegenwart der andern Gefangenen, die schneller und geschickter waren als er, nie zu mucksen gewagt hätte, hielt sich für berechtigt, mich unter dem Vorwand, daß ich störte, anzuschreien und fortzujagen, wenn ich zu ihm trat. Zuletzt schnauzte mich einer der Tüchtigen an: »Was müssen Sie sich auch hier herumdrücken, machen Sie, daß Sie weiterkommen. Stecken Sie Ihre Nase nicht da hinein, wo Sie niemand brauchen kann!«

»So einer hat uns gerade noch gefehlt!« pflichtete ihm ein anderer bei.

»Du solltest lieber einen Klingelbeutel nehmen«, spottete ein dritter, »und milde Gaben sammeln gehen zum Kirchenbau und gegen die Unmoral, hier hast du jedenfalls nichts verloren.«

So blieb mir nichts übrig, als abseits zu stehen; dabei ist es beschämend, abseits zu stehen, wenn alle andern arbeiten. Ging ich aber wirklich beiseite und stellte mich ans Schiffsende, so fielen sie sogleich wieder über mich her:

»Da sieht man, was für Trottel die uns zugeteilt haben, was soll man mit solchen feinen Herrchen anfangen? Nichts kann man anfangen mit ihnen!«

Dies alles sagten sie absichtlich, zur allgemeinen Erheiterung. Es schien ihnen nicht mehr als recht und billig, als daß man den ehemaligen Adligen zur Zielscheibe des Spottes machte, und natürlich waren alle froh über die gute Gelegenheit, die sich ihnen hier bot.

Jetzt wird wohl jedermann begreifen, warum ich mir, wie ich bereits sagte, bei meiner Einlieferung ins Zuchthaus als erstes die Frage stellte: Was soll ich tun, wie soll ich mich diesen Menschen gegenüber verhalten? Ich hatte von vornherein gefürchtet, daß es häufig Zusammenstöße geben würde von der Art, wie ich sie jetzt bei der Arbeit erleben mußte. Aber ungeachtet aller Zusammenstöße war ich entschlossen, nicht von meinem Plan abzuweichen, den ich mir teilweise schon damals zurechtgelegt hatte und von dessen Richtigkeit ich überzeugt war. Ich hatte nämlich beschlossen, mich so natürlich und unabhängig wie nur möglich zu benehmen und meinerseits keine besonderen Annäherungsversuche zu machen, sie aber auch nicht abzuweisen, wenn sie von sich aus auf eine Annäherung Wert legen sollten. Ich hatte mir vorgenommen, mich durch ihre Drohungen und ihren Haß nicht abschrecken zu lassen und nach Möglichkeit so zu tun, als bemerkte ich nichts davon. Auf bestimmten, bekannten Gebieten wollte ich nichts mit ihnen gemein haben und manchen ihrer Gewohnheiten und Sitten gegenüber keine Nachsicht walten lassen, kurz, ich wollte ihre Kameradschaft nicht erzwingen und mich ihnen auf keinen Fall aufdrängen. Vom ersten Augenblick an war mir bewußt, daß sie mich dafür doch nur verachtet hätten. Und doch hätte ich nach ihren Begriffen (diese Vermutung sollte sich später als richtig erweisen) meine adlige Herkunft ihnen gegenüber betonen und hochhalten müssen, das heißt, ich hätte verzärtelt sein, mich zieren, sie verabscheuen, auf Schritt und Tritt an allem herumnörgeln und mich vor jeder Schmutzarbeit drücken müssen. Denn das war die Vorstellung, die sie von einem Edelmann hatten. Selbstredend hätten sie mich deswegen gescholten, aber insgeheim doch respektiert. Eine solche Rolle aber paßte mir nicht; nie in meinem ganzen Leben war ich ein Edelmann nach diesen ihren Begriffen; dafür aber nahm ich mir fest vor, durch keinerlei Zugeständnisse ihnen gegenüber meine Bildung oder meine Denkweise in den Schmutz ziehen zu lassen. Hätte ich versucht, mich bei ihnen einzuschmeicheln, mich auf Kompromisse einzulassen, mich anzubiedern und manche ihrer »Eigenarten« hinzunehmen, um ihre Sympathie zu gewinnen, dann hätten sie sofort geglaubt, ich täte dies alles nur aus Angst und Feigheit, und hätten mich ihre ganze Verachtung spüren lassen. A. konnte nicht als Beispiel gelten: er war Zuträger für den Major, und sie fürchteten ihn deswegen. Auf der anderen Seite aber wollte ich mich auch nicht in kalter und unzugänglicher Höflichkeit von ihnen absondern, wie es die Polen taten. Ich sah sehr wohl, daß sie mich gerade deshalb verachteten, weil ich arbeiten wollte wie sie, weil ich nicht verzärtelt war und mich nicht vor ihnen aufspielte; und wenn ich mir auch sagte, daß sie ihre Ansicht später ändern würden, war doch das Bewußtsein sehr deprimierend für mich, daß sie fürs erste noch das Recht beanspruchen würden, mich zu verachten im Glauben, daß ich mich durch Arbeit bei ihnen einschmeicheln wollte.

Als ich abends, nach Beendigung der Nachmittagsschicht, müde und zerschlagen ins Zuchthaus zurückkehrte, übermannte mich wieder eine entsetzliche Traurigkeit. Wieviel tausend solcher Tage liegen noch vor mir, dachte ich, jeder Tag wie dieser, einer wie der andere! Schweigend erging ich mich in der hereinbrechenden Dämmerung allein hinter den Kasernen, am Zaun, bis ich auf einmal unseren Scharik gewahrte, der in großen Sprüngen geradewegs auf mich zurannte. Scharik war unser Zuchthaushund, wie es ja auch Regiments-, Batterie- und Schwadronshunde gibt. Er lebte seit undenklicher Zeit im Zuchthaus, gehörte niemandem, betrachtete alle als seine Herren und nährte sich von Küchenabfällen.

Er war ein ziemlich großes Tier, schwarz, mit weißen Flecken, ein noch nicht sehr alter Hofhund mit klugen Augen und einer buschigen Rute. Noch nie war jemand freundlich zu ihm gewesen, noch nie hatte ihn einer beachtet. Schon am ersten Tag hatte ich ihn gestreichelt und ihn Brot aus meiner Hand nehmen lassen. Als ich ihn streichelte, stand er ganz still, sah mich liebevoll an und wedelte zum Zeichen des Behagens leise mit dem Schwanz. Jetzt, da er mich so lange nicht gesehen hatte – mich, den ersten, dem es im Lauf vieler Jahre in den Sinn gekommen war, ihn zu streicheln –, war er herumgelaufen und hatte mich überall gesucht, und als er mich schließlich hinter den Kasernen gefunden hatte, war er mir vor Freude winselnd entgegengesprungen. Ich weiß nicht, wie mir da geschah, aber ich stürzte auf ihn zu, küßte ihn und umschlang seinen Kopf; er richtete sich auf, stellte mir die Vorderpfoten auf die Schultern und leckte mein Gesicht. Das ist der Freund, den das Schicksal mir gesandt hat, dachte ich, und immer, wenn ich in dieser ersten, schweren und düsteren Zeit von der Arbeit heimkehrte, ging ich, ehe ich mich irgendwo anders hinwandte, als erstes hinter die Kaserne, begleitet von Scharik, der in großen Sätzen mit freudigem Winseln vor mir hersprang, dann umschlang ich seinen Kopf und küßte, küßte ihn, und ein süßes und zugleich quälend bitteres Gefühl krampfte mir das Herz zusammen. Und ich weiß noch, wie angenehm mir der Gedanke war, als ob ich mich vor mir selbst mit meiner Qual hätte brüsten wollen, daß mir auf der ganzen weiten Welt nur noch ein einziges Geschöpf geblieben war, das mich liebte, das mir ergeben war, mein Freund, mein einziger Freund, mein treuer Hund Scharik.

7

Neue Bekanntschaften. Petrow

Aber die Zeit verstrich, und allmählich begann ich mich einzuleben. Mit jedem Tage nahm ich die alltäglichen Erscheinungen meiner neuen Existenz immer gelassener hin. An die Ereignisse, das Milieu, die Menschen, an das alles hatten meine Augen sich gewöhnt. Es war mir zwar unmöglich, mich mit diesem Leben abzufinden, aber es war hohe Zeit, es als unwiderrufliche Tatsache zu akzeptieren. Alle Verständnislosigkeit, die noch in mir zurückgeblieben war, verbarg ich so tief wie möglich in meinem Innern. Ich irrte nicht mehr wie verloren durch das Zuchthausgelände und ließ mir meine Verzweiflung nicht mehr anmerken. Die hemmungslos neugierigen Blicke der Mitgefangenen hafteten nicht mehr so häufig auf mir und verfolgten mich nicht mehr mit so unverhüllter Schamlosigkeit. Auch ich war ihnen offenbar zur gewohnten Erscheinung geworden, worüber ich nur froh sein konnte. Ich bewegte mich auf dem Zuchthausgelände bereits wie zu Hause, kannte meinen Platz auf den Pritschen und hatte mich allem Anschein nach sogar an Dinge gewöhnt, von denen ich mir mein Lebtag nichts hätte träumen lassen. So ging ich regelmäßig einmal in jeder Woche zum Haarschneider, um mir den halben Kopf scheren zu lassen. Jeden Samstag wurden wir in der Freizeit zu diesem Zweck nacheinander in die Wachstube vor dem Zuchthaustor gerufen (wer sich nicht ordnungsgemäß scheren ließ, wurde dafür zur Verantwortung gezogen), wo uns die Bataillonsfriseure die Köpfe mit kalter Seife einseiften und anschließend erbarmungslos mit völlig stumpfen Rasiermessern bearbeiteten, so daß mir in der Erinnerung an diese Tortur heute noch eine Gänsehaut über den Rücken läuft. Auf diesem Gebiet war übrigens bald Abhilfe gefunden. Akim Akimytsch nannte mir einen Sträfling aus der Militärabteilung, der sich damit sein Geld verdiente, daß er jedem, der es wünschte, für eine Kopeke mit eigenem Messer den Schädel rasierte. Viele Gefangene zogen es vor, seine Dienste in Anspruch zu nehmen, um den Militärfriseuren zu entgehen, obwohl sie wahrlich nicht verweichlicht waren. Unser Sträflingsbarbier wurde der »Major« genannt, warum, weiß ich nicht, und inwiefern er Ähnlichkeit mit einem Major gehabt hätte, kann ich ebenfalls nicht sagen. Während ich diese Zeilen niederschreibe, steht mir jener Major vor Augen, ein hochaufgeschossener, hagerer, wortkarger Bursche, etwas beschränkt, stets in seine

Tätigkeit versunken und unweigerlich mit einem Lederriemen in der Hand, an dem er Tag und Nacht sein unbeschreiblich scharfes Rasiermesser abzog; in dieser Arbeit schien er restlos aufzugehen und sah sie offenbar als seine eigentliche Lebensaufgabe an. Er war auch immer höchst zufrieden, wenn das Messer ordentlich scharf war und wenn einer kam, um sich von ihm rasieren zu lassen. Er hatte warmen Seifenschaum und eine weiche, geschmeidige Hand, es war ein Genuß, sich von ihm den Kopf scheren zu lassen. Er hatte sichtlich Freude an seiner Kunst und war stolz darauf, das ihm dafür gezahlte Kopekenstück nahm er lässig entgegen, als wäre es ihm in Wahrheit nur um die Kunst, nicht ums Geld zu tun. A. bekam von unserm Platzmajor eine schmerzhafte Abreibung, als er bei einer seiner üblichen Ohrenbläsereien auch unseren Zuchthausbarbier erwähnte und ihn dabei aus Unachtsamkeit als »Major« bezeichnete. Der Platzmajor schnaubte vor Empörung und war aufs äußerste gekränkt. »Weißt du Hundsfott überhaupt, was das ist, ein Major?!« brüllte er mit Schaum vor dem Mund und strafte A. nach seiner Manier, »begreifst du überhaupt, was das heißt, ein Major?! Und da kommt so ein hergelaufener Schurke von einem Sträfling, und du erfrechst dich, ihn als Major zu titulieren, mir ins Gesicht, in meiner Gegenwart! ...« Kein anderer als A. hätte es mit einem solchen Scheusal ausgehalten.

Vom ersten Tag meiner Haftzeit an hatte ich schon von der Freiheit zu träumen begonnen. Es wurde meine Lieblingsbeschäftigung, mir auf tausend verschiedene Arten das Ende meiner Zuchthausjahre zu errechnen. Ich konnte an nichts anderes denken und bin sicher, daß es keinem anders ergeht, der für eine bestimmte Zeitspanne der Freiheit beraubt ist. Ich weiß nicht, ob die anderen Sträflinge so dachten und rechneten wie ich, aber der erstaunliche Leichtsinn ihrer Hoffnungen hatte mich vom ersten Schritt an in Staunen versetzt. Die Hoffnung eines eingesperrten, der Freiheit beraubten Menschen ist ganz anderer Art als die eines auf natürliche Weise lebenden. Ein freier Mensch hofft selbstverständlich auch (etwa auf eine Wendung seines Schicksals, auf das Gelingen eines Planes), aber er lebt, er ist aktiv, und der Kreislauf des Lebens bietet ihm genügend Ablenkung. Ganz anders verhält es sich bei einem Strafgefangenen. Auch hier ist es eine Art von Leben, das Leben eines Zuchthäuslers und Zwangsarbeiters; aber wer der Sträfling auch sein und zu welcher Strafe er auch verurteilt worden sein mag, kann er doch ganz gewiß sein Los rein instinktiv nicht als etwas Feststehendes, Endgültiges, als einen Teil seines wirklichen Lebens ansehen. Jeder Zuchthausinsasse hat das Empfinden, hier nicht *zu Hause*, sondern gleichermaßen nur auf Besuch zu sein. Zwanzig Jahre bedeuten ihm nicht mehr als zwei, und er ist absolut überzeugt, daß er mit fünfundfünfzig, nach seiner Entlassung, noch genauso jung und kräftig sein wird wie jetzt mit fünfunddreißig. Wir werden schon auch noch was haben vom Leben! denkt er und verdrängt beharrlich alle Zweifel und verdrießlichen Gedanken. Selbst die auf unbestimmte Zeit verbannten Sträflinge der Sonderabteilung hofften immer wieder, daß eines schönen Tages Anweisung aus Petersburg kommen könnte: »Verlegung in die Erzbergwerke nach Nertschinsk und Festsetzung einer bestimmten Strafdauer.« Dann wäre so einer fein heraus: denn erstens wäre er bis Nertschinsk fast ein halbes Jahr unterwegs, und im Vergleich zum Zuchthaus ist ein solcher Gefangenentransport immer noch ein bedeutend besserer Tausch! Er würde seine Zeit in Nertschinsk abarbeiten, und dann ... So rechnet und hofft manch einer noch im weißen Haar.

In Tobolsk habe ich Schwerverbrecher gesehen, die an die Wand angeschmiedet waren. So einer liegt an einer etwas über zwei Meter langen Kette, daneben hat er seine Pritsche. Sie waren für irgendeine außergewöhnlich scheußliche Untat, die sie bereits in Sibirien begangen hatten, in Ketten gelegt worden. So sitzen sie fünf oder auch zehn Jahre. Meistens handelt es sich dabei um Räuber oder Banditen. Nur einer unter ihnen schien aus besserem Hause zu stammen, er hatte irgendwo einmal als Beamter gedient. Er redete leise und lispelnd mit einem süßlichen Lächeln. Er zeigte uns seine Kette, demonstrierte, wie man sich damit so bequem wie möglich auf der Pritsche hinlegen konnte. Das war wohl mal ein

Vogel ganz besonderer Art! Alle diese Unglücklichen verhalten sich sehr friedlich und scheinen sich mit ihrem Los abgefunden zu haben; dabei hat jeder von ihnen nur den einen Wunsch, seine Zeit so schnell wie möglich abzusitzen. Wozu denn? möchte man fragen. Nun, dann kann er wenigstens die dumpfige, muffige Zelle mit den niedrigen aus Ziegelstein gemauerten Bögen hinter sich lassen und sich im Hof des Zuchthauses ergehen ... das ist alles. Aus dem Zuchthaus kommt so einer doch sein Lebtag nicht wieder frei. Er weiß nur zu gut, daß alle, die einmal in Ketten gelegen haben, für alle Zeiten, bis zu ihrem Tode, im Zuchthaus verbleiben, und zwar in Fußketten. Er weiß das sehr wohl, und doch ist er durchdrungen von dem einen Wunsch, die Zeit als Kettensträfling so bald wie möglich hinter sich zu bringen. Wie könnte einer es sonst aushalten, fünf oder sechs Jahre lang in Ketten geschmiedet zu verbringen, ohne zu sterben und ohne den Verstand zu verlieren? Wie könnte ein Mensch so etwas überhaupt ertragen?

Ich fühlte, daß die Arbeit mich retten, daß sie meine Gesundheit, meinen Körper stärken könnte. Die ständige seelische Unrast, die nervliche Gereiztheit, die verpestete Luft in der Kaserne hätten mich sonst völlig zugrunde gerichtet. Möglichst viel frische Luft, jeden Tag fast umfallen vor Müdigkeit, schwere Lasten tragen lernen – nur so werde ich das alles überstehen, dachte ich, ich werde kräftiger werden und als gesunder, ungebrochener, starker und noch nicht alter Mann herauskommen. Ich hatte mich nicht getäuscht: die Arbeit und die Bewegung waren mir sehr förderlich. Ich sah mit Schrecken, wie einer meiner Kameraden, gleich mir ein Adliger, im Zuchthaus wie ein Wachslicht verlosch.* Er war mit mir zusammen eingeliefert worden, damals ein junger, schöner, frischer Mensch, doch als er freikam, war er ein halbes Wrack, weißhaarig, schlecht auf den Beinen und schwach auf der Brust. Nein, dachte ich, wenn ich ihn ansah, ich will und ich werde leben. Wegen meiner Arbeitsfreudig-

* Gemeint ist C. F. Durow, ebenfalls Mitglied des Petraschewskij-Kreises, der mit Dostojewskij zusammen verurteilt worden war (Anmerkung des Übersetzers).

keit hatte ich von den anderen Sträflingen mancherlei auszustehen, und lange noch vergällten sie mir das Leben durch ihre Verachtung und ihren Spott. Ich aber scherte mich um nichts und niemanden und ging unbekümmert an meine Arbeit, etwa zum Alabasterbrennen und -zerkleinern, eine der ersten Arbeiten, zu der ich eingeteilt wurde. Das war eine leichte Tätigkeit. Die uns vorgesetzten Ingenieure waren nach Kräften bemüht, den Adligen die Arbeit zu erleichtern, was übrigens keineswegs eine Bevorzugung bedeutete, sondern nur eine gerechte Überlegung. Es wäre absurd gewesen, von einem Menschen, der nur halb so kräftig war wie die andern und noch nie körperlich gearbeitet hatte, dieselbe Leistung zu verlangen, wie sie nach dem Reglement von einem richtigen Arbeiter gefordert wurde. Indes war diese »Verhätschelung« durchaus nicht die Regel, sie wurde sogar eher unter der Hand praktiziert, weil die anderen Sträflinge ein scharfes Auge darauf hatten. Relativ oft wurden die Adligen auch zu schwerer Arbeit eingesetzt, und das war dann für uns selbstverständlich doppelt so mühsam wie für die andern Gefangenen. Zum Alabasterzerkleinern wurden gewöhnlich drei oder vier Greise oder schwächere Sträflinge ausgewählt, darunter natürlich auch wir, und dazu wurde noch ein richtiger Arbeiter abkommandiert, der etwas von der Sache verstand. In der Regel ging mehrere Jahre hintereinander immer derselbe mit, ein Sträfling namens Almasow, ein finsterer, hagerer, brünetter, schon älterer Mann, der sich sehr ungesellig und launisch verhielt. Uns verachtete er aus tiefster Seele. Im übrigen war er so wortkarg, daß es ihm sogar zu viel Mühe war, auf uns zu schelten. Der Schuppen, in dem der Alabaster gebrannt und zerkleinert wurde, stand gleichfalls am kahlen Steilufer des Flusses. Im Winter, besonders an trüben Tagen, war der Anblick des Flusses und des gegenüberliegenden Ufers sehr eintönig. Eine melancholische, herzbeklemmende Stimmung lag über dieser wilden und verlassenen Landschaft. Aber beinahe noch bedrückender war es, wenn über der endlosen weißen Schneedecke die Sonne funkelte, dann wäre man so gern auf und davon geflogen, irgendwohin in die Steppe, die am andern Ufer begann und sich in einer einzigen, nicht endenwollenden Fläche anderthalbtausend Werst nach Süden erstreckte. Almasow machte sich meist stumm und mürrisch an die Arbeit; wir schämten uns nachgerade, daß wir ihm keine wirksame Hilfe zu sein vermochten, er aber erledigte absichtlich alles allein, hielt uns bewußt zu keiner Hilfeleistung an, als wollte er uns damit unsere Schuld ihm gegenüber erst recht zum Bewußtsein bringen und uns zur Reue über unsere Nutzlosigkeit bewegen. Die ganze Tätigkeit bestand darin, den Ofen anzuheizen, um den Alabaster darin zu brennen, den wir ihm zuweilen heranschleppen durften. Am andern Tag, wenn der Alabaster bereits vollkommen verbrannt war, begannen wir, ihn wieder aus dem Ofen herauszuholen. Jeder von uns bewaffnete sich mit einem schweren Klopfholz, packte sich eine Kiste voll Alabaster und begann, ihn zu zerkleinern. Das war eine höchst vergnügliche Arbeit. Der brüchige Alabaster verwandelte sich rasch in glänzenden weißen Staub, er ließ sich leicht und mühelos zerkrümeln. Wir schwangen die schweren Hämmer und verursachten damit ein solches Getöse, daß wir selber Spaß daran fanden. Müde wurden wir obendrein, zugleich fühlten wir uns leicht; die Wangen glühten, das Blut pulste schneller durch unsere Adern. Almasow sah uns dabei herablassend zu, wie man kleinen Kindern zuschaut, herablassend rauchte er sein Pfeifchen und konnte doch nur brummen, wenn er sich überhaupt einmal bequemte, den Mund aufzutun. Übrigens war er allen andern gegenüber genauso mürrisch und dabei im Grund wohl ein guter Mensch.

Eine andere Arbeit, zu der ich eingesetzt wurde, bestand darin, in der Werkstatt das Schleifrad zu drehen. Das war ein großes, schweres Rad. Es bedurfte beträchtlicher Anstrengung, es in Gang zu halten, besonders wenn der Drechsler (ein Handwerker von der Ingenieurtruppe) etwa ein Treppengeländer in Arbeit hatte oder Beine für einen großen Tisch für das Amtsstubenmobiliar eines Beamten, wofür schon ein ziemlich dicker Balken benötigt wurde. Dabei wäre es über die Kräfte eines einzelnen gegangen, das Rad zu drehen, und so wurden wir gewöhnlich zu zweit dafür eingeteilt, ich und B., ein anderer Adliger. So blieb uns beiden mehrere Jahre hintereinander diese Arbeit vorbehalten, sobald etwas gedrechselt werden mußte. B. war ein schwächlicher, kränklicher, lungenkranker, noch junger Mann. Er war ein Jahr vor mir mit zwei anderen Gefährten im Zuchthaus eingetroffen – einem Greis, der während seiner ganzen Haft Tag und Nacht betete (was ihm die Hochachtung der anderen Sträflinge eingetragen hatte) und der dann noch zu meiner Zeit verstarb, und einem andern, einem frischen, rotbäckigen, kräftigen und noch sehr jungen Mann, der den auf halbem Weg erschöpft zusammengebrochenen B. auf seinem Rücken getragen hatte, und das siebenhundert Werst. Die Freundschaft dieser beiden mußte man gesehen haben! B. war ein Mann von hervorragender Bildung, edelmütig und großherzig, nur durch die Krankheit launisch und reizbar geworden. Das Rad hielten wir beide in Bewegung, und damit waren wir vollauf beschäftigt. Für mich war diese Arbeit eine ausgezeichnete Gelegenheit, mir Bewegung zu verschaffen.

Besondere Freude hatte ich auch am Schneeschaufeln. Dazu wurden wir gewöhnlich nach Schneestürmen eingesetzt, was im Winter sehr oft vorkam. Nach so einem vierundzwanzigstündigen Schneetreiben waren manche Häuser bis zur halben Fensterhöhe eingeschneit, andere fast ganz im Schnee versunken. Wenn dann der Sturm nachgelassen hatte und die Sonne sich zeigte, wurden wir in großen Gruppen – manchmal auch das ganze Zuchthaus – ausgeschickt, um die Schneeverwehungen vor den öffentlichen Gebäuden wegzuräumen. Jeder erhielt eine Schaufel, allen miteinander wurde eine bestimmte, oft sehr umfangreiche Leistung aufgetragen, daß man nur staunen konnte, wie wir sie überhaupt bewältigten, und dann machten sich alle einträchtig an die Arbeit. Der lockere, nur wenig zusammengesunkene und leicht überfrorene Schnee ließ sich mühelos in großen Klumpen wegschaufeln und wurde ringsum verstreut, wobei er noch in der Luft in glitzernden Staub zerstob. Die Schaufel grub sich in die weiße, in der Sonne glitzernde Masse. Die Sträflinge waren bei dieser Arbeit meistens guter Dinge. Die frische

Winterluft, die Bewegung feuerte sie an. Alle wurden lustig, man hörte Gelächter, Zurufe, Scherze. Sogar Schneeballschlachten wurden ausgetragen, denen die Vernünftigeren freilich schon bald darauf Einhalt geboten, und die, die sich stets über Lachen und Munterkeit entrüsteten, und die allgemeine Fröhlichkeit endete in der Regel mit Zank und Streit.

Allmählich erweiterte sich auch mein Bekanntenkreis. Übrigens war ich keineswegs darauf erpicht, Bekanntschaften zu schließen: ich war immer noch unstet, finster und mißtrauisch. Meine Bekanntschaften kamen ganz von selbst zustande. Einer der ersten, die mich besuchen kamen, war der Sträfling Petrow. Ich sage absichtlich *besuchen* und lege besonderen Wert auf dieses Wort. Petrow gehörte zur Sonderabteilung und war in der am weitesten von mir abgelegenen Kaserne untergebracht. Zwischen uns hätten, so sollte man meinen, eigentlich keinerlei Kontakte entstehen können; ebenso hatten wir ohne Zweifel nicht das geringste gemein und konnten es auch nicht haben. Und doch sah es Petrow in dieser ersten Zeit gleichsam als seine Pflicht an, mich fast täglich in der Kaserne aufzusuchen oder mich in der Freizeit anzusprechen, wenn ich, wie so oft, weit von aller Augen entfernt, hinter den Kasernen herumspazierte. Zuerst war mir das nicht angenehm. Er aber benahm sich so, daß mich seine Besuche bald sogar ablenkten, obwohl er alles andere als mitteilsam und gesprächig war. Er war nicht sehr groß, kräftig gebaut, flink und beweglich, mit recht sympathischen Gesichtszügen, blaß, mit breiten Backenknochen, verwegenem Blick und weißen, dicht beieinanderstehenden kleinen Zähnen und hatte stets eine Prise geriebenen Tabaks hinter der Unterlippe. Viele Sträflinge hatten die Angewohnheit, mit Tabak im Mund herumzulaufen. Er wirkte jünger, als er war. Er war an die vierzig, sah aber aus wie dreißig. In der Unterhaltung mit mir gab er sich stets völlig ungezwungen, wie meinesgleichen, das heißt, er benahm sich ausgesprochen wohlerzogen und taktvoll. Bemerkte er beispielsweise, daß ich die Einsamkeit suchte, so verließ er mich gleich wieder, nachdem er ein paar Worte mit mir gewechselt hatte, und dankte mir jedesmal für die ihm erwiesene Aufmerksamkeit, was er selbstredend bei keinem andern Zuchthausinsassen getan hätte. Bemerkenswert ist, daß sich unsere Beziehung nicht nur in den ersten Tagen in dieser Form abspielte, sondern durch Jahre hindurch niemals enger wurde, obwohl er mir aufrichtig zugetan war. Auch heute kann ich noch nicht mit Bestimmtheit sagen, was er eigentlich von mir wollte und warum er tagtäglich bei mir auftauchte. Wenn er mich hernach auch hie und da bestohlen hat, so tat er das doch immer gleichsam »ungewollt«; er ging mich so gut wie nie um Geld an und besuchte mich nicht etwa um Geldes willen oder aus irgendwelchen anderen materiellen Interessen.

Ich weiß nicht, warum, aber mir wollte es immer so scheinen, als ob er überhaupt nicht wie ich im Zuchthaus lebte, sondern irgendwo draußen in der Stadt, und das Zuchthaus nur dann und wann mit seiner Anwesenheit beehrte, um zu hören, was es Neues gäbe, um mich aufzusuchen und um nachzusehen, wie es uns ginge. Stets war er in Eile, irgendwohin zu kommen, als ob er jemanden irgendwo zurückgelassen hätte, der jetzt auf ihn wartete, als ob er noch irgendeine dringende Angelegenheit zu erledigen hätte. Dabei wirkte er durchaus nicht sonderlich geschäftig. Auch sein Blick war eigenartig: durchdringend, mit einer Spur von Dreistigkeit und Spott, dabei sah er immer in die Ferne, gleichsam durch sein Gegenüber hindurch. Es war, als mühte er sich, irgend etwas anderes, Entfernteres zu erkennen. Dadurch hatte er immer einen zerstreuten Ausdruck. Zuweilen achtete ich absichtlich darauf, wohin Petrow denn eigentlich ging, nachdem er sich von mir verabschiedet hatte, und wo er so dringend erwartet wurde. Er lief eilig in eine andere Kaserne oder in die Küche, setzte sich dort neben einen der Sträflinge, hörte ihrer Unterhaltung aufmerksam zu, mischte sich zuweilen auch selbst sehr temperamentvoll ins Gespräch, um dann unversehens abzubrechen und zu verstummen. Ob er sich indes an der Unterhaltung beteiligte oder nur schweigend daneben saß, so war doch stets klar ersichtlich, daß er sich nur von ungefähr, im Vorbeigehen hier aufhielt, daß er im Grund woanders Wichtigeres zu tun hatte und dort erwartet wurde. Das Merkwürdigste dabei war, daß er nie etwas zu tun hatte, er arbeitete überhaupt nicht (von der obligatorischen Sträflingsarbeit abgesehen natürlich). Er hatte kein Handwerk erlernt, und Geld besaß er so gut wie nie. Aber auch um Geld bekümmerte er sich wenig. Und worüber redete er mit mir? Seine Gesprächsthemen waren so sonderbar wie er selbst. Sah er zum Beispiel, daß ich irgendwo abseits, hinter den Zuchthausgebäuden spazierenging, machte er plötzlich kehrt und lief auf mich zu. Er ging immer schnell, bog immer unerwartet von seinem Weg ab. Er näherte sich mir im Schritt, und doch hatte man den Eindruck, als ob er liefe.

»Guten Tag.«

»Guten Tag.«

»Stör ich nicht?«

»Nein.«

»Ich wollte Sie was wegen dem Napoleon * fragen. Der ist doch verwandt mit dem andern, dem von anno zwölf, oder?« (Petrow war Kantonist und konnte lesen und schreiben.)

»Ja, er ist verwandt mit ihm.«

»Wie es heißt, soll er dort eine Art Präsident sein?«

Er fragte immer so hastig und abgerissen, als könne er die Antwort kaum erwarten. Als ob er Auskunft über eine höchst wichtige Angelegenheit einholen müsse, die nicht den geringsten Aufschub duldete.

Ich erklärte, was für ein Präsident das wäre und daß er möglicherweise bald Kaiser werden würde.

»Wie kann das zugehen?«

Auch das setzte ich ihm nach besten Kräften auseinander. Petrow hörte aufmerksam und sehr verständig und nachdenklich zu, wobei er vor lauter Eifer das eine Ohr ein wenig zu mir herüberneigte.

»Hm ... Was ich noch fragen wollte, Alexander Petrowitsch. Ist es wahr, daß es Affen gibt, mit Armen bis zu den Fersen hinunter, und die so groß sind wie der allergrößte Mensch?«

»Freilich, die gibt es.«

* Gemeint ist Napoleon III., Louis Napoleon Bonaparte (1808 bis 1873), ein Neffe Napoleons I. (Anmerkung des Übersetzers).

»Was sind das für welche?«

So gut ich konnte, erklärte ich auch das.

»Und wo leben die?«

»In heißen Ländern. Auf der Insel Sumatra zum Beispiel.«

»Das ist in Amerika, nicht wahr? Wie kann es zugehen, daß die Leute dort mit dem Kopf nach unten laufen?«

»Nicht mit dem Kopf nach unten. Sie meinen gewiß die Antipoden.«

Ich setzte ihm auseinander, was Amerika sei und nach bestem Vermögen auch, was es mit den Antipoden auf sich hatte. Er hörte mit unverminderter Aufmerksamkeit zu, als sei er nur gekommen, um mich nach den Antipoden zu befragen.

»Aha! Letztes Jahr hab ich was von der Gräfin Lavallière gelesen, in einem Buch, das ich mir vom Adjutanten Arefjew geliehen habe. Ist das nun alles wahr oder bloß ausgedacht? Ein gewisser Dumas hat das geschrieben.«

»Natürlich ist es ausgedacht.«

»Na, dann leben Sie wohl. Und vielen Dank auch.«

Damit verschwand Petrow, und eigentlich waren unsere Gespräche niemals von anderer Art.

Ich begann, Erkundigungen über ihn einzuziehen. Als M. von dieser Bekanntschaft erfuhr, warnte er mich geradezu. Er sagte, daß ihm, besonders anfänglich, in den ersten Tagen seiner Zuchthauszeit, viele der Sträflinge Schrecken eingeflößt hätten, aber nicht einer, nicht einmal Gasin, hätten auf ihn einen so furchterregenden Eindruck gemacht wie ausgerechnet Petrow.

»Der ist zu allem entschlossen, er ist der furchtloseste von allen«, sagte M. »Der geht aufs Ganze, der schreckt vor nichts zurück, wenn ihm gerade der Sinn danach steht. Er sticht auch Sie nieder, wenn es ihm gerade paßt, er sticht Sie nieder, ohne jeden Anlaß und ohne mit der Wimper zu zucken, ohne die geringste Reue. Ich glaube sogar, daß er nicht ganz bei Verstand ist.«

Diese Ansicht war mir sehr interessant. Indes konnte M. mir keine stichhaltige Begründung für diesen seinen Eindruck geben. Und es ist in der Tat sonderbar genug: ich war mehrere Jahre lang mit Petrow bekannt, habe fast täglich mit ihm gesprochen, und er war mir die ganze Zeit über aufrichtig zugetan (wenn ich auch keine Ahnung habe, warum), und in all diesen Jahren war ich immer, wenn ich ihn sah und mit ihm sprach – obwohl er sich im Zuchthaus ordentlich führte und überhaupt nichts Furchterregendes tat –, überzeugt davon, daß M. recht hatte und daß Petrow wahrscheinlich ein zu allem entschlossener, skrupelloser Mensch war, der keinerlei Zwang über sich anerkannte. Auch ich konnte mir keine Rechenschaft darüber geben, warum ich diesen Eindruck hatte.

Nebenbei soll hier bemerkt sein, daß es kein anderer war als ebendieser Petrow, der den Platzmajor hatte erschlagen wollen, als man ihn zum Vollzug der Prügelstrafe holte, bei welcher Gelegenheit der Major dem Tod nur »durch ein Wunder« entgangen war, wie die Gefangenen sagten, weil er unmittelbar vor der Vollstreckung fortgefahren war. Ein anderes Mal, noch vor dem Zuchthaus, hatte ihn ein Oberst beim Exerzieren geschlagen. Wahrscheinlich war er auch vorher schon oft geschlagen worden, diesmal aber war er nicht gewillt, es hinzunehmen, und erstach seinen Oberst in aller Öffentlichkeit, am hellichten Tag, vor angetretener Mannschaft. Übrigens kenne ich nicht alle Einzelheiten seiner Geschichte; er hat sie mir nie erzählt. Natürlich waren das nur plötzliche Ausbrüche, in denen sich seine Natur ganz und uneingeschränkt entlud. Dabei kam dergleichen bei ihm nur höchst selten vor. Er war in der Tat vernünftig und sogar friedfertig. In ihm waren Leidenschaften verborgen, starke und feurige Leidenschaften, aber die glühenden Kohlen waren stets von einer Aschenschicht überdeckt und glimmten nur im Verborgenen. Ich habe an ihm nie den leisesten Schatten von Prahlsucht oder Eitelkeit bemerkt, wie bei so vielen andern. Er hatte selten mit jemandem Streit, war aber auch mit keinem sonderlich eng befreundet außer mit Sirotkin, und mit dem auch nur, wenn er ihn gerade brauchte. Ein einziges Mal habe ich übrigens doch erlebt, wie er ernstlich wütend wurde. Ein anderer hatte ihm irgend etwas nicht zurückgeben wollen, ihn durch irgend etwas beleidigt. Es war Wasilij Antonow aus der Zivilabteilung, ein wahrer Bulle von einem Kerl, hochaufgeschossen, bösartig, ein Raufbold, Spötter und alles andere als feige. Die beiden hatten sich schon eine ganze Weile angebrüllt, und ich dachte, das Ganze würde schlimmstenfalls mit ein paar Kopfnüssen enden, weil Petrow sich, wenn auch selten, doch zuweilen raufte und schimpfte wie der ordinärste Sträfling. Diesmal aber geschah etwas anderes: Petrow wurde plötzlich leichenblaß, seine Lippen verfärbten sich und bebten, sein Atem ging keuchend. Er stand auf und ging langsam, ganz langsam und unhörbar auf seinen nackten Sohlen (im Sommer ging er gern barfuß) auf Antonow zu. Mit einem Schlag war es in der lärmenden und schreienden Kaserne mucksmäuschenstill geworden, man hätte eine Fliege summen hören. Alle warteten gespannt, was nun geschehen würde. Antonow warf sich ihm entgegen, auch ihm war alles Blut aus dem Gesicht gewichen ... Ich konnte das nicht mit ansehen und ging hinaus. Ich war darauf gefaßt, noch ehe ich die kleine Vortreppe hinter mir gelassen hatte, den Todesschrei eines Menschen zu hören. Aber dieses Mal ging alles noch glimpflich ab. Noch ehe Petrow ganz an ihn herangekommen war, warf Antonow ihm hastig und wortlos das strittige Objekt zu. Es war ein ganz wertloser Gegenstand, ein Paar Fußlappen, glaube ich. Selbstverständlich schimpfte Antonow gleich danach noch ein bißchen, um sein Gewissen zu beschwichtigen und sozusagen aus Anstand, um zu zeigen, daß er denn doch nicht gar so ein Schlappschwanz sei. Um dieses Schimpfen kümmerte Petrow sich nicht im mindesten, er machte sich nicht einmal die Mühe, etwas darauf zu erwidern; ihm war es bei der ganzen Angelegenheit nicht ums Schimpfen zu tun gewesen, also war er vollauf zufrieden und nahm seinen Kram an sich. Eine Viertelstunde danach schlenderte er schon wieder wie eh und je durch das Zuchthausgelände mit der Miene eines sorglosen Müßiggängers und war sichtlich darauf aus, irgendwo eine interessante Gesprächsrunde zu finden, wo er seine Nase hineinstecken und zuhören konnte. Ihn schien wirklich alles zu interessieren, und doch ließ ihn paradoxerweise alles im Grund kalt, und er schlenderte nur müßig und ohne ein bestimmtes Ziel von einem Platz zum andern, als wäre er von irgend etwas umgetrieben. Man hätte ihn mit einem Arbeiter, einem tüchtigen, kräftigen Mann vergleichen können, dem jede Arbeit flott von der Hand gehen würde, dem man aber vorerst nichts zu tun gibt und der nun wartend dasitzt und zum Zeitvertreib mit kleinen Kindern spielt. Ebenso war mir unbegreiflich, warum er im Zuchthaus blieb und nie einen Ausbruchsversuch unternahm. Er hätte bestimmt keinen Augenblick gezögert zu fliehen, wenn er den festen Vorsatz dazu gefaßt hätte. Über Menschen von Petrows Schlag hat der Verstand nur so lange Macht, bis sie sich irgend etwas in den Kopf setzen. Dann aber gibt es auf der ganzen Welt nichts, was sie hindern könnte, ihren Willen durchzusetzen. Zudem bin ich überzeugt, daß er eine Flucht geschickt eingefädelt und allen ein Schnippchen geschlagen hätte, er wäre imstande gewesen, sich eine Woche lang ohne Nahrung irgendwo versteckt zu halten, an einem verborgenen Platz im Wald oder im Röhricht des Flusses. Offensichtlich war ihm dieser Gedanke nur noch nicht gekommen, und er hatte noch nie *ernsthaft* fliehen wollen. Ich habe an ihm niemals viel logisches Denkvermögen oder ein besonderes Maß an gesundem Menschenverstand bemerkt. Menschen seiner Art werden gleichsam mit einer fixen Idee geboren, die sie ihr Leben lang unbewußt hierhin und dorthin treibt; und so sind sie ihr Lebtag unstet und rastlos, bis sie ein Tun gefunden haben, das ihrem Wunsch vollauf entspricht; dann aber macht es ihnen auch nichts aus, Kopf und Kragen zu riskieren.

Zuweilen wunderte ich mich auch, wie derselbe Mann, der einen Vorgesetzten niedergestochen hatte, nur weil der ihn geschlagen hatte, sich bei uns im Zuchthaus so widerspruchslos unter die Ruten legte. Er wurde ab und zu mit Rutenhieben bestraft, wenn man Branntwein bei ihm gefunden hatte. Wie alle Sträflinge, die kein festes Handwerk betrieben, betätigte er sich zuweilen als Branntweinschmuggler. Aber auch zur Züchtigung ging er gleichsam nur aus freiem Willen, das heißt, er schien einzusehen, wofür er die Schläge bezog; andernfalls hätte er sich nicht gefügt, sondern sich eher totschlagen lassen. Desgleichen verwunderte mich, wie er trotz seiner sichtlichen Anhänglichkeit imstande war, mich zu bestehlen. Dieser Trieb überkam ihn mehr oder minder periodisch. Er war es auch, der meine Bibel entwendet hatte, die ich ihm nur anvertraut hatte, damit er sie von einem Ort an einen andern trage. Es war ein Weg von ein paar Schritten, und doch hatte er es fertiggebracht, dabei einen Interessenten aufzutreiben, hatte sie verkauft und das Geld augenblicks vertrunken. Wahrscheinlich hatte er just in diesem Augenblick unbedingt einen Schnaps trinken wollen, und wenn er etwas unbedingt wollte, *mußte* es sich auch erfüllen lassen. So einer ist imstande, einen Menschen wegen fünfundzwanzig Kopeken umzubringen, nur um sich ein Achtel Branntwein zu beschaffen, während er ihn bei anderer Gelegenheit mit hunderttausend Rubeln unbehelligt passieren ließe. Am Abend eröffnete er mir selbst, daß er die Bibel gestohlen hätte, und das ohne die geringste Verlegenheit und Reue, absolut gleichmütig, als ob das ein ganz normales Vorkommnis wäre. Ich fing an, ihn gehörig herunterzuputzen, schließlich war es mir ja auch leid um meine Bibel. Er hörte mich geduldig und in aller Demut an, räumte ein, daß die Bibel ein höchst nützliches Buch sei, bedauerte aufrichtig, daß ich jetzt keine mehr hatte, zeigte aber nicht die leiseste Betretenheit darüber, daß er sie mir entwendet hatte; er schaute mich so selbstbewußt an, daß ich augenblicklich darauf verzichtete, ihn noch länger zu schelten. Er hatte mein Schimpfen wahrscheinlich über sich ergehen lassen in der Meinung, daß es ohne ein bißchen Schimpfen nicht abginge, daß ich ihn für sein Verhalten einfach schelten mußte; soll er doch, mag er bei sich gedacht haben, seinem Herzen Luft machen, soll er sein Vergnügen haben und ein bißchen Krach schlagen, im Grund ist das Ganze eine solche Lappalie, daß ein ernstzunehmender Mensch sich schämen würde, dergleichen auch nur zu erwähnen. Ich glaube, er sah mich überhaupt für ein Kind, beinahe für einen Säugling an, der selbst die simpelsten Dinge auf dieser Welt noch nicht begreifen könne. Wenn ich versuchte, einmal über irgend etwas anderes mit ihm zu sprechen als über Wissenschaft und Bücher, so antwortete er mir zwar, aber mehr aus Gefälligkeit, und beschränkte sich auf allerknappste Antworten. Oft fragte ich mich, was ihm denn an all dieser Buchweisheit gelegen sein mochte, für die er sich in der Regel interessierte. Zuweilen sah ich ihn bei unseren Gesprächen verstohlen von der Seite an, um mich zu vergewissern, ob er sich auch nicht über mich lustig machte. Aber nein; er hörte mir meistens ernst und aufmerksam zu, wenn auch nicht allzu aufmerksam, worüber ich mich zuweilen ärgerte. Er stellte mir stets präzise und konkrete Fragen, wunderte sich aber nie sonderlich über die von mir erhaltenen Auskünfte und nahm sie manchmal geradezu zerstreut zur Kenntnis. Was mich betrifft, war er anscheinend, ohne sich lange den Kopf darüber zu zerbrechen, zu dem Schluß gekommen, daß man mit mir nicht sprechen könne wie mit anderen, normalen Menschen, daß ich, außer von Büchern, ja doch von nichts eine Ahnung hätte und gar nicht imstande sei, etwas zu begreifen, so daß es sich auch nicht verlohne, mir mit irgend etwas anderem zu kommen.

Ich bin sicher, daß er mir auf seine Art aufrichtig zugetan war, wenn es mich auch verwunderte. Ich weiß nicht, ob er mich für einen noch nicht erwachsenen Menschen hielt, den man nicht für voll zu nehmen brauchte, oder ob er jene besondere Art von Mitleid für mich empfand, wie es das stärkere Individuum instinktiv dem Schwächeren entgegenbringt, da er mich ja unzweifelhaft als den Schwächeren ansah. Wenn ihn dieses Gefühl auch keineswegs daran hinderte, mich zu bestehlen, bin ich doch überzeugt, daß ich ihm leid tat, sogar während er mich bestahl. Was ist das nur für ein Mensch! mag er gedacht haben, wenn er sich an meinem Eigentum vergriff, der nicht mal fähig ist, seine Siebensachen zu schützen! Aber eben deswegen war er mir wohl auch so zugetan. Er selbst sagte mir einmal wie von ungefähr, ich sei »ein Mensch mit zu gutem Herzen«, und: »Sie sind so einfältig, so einfältig, daß es einen jammern muß. Nichts für ungut, Alexander Petrowitsch«, fügte er einen Augenblick später hinzu, »ich hab's aus ehrlichem Herzen gesagt.«

Menschen seines Schlages geschieht es mitunter, daß sie sich bei einer plötzlichen allgemeinen Erhebung oder einem Umsturz unverhofft und groß hervortun und ihre wahre Bestimmung erkennen lassen, daß sie auf diese Weise mit einem Schlag auf ihre eigentliche Bahn gebracht werden. Sie sind nicht Menschen des Wortes, sie können niemals Inspiratoren und Anführer einer Aktion sein, aber sie haben den Löwenanteil bei ihrer Durchführung und machen auch den Anfang damit. Sie fangen einfach an, ohne viel Geschrei, dafür aber überwinden sie auch als erste die entscheidende Barrikade, ohne Zögern, ohne Furcht, sie rennen geradewegs in die aufgepflanzten Bajonette – und der große Haufe läuft ihnen nach, stürmt blindlings vorwärts bis an die letzte Mauer, wo sie sich dann gewöhnlich den Kopf einrennen. Ich kann mir nicht vorstellen, daß es mit Petrow einmal ein gutes Ende nehmen wird; mit ihm wird es einmal ganz plötzlich aus und vorbei sein, und wenn er bis heute noch nicht umgekommen sein sollte, so nur, weil seine Stunde noch nicht da ist. Indes, wer kann's wissen? Vielleicht lebt er auch bis ins hohe Alter hinein und stirbt ganz friedlich an Altersschwäche, nachdem er ziellos durch die Welt vagabundiert ist. Und doch glaube ich, daß M. mit seiner Behauptung recht hatte, als er sagte, Petrow sei der entschlossenste Mensch im ganzen Zuchthaus.

8

Entschlossene Menschen. Lutschka

Über entschlossene Menschen läßt sich schwer etwas sagen; im Zuchthaus waren sie wie überall recht dünn gesät. Dem Anschein nach mag einer wohl furchterregend sein; man hält sich vor Augen, was ihm erzählt wird, und sucht ihm aus dem Weg zu gehen. Ein Gefühl, über das ich mir keine Rechenschaft zu geben vermochte, ließ mich solche Leute anfänglich meiden. Später revidierte ich mein Urteil in vieler Hinsicht, sogar was die schlimmsten Mörder betraf. Manch einer hat niemanden umgebracht und ist doch schrecklicher als ein anderer, der wegen sechsfachen Mordes im Zuchthaus sitzt. Über manche Verbrechen konnte ich mir kaum auch nur einen elementaren Begriff machen: so viele merkwürdige Umstände waren dabei im Spiel. Ich sage das, weil man im einfachen Volk die erstaunlichsten Motive für einen Mord finden kann. Da gibt es zum Beispiel, und zwar relativ häufig, den folgenden Typ des Mörders: ein Mann führt ein stilles, friedfertiges Leben. Sein Los ist hart, aber er erträgt es ohne Murren. Nehmen wir an, er ist Bauer, Gutsknecht, Kleinbürger oder Soldat. Und dann zerbricht auf einmal etwas in ihm; er hält es nicht länger aus und sticht seinen Widersacher und Unterdrücker nieder. Damit nimmt eine seltsame Entwicklung ihren Anfang: für eine bestimmte Periode kennt dieser Mensch kein Maß und kein Halten mehr. Zunächst hat er seinen Unterdrücker, seinen Widersacher umgebracht, das ist zwar ein Verbrechen, aber immerhin noch verständlich; hier hatte er wenigstens einen Grund für seine Tat; dann aber mordet er Menschen, die ihm nichts zuleide getan haben, er tötet den ersten besten, der ihm zufällig über den Weg läuft, er mordet zum Spaß, wegen eines groben Wortes, wegen eines Blickes, wegen irgendeiner Lappalie oder bloß so: »Platz da, komm mir nicht in die Quere!« Es ist, als sei so ein Mensch berauscht oder von einem hitzigen Fieber befallen. Es ist, als fände er, nachdem er einmal die vorher unumstößliche Scheidelinie überschritten hatte, geradezu Gefallen daran, daß ihm hinfort nichts auf dieser Welt mehr heilig war; als triebe ihn etwas, sich ein für allemal über jedes Gesetz und jede Autorität hinwegzusetzen und sich an einer zügellosen, unbegrenzten Freiheit zu ergötzen, sich zu ergötzen an dem Grauen, das sein eigenes Herzblut gerinnen läßt, denn ein solches Grauen muß er ja vor sich selbst empfinden. Obendrein weiß so einer nur zu genau, daß ihn eine schreckliche Sühne erwartet. Das alles mag dem Gefühl ähnlich sein, das ein Selbstmörder empfindet, den es von einem hohen Turm in den Abgrund zu seinen Füßen zieht, so daß er zuletzt nur noch den einen Wunsch hat, sich kopfüber hinunterzustürzen: nur schnell, damit alles ein Ende hat! Das kann sogar bislang ganz harmlosen und unauffälligen Menschen widerfahren. Manche von ihnen haben in diesem Wahnzustand noch das Bedürfnis, sich aufzuspielen. Je verschüchterter einer früher war, desto mehr reizt es ihn jetzt, sich zu brüsten und den andern Furcht einzujagen. Er genießt diese Furcht, weidet sich an dem Abscheu, den er den andern einflößt. Er steigert sich hinein in einen Zustand verzweifelter *Tollkühnheit*, und in diesem Zustand hofft ein solcher Draufgänger zuweilen geradezu darauf, so bald wie möglich der Strafe zugeführt zu werden, er wartet nachgerade auf seine *Aburteilung*, denn zuletzt trägt er selber schwer an dieser seiner gespielten *Tollkühnheit*. Bemerkenswerterweise hält diese Stimmung, dieses forcierte Draufgängertum meistens nur so lange vor, bis er das Schafott besteigt, dann ist sie auf einmal wie weggeblasen, als sei nun eine bestimmte, von vorherein nach unumstößlichen Regeln festgelegte Frist abgelaufen. Dann wird so ein Mensch unversehens demütig und klein, verwandelt sich in einen Waschlappen. Auf dem Schafott bittet er heulend und flennend, man möge ihm verzeihen. Kommt er ins Zuchthaus, kann man es kaum glauben: so ein jämmerlicher, rotznäsiger, geduckter Tropf ist er, daß man sich verwundert fragt: »Und der soll fünf oder sechs Menschenleben auf dem Gewissen haben?«

Natürlich gibt es unter den Zuchthäuslern auch Menschen, die sich nicht so rasch mit ihrem Los abfinden. In Leuten dieses Schlages lebt immer noch eine sonderbare Dünkelhaftigkeit und Prahlsucht: ich bin nicht der, für den ihr mich haltet, immerhin habe ich sechs Seelen auf dem Gewissen. Zuletzt aber findet sich auch so einer mit seinem Schicksal ab. Nur hin und wieder sucht er Trost in der Erinnerung an sein wüstes, verwegenes Leben, an die wilden Gelage, wie er sie nur einmal erlebt hat, als er noch der tollkühne Draufgänger war, und er ist sehr glücklich, wenn er einen Einfaltspinsel findet, vor dem er sich mit geziemender Wichtigkeit aufspielen und dem er von seinen Heldentaten erzählen kann, freilich ohne sich dabei anmerken zu lassen, daß er selber nur gar zu gerne davon erzählt. Da siehst du, denkt er bei sich, was für ein Teufelskerl ich gewesen bin!

Und mit welcher Raffinesse wird diese selbstgefällige Zurückhaltung eingehalten, wie träge und lässig wird so eine Geschichte vorgetragen. Was für eine angelernte Geckenhaftigkeit äußert sich im Ton, in jedem noch so kleinen Wort des Erzählenden. Wo mochten diese einfachen Menschen das gelernt haben?

Als ich in den ersten Tagen an einem langen Abend müßig und schwermütig auf meinem Pritschenplatz lag, hörte ich eine solche Erzählung und hielt den Erzählenden auf Grund meiner Unerfahrenheit für einen kolossalen, schrecklichen Bösewicht, für einen eisernen Charakter, während ich einen Mann wie Petrow damals noch gar nicht so recht ernst nahm. Der Sträfling Luka Kusmitsch erzählte gerade, wie er einmal einzig und allein zu seinem Vergnügen einen Major »umgelegt« hatte. Dieser Luka Kusmitsch war der kleine, schmale junge Ukrainer mit der spitzen Nase aus unserer Kaserne, den ich schon erwähnt habe. Eigentlich war er Großrusse, nur war er im Süden zur Welt gekommen, er war Knecht oder Gutspflichtiger, wenn ich nicht irre. Er hatte ein spitzes, anmaßendes Wesen: »Mag der Vogel auch klein sein, hat er doch scharfe Krallen.« Aber die Sträflinge erkennen instinktiv, wen sie vor sich haben. Daher war er bei ihnen nicht sonderlich geachtet, oder, wie man im Zuchthaus zu sagen pflegte, »ihm ward wenig Achtung«. Er war entsetzlich eitel. An diesem Abend saß er auf seiner Pritsche und nähte an einem Hemd. Die Weißnäherei war sein Handwerk. Neben ihm saß der Sträfling Kobylin, sein Pritschennachbar, ein robuster, hochgewachsener Bursche, stumpfsinnig und beschränkt, dabei aber gutmütig und freundlich. Lutschka stritt sich auf Grund ihrer Nachbarschaft häufig mit ihm herum und behandelte ihn von oben herab, spöttisch und despotisch, was Kobylin in seiner Einfalt meistens gar nicht wahrnahm. Er strickte einen Wollstrumpf und hörte Lutschka gleichmütig zu. Der erzählte laut und deutlich genug. Er wollte, daß jedermann ihn hören konnte, wenn er sich auch den Anschein gab, als redete er nur zu Kobylin allein.

»Das hat sich so zugetragen, Bruder«, begann er und stach mit der Nadel in den Stoff, »man hatte mich aus unserer Gegend verwiesen und nach Tsch. verschickt, wegen Landstreicherei, mußt du wissen.«

»Wann ist das gewesen, schon lange her?« fragte Kobylin.

»Wenn die Erbsen reif werden, geht's ins zweite Jahr. Na, schön und gut, wie wir in K. ankommen, stecken sie mich doch wahrhaftig für kurze Zeit ins Loch. Ich seh mich um: da sitzen an die zwanzig Kerls mit mir zusammen, lauter Kleinrussen, große, gesunde, stämmige Mannsbilder, die reinsten Bullen. Dabei ganz friedlich und ergeben: es gibt einen miserablen Fraß, der Major springt mit ihnen um, wie's seiner Gnaden beliebt. Ich sitze einen Tag, noch einen und seh mir an, was das für Jammerlappen sind. ‚Was laßt ihr euch von so 'nem Schafskopf herumschikanieren?' frage ich. – ‚Geh doch hin und sag ihm die Meinung!' grinsen sie. Ich halte den Mund. Ein urkomischer Kleinrusse ist auch dabei gewesen, Jungs«, setzte er unvermittelt hinzu, nicht mehr zu Kobylin, sondern an alle insgemein gewandt, »der hat erzählt, wie er verurteilt worden ist und wie er das Gericht um Gnade gebeten hat, dabei hat er geheult wie ein Schloßhund. ‚Hab ich doch Weib und Kind daheim', sagt er. So ein stattlicher, feister Graukopf ist das gewesen. ‚Ich rede also auf ihn ein: ich bin unschuldig, laßt mich laufen! Er aber, diese Teufelsbrut, schreibt und schreibt in einem fort. Na, denk ich mir im stillen, daß du verrecken solltest, dann könnt ich mich aus dem Staube machen! Der aber schreibt und schreibt sich seinen Kram, hört gar nicht wieder auf damit ... Und so war's um mich geschehn!'– Gib mir mal 'nen Faden rüber, Wasja, das Zuchthausgarn taugt reinweg nichts.«

»Das hier hab ich vom Markt«, erwiderte Wasja und reichte ihm einen Faden.

»Unser Garn aus der Schneiderei ist auch besser. Neulich haben wir den Invaliden nach Garn geschickt, aber bei was für 'nem Schandweib mag der wohl einkaufen?« fuhr Lutschka fort und hielt die Nadel zum Einfädeln gegen das Licht. »Bestimmt bei 'ner Gevatterin.«

»Genau, bei 'ner Gevatterin.«

»Na und, wie ist's dann weitergegangen mit dem Major?« fragte Kobylin, der gänzlich in Vergessenheit geraten war.

Darauf hatte Lutschka nur gewartet. Und doch fuhr er nicht gleich in seiner Erzählung fort, sondern würdigte

Kobylin scheinbar keiner Aufmerksamkeit. In aller Seelenruhe richtete er das Garn her, umständlich und träge schlug er die Beine übereinander, setzte sich im Schneidersitz zurecht, dann endlich redete er weiter:

»Schließlich habe ich meine Kleinrussen doch in Wut gebracht, sie verlangten den Major zu sprechen. Ich aber hatte mir schon am Morgen von meinem Nachbarn ein Messer geliehen und es an mir versteckt, nur so, für alle Fälle. Der Major schäumte vor Wut, als er angefahren kam. Ich sag zu den Kleinrussen: ‚Laßt euch nicht bange machen!' Denen war das Herz schon lange in die Hosen gefallen, sie schlotterten förmlich vor Angst. Der Major kam hereingestürmt, sternhagelbesoffen. ‚Wer will hier was? Was geht hier vor? Hier bin ich Zar und Gott!'

Wie er das sagt ‚Ich bin Zar und Gott', schiebe ich mich allmählich an ihn heran«, erzählte Lutschka weiter, »das Messer hatte ich ja im Ärmel stecken.

‚Nein' sage ich, ‚Euer Hochwohlgeboren', dabei rücke ich immer näher an ihn heran, ‚nein, wie soll das zugehn, Euer Hochwohlgeboren, daß Ihr unser Zar und Gott sein wolltet?!'

‚Aha, du bist das also, du bist der Aufrührer!' brüllt der Major.

‚Nein', sage ich (und komme ihm immer näher auf den Leib), ‚nein', sage ich, ‚Euer Hochwohlgeboren, wie es Euch selbst bekannt und wissentlich sein dürfte, haben wir nur einen einzigen allmächtigen und allgegenwärtigen Gott', sage ich. ‚Auch haben wir nur einen Zaren, von Gottes Gnaden über uns alle gesetzt. Er allein ist unser Herrscher, Euer Hochwohlgeboren', sage ich. ‚Ihr aber, Euer Hochwohlgeboren', sage ich, ‚seid nichts weiter als ein Major, unser Vorgesetzter seid Ihr, Euer Hochwohlgeboren, durch die Gnade des Zaren', sage ich, und durch Eure Verdienste.'

‚Oh, oh, oh, oh, oh!' Der fängt euch doch richtig das Gackern an wie ein Huhn, verschluckt sich, kann kein vernünftiges Wort herauskriegen. Gar zu verdutzt ist der gewesen.

‚Gleich wirst du sehen, was passiert', sage ich, gehe auf

ihn los und renne ihm die Klinge tief in den Wanst. Es war ganze Arbeit. Er rollte auf dem Boden, zuckte nur noch ein paarmal mit den Beinen. Das Messer hab ich gleich weggeworfen.

‚Seht euch das an, ihr Kleinrussen!' sage ich. ‚Hebt ihn auf!'«

An dieser Stelle muß ich eine Einfügung machen. Leider waren Redensarten wie: »Ich bin Zar und Gott«, und dergleichen bei vielen Kommandeuren früher gang und gäbe. Freilich muß man einräumen, daß von den Kommandeuren dieses Schlages nur noch sehr wenige übrig sind, vielleicht gibt es auch überhaupt keine mehr. Desgleichen möchte ich darauf hinweisen, daß sich mit solchen Redewendungen vor allem Offiziere brüsteten, die selber aus niederen Dienstgraden aufgestiegen waren. Der Stolz über den Offiziersrang hat alles in ihnen durcheinandergebracht, den Kopf nicht ausgenommen. Sie, die selber lange Zeit schweren und harten Dienst getan haben, sehen sich auf einmal als Offiziere, als Kommandeure, als hochwohlgeborene Herren, und weil ihnen dieser Zustand noch ungewohnt ist, steigern sie sich im ersten Freudenrausch in eine Überbewertung der eigenen Machtbefugnis und Autorität hinein; dies alles natürlich nur im Verhältnis zu ihren Untergebenen. Den höheren Dienstgraden gegenüber befleißigen sie sich nach wie vor einer durchaus unnötigen und vielen Vorgesetzten sogar widerlichen Liebedienerei. Manche Kriecher dieses Schlages erklären ihren Vorgesetzten gegenüber sogar mit besonderer Rührung, daß sie sich ja selbst vom Gemeinen heraufgedient hätten und daß sie, obzwar jetzt selber Offiziere, »ihres Platzes auf immer und ewig eingedenk sein« würden. Den Untergebenen gegenüber kehren sie dagegen den fast uneingeschränkten Despoten heraus. Heute freilich fände man wohl kaum noch einen Offizier dieses Schlages, der seine Leute anschreien würde: »Hier bin ich Zar und Gott.« Aber dessenungeachtet muß ich doch darauf hinweisen, daß nichts die Sträflinge oder auch die gemeinen Soldaten so sehr in Wut bringen kann wie derartige Redensarten. Eine so unverschämte Selbstbeweihräucherung, eine so übertriebene Meinung von der eigenen

Unantastbarkeit muß selbst im demütigsten Menschen Haß erzeugen und seine Geduld überfordern. Glücklicherweise gehört dieses Problem eigentlich schon der Vergangenheit an, und selbst in alten Zeiten schritten die Behörden streng dagegen ein. Ich könnte mehrere Beispiele dafür nennen.

Ganz allgemein ärgern sich die Untergebenen über jede wie immer geartete Überheblichkeit, über jedes Naserümpfen im Umgang mit ihnen. Manche Vorgesetzten sind der Meinung, daß es genüge, wenn man den Sträfling ausreichend ernährt, ihn anständig hält und alle Vorschriften buchstabengetreu erfüllt. Aber das ist ein Irrtum. Jeder Mensch, wer er auch sein und wie tief er auch gesunken sein mag, besteht doch, wenn auch nur instinktiv und unbewußt, auf der Respektierung seiner eigenen Menschenwürde. Der Sträfling weiß selber nur zu gut, daß er Sträfling, daß er ein Verfemter ist, er weiß, welche Stellung ihm dem Aufsichtspersonal gegenüber gebührt; und doch können keine Brandmale und keine Fußketten ihn vergessen machen, daß auch er ein Mensch ist. Da er ein Mensch ist, muß man ihn auch wie einen Menschen behandeln. Mein Gott! eine *menschliche* Behandlung kann auch ein Geschöpf wieder zum Menschen machen, in dessen Antlitz Gottes Ebenbild schon lange erloschen ist. Gerade diese »Unglücklichen« muß man besonders menschlich behandeln. Das ist ihre Rettung und ihr Glück. Ich bin solchen guten, hochherzigen Kommandanten begegnet. Ich habe den Einfluß gesehen, den sie auf diese Erniedrigten hatten. Nur wenige freundliche Worte, und die Sträflinge waren wie neugeboren. Sie freuten sich wie Kinder darüber und liebten ihn wie die Kinder. Aber eine Eigenheit darf ich dabei nicht unerwähnt lassen: die Sträflinge selbst haben es auch nicht gern, wenn die Vorgesetzten sich ihnen gegenüber zu familiär und *allzu* leutselig geben. Der Gefangene will seinen Vorgesetzten respektieren, und in so einem Fall kann er ihn nicht mehr respektieren. Der Sträfling sieht es beispielsweise gern, wenn sein Vorgesetzter Orden trägt, stattlich aussieht, wenn er bei irgendeinem noch höheren Vorgesetzten gut angeschrieben ist, wenn er streng ist, ehrfurchtgebietend und doch gerecht, wenn er seine Würde zu wahren weiß. Solche Vorgesetzten sind bei den Gefangenen besonders beliebt: wenn einer seine eigene Würde zu wahren weiß und ihnen doch nicht Unrecht tut, dann ist alles schön und in bester Ordnung.

. . . .

»Dafür haben sie dir sicher ganz schön eingeheizt?« warf Kobylin ungerührt dazwischen.

»Das kann man wohl sagen, daß die mir eingeheizt haben, Bruder. Alej, gib mir mal die Schere rüber! Wie ist's, Jungs, riskiert denn heute niemand ein Spielchen?«

»Ist doch alles versoffen«, bemerkte Wasja. »Wenn's nicht versoffen wär, hätten wir ja eins machen können.«

»Immer ein Wenn und ein Aber. Fürs Wenn und Aber kriegt man auch in Moskau seine hundert Rubel«, gab Lutschka zurück.

»Wieviel hat man dir denn gegeben dafür, Lutschka?« drang Kobylin in ihn.

»Hundertfünf haben sie mir aufgebrummt, mein Bester. Was soll ich euch sagen, Brüder: um ein Haar hätten die mich totgeschlagen«, nahm Lutschka den Faden wieder auf, an alle gewandt, ohne Kobylin zu beachten. »Als es soweit war, das heißt, als ich die hundertfünf einstecken mußte, wurde ich in voller Parade hinausgeführt. Vorher hatte ich noch nie die Knute zu schmecken bekommen. Eine unübersehbare Menge hatte sich eingefunden, die ganze Stadt war auf den Beinen: ein Bandit wird abgestraft, ein Mörder, hieß es. Und wie dumm dieses Volk doch ist, nicht zu beschreiben. Timoschka* zieht mich aus, legt mich auf die Prügelbank und schreit: ‚Reiß dich zusammen, jetzt gerb ich dir das Fell!' – Ich warte: was wird jetzt werden? Wie er mir den ersten Hieb überzieht, will ich aufschreien, reiße den Mund auf, aber kein Schrei kommt heraus. Mir hatte's nämlich die Stimme verschlagen. Wie er zum zweitenmal zuschlägt, hab ich, ob ihr's glaubt oder nicht, die *zwei* nicht mehr zählen hören. Als ich wieder zu mir komme, höre ich, wie sie zählen: siebzehn. Hernach haben sie mich an die viermal von von der Prügelbank losgebunden, mein Lieber, eine halbe

* der Henker (Anmerkung des Autors).

Stunde haben sie mir Zeit gelassen, mich zu erholen, mit Wasser haben sie mich besprengt. Ich starre sie alle an mit hervorquellenden Augen und denke: ‚Jetzt beiße ich ins Gras ...‘«

»Hast aber doch nicht ins Gras gebissen?« fragte Kobylin naiv.

Lutschka musterte ihn mit einem verächtlichen Blick; ringsum erscholl lautes Gelächter.

»So ein Witzbold!«

»Der hat ’nen Dachschaden!« bemerkte Lutschka, als bereue er, sich mit einem solchen Tölpel überhaupt ins Gespräch eingelassen zu haben.

»Ja, der ist nicht ganz richtig im Kopf«, pflichtete Wasja ihm bei.

Wenn Lutschka auch sechs Menschen umgebracht hatte, konnte er doch niemandem im Zuchthaus Furcht einflößen, obwohl er im Grund seines Herzens nur den einen Wunsch hegte, als furchterregender Unhold zu gelten.

9

Issai Fomitsch. Die Badestube. Bakluschins Geschichte

Das Weihnachtsfest war nicht mehr fern. Die Sträflinge erwarteten es in einer gewissen feierlichen Vorfreude, und wie ich sie so sah, fing ich auch an, mir etwas Außergewöhnliches davon zu erwarten. Vier Tage vor dem Fest wurden wir ins Bad geführt. Während meiner Haftzeit, besonders in den ersten Jahren, durften die Sträflinge nur selten ein Bad besuchen. Alle waren froh darüber und trafen ihre Vorbereitungen. Für das Bad hatte man die Zeit nach dem Mittagessen festgesetzt, an solchen Nachmittagen wurde dann nicht gearbeitet. Die größte Vorfreude und Geschäftigkeit legte in unserer Kaserne Issai Fomitsch Bumstein an den Tag, der jüdische Sträfling, den ich im vierten Kapitel schon einmal erwähnt habe. Er hatte eine Schwäche für heiße Dampfbäder und schwitzte darin bis zum Stumpfsinn, bis zur Bewußtlosigkeit, und immer wenn ich mich meinen alten Erinnerungen überlasse und dabei an die Badestube meiner Zuchthauszeit denke (die es wahrlich nicht verdient, der Vergessenheit anheimzufallen), sehe ich sofort das Gesicht des in Wonne schwelgenden, unvergeßlichen Issai Fomitsch vor mir, meines Mitgefangenen und Schlafgefährten in der Kaserne. Guter Gott, was war das für ein komischer und lächerlicher Mensch! Sein Aussehen habe ich bereits kurz beschrieben: er war an die fünfzig, schwächlich und verhutzelt, mit fürchterlichen Brandmalen auf Wangen und Stirn, hager, schmächtig und weiß wie ein gerupftes Hühnchen. Sein Gesichtsausdruck spiegelte eine stete, durch nichts zu erschütternde Selbstzufriedenheit, ja Glückseligkeit. Man hatte den Eindruck, daß er sich nicht das mindeste daraus machte, im Zuchthaus zu sitzen. Er war Juwelier, und da es in der Stadt keinen Juwelier gab, arbeitete er ständig und ausschließlich für die Herrschaften und Behörden der Stadt. Dafür bekam er immerhin ein Weniges bezahlt. Er litt keine Not, legte aber sein Geld zurück und lieh es zu Wucherzinsen an jedermann im Zuchthaus aus. Er besaß einen eigenen Samowar, eine gute Matratze, Tassen und ein komplettes Eßgeschirr. Alle Juden der Stadt waren seine Gönner und ließen ihn nicht im Stich. Jeden Sabbat ging er unter Bewachung in das jüdische Bethaus der Stadt (was ihm von Gesetzes wegen zustand), er lebte herrlich und in Freuden, wenn er auch voller Ungeduld auf das Ende seiner zwölfjährigen Haftzeit wartete, um sich zu verehelichen. Er vereinte in sich eine unwahrscheinliche Mischung aus Naivität, Dummheit, Schläue, Dreistigkeit, Einfalt, Schüchternheit, Prahlsucht und Unverschämtheit. Ich fand es recht sonderbar, daß die Zuchthäusler ihn nie verhöhnten, sondern allenfalls aus Spaß ein bißchen foppten. Offensichtlich diente Issai Fomitsch ihnen allen zur Unterhaltung und täglichen Belustigung. »So was gibt's nur einmal, laßt unseren Issai Fomitsch in Frieden«, pflegten die Gefangenen zu sagen, und wenn Issai Fomitsch auch wohl wußte, was es damit auf sich hatte, war er doch ganz offenbar stolz über seine Bedeutung, was die andern Sträflinge ungemein erheiterte. Seine Ankunft im Zuchthaus war unter höchst komischen Begleitumständen erfolgt (noch vor meiner Zeit, aber man hat es mir erzählt). Eines Tages, schon gegen Abend, während der Freizeit, hatte sich im Zuchthaus das Gerücht verbreitet, soeben sei ein Jude eingeliefert worden, er bekäme in der Wachstube nur noch den Kopf geschoren und müsse augenblicklich eintreffen. Damals gab es sonst keinen einzigen jüdischen Gefangenen im Zuchthaus. Die Sträflinge erwarteten ihn ungeduldig und umringten ihn sofort, als er durch das Tor trat. Der diensthabende Unteroffizier führte ihn in die Kaserne der Zivilabteilung und wies ihm seinen Pritschenplatz an. Issai Fomitsch umklammerte mit den Händen einen Sack, der die ihm zugeteilten Gegenstände und seine eigenen Habseligkeiten enthielt. Er legte den Sack nieder, kletterte auf seine Pritsche, setzte sich mit untergeschlagenen Beinen nieder und wagte nicht, die Augen aufzuschlagen. Ringsum erscholl Gelächter, man hörte Gefangenenwitze, die auf seine jüdische Herkunft anspielten. Auf einmal drängte sich ein junger Sträfling durch die Menge, mit einer uralten, schmutzigen, abgewetzten Sommerhose in der Hand und als Dreingabe ein Paar Fußlappen. Er hockte sich neben Issai Fomitsch und klopfte ihm auf die Schulter.

»Holla, bester Freund, auf einen wie dich warte ich hier schon sechs Jahre. Da, sieh dir das an, was läßt du dafür springen?« Damit breitete er die mitgebrachten Lumpen vor ihm aus.

Issai Fomitsch, der bei seiner Einlieferung so verschüchtert war, daß er den Blick nicht zu heben gewagt hatte zu diesem Haufen höhnischer, entstellter und furchterweckender Gestalten, die ihm von allen Seiten auf den Leib rückten, und der vor lauter Bangigkeit noch kein Wort gesprochen hatte, wurde auf einmal lebendig, als er das Pfand sah, und klaubte das Zeug behende mit den Fingern auseinander. Er hielt die Stücke sogar prüfend gegen das Licht. Alle warteten, was er sagen würde.

»Wie denn, einen Silberrubel wirst du doch rausrücken dafür? Das wär das Zeug allemal wert«, fuhr der junge Mann augenzwinkernd fort.

»Kann ich nicht geben einen Silberrubel, kann ich geben sieben Kopeken.« Das waren Issai Fomitschs erste Worte im Zuchthaus. Alle barsten fast vor Lachen.

»Sieben! Na schön, gib mir sieben, es soll dein Schaden nicht sein! Gib gut acht auf mein Pfand, du stehst mir mit dem Kopf dafür ein!«

»Drei Kopeken Zins, haben wir zehn Kopeken«, redete der Jude abgehackt und mit zittriger Stimme weiter, kramte das Geld aus der Tasche und sah dabei furchtsam in die Runde. Er hatte jämmerliche Angst, wollte sich aber das Geschäft nicht entgehen lassen.

»Drei Kopeken Zins aufs Jahr, sagst du?«

»Aufs Jahr doch nicht, auf den Monat.«

»Ganz schön knickrig bist du, Jud. Wie heißt du überhaupt?«

»Issai Fomitsch.«

»Na schön, Issai Fomitsch, du wirst es weit bringen bei uns. Gehab dich wohl!«

Unter dem unbändigen Gelächter seiner Mitgefangenen musterte Issai Fomitsch sein Pfand noch einmal, legte es zusammen und verstaute es sorgsam in seinem Sack.

Man hatte ihn tatsächlich gern, und niemand tat ihm etwas zuleide, wenn auch beinahe alle bei ihm in der Kreide waren. Er war harmlos wie ein Huhn, und sobald er die Wohlgeneigtheit gewahrte, die man ihm allerseits entgegenbrachte, fing er an, sich wichtig zu tun, aber mit so naiver Komik, daß man ihm nichts übelnehmen konnte. Lutschka, der viele Juden kannte, neckte ihn häufig, aber keineswegs aus Bosheit, sondern aus Spaß, wie man an einem Hündchen, einem Papagei oder anderen dressierten Tieren seinen Spaß hat. Issai Fomitsch wußte das sehr gut, war niemals gekränkt und hatte auf all seine Späße immer eine schlagfertige Erwiderung bereit.

»Heda, Jud, ich werd dir schon das Fell versohlen!«

»Schlägst du mich einmal, schlag ich zurück zehnmal«, erwiderte Issai Fomitsch ungerührt.

»Verfluchter Haderlump!«

»Soll sein auch Haderlump!«

»Grindsköpfiger Drecksjud!«

»Soll sein auch dieses. Mag einer sein ein Drecksjud, wenn er nur Pinke hat.«

»Hast Christus verraten.«

»Soll sein auch dieses.«

»Bravo, Issai Fomitsch, du bist in Ordnung! Rührt ihn nicht an, so was gibt's nur einmal!« riefen die Sträflinge unter Gelächter.

»Holla, Jud, wirst noch die Knute schmecken und in Sibirien landen.«

»Bin ja eh in Sibirien.«

»Man wird dich noch weiter fortschicken.«

»Wird dort auch sein der Pan, unser Gott?«

»Gewiß doch.«

»Soll mir recht sein; wo wird sein der Pan, unser Gott, und Pinke, da läßt sich's allemal leben.«

»Gut gegeben, Issai Fomitsch, man sieht doch gleich, was für ein Malefizkerl das ist!« schrie es ringsum, und wenn Issai Fomitsch auch sah, daß man sich über ihn lustig machte, war er doch guter Dinge; das allgemeine Lob bereitete ihm sichtliches Vergnügen, und er fing an, mit seiner dünnen Diskantstimme zu singen, daß es durch die ganze Kaserne schallte: »la-la-la-la!« eine sinnlose und komische Weise, das einzige Lied, ohne Worte übrigens, das er während seiner ganzen Haftzeit zu singen pflegte. Später, als er näher mit mir bekannt geworden war, gab er mir Brief und Siegel darauf, daß dies der Lobgesang und die Weise sei, die die sechsmal hunderttausend Juden, klein und groß, gesungen hatten, als sie durch das Rote Meer gezogen waren, und daß jeder Israelit gehalten sei, diese Weise in der Stunde des Triumphes und Sieges über seine Feinde zu singen.

Am Vorabend eines jeden Samstags, am Freitag abend, kamen die Gefangenen aus den anderen Kasernen eigens zu uns, um zuzusehen, wie Issai Fomitsch seinen Sabbat beging. Er war so harmlos prahlsüchtig und eitel, daß auch diese allgemeine Neugier ihm Vergnügen bereitete. Mit pedantischer und gespielter Wichtigkeit deckte er in einem Winkel sein winziges Tischchen, schlug sein Gebetbuch auf, entzündete zwei Kerzen und hüllte sich, geheimnisvolle Worte murmelnd, in seinen Gebetsmantel. Das war ein bunter, wollener Überwurf, den er sorgsam in seinem Koffer verwahrt hielt. An beide Arme legte er Gebetsriemen, und am Kopf, mitten auf der Stirn, befestigte er mit einer Binde eine kleine hölzerne Kapsel, so daß man den Eindruck hatte, als ob aus seiner Stirn ein sonderbares Horn hervorwüchse. Dann begann das Gebet. Er betete in langgezogenem Singsang, schrie laut, spuckte aus, drehte sich im Kreise und vollführte wilde, kuriose Bewegungen. Selbstverständlich waren alle diese Gebärden vom Ritual vorgeschrieben, und es war durchaus nichts Lächerliches und Sonderbares daran, lächerlich war nur, wie Issai Fomitsch sich dabei absichtlich vor uns in Szene setzte und mit seinen kultischen Bräuchen großtat. So schlug er erst die Hände vors Gesicht und betete mit lautem Schluchzen. Das Schluchzen wurde heftiger, und er neigte sein mit der Kapsel geschmücktes Haupt erschöpft und fast aufheulend auf das Buch; dann wieder brach er mitten im wildesten Schluchzen in lautes Lachen aus und ließ mit merkwürdig gerührter, feierlicher, von übergroßem Glück geschwächter Stimme eine gedehnte Litanei ertönen. »Sieh doch, wie es ihn überkommt!« pflegten dann wohl die andern Gefangenen zu sagen. Einmal fragte ich Issai Fomitsch, was denn das Schluchzen und der unvermittelte Übergang zu feierlicher Glückseligkeit zu bedeuten hätten. Issai Fomitsch hörte derartige Fragen sehr gern. Er erklärte mir, ohne zu säumen, Klagen und Schluchzen symbolisierten den Gedanken an den Verlust Jerusalems, und sein Gesetz gebiete ihm, bei diesem Gedanken untröstlich zu schluchzen und sich an die Brust zu schlagen. Im Augenblick der schlimmsten Verzweiflung indes sei er, Issai Fomitsch, gehalten, sich plötzlich (auch das *Plötzliche* daran sei vom Gesetz vorgeschrieben) wie von ungefähr an die Prophezeiung über die Rückkehr des auserwählten Volkes nach Jerusalem zu erinnern. Dann habe er unverzüglich in Jubel auszubrechen, in Lobgesänge und Jauchzen, seine Stimme solle so viel Glückseligkeit wie möglich zum Ausdruck bringen, desgleichen seine Gesichtszüge nichts als fromme Inbrunst. Dieser *plötzliche* Umschwung und die absolute Verpflichtung dazu gefielen Issai Fomitsch über die Maßen: er sah darin einen besonders raffinierten Trick und setzte mich mit stolzer Miene in Kenntnis über dieses ausgeklügelte Gebot des jüdischen Gesetzes. Einmal trat der Platzmajor in Begleitung des Offiziers vom Dienst und einiger Wachsoldaten in die Kaserne, als Issai Fomitsch gerade beim Beten war. Alle Sträflinge nahmen vor ihren Pritschen Haltung an, einzig Issai Fomitsch begann nur noch ärger zu schreien und zu gestikulieren. Er wußte, daß er das Recht zur Religionsausübung hatte, daß niemand ihn dabei stören durfte und daß er mit seinem Geschrei im Angesicht des Majors daher kein Risiko einging. Es war ihm im Gegenteil nur lieb, sich in Gegenwart des Majors aufzuspielen und vor uns allen großtun zu können. Der Major ging bis auf einen Schritt an ihn heran: Issai Fomitsch kehrte sich mit dem Rücken zu seinem Tischchen und schmetterte mit wild fuchtelnden Armen seine feierliche, langgezogene Weissagung. Da das Gesetz ihm vorschrieb, just in diesem Moment übermäßige Glückseligkeit und Triumph in seinen Gesichtszügen auszudrücken, tat er dies auch unverzüglich, indem er seine Augen zusammenkniff und dem Major lachend zunickte. Dieser war nicht schlecht verblüfft, dann aber prustete er vor Lachen, schalt ihn einen Narren und ging seiner Wege, während Issai Fomitsch sein Geschrei noch verstärkte. Eine Stunde später, schon beim Abendbrot, fragte ich ihn, was geschehen wäre, wenn der Platzmajor in seiner Dummheit über ihn verärgert gewesen wäre.

»Was für ein Platzmajor?«

»Was für einer wohl? Haben Sie ihn denn nicht bemerkt?«

»Gewiß nicht.«

»Aber er stand doch nur zwei Schritt von Ihnen entfernt, direkt vor Ihrer Nase.«

Issai Fomitsch aber versicherte mir auf das bestimmteste, daß er wahr und wahrhaftig keinen Major gesehen habe und daß er gerade in diesem Augenblick, bei diesem Gebete, in eine Art Ekstase falle, in der er schlechterdings nichts höre und sehe von dem, was um ihn herum vorginge.

Wie heute noch sehe ich Issai Fomitsch vor mir, wenn er

samstags müßig durch das ganze Zuchthausgelände schlenderte, nach Kräften bemüht, nichts zu tun, wie es ihm sein Gesetz für den Sabbat vorschrieb. Was für unmögliche Anekdoten erzählte er mir jedesmal, wenn er aus seinem Bethaus zurückkehrte; was für unglaubliche Nachrichten und Gerüchte aus Petersburg brachte er mit und beteuerte, er habe sie von seinen Glaubensbrüdern, und diese wiederum wüßten es aus sicherster Quelle.

Aber ich bin in der Erinnerung an Issai Fomitsch zu sehr ins Plaudern geraten.

In der ganzen Stadt gab es nur zwei öffentliche Bäder. Das eine wurde von einem Juden unterhalten, es hatte Einzelkabinen, kostete bis zu fünfzig Kopeken pro Kabine und war hochgestellten Personen vorbehalten. Das andere Bad war vorwiegend für das niedere Volk bestimmt, es war baufällig, schmutzig und eng; in dieses Bad wurden wir Gefangenen geführt. Es war ein kalter, sonniger Tag; die Sträflinge freuten sich allein schon über die Gelegenheit, aus der Festung herauszukommen und einen Blick auf die Stadt tun zu können. Witzeleien und Gelächter wollten unterwegs nicht verstummen. Ein Zug Soldaten eskortierte uns mit geladenem Gewehr, zum jubelnden Staunen allen Volkes. Im Bad wurden wir sogleich in zwei Abteilungen gesondert, die zweite mußte im kalten Vorraum warten, bis die erste fertig war, eine solche Einteilung erwies sich wegen der Enge der Badstube als unumgänglich. Trotzdem war die Badestube immer noch so eng, daß man sich kaum vorstellen konnte, wie auch nur die Hälfte von uns darin Platz finden sollte. Aber Petrow wich keinen Schritt von meiner Seite, er war unaufgefordert herbeigeeilt, um mir behilflich zu sein, und hatte sich sogar erboten, mich zu waschen. Außer Petrow hatte sich auch Bakluschin eingefunden, um mir aufzuwarten, jener Sträfling aus der Sonderabteilung, den man den Pionier nannte und den ich bereits als den vergnügtesten und sympathischsten meiner Mitgefangenen vorgestellt habe, was er in der Tat auch war. Ich hatte ihn zuvor schon flüchtig kennengelernt. Petrow war mir sogar beim Auskleiden behilflich, denn aus mangelnder Übung dauerte das Ausziehen bei mir sehr lange, und im Vorraum war es fast so kalt wie draußen auf dem Hofe. Nebenbei bemerkt, ist das Auskleiden für einen ungeübten Gefangenen ein sehr mühseliges Geschäft. Als erstes muß man lernen, die Knöchelschoner unter den Ketten flink aufzuschnüren. Diese Knöchelschoner sind aus Leder, etwa eine Spanne lang, man trägt sie auf dem Unterzeug, unmittelbar unter dem Eisenring, der das Bein umspannt. Ein Paar solcher Knöchelschoner kostet nicht weniger als sechzig Silberkopeken, und doch schaffte sich jeder Sträfling ein Paar davon an, auf eigene Kosten natürlich, denn ohne Knöchelschoner konnte man nicht laufen. Der Eisenring umschließt das Bein nicht straff, sondern zwischen Ring und Bein bleibt noch ein fingerbreiter Zwischenraum, daher schlägt das Eisen gegen das Bein, reibt es auf, und schon am ersten Tag hätte man sich ohne solche Knöchelschoner das Bein wundgescheuert. Diese Knöchelschoner abzunehmen ist noch nicht das Schlimmste. Schwieriger ist es, sich der Unterhose unter den Fußketten geschickt zu entledigen. Das ist ein regelrechtes Kunststück. Hat man die Unterhose etwa zuerst vom linken Bein abgestreift, muß man sie zwischen Bein und Eisenring herausziehen, und dann, wenn man das erste Bein frei hat, muß man dasselbe Hosenbein wieder durch den Ring zurückschieben; um dann alles, was man vom linken Bein abgestreift hat, durch den Ring am rechten Bein zu schieben; dann muß alles miteinander noch einmal durch den rechten Ring geschoben und so endgültig ausgezogen werden. Dieselbe Prozedur mußte auch beim Wäschewechsel durchgeführt werden. Ein Neuling kann kaum dahinterkommen, wie das alles funktioniert; der erste, der es uns demonstrierte, war der Sträfling Korenjew in Tobolsk, ein ehemaliger Räuberhauptmann, der fünf Jahre in Ketten gelegen hatte. Aber die Gefangenen gewöhnten sich bald daran und kamen ohne jede Schwierigkeit damit zurecht. Ich gab Petrow ein paar Kopeken, um Seife und Bastwisch zu besorgen; den Gefangenen wurde zwar von der Zuchthausverwaltung Seife zugeteilt, aber pro Kopf nur ein winziges Stückchen, nicht größer als ein Zweikopekenstück, und so dick wie das Käsescheibchen, das bei Angehörigen des Mittelstandes als Nachspeise zum Abendessen gereicht wird. Seife wurde neben gewürztem Honigtrank, Kalatschen und heißem Wasser gleich an Ort und Stelle, im Vorraum der Badestube, feilgeboten. Jedem Sträfling stand nach Absprache mit dem Badstubenbesitzer ein Kübel heißen Wassers zu, wer sich indes gründlicher waschen wollte, konnte für einen Groschen auch einen zweiten Kübel erstehen, der durch eine eigens zu diesem Zweck errichtete Luke aus dem Vorraum in die eigentliche Badestube hinübergereicht wurde. Nachdem Petrow mich ausgekleidet hatte, faßte er mich am Arm, denn er hatte bemerkt, wie mühsam ich mich mit den Fußketten vorwärts bewegte. »Sie müssen sie höher hinaufziehen, bis über die Waden«, riet er, während er mich fürsorglich stützte wie ein Hofmeister seinen adligen Zögling. »Vorsicht, hier ist die Schwelle.« Mir war das Ganze etwas peinlich, ich hätte Petrow gern klargemacht, daß ich ganz gut allein gehen könne, aber das hätte er mir doch nicht geglaubt. Er behandelte mich nun einmal wie ein unmündiges und unverständiges Kind, dem jeder beizustehen verpflichtet ist. Petrow war alles andere als ein Lakaientyp, nichts lag ihm ferner als Liebedienerei; hätte ich ihn je beleidigt, so hätte er schon mit mir umzuspringen gewußt. Für seine Dienste habe ich ihm niemals Geld geboten, und er hat mich auch nie darum angegangen. Was also mochte ihn bewogen haben, sich meiner so anzunehmen?

Als wir die Tür in die Badestube öffneten, glaubte ich, geradeswegs in die Hölle gelangt zu sein. Stellen Sie sich einen Raum vor, zwölf Schritt lang und zwölf Schritt breit, in dem an die hundert Menschen zusammengepfercht waren, auf keinen Fall weniger als achtzig, denn die Sträflinge waren in zwei Gruppen aufgeteilt, und insgesamt waren wir zu zweihundert Mann ins Bad geführt worden. Brodelnde Dampfschwaden, die einem die Augen benebelten, Ruß, Schmutz, drangvolle Enge, daß man nirgends einen Fuß hinsetzen konnte. Ich schrak zurück und wollte kehrtmachen, aber Petrow sprach mir sofort Mut zu. Unter größter Anstrengung zwängten wir uns irgendwie zwischen den Köpfen der auf dem Boden Sitzenden bis zu den Bänken durch, wobei wir sie bitten mußten, die Köpfe einzuziehen, damit wir überhaupt vorbeigelangen konnten. Aber auf den Bänken war jeder Fleck besetzt. Petrow klärte mich auf, daß man einen Platz kaufen müsse, und fing auf der Stelle mit einem Gefangenen zu feilschen an, der neben der Luke Platz gefunden hatte. Für eine Kopeke trat er mir seinen Platz ab, bekam von Petrow unverzüglich das Geld ausgehändigt, das dieser, in der geschlossenen Faust versteckt, vorsorglich in die Badstube mitgenommen hatte, und schlüpfte dann sogleich unter die Bank, direkt unter meinen Sitzplatz, wo es dunkel und schmutzig und der Boden fast einen halben Finger dick von klebrigem Schlamm überzogen war. Aber auch unter den Bänken war alles besetzt, auch hier wimmelte es von nackten Menschenleibern. Auf dem Boden war keine Handbreit Platz mehr zu sehen, überall hockten zusammengekrümmt die Sträflinge und bespritzten sich aus ihren Kübeln. Andere standen aufrecht dazwischen, hielten ihre Kübel mit den Händen fest und wuschen sich im Stehen, das schmutzige Wasser floß an ihnen herab auf die geschorenen Köpfe der unter ihnen Sitzenden. Auf dem Schwitzbrett und auf allen zu ihm hinaufführenden Stufenabsätzen saßen zusammengekauert und verkrümmt Sträflinge, die sich wuschen. Aber sie machten keine sehr gründliche Wäsche. Die einfachen Leute waschen sich selten mit heißem Wasser und Seife, sie ziehen ein brühheißes Dampfbad vor und übergießen sich dann mit kaltem Wasser – das ist die ganze Badezeremonie. Auf dem Schwitzbrett hoben und senkten sich gleichzeitig an die fünfzig Badequaste, alle waren wie im Rausch. Jeden Augenblick gab es frischen Dampf. Dies war keine Hitze mehr, dies war die reinste Höllenglut. Und alle diese Menschen brüllten und lachten laut, dazu klirrten die hundert auf dem Boden schleifenden Ketten. Andere, die vorübergehen wollten, verfingen sich in fremden Ketten, stießen an die Köpfe der unten Sitzenden, stürzten hin, fluchten und rissen noch die Sitzenden mit sich. Das Schmutzwasser floß von allen Seiten. Alle waren in einer merkwürdigen berauschten und erregten Stimmung, sie grölten und schrien unaufhörlich. Vor der zum Vorraum führenden Luke, wo das Wasser ausgegeben wurde, war ein Streit entbrannt, in der unsäglichen Enge kam es zu einer regelrechten Keilerei. Hatte einer sein heißes Wasser in Empfang genommen, verschüttete er es über den Köpfen der am Boden Sitzenden, ehe er glücklich an seinen Platz gelangt war. Von Zeit zu Zeit tauchte das bärtige Gesicht eines Soldaten in der Luke oder der angelehnten Türe auf, das Gewehr hielt er in der Hand, um sich zu vergewissern, daß alles seine Ordnung hatte. Die geschorenen Köpfe und die vom Schwitzen krebsrot angelaufenen Leiber der Sträflinge wirkten noch häßlicher als sonst. Auf einem vom Dampf erhitzten Rücken treten die von Knuten- oder Stockschlägen herrührenden Narben meistens besonders deutlich hervor, und so hatte man den Eindruck, als ob alle diese Rücken mit frischen Wunden bedeckt wären. Entsetzliche Narben! Mir lief ein Schauer den Rücken hinunter, als ich sie sah. Jedesmal, wenn neues Wasser auf die Steine gegossen wurde, quoll der Dampf in dicken, heißen Schwaden durch die ganze Badestube, dann hub alles an, zu johlen und zu schreien. Immer wieder tauchten aus den Dampfwolken die zerschundenen Rücken, die halbgeschorenen Köpfe, die verkrümmten Beine und Arme auf, und als Krönung des ganzen Bildes saß Issai Fomitsch auf dem obersten Schwitzbrett und lachte aus vollem Hals. Er schwitzte, bis ihm die Sinne schwanden, dabei war er schlechthin unersättlich; für eine Kopeke dingte er sich einen Badeknecht, der aber hielt es am Ende nicht mehr aus, warf den Badequast weg und machte, daß er fortkam, um sich mit kaltem Wasser abzukühlen. Issai Fomitsch ließ sich's nicht verdrießen, er nahm einen zweiten, einen dritten Badeknecht: er war entschlossen, diesmal keine Kosten zu scheuen, und hatte zuletzt an die fünf Badeknechte verbraucht. »Der kann aber was vertragen, ein Teufelskerl, unser Issai Fomitsch!« riefen die Mitgefangenen ihm von unten zu. Issai Fomitsch fühlte sich in diesem Augenblick allen andern überlegen, er sah, daß er sie alle miteinander in den Sack stecken konnte; so genoß er seinen Triumph und kreischte mit schriller, irrsinniger Stimme, die alle andern übertönte, seine Weise: lalalala. Mir kam der Gedanke, daß, sollten wir uns alle miteinander einmal in der Hölle wiederfinden, diese der Badstube hier sehr ähnlich sein müsse. Ich beeilte mich, diese Vorstellung Petrow mitzuteilen, der aber blickte nur schweigend in die Runde.

Ich hatte ihm einen Platz neben mir kaufen wollen, er aber hatte sich zu meinen Füßen niedergelassen und erklärt, er fühle sich dort ganz wohl. Bakluschin hatte uns unterdessen Wasser gekauft und schleppte es nach Bedarf heran. Petrow eröffnete mir, daß er mich von Kopf bis Fuß waschen wolle, damit ich auch wirklich »ganz und gar sauber« würde, und wollte mich unbedingt bewegen, auch ein Schwitzbad zu nehmen. Aber dazu konnte ich mich denn doch nicht entschließen. Petrow seifte mich also von oben bis unten ab. »Und jetzt werde ich Ihnen die *Füßchen* waschen«, verkündete er zum Schluß. Ich wollte einwenden, daß ich dies ebensogut allein tun könnte, aber dann wehrte ich mich nicht länger und fügte mich. Die Verkleinerungsform »Füßchen« hatte nicht den leisesten Beiklang von Unterwürfigkeit; Petrow konnte meine Füße nicht als Füße bezeichnen, wahrscheinlich weil andere, richtige Kerle Füße haben, ich dagegen nur Füßchen.

Nachdem er mich gewaschen hatte, expedierte er mich mit den gleichen Zeremonien, das heißt, indem er mich stützte und bei jedem Schritt allerlei Vorsichtsmaßregeln anwandte, als wäre ich aus Porzellan, wieder in den Vorraum, half mir, die Unterwäsche anzuziehen, und dann erst, als er mich völlig fertig angezogen hatte, stürzte er eilends zurück in die Badstube, um seinerseits ein Schwitzbad zu nehmen.

Als wir zu Hause angekommen waren, lud ich ihn zu einem Glas Tee ein. Er schlug den Tee nicht aus, trank ihn und bedankte sich. Mir kam die Idee, zur Feier des Tages mein Geld locker zu machen und ihm ein Gläschen Branntwein zu spendieren. Schnaps war auch in unserer Kaserne zu haben. Petrow war auf das angenehmste überrascht, leerte sein Glas, ächzte vor Vergnügen und bemerkte, jetzt fühle er sich wie neugeboren, dann aber machte er sich unversäumt auf den Weg in die Küche, als ob man ihn dort erwarte, um irgendeine wichtige Entscheidung zu treffen. An seiner Stelle kam ein anderer Gesprächspartner, Bakluschin (der Pionier), den ich bereits im Bad zum Tee eingeladen hatte.

Ich kenne keinen liebenswürdigeren Menschen als Bakluschin. Zwar ließ er den andern nichts durchgehen, hatte oft Streit und liebte es gar nicht, wenn man sich in seine Angelegenheit mischte – kurz, er wußte sich seiner Haut zu wehren. Aber er war niemals lange auf jemanden böse, und ich glaube, jedermann im Zuchthaus mochte ihn gut leiden. Wo auch immer er sich zeigte, wurde er freudig begrüßt. Sogar in der Stadt war er bekannt als amüsantester Bursche der Welt, der nie die gute Laune verlor. Er war hochgewachsen, an die dreißig Jahre alt, mit verwegenen, zugleich gutmütigen, recht angenehmen Zügen und einer Warze im Gesicht. Er verzog das Gesicht oft auf urkomische Weise, weil er jeden nachahmte, der ihm über den Weg lief, und dann konnte man nicht anders als laut herauslachen. Er gehörte zu den Spaßvögeln, aber er ließ sich von den haßerfüllten Verächtern jedes Gelächters nichts gefallen, so daß ihn auch niemand einen »Windbeutel und unnützen Menschen« schalt. Er war voller Leben und Temperament. Wir hatten schon in den ersten Tagen Bekanntschaft geschlossen, und er hatte mir erklärt, daß er Kantonist gewesen sei, später bei den Pionieren gedient hätte, wo sogar einige hochgestellte Persönlichkeiten ihr Augenmerk auf ihn gerichtet und ihn mit ihrem Wohlwollen ausgezeichnet hätten, worauf er heute noch sehr stolz war. Er begann sofort, mich über Petersburg auszufragen. Er hatte sogar schon mehrere Bücher gelesen. Als er sich zum Teetrinken bei mir eingefunden hatte, brachte er zunächst die ganze Kaserne zum Lachen, indem er schilderte, wie unser Platzmajor heute morgen vom Leutnant Sch. heruntergeputzt worden war, dann, nachdem er sich neben mich gesetzt hatte, eröffnete er mir mit zufriedener Miene, daß es mit dem Theaterspielen wohl klappen würde. Die Gefangenen planten für die Feiertage eine Theatervorstellung. Schauspieler hatten sich bereits gefunden, auch ein paar Dekorationen wurden gebaut. Einige Bürger aus der Stadt hatten zugesagt, Kleidung für die Schauspieler zur Verfügung zu stellen, auch Frauenkleider; durch Vermittlung eines Burschen hoffte man sogar, eine richtige Offiziersuniform mit Schulterstücken zu bekommen. Wenn nur der

Platzmajor nicht auf den Einfall kam, die Aufführung wie letztes Jahr zu verbieten. Aber letztes Jahr war der Major zu Weihnachten schlechter Laune gewesen: er hatte im Spiel verloren, im Zuchthaus hatte es Ärger gegeben, da hatte er aus Wut das Theaterspiel verboten, diesmal aber würde er der Aufführung hoffentlich nichts in den Weg legen. Kurzum, Bakluschin war in gehobener Stimmung. Offensichtlich war er einer der Hauptinitiatoren des Theaters, und ich nahm mir vor, dieser Vorstellung unter allen Umständen beizuwohnen. Bakluschins treuherzige Freude über das Zustandekommen der Theateraufführung war ganz nach meinem Sinne. Ein Wort gab das andere, und wir kamen ins Gespräch. Unter anderem erzählte er mir, daß er nicht nur in Petersburg gedient habe; er habe sich dort etwas zuschulden kommen lassen und sei, übrigens schon als Unteroffizier, nach R. in Garnison geschickt worden.

»Und dann bin ich halt hier gelandet«, bemerkte Bakluschin.

»Wofür denn in aller Welt?« fragte ich.

»Wofür? Was meinen Sie wofür, Alexander Petrowitsch? Dafür, daß ich mich verliebt habe.«

»Für so was kommt man nicht hierher!« wandte ich lachend ein.

»Allerdings habe ich nebenbei noch einen in der Stadt ansässigen Deutschen mit der Pistole totgeschossen«, fügte Bakluschin hinzu. »Sagen Sie doch selbst, ob es die ganze Sache wert ist; einzig und allein wegen so eines Deutschen zur Zwangsarbeit zu müssen!«

»Wie ist das zugegangen? Erzählen Sie, das ist sicher eine interessante Geschichte.«

»Eine höchst vergnügliche Geschichte, Alexander Petrowitsch.«

»Um so besser. Erzählen Sie.«

»Soll ich wirklich? Na, dann hören Sie zu ...«

Und so bekam ich die zwar nicht durchweg vergnügliche, aber reichlich merkwürdige Geschichte dieses Mordes zu hören.

»Das Ganze hat sich so zugetragen«, hub Bakluschin an.

»Wie ich nach R. versetzt worden bin, sehe ich gleich – die Stadt ist so übel nicht, eine ansehnliche Stadt, nur daß gar so viele Deutsche darin wohnen. Na, ich war noch ein junger Kerl, müssen Sie wissen, wohlgelitten bei meinen Vorgesetzten, und so flanierte ich da durch die Straßen, die Mütze verwegen auf einem Ohr, nur so zum Zeitvertreib, machte den deutschen Mädchen schöne Augen. Eine kleine Deutsche hatte es mir besonders angetan. Luise, Wäscherin war sie, sie und ihre Tante, für die allerfeinste Weißwäsche. Die Tante schon in Jahren, ein launisches altes Weibsbild, dabei hatten sie ihr Auskommen. Erst bin ich nur ständig vor ihren Fenstern auf und ab spaziert, dann aber ist eine regelrechte Freundschaft draus geworden. Luise sprach ganz leidlich Russisch, nur mit einer komischen, schnarrenden Aussprache – ein ganz herzallerliebstes Ding war sie, wie mir noch nie übern Weg gelaufen ist. Anfangs hatte ich schon bestimmte Absichten, sie aber sagte gleich: ‚Nein, das geht nicht, Sascha, ich will meine Unschuld bewahren und dir eine würdige Gattin sein.' Dabei tut sie mir schön und lacht so hell und klingend ... Und blitzsauber war sie, wie ich's noch bei keiner gesehen habe. Sie selbst war es, die mich zum Heiraten ermuntert hat. Na, wer hätte da wohl nicht angebissen, frage ich Sie! Und so machte ich mich denn bereit, mit meinem Gesuch beim Oberstleutnant vorstellig zu werden ... Doch auf einmal kommt Luise nicht zum Stelldichein, ein zweites Mal wieder nicht, auch ein drittes Mal bleibt sie aus. Ich schicke ihr einen Brief, keine Antwort. Was soll das, denke ich. Hätte sie mich betrügen wollen, hätte sie's schlauer angefangen, hätte den Brief beantwortet und wär auch zum Stelldichein gekommen. Sie aber hat nicht lügen können, sie hat aus heiterm Himmel Schluß gemacht. Da steckt das Biest von einer Tante dahinter, denk ich mir. Zur Tante zu gehn getraute ich mich nicht; sie wußte zwar, daß wir miteinander gingen, aber wir hatten immer den Schein gewahrt und uns insgeheim getroffen. Ich lief umher wie von Sinnen, schrieb ihr einen letzten Brief: ‚Kommst du nicht, geh ich zur Tante.' Da fuhr ihr wohl der Schrecken in die Glieder, und sie kam. Sie weint mir was vor und sagt, ein Deutscher,

Schulz mit Namen, ein entfernter Verwandter, ein reicher und schon bejahrter Uhrmacher, habe um sie gefreit, ‚er will mich glücklich machen', sagt sie, ‚und auf seine alten Tage nicht unbeweibt sein, er ist mir wohlgesonnen', sagt sie, ‚seit langem schon hegt er diesen Wunsch, hat ihn aber immer still im Herzen getragen und sich nicht endgültig entschließen können. Du mußt begreifen, Sascha', sagt sie, ‚er ist reich, und das wäre mein Glück, willst du mich wirklich meines Glückes berauben?' Ich seh sie an: sie weint, fällt mir um den Hals ... Ach, denke ich, recht hat sie! Was hätte sie davon gehabt, einen Soldaten zu nehmen, obzwar ich schon Unteroffizier gewesen bin? ‚Gut', sag ich, ‚Luise, leb wohl, Gott sei mit dir, es sei ferne von mir, dich um dein Glück zu bringen. Ist er wenigstens ein stattlicher Freiersmann?' ‚Nein', sagt sie, ‚ein alter Knochen mit langer Nase' ... Sie hat sogar selbst drüber lachen müssen. Da bin ich fortgegangen von ihr; na, wenn schon, denk ich, es hat nicht sollen sein! Am andern Morgen geh ich mir seinen Laden anschauen, die Straße hatte sie mir genannt. Ich seh durchs Fenster: da sitzt der Deutsche bei der Arbeit über seinen Uhren, an die fünfundvierzig mag er sein. Buckelnase, Glotzaugen, im Frack, mit hohem Stehkragen, ein richtiger aufgeblasener Pfau. Ausgespuckt hab ich drauf; eigentlich hab ich ihm die Fenster einschlagen wollen ... aber was nützt das schon, denk ich! Es lohnt sich nicht, hin ist hin! Wie es dämmert, geh ich zurück in die Kaserne, werf mich auf mein Bett, und, ob Sie's glauben oder nicht, Alexander Petrowitsch, da sind mir doch die Tränen gekommen ...

So ist ein Tag vergangen, ein zweiter, ein dritter. Luise bekomm ich nicht zu Gesicht. Unterdessen aber hör ich von einer Gevatterin (ein altes Weib, ebenfalls Wäscherin, die Luise manchmal aufsuchte), daß der Deutsche von unserer Liebe erfahren und sich darum auch entschlossen habe, schleunigst um sie anzuhalten. Sonst hätte er sich wohl noch ein Jährchen oder zwei damit Zeit gelassen. Luise habe er den Schwur abverlangt, daß sie mich hinfort nicht mehr kennen dürfe. Sie sagte, daß er die beiden Frauen, die Tante und Luise, vorerst noch ziemlich kurz halte; daß er es sich am Ende doch noch anders überlegen könnte und daß sein Entschluß immer noch nicht ganz feststünde. Die Alte ließ mich auch wissen, daß er die beiden für übermorgen, Sonntag vormittag, zum Kaffee geladen habe, dazu noch einen andern Verwandten, einen alten Mann, der früher Kaufmann gewesen sei, jetzt aber ein bettelarmer Schlucker, der irgendwo in einem Kellergewölbe als Aufseher diene. Wie ich höre, daß sich am Sonntag vielleicht alles entscheidet, übermannt mich der Grimm, und ich kann mich nicht mehr beherrschen. Den ganzen Tag und den nächsten hab ich an nichts anderes denken können. Diesen Deutschen würde ich am liebsten auffressen, dachte ich.

Am Sonntag in der Früh wußte ich noch nicht, was ich tun würde, wie aber die Messe vorüber war, sprang ich auf, zog mir den Mantel an und machte mich auf den Weg zu dem Deutschen. Ich dachte mir, daß ich sie alle miteinander dort antreffen würde. Warum ich zu dem Deutschen ging und was ich dort wollte, wußte ich selber nicht. Auf alle Fälle hab ich mir die Pistole eingesteckt. Ich hatte da so ein Drecksding von Pistole, ein klappriges Schießeisen mit veraltetem Hahn; schon als Junge hatte ich damit herumgeknallt. Jetzt konnte man gar nicht mehr richtig schießen damit. Immerhin hab ich das Ding geladen; wenn sie mich hinauswerfen, dachte ich, oder frech werden, kann ich die Pistole ziehen und ihnen allen einen Schrecken einjagen. Ich bin also hingekommen. In der Werkstatt kein Mensch, sie sitzen in der hinteren Stube. Außer ihnen ist keine Seele im Haus, nicht mal die Dienstmagd. In seinen Diensten stand nur eine einzige Magd, die war zugleich auch Köchin. Ich gehe durch die Werkstatt und sehe, die Tür ins Zimmer ist zugesperrt, eine altmodische Tür, mit einem Haken verschlossen. Mir schlägt das Herz bis zum Hals, ich bleibe stehen und höre, wie sie drinnen auf deutsch miteinander reden. Wie ich aus voller Kraft mit dem Fuß gegen die Tür stoße, springt sie auch schon auf. Der Tisch ist gedeckt, seh ich, darauf steht eine große Kaffeekanne, und der Kaffee kocht auf einer Spiritusflamme. Auch Gebäck ist da, auf einem andern Tablett eine Karaffe mit Wodka, Hering und Wurst, und noch eine

Flasche mit Wein. Luise und die Tante sitzen auf dem Sofa, beide pikfein herausgeputzt. Ihnen gegenüber auf dem Stuhl der Deutsche, der Freier, geschniegelt und gebügelt in Frack und Stehkragen, mit steif abstehenden Kragenspitzen. An der andern Seite sitzt noch ein Deutscher, ein alter, weißhaariger Dickwanst, sitzt da und schweigt. Wie ich reinkomme, wird Luise ganz blaß. Die Tante will aufspringen, setzt sich aber wieder, der Deutsche runzelt ärgerlich die Stirn, ein richtiger Unwirsch ist das gewesen, und geht mir entgegen.

‚Was steht zu Diensten?' fragt er.

Um ein Haar wäre ich da verlegen geworden, aber der Zorn hatte mich doch schon zu sehr in der Gewalt.

‚Was zu Diensten steht? Empfang deinen Gast, wie sich's schickt. Gib mir Schnaps. Ich will dir meine Aufwartung machen.'

Der Deutsche überlegt einen Augenblick, dann sagt er: ‚Nehmen Sie Platz!'

Ich setze mich.

‚Na, dann mal her mit dem Schnaps', sage ich.

‚Hier ist Wodka', sagt er, ‚trinken Sie, wenn's beliebt.'

‚Gib mir gefälligst anständigen Schnaps', sage ich. Der blanke Zorn hat mich gepackt.

‚Das ist guter Wodka.'

Mich kränkt, daß er mich gar so herablassend behandelt, und das Ärgste dabei ist, daß Luise zuschaut. Ich kippe das Glas hinunter und sage:

‚Was bist du so unverschämt zu mir, Deutscher? Sei mein Freund. Ich bin als Freund zu dir gekommen.'

‚Ihr Freund kann ich nicht sein', sagt er, ‚Sie sind nur ein gemeiner Soldat.'

Na, da war ich natürlich toll vor Wut.

‚Ach, du Vogelscheuche', sag ich, ‚du Wurstfresser! Weißt du eigentlich, daß ich mit dir machen kann, was ich will? Willst du, daß ich dich mit meiner Pistole niederknalle?'

Ich zieh die Pistole, stell mich vor ihn hin und richte ihm die Mündung direkt auf die Visage. Die andern sitzen da, mehr tot als lebendig, wagen sich nicht zu mucksen, der

Alte zittert wie Espenlaub, stumm und still ist er und weiß wie ein Leintuch.

Der Deutsche ist nicht schlecht erstaunt, doch dann faßt er sich wieder.

‚Ich habe keine Angst vor Ihnen', sagt er, ‚und bitte Sie, als wohlanständiger Mensch Ihr Späßchen augenblicklich zu beenden, denn ich fürchte Sie nicht im mindesten.'

‚Du kannst mir viel erzählen, natürlich hast du Angst!' Was soll ich Ihnen sagen! Er traut sich nicht, den Kopf von der Pistolenmündung wegzudrehen, sitzt da wie festgebunden.

‚Nein', sagt er, ‚dieses wagen Sie nie und nimmer!'

‚Warum', sage ich, ‚sollte ich dieses nicht wagen?!'

‚Darum', sagt er, ‚weil dieses streng verboten ist und man Sie hart bestrafen würde.'

Der Teufel soll sich mit so einem närrischen Deutschen auskennen! Hätte er mich nicht so bis aufs Blut gereizt, wär er heute noch am Leben; nur sein hartnäckiges Streiten ist schuld gewesen.

‚Du meinst also wirklich, ich würd's nicht wagen?'

‚N-nein!'

‚Ich wag's nicht?'

‚In ganz und gar keinem Fall werden Sie wagen, mir dieses anzutun . . .'

‚Na, dann gib acht, du Drecksack!' Und wie ich abdrücke, knickt er auch schon auf seinem Stuhl zusammen. Die andern schreien auf.

Ich stecke die Pistole ein und mache, daß ich fortkomme. Wie ich an der Festung bin, werfe ich sie ins Brennesselgestrüpp am Tor.

Ich geh in die Kaserne, leg mich aufs Bett und denke bei mir: gleich werden sie kommen und dich holen. Eine Stunde vergeht, eine zweite – nichts geschieht. Und wie es dämmert, übermannt mich eine unbezwingliche Sehnsucht; ich geh hinaus, ich habe nur den einen Wunsch, ich muß Luise sehen. Ich passiere das Schilderhaus. Vor seinem Haus sehe ich: eine Menschenmenge, Polizei. Ich weiter zur Gevatterin: hol mir Luise heraus! Ich brauch nicht lange zu warten, da kommt

Luise gelaufen, fällt mir weinend um den Hals: ‚Ich bin schuld an allem', sagt sie, ‚weil ich der Tante gefolgt habe.' Sie sagt mir auch, die Tante sei nach dem Vorfall auf der Stelle heimgegangen, sie habe sich zu Tod erschrocken, reinweg krank sei sie geworden vor Schrecken, kein Sterbenswörtchen habe sie verlauten lassen; sie selbst habe keiner Seele etwas davon gesagt, auch Luise habe sie verboten, darüber zu reden, ihre Angst sei zu groß, soll doch geschehen, was da mag. ‚Uns beide hat kein Mensch gesehen, Luise', habe sie gesagt. Er hatte auch die Dienstmagd forgeschickt, weil er Angst hatte. Die hätte ihm die Augen ausgekratzt, wenn sie gehört hätte, daß er sich mit Heiratsplänen trug. Auch von den Gesellen war keiner im Hause, er hatte sie alle fortgeschickt. Er selbst hatte den Kaffee gekocht, er selbst den Imbiß bereitet. Und was den andern Verwandten beträfe, so habe der all sein Lebtag geschwiegen, habe nie ein Wort gesagt, und wie das heute vormittag passiert sei, habe er seine Mütze genommen und sei als erster auf und davon. – ‚Der wird gewiß reinen Mund halten', sagte Luise. Und so geschah es auch. Zwei ganze Wochen kam niemand, mich zu verhaften, auf mich war nicht der leiseste Verdacht gefallen. Diese zwei Wochen, Alexander Petrowitsch, ob Sie's glauben oder nicht, waren die glücklichste Zeit meines Lebens. Jeden Tag war ich mit Luise beisammen. Und wie sehr hing sie an mir, wie sehr! Geweint hat sie: ‚Ich geh mit dir', sagte sie, ‚wohin man dich auch schicken mag, alles lasse ich im Stich um deinetwillen!' Ich meinte, mir müsse das Herz stillestehn, so inniglich hat sie mich da gerührt. Aber, was soll ich Ihnen sagen, zwei Wochen später kamen sie doch noch, mich festzunehmen. Der Alte und die Tante waren übereingekommen, mich anzuzeigen ...«

»Aber hören Sie«, unterbrach ich Bakluschin, »dafür hätten Sie doch höchstens zehn, allenfalls zwölf Jahre Zivilabteilung gekriegt, Sie aber sind in der Sonderabteilung. Wie geht das zu?«

»Tja, das hat noch einen andern Grund«, erwiderte Bakluschin. »Wie man mich vor Gericht geführt hat, war da ein Hauptmann, der gab mir im Angesicht des Gerichtes häßliche Schimpfworte. Das war zuviel für mich, und ich rief ihm zu: ‚Was fährst du mich so an? Siehst du nicht, du Lump, daß du dein eigenes Spiegelbild beschimpfst!' Na, dann nahm alles eine andere Wendung; es kam zu einer neuen Verhandlung, und ich erhielt gleich doppelte Strafe: viertausend Hiebe und ab in die Sonderabteilung. Wie ich zur Exekution mußte, hat man auch jenen Hauptmann herausgeführt: mich brachte man zum Spießrutenlaufen, er aber war degradiert worden und wurde als gemeiner Soldat in den Kaukasus strafversetzt. – Auf Wiedersehen, Alexander Petrowitsch. Kommen Sie nur ja zu unserer Vorstellung!«

10

Das Weihnachtsfest

Endlich waren die Feiertage angebrochen. Schon am Heiligen Abend gingen die Sträflinge kaum mehr zur Arbeit. In der Schneiderei und in den anderen Werkstätten wurde zwar noch gearbeitet, die übrigen waren wohl beim Appell, aber wenn sie auch zu irgendeiner Arbeit eingesetzt waren, kehrten sie doch fast sofort, einzeln oder gruppenweise wieder ins Zuchthaus zurück, und nach dem Mittagessen rückte dann niemand mehr zur Arbeit aus. Auch am Vormittag waren die meisten in ihren eigenen Angelegenheiten unterwegs und nicht aus dienstlichen Gründen: die einen, um Branntwein zu organisieren und Nachschub zu bestellen, die andern, um irgendwelche Gevattern und Gevatterinnen aufzusuchen oder um vor dem Fest noch rasch das Geld einzutreiben, das man ihnen für ihre Arbeit schuldete, Bakluschin und die anderen Theaterspieler, um bei Bekannten, vor allem bei Offiziersburschen, vorzusprechen und die benötigten Kostüme abzuholen. Es gab auch solche, die einzig deshalb mit besorgter und geschäftiger Miene herumliefen, weil die andern alle geschäftig und besorgt waren, und wenn sie auch von niemandem nur eine Kopeke zu erwarten hatten, machten sie doch ein Gesicht, als hätten sie von irgendwoher noch

Geld zu bekommen; kurz, alle miteinander schienen sich vom morgigen Tag irgendeine Veränderung, irgend etwas Außergewöhnliches zu versprechen. Gegen Abend kehrten die Invaliden, die im Auftrag der Sträflinge auf dem Markt Besorgungen gemacht hatten, mit einem Berg von Eßwaren zurück: Rindfleisch, Ferkel, sogar Gänse. Viele Sträflinge, selbst die bescheidensten und sparsamsten, die ihre paar Kopeken das ganze Jahr über zusammengehalten hatten, legten jetzt ihre Ehre darein, an einem so hohen Festtag ihr Geld locker zu machen und das Ende der Fastenzeit gebührend zu begehen. Der morgige Tag war ein regulärer, unwiderruflicher Feiertag für die Gefangenen, der ihnen von Gesetzes wegen zustand. An diesem Tag durfte kein Sträfling zur Arbeit ausgeschickt werden, solche Tage gab es insgesamt nur drei im ganzen Jahr.

Und schließlich, wer kann wissen, wie viele Erinnerungen beim Feiern eines solchen Festes in den Seelen dieser Ausgestoßenen wach wurden! Die großen Festtage prägen sich dem Gedächtnis des einfachen Volkes schon von Kindesbeinen an unauslöschlich ein. Es sind Tage der Ruhe nach harter Arbeit, Tage, an denen sich die ganze Familie zusammenfindet. Im Zuchthaus aber konnten diese Erinnerungen nur Qual und Sehnsucht auslösen. Die Achtung vor dem Fest war bei den Sträflingen zu einer eigentümlichen Formalität geworden; nur wenige zechten, alle waren ernsthaft und schienen mit irgend etwas beschäftigt zu sein, wenn auch viele überhaupt nichts zu tun hatten. Aber auch die Müßiggänger und Zecher bemühten sich, eine gewisse Würde zu wahren ... Jedes Gelächter war verpönt. Die Stimmung hatte sich bis zu einer kleinlichen und gereizten Unduldsamkeit gesteigert, und sobald einer, wenn auch nur ungewollt, gegen die allgemeine Verhaltensnorm verstieß, fielen die andern sogleich über ihn her mit Geschrei und Zetern und waren so aufgebracht, als hätte er sich eine Entheiligung des Feiertages selbst zuschulden kommen lassen. Diese Stimmung der Gefangenen war bemerkenswert, ja rührend. Abgesehen von der angeborenen Ehrfurcht vor dem hohen Fest spürte der Sträfling unbewußt, daß er durch diese Beobachtung des Feiertages gleichsam einen Berührungspunkt hatte zur ganzen übrigen Welt, daß er folglich noch nicht gänzlich ausgestoßen und verloren war, ein von der Gesellschaft abgetrenntes Glied, daß es auch im Zuchthaus nicht anders zuging als bei andern, anständigen Leuten. So empfanden sie alle, das war ganz offensichtlich und nur zu begreiflich.

Auch Akim Akimytsch traf seine Festvorbereitungen in aller Gründlichkeit. Familienerinnerungen hatte er nicht, war er doch als Waise in fremdem Hause aufgewachsen und kaum älter als fünfzehnjährig zu hartem Militärdienst eingerückt; desgleichen hatte er auch noch keine besonderen Freuden erlebt, denn er hatte sein Leben eintönig und peinlich nach der Regel verbracht, wobei er ängstlich zu vermeiden suchte, auch nur um Haaresbreite von den Vorschriften abzuweichen. Er war auch nicht sonderlich religiös, die Wohlanständigkeit schien alle anderen menschlichen Gaben und Eigenschaften in ihm ausgelöscht zu haben, alle Leidenschaften und Wünsche, die schlechten wie die guten. Und so bereitete er sich auf den Feiertag vor, ohne jede Unrast und Übereilung, ohne aufgeregt zu sein und ohne sich durch sehnsüchtige und völlig nutzlose Erinnerungen aus der Ruhe bringen zu lassen, aber in gelassener, methodischer Wohlanständigkeit, von der er gerade so viel besaß, wie zur Erfüllung seiner Pflichten und zur Einhaltung der ein für allemal feststehenden Zeremonie vonnöten war. Außerdem machte er sich überhaupt nicht gern viele Gedanken. Die Bedeutung einer Sache schien seinem Kopf niemals einzugehen, aber an die ihm einmal gemachten Vorschriften hielt er sich peinlich wie an heilige Gebote. Er würde auf Befehl mit derselben Ergebenheit und Sorgfalt das genau Entgegengesetzte zu dem ausführen, das er am Tag zuvor getan hatte. Einmal, ein einziges Mal im Leben hatte er versucht, seinem eigenen Verstand zu folgen, und war dafür im Zuchthaus gelandet. Diese Lektion war nicht umsonst. Und wenn ihm das Schicksal auch nicht vergönnt hatte, wenigstens annähernd zu begreifen, wodurch er sich schuldig gemacht hatte, so hatte er doch aus seinem Abenteuer die eine rettende Lehre gezogen, nämlich nie und unter keinen Umständen nachzudenken, weil »Nachdenken nicht seines Kopfes Sache« war, wie die Sträflinge zu sagen pflegten. Brauch und Sitte blind ergeben, betrachtete er sogar sein Weihnachtsferkel, das er mit Grütze gefüllt und gebraten hatte (eigenhändig, denn auch darauf verstand er sich), schon im vorhinein mit einer Art Ehrerbietung, als ob es sich dabei nicht um ein ganz gewöhnliches Spanferkel gehandelt hätte, wie man es jederzeit kaufen und braten konnte, sondern um eine besondere, festliche Speise. Vielleicht war er von Kindheit an gewöhnt, zu Weihnachten ein Spanferkel auf dem Tisch zu sehen, und hatte daraus den Schluß gezogen, daß ein Weihnachtsfest ohne Spanferkel undenkbar sei, und ich bin sicher, hätte er auch nur ein einziges Mal zu Weihnachten kein Ferkel gegessen, so hätte er wegen dieser Pflichtverletzung sein Lebtage Gewissensbisse gehabt. Vor dem Feste war er stets in seiner alten Jacke und alten Hose herumgelaufen, die zwar säuberlich gestopft, aber schon völlig abgetragen waren. Jetzt stellte sich heraus, daß er den neuen Anzug, den man ihm schon vor vier Wochen zugeteilt hatte, sorgsam in seinem Koffer verwahrt und nicht angerührt hatte in der erfreulichen Absicht, ihn erst zum Fest feierlich einzuweihen. Wie gedacht, so getan. Gestern abend erst hatte er den neuen Anzug hervorgeholt, ihn vor sich ausgebreitet, eingehend betrachtet, ausgebürstet, den Staub von ihm geblasen, und nachdem er alle diese Vorbereitungen getroffen hatte, ihn schon einmal anprobiert. Es zeigte sich, daß ihm der Anzug bestens paßte, alles saß, wie sich's gehörte, die Jacke ließ sich mühelos bis oben zuknöpfen, der Kragen, hoch und steif wie aus Pappe, stützte das Kinn, die Taille war sogar ein bißchen eingeschnürt wie ein Uniformrock, und Akim Akimytsch verzog das Gesicht zu einem zufriedenen Schmunzeln, drehte und wendete sich flott vor seinem winzigen Spiegel, den er schon vor längerer Zeit in einem freien Augenblick eigenhändig mit einem goldenen Rand beklebt hatte. Ein einziges Häkchen am Kragen schien ihm nicht ganz richtig zu sitzen; kaum hatte Akim Akimytsch das festgestellt, beschloß er auch schon, den Haken zu versetzen; das tat er alsbald, probierte die Jacke noch einmal, und siehe da, jetzt saß alles absolut untadelig. Danach legte er seine Siebensachen auf das sorgfältigste zusammen und verstaute sie beruhigten Herzens bis morgen in seinen Koffer. Sein Kopf war einwandfrei geschoren, aber nachdem er sich aufmerksam im Spiegel gemustert hatte, entdeckte er, daß er doch nicht mehr ganz glatt war, sondern daß ein paar kaum wahrnehmbare Haarstoppeln herausragten, und so begab er sich unverzüglich zum »Major«, um sich nach Anstand und Gebühr rasieren zu lassen. Und obgleich kein Mensch morgen auf den Gedanken gekommen wäre, Akim Akimytschs Kopf zu inspizieren, ließ er sich doch rasieren, und zwar ausschließlich, um ein reines Gewissen zu haben, um vor einem solchen Festtag alle Pflichten auf das peinlichste zu erfüllen. Der Respekt vor jedem Knopf, vor jeder Achselklappe oder Tresse steckte ihm eben von Kindesbeinen an als unausweichliche Verpflichtung im Kopf und im Herzen als höchste Ausdrucksform von Schönheit, zu der ein gesitteter Mensch überhaupt fähig ist. Nachdem er solcherart alles gerichtet hatte, kümmerte er sich als Stubenältester der Kaserne um das Heranschaffen des Heus und verfolgte gewissenhaft, wie es auf dem Fußboden verstreut wurde. Ich weiß nicht, warum, aber zu Weihnachten war es Sitte, daß in der Kaserne Heu ausgebreitet wurde. Dann, nachdem Akim Akimytsch allen seinen Obliegenheiten nachgekommen war, sprach er sein Gebet, legte sich auf sein Lager und fiel alsbald in einen unbekümmerten Kinderschlaf, um anderntags möglichst frühzeitig zu erwachen. Nicht anders auch die übrigen Sträflinge. In allen Kasernen ging man viel früher zur Ruhe als sonst. Die gewohnten abendlichen Arbeiten ruhten, an Kartenspiel war nicht zu denken. Alles wartete auf den morgigen Tag.

Endlich war er da. In aller Frühe, noch vor Tagesanbruch, kaum daß die Trommel Reveille geschlagen hatte, wurden die Kasernen aufgeschlossen, und der Unteroffizier vom Dienst, der zum Zählen der Gefangenen hereinkam, wünschte allen ein gesegnetes Fest. Sie erwiderten seinen Wunsch höflich und freundlich. Nachdem sie in aller Eile ihr Morgengebet gesprochen hatten, begaben sich Akim Akimytsch und viele andere, die ihre eigenen Gänse und Ferkel hatten, spornstreichs in die Küche, um nachzuschauen, was mit ihnen geschah, wie sie gebraten wurden, wo sie standen, und so weiter und so fort. Durch die kleinen, von Schnee und Eis blinden Fensterchen der Kaserne konnte man in der Finsternis draußen doch erkennen, daß auf allen sechs Herden in beiden Küchen helle Feuer loderten, die man noch vor Tagesanbruch entzündet hatte. Draußen auf dem dunklen Hofe huschten bereits Gefangene umher in ihren kurzen Pelzen, in die manche richtig hineingeschlüpft waren, während andere sie nur lässig über die Schultern geworfen hatten; alles strebte der Küche zu. Einige wenige hatten jedoch bereits Zeit zu einem Besuch beim Schankwirt gefunden. Das waren die ganz Ungeduldigen. Im allgemeinen aber befleißigten sich alle eines sehr gesitteten, friedlichen und ungewohnt gesetzten Betragens. Nichts von dem sonst üblichen Gezeter, nichts von den alltäglichen Streitereien. Alle waren sich bewußt, daß dies ein großer Tag und ein hohes Fest war. Manche suchten andere Kasernen auf, um ihren Bekannten ein frohes Fest zu wünschen. Es zeigte sich sogar etwas wie Freundschaft. Hier muß ich einflechten, daß es unter den Gefangenen in der Regel keine Freundschaften gab, von allgemeiner Freundschaft ganz zu schweigen – so etwas war völlig ausgeschlossen –, aber auch keine persönliche Freundschaft, daß etwa der eine Sträfling mit einem andern befreundet gewesen wäre. So etwas kam eigentlich nie vor, und das ist bemerkenswert, ganz anders als in der Freiheit draußen. Bei uns herrschte, mit sehr wenigen Ausnahmen, im Verkehr untereinander ein barscher und trockener Ton, das war die ein für allemal angenommene und festgelegte Umgangsform. Auch ich verließ die Kaserne; es dämmerte schon, die Sterne verblaßten, ein leichter, frostiger Dunst stieg zum Himmel auf. Aus den Küchenschornsteinen quoll der Rauch in dicken Schwaden. Mancher Sträfling, der mir begegnete, wünschte mir von sich aus freudig und höflich ein frohes Weihnachtsfest. Ich dankte und entbot ihnen meinerseits den Weihnachtsgruß. Darunter waren welche, die den ganzen Monat noch kein einziges Wort mit mir gewechselt hatten.

Unmittelbar vor der Küche holte mich ein Sträfling aus der Militärkaserne ein, der den Pelz nur lose über die Schultern geworfen hatte. Er hatte mich schon von weitem erkannt und rief mich an: »Alexander Petrowitsch, Alexander Petrowitsch!« Er hatte es sichtlich eilig, in die Küche zu kommen. Es war ein junger Bursche mit rundlichem Gesicht und sanften Augen, der mit mir noch nie ein Wort gesprochen und mich seit meiner Einlieferung überhaupt nicht beachtet hatte; ich wußte nicht einmal, wie er hieß. Er kam keuchend heran, blieb unmittelbar vor mir stehen und sah mich mit einem etwas stumpfsinnigen, dabei aber doch glückstrahlenden Lächeln an.

»Was wollen Sie?« fragte ich nicht ohne Verwunderung, als ich sah, daß er lächelnd stehenblieb, mich mit großen Augen anstarrte und doch nichts sagte.

»Na ja, wo's doch heute Weihnachten ist ...« stammelte er schließlich, und nachdem ihm klar geworden war, daß er mir weiter nichts zu sagen hatte, ließ er mich stehen und rannte eilig weiter zur Küche.

Ganz nebenbei sei hier bemerkt, daß wir auch nach dieser Begegnung niemals in näheren Kontakt zueinander kamen und bis zu meiner Entlassung kaum je ein Wort miteinander sprachen.

In der Küche herrschte um die hitzeglühenden Herde geschäftiges Treiben, einer schob und stieß den anderen beiseite, keiner wollte seinen Festbraten aus den Augen lassen; die »Kochmamsells« waren schon dabei, das Zuchthausessen zu bereiten, denn an diesem Tag war das Mittagessen früher angesetzt. Übrigens fing noch niemand zu essen an, wenn auch manche nicht übel Lust dazu verspürten, aber man wahrte den Anstand vor den anderen. Alles wartete auf den Geistlichen, denn erst nach seinem Besuch galt die Fastenzeit offiziell als beendet. Es war noch nicht ganz hell geworden, da drangen vom Tor schon die ersten Rufe des Gefreiten herüber: »Köche her!« Diese Rufe erschollen an die zwei Stunden lang alle paar Minuten. Sie galten den Köchen, die kommen und die Almosen in Empfang nehmen sollten, die von allen Enden der Stadt am Zuchthaustor abgeliefert wurden. Diese Gaben liefen in großer Menge ein, und zwar in Form von Kalatschen, Brot, Quarkkuchen, Eierkuchen, Fladen,

Pfannkuchen und anderem Buttergebäck. Ich glaube, es gab keine Kaufmanns- oder Kleinbürgerfrau in der Stadt, die nicht von ihrem Backwerk geschickt hätte, um den »Unglücklichen« und Gefangenen ein frohes Fest zu wünschen. Da waren üppige Gaben – Brote aus Butterteig und feinstem Mehl, die in großer Zahl geschickt worden waren. Aber auch sehr armselige Almosen waren darunter – etwa ein kleiner, billiger Kalatsch oder zwei Fladen aus dunklem Mehl, kärglich mit saurem Rahm bestrichen: das war die Gabe des Allerärmsten für die Armen. Alle diese Spenden wurden mit gleicher Dankbarkeit in Empfang genommen, ohne Unterschied zwischen üppigen und kärglichen Gaben, zwischen reichen und armen Spendern. Die Gefangenen, die die Almosen abholten, zogen die Mützen, verneigten sich, wünschten ein gesegnetes Fest und trugen die Sachen in die Küche. Als sich schon ganze Berge von gespendetem Backwerk auftürmten, wurden die Stubenältesten aus jeder Kaserne gerufen, die nahmen dann die Verteilung vor, wobei alle Kasernen gleichmäßig bedacht wurden. Es gab keinen Streit, kein Schimpfen; alles wurde redlich und gleichmäßig geteilt. Die für unsere Kaserne bestimmten Gaben wurden dann bei uns wieder an die einzelnen Gefangenen ausgegeben; das besorgten Akim Akimytsch und ein anderer Sträfling; sie teilten das Gebäck mit eigener Hand und überreichten es auch eigenhändig jedem einzelnen. Dabei hörte man keine Einwände, es gab keine Mißgunst untereinander; alle waren zufrieden, niemand kam auf den Verdacht, von den Spenden könnte vorher etwas beiseite geschafft oder ungerecht verteilt worden sein. Nachdem Akim Akimytsch seine Angelegenheiten in der Küche geregelt hatte, wandte er sich seiner Toilette zu, er kleidete sich mit allem Anstand und großer Feierlichkeit an, vergaß kein einziges Häkchen zu schließen, und als er seine Toilette beendet hatte, begann er sogleich mit dem eigentlichen Gebet. Er betete ziemlich lange. Viele Gefangene beteten bereits, hauptsächlich die Älteren. Von den Jüngeren beteten nur wenige: sie bekreuzigten sich höchstens beim Aufstehen, selbst am Feiertage. Nachdem Akim Akimytsch sein Gebet beendet hatte, trat er auf mich zu und entbot mir mit einiger Feierlichkeit seinen Weihnachtsgruß. Ich lud ihn sofort zum Tee ein, und er bat mich, an seinem Spanferkel teilzuhaben. Etwas später erschien auch Petrow, um mir frohe Weihnachten zu wünschen. Er hatte anscheinend schon ein wenig ins Glas geschaut und sagte nicht viel, obwohl er atemlos herbeigelaufen war, sondern blieb nur ein Weilchen wie erwartungsvoll vor mir stehen, um sich dann alsbald in die Küche zu begeben. Unterdessen bereitete man sich in der Militärkaserne auf den Empfang des Geistlichen vor. Diese Kaserne war anders eingerichtet als die übrigen: hier standen die Pritschen an den Wänden, nicht in der Mitte, wie in allen anderen Kasernen, daher war dies der einzige Raum im ganzen Zuchthaus, dessen Mitte nicht mit Holzpritschen verstellt war. Wahrscheinlich war sie eigens so eingerichtet, um bei Bedarf alle Gefangenen hier versammeln zu können. In der Mitte des Raumes hatte man ein mit einem sauberen Handtuch bedecktes Tischchen aufgebaut, darauf hatte man eine Ikone gestellt und das Öllämpchen entzündet. Endlich traf der Geistliche mit Kreuz und Weihwasser ein. Nachdem er vor der Ikone gebetet und gesungen hatte, stellte er sich mit dem Gesicht zu den Gefangenen auf, und alle traten in aufrichtiger Andacht herzu, um das Kreuz zu küssen. Anschließend ging der Geistliche durch alle Kasernen und besprengte sie mit Weihwasser. In der Küche lobte er unser Zuchthausbrot, das wegen seines Wohlgeschmacks in der ganzen Stadt berühmt war, und die Sträflinge beschlossen, ihm sogleich zwei eben gerade frisch gebackene Brotlaibe zu schicken, womit unverzüglich ein Invalide beauftragt wurde. Das Kreuz wurde mit der nämlichen Ehrfurcht hinausgeleitet, mit der man es empfangen hatte, und unmittelbar danach fuhren der Platzmajor und der Festungskommandant vor. Der Kommandant war bei den Gefangenen beliebt, ja sogar geachtet. Er ging, vom Major begleitet, durch alle Kasernen, wünschte überall ein gesegnetes Fest, dann begab er sich in die Küche und probierte die Kohlsuppe. Die Suppe war großartig; zur Feier des Tages hatte man fast ein Pfund Rindfleisch pro Kopf berechnet. Zu allem Überfluß gab es noch Hirsegrütze, überreichlich mit Butter geschmälzt. Nachdem der Platzmajor den Kommandanten hinausbegleitet hatte, gab er Anweisung, das Mittagbrot auszuteilen. Die Gefangenen trachteten danach, ihm möglichst nicht unter die Augen zu kommen. Man scheute seinen grimmigen, stechenden Blick, mit dem er sogar an diesem Tag hinter den Brillengläsern hervor Ausschau hielt, ob er nicht einer Disziplinlosigkeit auf die Spur kommen oder einen Übeltäter ertappen könnte.

Dann begann das Festmahl. Akim Akimytschs Ferkel war vortrefflich geraten. – Ich kann mir nicht erklären, wie das zugegangen sein mochte, aber keine fünf Minuten nach Abfahrt des Platzmajors sah man auf einmal ungewohnt viele Betrunkene, obwohl sie doch noch fünf Minuten vorher durchweg fast völlig nüchtern gewesen waren. Man sah viele gerötete und glänzende Gesichter, und plötzlich wurden die Balalaikas hervorgeholt. Der kleine Pole mit seiner Geige folgte bereits einem Zecher, der ihn für den ganzen Tag gedungen hatte, und spielte ihm lustige Tanzweisen auf. Die Gespräche wurden fideler und lärmender. Aber das Mittagsmahl verlief ohne Zwischenfälle. Alle waren satt. Viele ältere und solidere Gefangene zogen sich alsbald zurück, um ein Schläfchen zu machen, dies tat auch Akim Akimytsch, wohl in der Annahme, daß es sich gezieme, an einem so hohen Festtage nach Tisch ein Nickerchen zu halten. Der altgläubige Greis aus Starodub kletterte, nachdem er ein wenig vor sich hingedöst hatte, auf den Ofen, schlug sein Buch auf und betete fast ohne Unterlaß bis in die tiefe Nacht. Es bekümmerte ihn, Zeuge einer solchen »Sünd und Schand« zu sein, wie er die allgemeine Schmauserei der Gefangenen nannte. Die Tscherkessen hatten sich auf der kleinen Freitreppe vor dem Eingang versammelt und betrachteten voll Neugier, aber auch mit einigem Widerwillen das trunkene Treiben. Nurra lief mir über den Weg: »Jaman, jaman! *« sagte er kopfschüttelnd in frommer Abscheu, »oh, jaman! Allah wird böse sein!« Issai Fomitsch hatte sich starrköpfig und hochmütig in seinen Winkel zurückgezogen, seine Kerze entzündet und sich an die Arbeit gemacht, offensichtlich um

* Schlimm, schlimm! (Anmerkung des Übersetzers).

dadurch zu bekunden, daß er diesen Tag durchaus nicht als Feiertag betrachtete. In der einen oder anderen Ecke wurden die Karten ausgepackt. Von den Invaliden hatte man nichts zu fürchten, und was den Unteroffzier betraf, der sich selbst alle Mühe gab, nichts zu hören und zu sehen, hatte man für alle Fälle Wachen aufgestellt. Der Wachoffizier ließ sich den ganzen Tag nicht mehr als dreimal im Zuchthaus blicken. Aber die Betrunkenen versteckten sich bei seinem Erscheinen, die Karten wurden weggeräumt, und er selbst war anscheinend gewillt, kleinere Verstöße gegen die Zuchthausordnung großzügig zu übersehen. Betrunken zu sein galt heute nur als unbedeutender Verstoß. Die Menge wurde allmählich immer ausgelassener. Jetzt fingen auch die ersten Streitereien an. Trotzdem waren die Nüchternen bei weitem in der Überzahl, und es gab genügend Aufpasser für die Betrunkenen. Dafür tranken die Zechbrüder heute über alles Maß. Gasin triumphierte. Mit selbstzufriedener Miene spazierte er vor seinem Pritschenplatz auf und ab, wo er jetzt ungescheut den Schnaps verwahrte, den er bis auf diesen Tag irgendwo im Schnee hinter den Kasernen an einem geheimen Ort versteckt gehalten hatte, und grinste hinterhältig, sobald er der Kunden ansichtig wurde, die sich bei ihm einfanden. Er selbst war nüchtern und hatte nicht einen Tropfen getrunken. Er beabsichtigte, sich nach dem Fest schadlos zu halten, wenn er erst den andern Sträflingen die letzte Kopeke aus der Tasche gezogen hatte. Aus den Kasernen erschollen Lieder. Die laute Trunkenheit war bereits einem weinseligen Dusel gewichen, und von den Liedern war es nicht mehr weit zu Rührseligkeit und Tränen. Viele schlenderten mit ihren Balalaikas umher, die Pelze lässig umgehängt, schauten verwegen um sich und schlugen die Saiten. In der Sonderabteilung hatte sich sogar ein Chor aus acht Gefangenen zusammengefunden. Sie sangen großartig, von Balalaikas und Gitarren begleitet. Eigentliche Volkslieder waren kaum zu hören. Ich kann mich nur noch an eines erinnern, das mit viel Schwung vorgetragen wurde:

»Gestern abend ging ich aus,
Jung und frisch zum Festtagsschmaus . . .«

Bei dieser Gelegenheit hörte ich eine neue Fassung dieses Liedes, die mir noch nie zuvor zu Ohren gekommen war. Am Schluß des Liedes wurden noch ein paar Verse angehängt:

»Bin ich auch noch jung an Jahren,
Doch im Haushalt wohl erfahren.
Halt die Wirtschaft blank und fein,
Schütt's Spülicht in die Kohlsupp 'nein,
Kratz ab vom Pfosten Schmutz und Dreck,
Der würzt und schmälzt mir das Gebäck.«

Vor allem aber sangen sie sogenannte Sträflingslieder, übrigens lauter bekannte. Eines davon hieß: »Es war einmal ...«; das war ein humoristisches Lied, in dem beschrieben wurde, wie einer, der früher als feiner Herr in Saus und Braus gelebt hatte, im Zuchthaus gelandet war. Das Lied schilderte, wie er sich dermaleinst an »Blanc-manger« und Champagner delektiert hatte, jetzt aber gibt es:

»Nur Kohl, mit Wasser angemacht,
Den freß ich, daß die Schwarte kracht.«

Sehr beliebt war auch ein anderes, ebenfalls ganz bekanntes Lied:

»Jung war ich, kannt alle Wonnen,
Hab mein Kapital verpraßt,
Mein Kapital ist mir zerronnen,
Und ich landete im Knast ...«

und so weiter. Nur hieß es bei uns nicht »Kapital«, sondern »Kopital«, weil man es von dem Wort »kopitj« (anhäufen) ableitete; auch sehr melancholische Lieder wurden gesungen. Eines davon war ein echtes Gefangenenlied, das, wie ich glaube, auch allgemein bekannt ist:

»Wenn das erste Morgenlicht erwacht,
Schlägt die Trommel schon zum Frühappell,
Gleich wird auch die Tür uns aufgemacht,
Und der Schreiber kommt zum Zählen schnell.
Dicke Mauern halten uns gebunden,

Keines Menschen Auge kann uns sehn,
Haben Gnade wir bei Gott gefunden,
Werden wir auch hier nicht untergehn . . .«

Ein anderes wurde noch schwermütiger gesungen, es hatte eine schöne Melodie und stammte wahrscheinlich von einem Verbannten, der Text war süßlich und ein wenig ungeschickt. Ich weiß davon nur noch wenige Zeilen:

»Nimmer darf ich wieder grüßen
Dich, mein trautes Heimatland,
Ohne Schuld muß ich hier büßen,
Bin zu ewger Qual verbannt.
Eulenschrei ertönt vom Turme
Macht das Herz mir weh und schwer.
Durch die Wälder hallt's im Sturme:
Für mich gibt's keine Wiederkehr.«

Dieses Lied wurde oft gesungen, aber nicht im Chor, sondern von einzelnen Sängern. So ging etwa der eine oder der andere in der Freizeit auf die kleine Vortreppe hinaus, setzte sich gedankenverloren nieder, stützte die Wange in die Hand und stimmte dann auf einmal mit hoher Fistelstimme dieses Lied an. Einige Gefangene hatten ganz ordentliche Stimmen.

Unterdessen war die Dämmerung hereingebrochen. Schwermut, Sehnsucht und trunkene Rührseligkeit hatten die lauten Lustbarkeiten verdrängt. Manch einer, der vor einer Stunde noch laut gelacht hatte, lag jetzt, sinnlos betrunken, schluchzend in einer Ecke. Andere hatten bereits mehrere Raufereien hinter sich. Wieder andere torkelten, obwohl sie kreideweiß waren und sich kaum noch auf den Füßen halten konnten, von einer Kaserne in die andere und suchten mit irgend jemandem Streit anzufangen. Diejenigen, bei denen der Rausch sich harmloser äußerte, suchten vergeblich nach Kumpanen, bei denen sie ihr Herz ausschütten und ihren Katzenjammer ausweinen konnten. Das ganze armselige Völkchen hatte nur den einen Wunsch, einmal vergnügt zu sein und den hohen Festtag fröhlich zu verleben, aber, mein Gott! wie schwer und bedrückend war er für die meisten verlaufen. Jedem war zumute, als sei er um eine Hoffnung betrogen worden. Petrow ließ sich noch ein paarmal bei mir blicken. Er hatte den ganzen Tag über kaum etwas getrunken und war so gut wie nüchtern. Aber er hatte bis zuletzt auf irgend etwas gewartet, das unbedingt hätte eintreffen müssen, auf irgendein außergewöhnliches, festliches, frohes Ereignis. Wenn er auch kein Wort darüber verlor, konnte man es doch seinen Augen ansehen. Unstet und ziellos wanderte er von einer Kaserne in die andere. Aber nichts Außergewöhnliches ereignete sich, und nichts begegnete ihm als Trunkenheit, lallendes, sinnloses Gezeter und vom Suff erhitzte Gesichter. Auch Sirotkin schlenderte in seinem neuen, roten Hemd durch die Kasernen, adrett und frisch gewaschen, auch er so still und naiv, als ob er noch irgend etwas erwartete. Allmählich wurde es in den Kasernen unerträglich und widerlich. Natürlich gab es auch viel zu lachen, aber mir war so traurig ums Herz, sie alle miteinander taten mir so leid, zugleich fühlte ich mich bedrückt und niedergeschlagen in ihrer Gegenwart. Da streiten sich zwei Gefangene, wer von ihnen den andern freizuhalten habe. Sie haben sich offensichtlich schon länger gezankt deswegen und sich sogar ernstlich entzweit. Besonders der eine scheint mit dem andern seit langem ein Hühnchen rupfen zu wollen. Er beklagt sich und bemüht sich mit lallender Zunge darzutun, daß jener ihm Unrecht getan habe: es handelt sich um einen Halbpelz, den sie gemeinsam verkauft haben, um Geld, das vergangnes Jahr in der Butterwoche abhanden gekommen ist. Außerdem ist noch irgend etwas anderes im Spiel. Der eine, der dem andern Vorwürfe macht, ist ein großer, muskulöser, gutmütiger und aufgeweckter Bursche, der aber, wenn er getrunken hat, von dem Wunsch beseelt ist, sich überall anzubiedern und jedermann sein Herz auszuschütten. Selbst noch während er schilt und seine Forderung geltend macht, scheint er dies in der Absicht zu tun, sich hernach um so herzlicher mit seinem Widersacher auszusöhnen. Der andere ist kompakt und stämmig, ziemlich klein, mit rundem Gesicht und verschlagenen, intriganten Zügen. Er hat womöglich noch tiefer ins Glas geguckt als sein

Gefährte, ist aber nur leicht angetrunken. Er ist energisch und steht im Ruf der Wohlhabenheit, jetzt aber hält er es aus irgendeinem Grund für vorteilhaft, seinen hitzigen Freund nicht zu reizen, und so führt er ihn zum Schankwirt; während der andere unablässig betont, daß jener ihm noch etwas schuldig sei und einen ausgeben müsse, »wenn anders du noch einen Funken Ehr im Leibe hast«.

Der Schankwirt holt mit sichtlichem Respekt vor dem Kunden und einem Anflug von Verachtung für den redseligen Freund, der nicht auf eigene Kosten bestellt, sondern sich freihalten läßt, den Schnaps hervor und schenkt einen Becher voll ein.

»Nichts als deine verdammte Pflicht und Schuldigkeit, Stepka«, sagt der redselige Freund, wie er sieht, daß er seinen Willen bekommt, »denn du bist mir allemal noch was schuldig.«

»Wo werd ich mir deinetwegen unnütz die Zunge wetzen!« antwortet Stepka.

»Nein, Stepka, das lügst du«, beharrt der erste, während er den Becher aus der Hand des Schankwirtes in Empfang nimmt, »du bist mir noch Geld schuldig; kein Gewissen hast du im Leib, selbst deine Augen sind gestohlen. Ein Schuft bist du, Stepka, das sag ich dir; nur dieses eine Wort, Schuft!«

»Was krakeelst du hier herum, hast den schönen Schnaps verschüttet! Tut man dir schon die Ehre und spendiert dir einen, so trink doch wenigstens!« schreit der Schankwirt den redseligen Kumpan an. »Ich kann mich nicht bis morgen früh mit dir abgeben!«

»Ich trink ja schon, brauchst nicht zu schreien! Frohes Fest auch, Stepan Dorofejitsch!« wendet er sich höflich, mit leichter Verbeugung, den Becher in der Hand, an Stepka, den er eben noch einen Schuft geheißen hatte.

»Hundert Jahre sollst du alt werden, ungerechnet die Jahre, die du schon hinter dir hast!« Er kippt den Becher hinunter, ächzt und wischt sich den Mund. »Früher konnte ich 'ne hübsche Menge vertragen, Brüder«, bemerkt er großspurig, wobei er sich an alle und an keinen im besonderen wendet, »jetzt aber komm ich in die Jahre, müßt ihr wissen. Dank auch schön, Stepan Dorofejitsch.«

»Keine Ursache.«

»Immer wieder werd ich anfangen damit, Stepka, und wenn du dich zu mir auch schurkisch genug benommen hast, will ich dir doch das eine sagen ...«

»Jetzt will ich dir auch mal was sagen, du besoffene Fratze«, unterbricht ihn Stepka, dem die Geduld gerissen ist. »Hör gut zu und gib acht auf jedes Wort: da hast du die Welt in zwei Hälften, eine für dich, die andere für mich. Mach, daß du fortkommst und laß dich nicht wieder bei mir blicken. Ich hab die Schnauze voll von dir!«

»Rückst du den Zaster raus oder nicht?«

»Was denn für Zaster, du besoffener Dreckskerl?«

»In jener Welt wirst du selbst gekrochen kommen, um mir mein Geld zurückzugeben, ich aber werd's dir nicht abnehmen! Unser bißchen Zaster ist sauer genug verdient mit Schweiß und Schwielen. Mein Fünfer wird dich im Jenseits teuer zu stehen kommen.«

»Scher dich zum Teufel!«

»Was heißt das, du meinst wohl, du könntest Schindluder mit mir treiben?!«

»Pack dich, geh deiner Wege!«

»Lumpenkerl!«

»Zuchthäusler!«

Und wieder heben sie zu zetern an, ärger noch als zuvor.

Dort drüben sitzen abgesondert auf ihren Pritschen zwei Freunde: der eine hochgewachsen, derb, wohlbeleibt, ein richtiger Metzger mit rotem Gesicht. Er ist den Tränen nahe, so rührselig ist er. Der andere ist ein schwächliches, dünnes, mageres Kerlchen mit langer Nase, von der hie und da ein Tröpfchen fällt, und mit kleinen Schweinsäuglein, die er zu Boden gesenkt hat. Das ist ein politisch interessierter und gebildeter Mann; er war dereinst Schreiber und behandelt seinen Freund etwas von oben herab, was diesem insgeheim gar nicht behagt. Sie haben den lieben langen Tag miteinander gezecht.

»Er hat sich gegen mich erdreistet!« schreit der Dicke und

schüttelt den Kopf des Schreibers derb mit der linken Hand, mit der er ihn gepackt hält. »Sich erdreisten« heißt schlagen. Der Dicke, ein ehemaliger Unteroffizier, ist insgeheim neidisch auf seinen ausgemergelten Kumpan, und daher brüsten sie sich, einer vor dem andern, mit einer gewollt hochtrabenden Redeweise.

»Ich aber sage dir, daß auch du im Unrecht bist ...« beginnt der Schreiber schulmeisterlich, ohne den Blick zu jenem zu heben, und starrt weiter hartnäckig und wichtigtuerisch zu Boden.

»Er hat sich erdreistet gegen mich, hörst du!« unterbricht ihn sein Gefährte und schüttelt den lieben Freund nur noch heftiger. »Jetzt hab ich nur noch dich auf der ganzen weiten Welt, hörst du? Darum hab ich auch allein zu dir gesagt: er hat sich erdreistet gegen mich! ...«

»Und ich widerhole dir: eine so saure Entschuldigung häuft nur Schande auf dein Haupt, mein Bester!« widerspricht der Schreiber mit zartem und höflichem Stimmchen, »gib doch zu, lieber Freund, daß die ganze Sauferei nur eine Folge deiner unsoliden Lebensweise ...«

Der beleibte Freund rückt ein wenig von ihm ab, stiert mit glasigen Augen stumpf auf das selbstzufriedene Schreiberlein und haut plötzlich, ganz unerwartet, seine gewaltige Pranke mit voller Wucht in das kleine Gesicht des Schreibers. Für diesen Tag ist es aus mit der Freundschaft. Der liebe Freund fliegt bewußtlos von der Pritsche ...

Unterdessen war einer meiner Bekannten aus der Sonderabteilung in unsere Kaserne getreten, ein über die Maßen gutmütiger und stets vergnügter, witziger Bursche, der harmlose Spöttereien liebte und dabei denkbar einfältig aussah. Es war der nämliche, der sich am ersten Tag meines Zuchthausaufenthaltes beim Mittagessen in der Küche erkundigt hatte, wo er den reichen Bauern finden könne, der versichert hatte, daß er »schließlich auch seinen Stolz« habe, und dann doch mit mir Tee getrunken hatte. Er mochte an die Vierzig sein, hatte eine auffallend wulstige Lippe und eine große, fleischige, von Pusteln übersäte Nase. In der Hand hielt er eine Balalaika, auf deren Saiten er nachlässig klimperte. Ihm folgte wie ein Schatten ein winziges Kerlchen mit großem Kopf, das mir bislang noch nicht aufgefallen war. Wahrscheinlich wurde dieser Zwerg von niemandem sonderlich beachtet. Er war ein merkwürdiger Geselle, mißtrauisch, ewig schweigsam und ernsthaft; er arbeitete in der Schneiderei und legte es offensichtlich darauf an, sich abzusondern und sich mit niemandem einzulassen. Jetzt aber, betrunken wie er war, hatte er sich wie ein Schatten an Warlamows Fersen geheftet. Er lief ihm in höchster Erregung nach, fuchtelte mit den Armen, schlug mit der Faust gegen die Wand, auf die Pritsche, es fehlte nicht viel, und er wäre in Tränen ausgebrochen. Warlamow schenkte ihm scheinbar keine Beachtung, er tat, als wäre jener überhaupt nicht vorhanden. Bemerkenswert war, daß sich die beiden sonst eigentlich nie umeinander gekümmert hatten; was Beschäftigung und Wesensart anging, hatten sie nicht das geringste miteinander gemein. Überdies gehörten sie zu verschiedenen Abteilungen und wohnten in verschiedenen Kasernen. Der kleine Gefangene hieß Bulkin.

Als Warlamow meiner ansichtig wurde, verzog er den Mund zu einem Grinsen. Ich saß auf meiner Pritsche am Ofen. Er blieb in einiger Entfernung vor mir stehen, überlegte einen Augenblick, torkelte und ging mit unsicheren Schritten auf mich zu, dann pflanzte er sich vor mir auf, den ganzen Körper verwegen zur Seite gedreht, und trug unter leisem Balalaikageklimper halb singend, halb sprechend das folgende Liedchen vor, wozu er fast unmerklich mit dem Stiefel den Takt klopfte:

»Rund und blank, wie Milch und Blut,
Ist mein Schatz, dem bin ich gut,
Singt wie's Vöglein auf der Heide,
Tanzt im bunten Atlaskleide,
Keine ist so schmuck und fein,
Ihr gehör ich ganz allein.«

Dieses Lied brachte Bulkin offensichtlich gänzlich aus der Fassung; er schwenkte die Arme und schrie laut, zu allen gewandt:

»Nichts als Lügen, Brüder, nichts als Lügen! Kein Wort ist wahr daran, nichts als Lügen!«

»Dem Alterchen Alexander Petrowitsch!« sagte Warlamow und schaute mir pfiffig lachend in die Augen, es fehlte nicht viel, und er wäre zu mir heraufgeklettert, um mich abzuküssen. Der Ausdruck »dem Alterchen soundso ...«, das heißt, dem und dem meine besondere Hochachtung, kann man von einfachen Leuten in ganz Sibirien hören, auch wenn damit ein zwanzigjähriger junger Mann gemeint ist. Das Wort »Alterchen« hat dabei eine durchaus ehrerbietige, respektvolle, ja sogar schmeichelhafte Bedeutung.

»Na, Warlamow, wie geht's?«

»Man lebt so von einem Tag zum andern. Wer aber so richtig froh ist zum Fest, der hat schon früh morgens einen sitzen, nichts für ungut!« erwiderte Warlamow und zog beim Sprechen die Worte in die Länge.

»Schon wieder Lügen! Wieder sagt er nichts als Lügen!« schrie Bulkin aufs neue los und bearbeitete in sonderbarer Verzweiflung die hölzernen Pritschen mit den Händen. Warlamow aber schien fest entschlossen, jenen überhaupt nicht zu beachten, und das war unsäglich komisch, denn Bulkin hatte sich schon seit dem Morgen ohne jeden Grund an Warlamows Fersen geheftet, und zwar nur, um unablässig zu beteuern, daß alles, was Warlamow sagte, »nichts als Lüge« sei, wovon er aus unerfindlichem Grund felsenfest überzeugt zu sein schien. Er folgte ihm allenthalben nach wie ein Schatten, hatte an jedem seiner Worte etwas auszusetzen, rang die Hände, schlug sie sich an den Wänden und Pritschen fast blutig und litt, ja, er litt sichtlich unter der Gewißheit, daß Warlamow »nichts als Lügen« von sich gäbe. Hätte er Haare auf dem Kopf gehabt, so hätte er sie sich aus purer Verzweiflung wahrscheinlich ausgerissen. Es war, als hätte er die Verpflichtung übernommen, für Warlamows Tun und Lassen einzustehen, als lägen alle schlechten Eigenschaften Warlamows wie eine schwere Last auf seinem Gewissen. Das Komische dabei war, daß jener ihn nicht einmal eines Blickes würdigte.

»Lauter Lügen, Lügen, Lügen! Kein Wort ist wahr von dem, was er sagt!« schrie Bulkin.

»Was hast du da deine Nase reinzustecken?« gaben die Sträflinge lachend zurück.

»Muß Euch vermelden, Alexander Petrowitsch, daß ich mal ein schmucker Bursch gewesen bin und vielen Mädels den Kopf verdreht habe ...« begann Warlamow unvermittelt.

»Lüge! Schon wieder 'ne neue Lüge!« fiel ihm Bulkin kreischend ins Wort. Die andern Sträflinge lachten schallend.

»Ich stolzierte vor ihnen auf und ab: 'n rotes Hemd hatt ich und weite Pluderhosen; da lag ich wie der weiland Graf Weinfaß, will sagen, voll wie 'n Schwede, kurzum, alles, was einer sich nur wünschen kann!«

»Gelogen!« beharrte Bulkin noch entschiedener.

»Um diese Zeit hatte ich von meinem Väterchen grad 'n zweistöckiges Steinhaus geerbt. Kurz und gut, nach zwei Jahren hatt ich die zwei Etagen versoffen, nur die Tür war mir geblieben, und die ohne Pfosten. Nichts zu machen, das Geld ist wie ein Taubenschwarm: es kommt geflogen und fliegt auch wieder fort!«

»Geflogen!« beharrte Bulkin noch entschiedener.

»Und da hab ich doch neulich von hier aus unter Tränen einen Brief an meine Leut geschrieben, damit sie mir Geld schicken. Aber, so haben sie gesagt, ich hätt mich gegen meine Eltern vergangen. Respektlos soll ich gewesen sein! Wird wohl schon ins siebte Jahr gehen, seit ich ihn abgeschickt habe.«

»Und da haben Sie immer noch keine Antwort?« fragte ich lachend.

»Aber nein doch«, antwortete er, mußte plötzlich selber lachen und kam mit seiner Nase immer näher an mein Gesicht heran. »Dafür halt ich mir hier 'ne Liebste, Alexander Petrowitsch ...«

»Sie? Sie hätten eine Liebste?«

»Onufrijew hat neulich zu mir gesagt: ‚Die meinige ist pockennarbig und häßlich, hat aber viele Kleider, die deinige ist hübsch, aber arm, geht mit dem Bettelsack.‘«

»Ist das die Möglichkeit?«

»Ja, meiner Treu, Bettlerin ist sie!« antwortete er, von lautlosem Lachen geschüttelt, auch die andern Gefangenen lachten laut heraus. In der Tat war es ein offenes Geheimnis, daß er sich mit einer Bettlerin eingelassen hatte, der er im halben Jahr ganze zehn Kopeken geschenkt hatte.

»Na und, was soll's?« fragte ich, denn ich wollte ihn endlich wieder loswerden.

Er schwieg ein Weilchen, sah mich gerührt an und fragte dann schmeichelnd:

»Wie ist's, wollt Ihr mir aus diesem Anlaß nicht ein winziges Gläschen spendieren? Hab doch den ganzen lieben langen Tag nichts als Tee getrunken, Alexander Petrowitsch«, fügte er rührselig hinzu, während er das Geld einsteckte, »und mir damit den Wanst so vollgeschlagen, daß ich schier keine Luft mehr kriegen kann, und in meinem Bauch gluckert es wie in einer Flasche.«

Während er das Geld in Empfang nahm, hatte Bulkins sittliche Entrüstung anscheinend ihren Höhepunkt erreicht. Er gestikulierte wie ein Wahnsinniger, beinahe wäre er in Tränen ausgebrochen.

»Ihr guten Leute!« schrie er, an die ganze Kaserne gewandt, »seht euch das an! Lauter Lügen! Was er auch sagt, nichts als Lüge, Lüge, Lüge!«

»Was kümmert's dich?« riefen die Gefangenen, ganz verblüfft über seine Wut, »du Querkopf!«

»Ich laß nicht zu, daß er lügt!« schrie Bulkin mit funkelnden Augen und hämmerte aus voller Wucht mit der Faust gegen die Pritsche. »Ich will nicht, daß er lügt!«

Alle lachten, Warlamow nahm das Geld, verbeugte sich vor mir und strebte, komische Grimassen schneidend, eilfertig hinaus, zum Schankwirt, versteht sich. In diesem Augenblick schien er Bulkin zum erstenmal wahrzunehmen.

»Na, dann komm!« sagte er und blieb auf der Schwelle stehen, als sei jener ihm aus irgendeinem Grund unentbehrlich. »Du Handvoll Mensch!« fügte er verächtlich hinzu, ließ dem tiefbekümmerten Bulkin den Vortritt und fing wieder an, seine Balalaika zu bearbeiten ...

Aber warum soll ich Trunkenheit und Rausch noch länger

beschreiben! Endlich war auch dieser niederdrückende Tag vorüber. Die Gefangenen sanken auf ihren Pritschen in schweren Schlaf. Im Traum redeten und phantasierten sie heute mehr als in anderen Nächten. Irgendwo hockten ein paar Unermüdliche über den Karten. Der so lange herbeigesehnte Festtag war vorüber. Morgen ist wieder Alltag, morgen geht's wieder hinaus zur Arbeit.

11

Die Theateraufführung

Am Abend des dritten Weihnachtsfeiertages fand die erste Theatervorstellung statt. Wahrscheinlich hatten die Vorbereitungen viel Mühe und Arbeit gekostet, aber das alles hatten die Schauspieler auf sich genommen, so daß wir andern samt und sonders keine Ahnung hatten, wie weit die Dinge gediehen waren, was eigentlich vorging, ja wir wußten nicht einmal so recht, was zur Aufführung gelangen sollte. Wenn die Mitwirkenden während dieser drei Tage zur Arbeit ausrückten, war ihre Hauptsorge, die erforderlichen Kostüme zusammenzubekommen. Immer wenn Bakluschin mir begegnete, schnippte er nur so mit den Fingern vor Vergnügen. Anscheinend war auch der Platzmajor erträglicher Laune. Übrigens waren wir uns durchaus im unklaren darüber, ob er von der geplanten Aufführung wußte oder nicht. Und wenn er davon wußte, hatte er dann ganz formell seine Genehmigung dazu erteilt oder hatte er nur beschlossen, zu schweigen und das Vorhaben der Gefangenen zu ignorieren, selbstredend unter der Voraussetzung, daß alles seine Ordnung hatte? Meiner Ansicht nach wußte er von dem Theater, wie hätte es anders sein können; aber er zog es vor, sich nicht einzumischen, weil er eingesehen hatte, daß ein Verbot die Lage nur verschlimmern würde: dann würden die Sträflinge doch nur randalieren und sich betrinken, und so war es schließlich bedeutend besser, wenn sie mit irgend etwas beschäftigt waren. Übrigens setze ich eine solche Überlegung bei unserm Platzmajor einzig aus dem Grund voraus, weil das die natürlichste, gesündeste und richtige Einstellung gewesen wäre. Man kann es geradezu so formulieren: hätten die Gefangenen sich für die Feiertage nicht das Theaterspiel oder eine andere Unterhaltung dieser Art vorgenommen, hätte sich die Zuchthausverwaltung selbst etwas Ähnliches einfallen lassen müssen. Indessen zeichnete unser Platzmajor sich ja gerade dadurch aus, daß er völlig anders dachte als der übrige Teil der Menschheit, und so kann es durchaus sein, daß ich mich versündige in der Annahme, er habe vom Theater Kenntnis gehabt und es gebilligt. Ein Mensch wie der Platzmajor war stets darauf bedacht, andere kurzzuhalten, ihnen etwas wegzunehmen, sie zu entrechten, kurz – er mußte immer und überall herumkommandieren. In dieser Hinsicht kannte ihn die ganze Stadt. Was scherte es ihn, daß es gerade durch solche Zwangsmaßnahmen im Zuchthaus zu Unruhen und dummen Streichen hätte kommen können? Für jeden dummen Streich gibt es eine Strafe (denken Leute vom Schlag unseres Platzmajors), und für den Umgang mit den Spitzbuben von Gefangenen braucht man nichts als stete, buchstäbliche Gesetzestreue! Diese einfallslosen Vollstrecker der Buchstaben des Gesetzes begreifen nicht und sind auch gar nicht fähig zu begreifen, daß eine solche sinnlose, buchstäbliche Befolgung des Gesetzes, ohne Verständnis für seinen Geist, stets nur Disziplinlosigkeit nach sich ziehen muß. »So steht's in den Paragraphen, was will man mehr?« sagen sie und sind aufrichtig verwundert, daß man von ihnen außer den Paragraphen auch noch gesunden Menschenverstand und einen nüchternen Kopf verlangt. Letzteres erscheint vielen von ihnen als überflüssiger, empörender Luxus, als unerträgliche Einschränkung ihrer Autorität.

Aber wie dem auch sein mochte, der dienstälteste Unteroffizier hatte den Gefangenen nichts verboten, und mehr wollten sie gar nicht. Ich möchte mit aller Bestimmtheit sagen, daß die Aussicht auf das Theater und die Dankbarkeit, daß man es ihnen gestattet hatte, der Grund dafür war, daß es an den Feiertagen im Zuchthaus zu keinen ernsthaften Zwischenfällen kam: kein Streit mit bösartigem Ausgang, kein

Diebstahl. Ich selbst war Zeuge, wie die Kameraden den einen oder andern Zecher oder Streithammel einzig mit dem Argument zur Ordnung riefen, das Theater könnte verboten werden. Der Unteroffizier hatte sich von den Sträflingen versprechen lassen, daß alles ruhig und gesittet verlaufen und jedermann sich anständig betragen würde. Sie hatten freudig zugestimmt und hielten sich gewissenhaft an dieses Versprechen, außerdem schmeichelte es ihnen sehr, daß einer da war, der ihrem Wort traute. Schließlich muß noch hervorgehoben werden, daß es die Zuchthausverwaltung überhaupt nichts kostete, wenn sie das Theater gestattete, denn diese Erlaubnis war für sie mit keinerlei Opfern verknüpft. Raum wurde vorher nicht beansprucht: die Bühne wurde jeweils innerhalb einer Viertelstunde auf- und wieder abgebaut. Eine Aufführung dauerte anderthalb Stunden, und wenn von oben unerwartet Befehl gekommen wäre, die Vorstellung abzubrechen, so wäre das im Nu zu bewerkstelligen gewesen. Die Kostüme verwahrten die Gefangenen in ihren Koffern. Zuerst aber will ich berichten, wie das Theater organisiert war und was für Kostüme verwendet wurden, auch auf den Theaterzettel will ich zu sprechen kommen, das heißt auf die Stücke, die man zu spielen beabsichtigte.

Ein eigens geschriebener Theaterzettel existierte nicht. Bei der zweiten und dritten Vorstellung tauchte allerdings einer auf, den Bakluschin für die Herren Offiziere und alle wohlgeborenen Besucher geschrieben hatte, die unser Theater schon bei der ersten Vorstellung mit ihrer Anwesenheit beehrt hatten. Und zwar kam von den Herrschaften gewöhnlich der Wachoffizier, einmal schaute sogar der Offizier vom Dienst herein, der die Wachen kontrollierte. Ein anderes Mal erschien ein Ingenieuroffizier; für diese Ehrengäste also hatte man den Theaterzettel verfaßt. Man war der Ansicht, daß der Ruhm des Zuchthaustheaters durch die ganze Festung, ja sogar bis in die Stadt dringen würde, um so mehr, als es in der Stadt kein Theater gab. Dem Hörensagen nach hatte dort nur ein einziges Mal eine Liebhabervorstellung stattgefunden, damit hatte es sein Bewenden gehabt. Die Gefangenen freuten sich wie die Kinder über jeden noch so kleinen Erfolg, sie waren richtig stolz darauf. »Wer weiß«, dachten sie und sagten sie untereinander, »vielleicht kriegt auch die hohe Obrigkeit Wind von der Sache und kommt, um zuzuschauen, dann können sie sehen, was sie an den Gefangenen haben. Das ist nicht bloß eine lumpige Soldatenbühne mit Popanzen, schwimmenden Booten, aufrechtlaufenden Bären und Ziegenböcken. Wir hier haben Schauspieler, regelrechte Schauspieler, und sie spielen Komödie wie für richtige Herrschaften; so ein Theater kann man in der ganzen Stadt suchen. Beim General Abrosimow, heißt es, hat's mal eine Aufführung gegeben, die soll auch nochmal wiederholt werden; gut und schön, da haben wahrscheinlich die Kostüme alles rausgerissen, was aber die *Sprache* angeht, ich möchte bloß wissen, wie die vor den Unsrigen abgeschnitten hätten. Vielleicht dringt die Kunde bis zum Gouverneur, und wer weiß, wie der Teufel seine Hand im Spiele hat – vielleicht kommt er sogar in höchsteigener Person, sich die Aufführung anzusehen. Schließlich gibt's ja kein Theater in der Stadt ...« Kurz, die Phantasie der Gefangenen trieb während der Feiertage, besonders nach der ersten erfolgreichen Aufführung, üppige Blüten, und es fehlte nicht viel, daß sie sich eingebildet hätten, Extra-Vergünstigungen zu erhalten oder Strafverkürzungen, wenn sie auf der anderen Seite auch fast im selben Atemzug gutmütig über sich und die eigenen Phantastereien lachten. Mit einem Wort, es waren Kinder, die reinsten Kinder, obwohl manche dieser Kinder an die vierzig Jahre auf dem Buckel hatten. Obwohl es also keinen Theaterzettel gab, kannte ich doch in großen Umrissen das Repertoire der geplanten Vorstellung. Das erste Stück hieß: »Filatka und Miroschka, die beiden Nebenbuhler.«* Bakluschin hatte sich schon seit einer Woche vor mir gebrüstet, daß die Titelrolle des Filatka, die er übernommen hatte, so gespielt werden würde, wie man sie selbst im Sankt-Petersburger Theater noch nie zu Gesicht bekommen habe. Er stolzierte durch die Kasernen, prahlte unbarmherzig und schamlos, dabei aber völlig naiv, und hin und wieder ließ

* Volkstümliches Lustspiel von P. G. Grigorjew (Anmerkung des Übersetzers).

er mir nichts, dir nichts irgend etwas »Theatralisches«, das heißt ein Wort aus seiner Rolle, in seine Rede einfließen – dann brach alles in schallendes Gelächter aus, ganz gleich, ob er etwas Komisches gesagt hatte oder nicht. Übrigens muß betont werden, daß die Gefangenen sich auch hier zu beherrschen und ihre Würde zu wahren wußten: über Bakluschins Späße und Schilderungen des bevorstehenden Theaters amüsierten sich entweder die jüngsten Grünschnäbel, die noch keine Selbstbeherrschung gelernt hatten, oder aber die besonders gewichtigen Persönlichkeiten unter den Gefangenen, an deren Autorität nicht zu rütteln war, so daß sie nicht zu fürchten brauchten, ihre Empfindungen unverhüllt zu zeigen, selbst wenn es die allernaivsten (das heißt nach dem im Zuchthaus gängigen Sittenkodex die allerunanständigsten) Gefühle waren. Die übrigen hingegen hörten sich alle Gerüchte und Andeutungen schweigend an, zwar ohne Ablehnung und Widerspruch, aber doch nach Kräften bemüht, alle Nachrichten über das Theater gleichmütig oder sogar ein bißchen von oben herab zu ignorieren.

Erst in allerletzter Zeit, kaum vor dem ersten Aufführungstag, wurde das allgemeine Interesse wach: wie wird es werden? Wie weit sind sie? Wie stellt sich der Platzmajor dazu? Wird alles genauso klappen wie vor zwei Jahren? und so weiter. Bakluschin hatte mir versichert, daß alle Schauspieler bestens ausgewählt seien, daß jeder einzelne genau »am Platz« sei. Sogar einen richtigen Vorhang würde es geben. Filatkins Braut sollte von Sirotkin gespielt werden – »Ihr werdet selbst sehen, wie der sich ausnimmt in Frauenkleidern!« sagte er, kniff vor Vergnügen die Augen zusammen und schnalzte mit der Zunge. Die wohltätige Gutsherrin würde ein mit Falbeln besetztes Kleid und eine Pelerine tragen und einen Schirm in der Hand halten, der wohltätige Gutsherr würde im Offiziersrock mit Epauletten und einem Stöckchen auftreten. Anschließend war ein zweites Stück vorgesehen, ein Drama mit dem Titel »Kedril, der Vielfraß«. Dieser Titel rief mein Interesse wach, aber soviel ich mich auch nach diesem Stück erkundigte, gelang es mir doch nicht, vorher irgend etwas darüber herauszubekommen. Ich erfuhr lediglich, daß es keinem Buch entnommen sei, sondern aus einer »Handschrift« stamme, daß sie das Stück von einem pensionierten Unteroffizier in der Vorstadt bekommen hätten, der wahrscheinlich selbst einmal bei einer Soldatenaufführung mitgewirkt haben mochte. In unseren abgelegenen Städten und Gouvernements kann man in der Tat solche Bühnenstücke auftreiben, die offensichtlich niemand kennt, die vielleicht noch nie gedruckt worden sind, die wie von ungefähr irgendwo auftauchen und zum obligatorischen Repertoire jedes Volkstheaters in einem bestimmten Landstrich Rußlands gehören. Apropos »Volkstheater«. Es wäre sehr, sehr wünschenswert, wenn sich der eine oder andere Forscher mit neuen und sorgfältigeren Untersuchungen als bisher dem Volkstheater zuwenden wollte, das es ja gibt, das existiert, und das vielleicht nicht einmal so unbedeutend ist. Ich kann nicht glauben, daß alles, was ich hernach in unserm Zuchthaustheater zu sehen bekam, nur den Köpfen der Gefangenen entsprungen sein sollte. Dabei gibt es sicherlich eine Tradition, eine Überlieferung, ganz bestimmte, feststehende Spielmethoden und Begriffe, die nur aus der Erinnerung von alters her von einem Geschlecht an das andere überliefert werden. Nach solchen Stücken müßte man bei Soldaten, Fabrikarbeitern, in Fabrikstädten und sogar bei Kleinbürgern in manch einer unbekannten, ärmlichen Kleinstadt suchen. Auch beim Gesinde großer Gutshäuser auf dem Land und in Kreisstädten dürften sie noch lebendig sein. Ich glaube sogar, daß sich viele alte, in Rußland verbreitete Volksstücke nur durch Abschriften von Angehörigen des Gesindestandes erhalten haben. In alten Zeiten unterhielten ja die Gutsherren und Moskauer Adligen ihre eigenen Privattheater, in denen Leibeigene als Schauspieler auftraten. Und hier, in ebendiesen Theatern, liegt der Ursprung unserer dramatischen Volkskunst, was aus unzweifelhaften Merkmalen hervorgeht. Was indes das Stück »Kedril, der Vielfraß« betrifft, konnte ich, sosehr ich mich auch bemühte, vorher nichts in Erfahrung bringen, als daß böse Geister auf der Bühne erscheinen und Kedril mit sich in die Hölle nehmen würden. Was aber der Name Kedril zu bedeuten hatte, und schließlich, warum er Kedril hieß und nicht Kiril, ob dieses Wort russischer oder fremder Herkunft war, das alles konnte ich nicht herausfinden. Als Abschluß des Abends war eine »Pantomime mit Musik« angekündigt. Natürlich klang das alles sehr verlockend. Es waren an die fünfzehn Schauspieler, lauter aufgeweckte und tüchtige Leute. Sie hatten ständig irgend etwas miteinander zu schaffen, hielten ihre Proben ab, zuweilen hinter den Kasernen, taten sehr geheimnisvoll, sonderten sich ab. Kurzum, sie wollten uns alle mit etwas ganz Außerordentlichem und Unerwartetem überraschen.

Werktags wurden die Gefangenen frühzeitig, das heißt, bei Einbruch der Dämmerung, in die Kasernen eingeschlossen. An den Weihnachtsfeiertagen wurde eine Ausnahme gemacht: die Kasernen blieben bis zum Zapfenstreich offen. Dieses Privileg wurde uns eigens des Theaters wegen zugestanden. Während der Feiertage, in der Regel kurz vor der Abenddämmerung, schickte man täglich aus dem Zuchthaus zum Wachoffizier hinüber mit der untertänigsten Bitte, »das Theater zu gestatten und erst später abzuschließen«, wobei ausdrücklich darauf hingewiesen wurde, daß ja auch gestern Theater gespielt und lange nicht abgeschlossen worden sei und daß es dabei nicht die geringste Unordnung gegeben habe. Der Wachoffizier argumentierte folgendermaßen: »Es hat in der Tat keine Unordnung gegeben; und wenn sie selbst ihr Wort geben, daß auch heute nichts Unerlaubtes passieren wird, werden sie auch selbst dafür einstehen, und das ist wirkungsvoller als alles andere. Und außerdem, wenn man die Vorstellung untersagte, würden sie am Ende (wer will sich auskennen bei denen, immerhin sind es Zuchthäusler!) vor lauter Zorn erst recht etwas anstellen und dem Wachpersonal einen Streich spielen.« Und schließlich: Wacheschieben ist ein langweiliges Geschäft, und da gibt's mal ein Theater, nicht bloß eine Soldatenbühne, sondern eines, das die Gefangenen aufgezogen haben, Gefangene sind ein interessantes Völkchen, also wird es lustig anzusehen sein. Der Wachoffizier hat immer das Recht, der Vorstellung beizuwohnen.

Kam der Offizier vom Dienst zur Inspektion und fragte: »Wo ist der Wachhabende?« war die Antwort und Rechtfertigung schlicht und einfach: »Der ist gerade ins Zuchthaus, die Gefangenen zählen und die Kasernen abschließen.« So erlaubten die Wachoffiziere über die ganzen Feiertage Abend für Abend, daß Theater gespielt wurde, und schlossen die Kasernen bis zum Zapfenstreich nicht ab. Die Gefangenen wußten von vornherein, daß die Wachhabenden ihnen nichts in den Weg legen würden, und waren in dieser Hinsicht ganz unbesorgt.

Gegen sieben Uhr erschien Petrow, um mich abzuholen, und wir machten uns gemeinsam auf den Weg zur Vorstellung. Aus unserer Kaserne gingen beinahe alle, ausgenommen die Altgläubigen von Tschernigow und die Polen. Die entschlossen sich erst, die allerletzte Vorstellung am vierten Januar zu besuchen, und auch das erst, nachdem man ihnen beteuert hatte, daß es im Theater schön und vergnüglich sei und zudem ganz ungefährlich zuginge. Diese verächtliche Zurückhaltung der Polen verärgerte die anderen Gefangenen nicht im geringsten, sondern man empfing sie am vierten Januar mit größter Zuvorkommenheit. Man wies ihnen sogar die besten Plätze an. Was die Tscherkessen und vor allem Issai Fomitsch betraf, so war unser Theater für sie ein wahrer Hochgenuß. Issai Fomitsch spendete jedesmal drei Kopeken, beim letztenmal legte er sogar ganze zehn Kopeken auf den Teller, dabei stand ihm die Glückseligkeit auf dem Gesicht geschrieben. Die Schauspieler waren übereingekommen, von den Anwesenden nur freiwillige Spenden einzusammeln, um die Unkosten der Aufführung zu bestreiten und natürlich auch für ihre eigene »Stärkung«. Petrow behauptete, daß man mir einen der ersten Plätze überlassen würde, wie überfüllt das Theater auch sein mochte, mit der Begründung, daß ich, da ich wohlhabender sei als alle andern, vermutlich auch mehr geben würde und überdies mehr als alle andern vom Theater verstünde. So geschah es dann auch. Aber zunächst will ich den Zuschauerraum und die Bühnenausstattung beschreiben.

Unsere Militärkaserne, in der das Theater sich etabliert hatte, war etwa fünfzehn Schritt lang. Vom Hof aus trat man auf eine kleine Vortreppe, von der Treppe in die Diele und von der Diele in die eigentliche Kaserne. Dieser langgestreckte Raum war, ich sagte es bereits, anders eingerichtet als die übrigen: die Pritschen standen hier an der Wand entlang, so daß die Mitte frei blieb. Die eine Hälfte des Raumes, die dem von der Vortreppe kommenden Eingang am nächsten lag, war den Zuschauern vorbehalten, die andere Hälfte, die an die nächste Kaserne grenzte, war als Bühne eingerichtet. Als erstes fiel mir der Vorhang ins Auge. Er durchquerte in einer Breite von zehn Schritt die ganze Kaserne. Dieser Vorhang war ein solcher Luxus, daß man aus dem Staunen nicht herauskam. Zu allem Überfluß war er mit Ölgemälden verziert: Bäume, Lauben, Teiche und Sterne waren darauf zu sehen. Er bestand aus alten und neuen Leinwandresten, was ein jeder hatte erübrigen können; alte Fußlappen und Hemden, die schlecht und recht zu einem großen Stück zusammengenäht worden waren, und ein Teil des Vorhanges, für den der Stoff nicht mehr gereicht hatte, war schlichtes Papier, das man sich ebenfalls, Blatt um Blatt, in den verschiedenen Amtsstuben und Kanzleien zusammengebettelt hatte. Unsere Kunstmaler, unter denen sich auch A., unser »Brjullow«, hervorgetan hatte, waren nach Kräften bemüht gewesen, den Vorhang hübsch zu verzieren und mit Zeichnungen zu schmücken. Die Wirkung war verblüffend. Dieser Luxus imponierte sogar den finsteren und anspruchsvollsten Nörglern, die übrigens, als es wirklich so weit war und die Vorstellung beginnen sollte, einer wie der andere von der gleichen kindlichen Vorfreude angesteckt wurden wie die feurigsten und ungeduldigsten unter uns. Alle waren ungemein zufrieden, sogar von zufriedenem Stolz erfüllt. Die Beleuchtung bestand aus mehreren in Stücke geschnittenen Talglichtern. Vor dem Vorhang waren zwei Küchenbänke aufgestellt, und vor den Bänken drei oder vier Stühle, die man in der Wachstube des Unteroffiziers aufgetrieben hatte. Die Stühle hatte man für den Fall bereitgestellt, daß sich höhere Offiziere einfinden sollten. Die Bänke waren reserviert für Unteroffiziere und Ingenieursschreiber, Offiziersschüler und anderes Personal, das zwar auch der Verwaltung angehörte, aber nicht im Offiziersrang stand, falls jemand von ihnen Lust bekommen sollte hereinzuschauen. Und das war auch tatsächlich der Fall: an allen Feiertagen hatten wir Gäste; an einem Abend mehr, am andern weniger, bei der letzten Vorstellung aber blieb nicht ein einziger Platz auf den Bänken unbesetzt. Hinter den Bänken schließlich drängten sich die Gefangenen, sie standen, aus Respekt vor den Besuchern, ohne Mützen, in Jacken oder Halbpelzen, trotz der drückenden Hitze im Raume. Natürlich reichte der Platz für die Gefangenen nicht aus. Obwohl sie, besonders in den letzten Reihen, buchstäblich übereinander saßen, waren auch noch alle Pritschen, ja selbst die Kulissen belagert, und schließlich gab es noch Enthusiasten, die sich regelmäßig hinter die Bühne in die angrenzende Kaserne zurückzogen und von dort, hinter der Kulisse hervor, der Aufführung zusahen. Die Enge in der vorderen Hälfte des Raumes überstieg alle Vorstellung und war allenfalls mit der Enge und dem Gedränge zu vergleichen, die ich kürzlich in der Badestube erlebt hatte. Die Tür zur Diele stand offen, denn auch hier, wo immerhin zwanzig Grad Kälte herrschten, drängten sich noch Menschen. Petrow und mich ließ man jedoch sofort nach vorn, bis fast zu den Bänken durchgehen, von wo aus man viel besser sehen konnte als von den hinteren Reihen. Mich betrachtete man zunächst als Theaterexperten, der alles recht zu würdigen wüßte und der schon ganz andere Theater kennengelernt hatte; man hatte gesehen, daß Bakluschin mich fortwährend zu Rate gezogen und mit allem Respekt behandelt hatte; demnach hatte ich jetzt, so dachte man wohl, auch Anspruch auf Ehrerbietung und einen guten Platz. Freilich zeigten sich die Gefangenen oft im höchsten Maß eitel und leichtsinnig, aber das alles war nur äußerlich. Sie konnten über mich lachen, wenn sie sahen, ein wie untauglicher Gehilfe ich ihnen bei der Arbeit war. Almasow konnte verächtlich auf uns Adlige herabsehen und sich vor uns mit seiner Geschicklichkeit beim Alabasterbrennen brüsten. Zu ihrer Abneigung und ihrem Spott über uns bewog sie noch etwas anderes: wir waren Adlige, wir gehörten demselben Stand an wie ihre Herren, die sie nicht in guter Erinnerung haben konnten. Hier, im Theater aber, machten sie mir freiwillig Platz. Sie erkannten an, daß ich auf diesem Gebiet besser beschlagen war als sie, daß ich mehr davon gesehen hatte und mehr davon verstand. Selbst diejenigen unter ihnen, die mich am wenigsten leiden mochten, wollten jetzt (dessen bin ich sicher) mein Lob für ihr Theater hören und traten mir ohne jede Unterwürfigkeit den besten Platz ab. So urteile ich noch heute, wenn ich mir meinen damaligen Eindruck ins Gedächtnis rufe. Schon damals kam es mir so vor – ich weiß es noch heute –, daß ihre richtige Selbsteinschätzung durchaus keine Erniedrigung bedeutete, sondern vielmehr dem Gefühl der eigenen Würde entsprang. Der edelste und am deutlichsten ausgeprägte Charakterzug unseres einfachen Volkes ist der Sinn für Gerechtigkeit und der Durst nach Gerechtigkeit. Die dünkelhafte Sucht, allerorts und *um jeden Preis* die erste Geige spielen zu wollen, ganz gleich, ob einer das verdient oder nicht, diese Sucht ist dem Volke fremd. Man braucht lediglich die äußere Schale abzunehmen und sich den Kern selbst aufmerksam und vorurteilslos aus der Nähe zu betrachten, und schon wird man beim Volk Eigenschaften entdecken, von denen manch einer sich nichts hätte träumen lassen. Unsere Weisen und Gelehrten können dem Volk nicht viel beibringen. Ich behaupte sogar im Gegenteil: sie selber haben vom Volk zu lernen.

Als wir uns zum Theaterbesuch anschickten, hatte Petrow mir naiverweise erklärt, daß man mich nach vorn lassen würde, und zwar auch aus dem Grund, weil ich mehr geben würde als die andern. Man hatte keinen festen Eintrittspreis: jeder gab, so viel er konnte oder mochte. Fast alle legten etwas in den Teller, und sei es nur einen Groschen, wenn man zum Sammeln herumging. Wenn man mich aber teilweise auch wegen des Geldes nach vorn gelassen hatte in der Voraussetzung, daß ich mehr geben würde als die andern, so war auch hierin wieder so viel Sinn für die eigene Würde enthalten: »Du bist reicher als ich, also gehörst du nach vorn, wenn hier auch keiner besser ist als der andere, gibst du doch mehr, folglich ist ein Zuschauer wie du den Schauspielern besonders willkommen – darum gebührt dir der Platz, schließlich sind wir alle nicht für Geld, sondern aus Achtung vor den Schauspielern hier, folglich müssen wir schon selbst unsere Auswahl treffen!« Wieviel echter und hochherziger Stolz lag in dieser Überlegung! Das war keine Katzbuckelei vor dem Geld, sondern Achtung vor sich selbst! Überhaupt hatte man im Zuchthaus nicht sonderlich viel Respekt vor Geld und Besitz, besonders wenn man die große Masse der Sträflinge, die ganze Gemeinschaft betrachtete. Ich kann mich, selbst wenn ich jeden einzelnen ins Gedächtnis zurückrufe, an keinen Gefangenen erinnern, der sich für Geld ernstlich erniedrigt hätte. Wohl gab es zudringliche Bittsteller, die mich um Geld angingen, aber in dieser ihrer Bettelei lag eher Übermut und Schelmerei, als daß es ihnen wirklich um das Geld zu tun gewesen wäre, eher Humor und Naivität. Ich weiß nicht, ob ich mich verständlich ausdrücke ... Aber ich bin ganz vom Theater abgekommen. Zur Sache also.

Bis zum Aufgehen des Vorhanges bot der Raum ein merkwürdiges, belebtes Bild. Da war zuerst die Masse der Zuschauer, die auf allen Seiten, gedrängt, gedrückt und aneinandergepreßt, mit geduldigen und erwartungsfrohen Gesichtern den Beginn der Vorstellung erwarteten. In den hinteren Reihen standen sie einer über dem anderen. Viele hatten sich aus der Küche Holzkloben mitgebracht: sie lehnten so einen dicken Holzklotz irgendwo an die Wand, kletterten darauf, stützten sich mit beiden Händen auf die Schultern der vor ihnen Stehenden und verharrten in dieser Stellung zwei geschlagene Stunden, absolut zufrieden mit sich und ihrem Standort. Andere waren auf den untersten Ofenabsatz gestiegen und blieben so, auf ihre Vordermänner gelehnt, während der ganzen Vorstellung stehen. So sah es in den hintersten Reihen, unmittelbar an der Wand, aus. Auf den Pritschen an der Seite stand gleichfalls eine dichte Menge, direkt über den Musikanten. Das waren gute Plätze. Etwa fünf Mann waren auf den Ofen geklettert und sahen liegend von dort herunter. Die waren nachgerade im siebenten Himmel. Auch auf den Fensterbrettern an der gegenüberliegenden Wand drängten sich die Massen, die zu spät gekommen waren oder keinen guten Platz gefunden hatten. Alle verhielten sich still und gesittet. Jeder wollte sich vor den Herrschaften und Gästen von seiner besten Seite zeigen. Auf allen Mienen spiegelte sich naivste Erwartung. Alle Gesichter waren rot und schweißglänzend in der Hitze und Stickigkeit. Welch seltsamer Abglanz kindlicher Freude und eines rührenden, reinen Vergnügens leuchtete auf diesen zerfurchten, gebrandmarkten Stirnen und Wangen, im Blick dieser Menschen, die sonst so finster und mürrisch dreinschauten, in diesen Augen, die oft in so unheimlichem Feuer loderten! Alle waren barhäuptig, und von rechts gesehen schienen alle Köpfe völlig kahlgeschoren. Da wurde es auf der Bühne unruhig, man hörte hastiges Laufen und Schieben. Gleich mußte der Vorhang aufgehen. Schon setzte das Orchester ein. Dieses Orchester verdient besonders erwähnt zu werden. Seitlich, an den Pritschen entlang, hatten etwa acht Musikanten Aufstellung genommen: zwei Geigen (die eine war im Zuchthaus vorhanden, die andere irgendwo in der Festung entliehen worden, ein zweiter Geiger hatte sich bei uns gefunden), drei Balalaikas, ausnahmslos eigener Herstellung, zwei Gitarren und eine Schellentrommel anstelle des Kontrabasses. Die Geigen wimmerten, was das Zeug hielt, die Gitarren taugten nicht viel, dafür waren die Balalaikas wirklich einmalig. Die Fixigkeit, mit der die Finger der Spieler die Saiten bewegten, glich der Geschicklichkeit von Taschenspielern. Man spielte lauter Tanzweisen. An den temperamentvollsten Stellen pochten die Balalaikaspieler mit den Knöcheln gegen den Boden ihrer Instrumente; Klang, Geschmack und Ausführung, der Umgang mit den Instrumenten, die Wiedergabe der Melodien – dies alles hatte seinen eigenen, durchaus originellen Stil und entsprach der Mentalität der Sträflinge. Einer der Gitarrenspieler beherrschte sein Instrument ebenfalls großartig. Es war der Adlige, der seinen Vater umgebracht hatte. Was erst die Schellentrommel anging, so vollbrachte sie wahre Wunder: bald ließ der Spieler sie an einem Finger kreisen, bald fuhr er mit dem Daumen über das Fell, bald brachte sie rasch aufeinanderfolgende, hellklingende und gleichförmige Schläge hervor, dann wieder zerfielen diese kräftigen, deutlich voneinander abgesetzten Töne wie Erbsen in ungezählte kleine, klirrende und summende Laute. Zuletzt gesellten sich auch noch zwei Harmonikas dazu. Auf mein Ehrenwort, ich hatte bisher noch keinen Begriff davon, was man aus solchen schlichten Volksinstrumenten alles herausholen kann; die Harmonie der Töne, die Geschlossenheit des Zusammenspiels, vor allem aber der Stil, das Verständnis und die Wiedergabe des wesentlichen Inhalts der Melodie waren schlechterdings bewundernswert. Damals wurde mir zum ersten Male wirklich bewußt, was denn eigentlich die unbändige Verwegenheit der russischen Tanzweisen ausmacht. Endlich ging der Vorhang auf. Alle gerieten in Bewegung, alle traten von einem Bein aufs andere, die hinteren stellten sich auf die Zehenspitzen; irgendeiner purzelte von seinem Holzklotz; alle ohne Ausnahme sperrten die Münder auf und starrten mit weitaufgerissenen Augen zur Bühne, auf einmal war es mucksmäuschenstill ... Die Vorstellung hatte begonnen.

Neben mir stand Alej im Kreise seiner Brüder und der anderen Tscherkessen. Sie alle waren leidenschaftliche Theaterfreunde und kamen fast allabendlich in die Vorstellung Überhaupt sind Moslems, Tataren und so weiter, stets passionierte Liebhaber aller erdenklichen Schaustellungen, was ich wiederholt feststellen konnte. Neben ihnen hatte sich Issai Fomitsch plaziert, der seit dem Aufgehen des Vorhanges nur noch Auge und Ohr und eine einzige naive, begierige Erwartung der herrlichsten Wunderdinge und Genüsse zu sein schien. Es wäre jammerschade gewesen, wenn er in seinen Erwartungen betrogen worden wäre. Alejs liebes Gesicht leuchtete in so kindlicher, schöner Freude, daß es mir, wie ich gestehe, unerhörtes Vergnügen bereitete, ihn anzusehen; ich weiß noch, daß ich mich nach jedem komischen und gelungenen Einfall auf der Bühne, wenn das allgemeine Gelächter losprasselte, unwillkürlich zu Alej umwandte, um sein Mienenspiel zu beobachten. Er bemerkte mich überhaupt nicht, er hatte jetzt wahrlich anderes im Sinn! Links von mir, ganz in meiner Nähe, stand ein schon bejahrter Sträfling, der stets finster dreinschaute, stets unzufrieden und mürrisch war. Der war ebenfalls auf Alej aufmerksam geworden und drehte sich, wie ich beobachten konnte, wiederholt mit dem Anflug eines Lächelns nach ihm um, denn er sah wirklich allzu rührend aus. Er nannte ihn »Alej Semjonytsch«, ich habe keine Ahnung, warum. Das Programm wurde mit »Filatka und Miroschka« eröffnet. Filatka (Bakluschin) war in der Tat hervorragend. Er spielte seine Rolle mit bewundernswerter Exaktheit. Es war ersichtlich, daß er sich in jeden Satz, in jede Bewegung hineingedacht hatte. Jedem noch so nichtssagenden Wort, jeder Geste hatte er Sinn und Bedeutung zu verleihen gewußt, die sich vortrefflich zum Charakter seiner Rolle fügten. Wenn man neben der Anstrengung, dem Fleiß beim Einstudieren der Rolle auch noch seine erstaunliche, ungekünstelte Lustigkeit bedenkt, sein einfaches, nicht im geringsten affektiertes Benehmen, so würde jeder, der Bakluschin gesehen hätte, zweifellos mit mir darin übereinstimmen, daß dies ein echter Schauspieler mit großem, angeborenem Talent war. Ich habe Filatka wiederholt auf Moskauer und Petersburger Bühnen gesehen und kann mit Sicherheit behaupten, daß die Darsteller des Filatka in den beiden Hauptstädten es nicht mit Bakluschin hätten aufnehmen können. Im Vergleich zu ihm waren sie »paysans«, aber keine waschechten russischen Bauern. Sie legten es zu sehr darauf an, den »Muschik« zu spielen. Obendrein war Bakluschin noch aufgebracht über einen Rivalen: jedermann wußte, daß die Rolle des Kedril im zweiten Stück von Pozejkin gespielt wurde, den alle aus unerfindlichem Grunde für begabter und besser hielten als Bakluschin, und Bakluschin litt darunter wie ein Kind. Wie oft war er während der letzten Tage zu mir gekommen, um mir sein Herz auszuschütten. Schon zwei Stunden vor der Aufführung schüttelte ihn das Lampenfieber. Wenn die Zuschauer laut lachten und man ihm aus der Menge zurief: »Bravo, Bakluschin, bist ein toller Kerl!« strahlte er über das ganze Gesicht vor Glück, und echte Begeisterung glänzte in seinen Augen. Die Szene, in der Filatka und Miroschka sich küssen und Filatka dem andern vorher zuruft: »Wisch dir's Maul ab!« und sich seines abwischt, war unbeschreiblich komisch. Alle bogen sich vor Lachen.

Aber am interessantesten waren mir doch die Zuschauer; denn hier zeigten sie sich einmal ungehemmt, wie sie wirklich waren. Sie gaben sich uneingeschränkt ihrem Vergnügen hin. Die Beifallsrufe häuften sich. Da stieß einer seinen Nachbarn an und teilte ihm hastig seine Eindrücke mit, ohne sich darum zu kümmern, ja vielleicht sogar ohne zu bemerken, wer eigentlich neben ihm stand; ein anderer drehte sich bei einer besonders komischen Szene vor lauter Begeisterung plötzlich zu den andern um, streifte alle mit einem raschen Blick, als ob er sie zum Mitlachen auffordern wollte, winkte ihnen zu und wandte sich dann gleich wieder begierig der Bühne zu. Ein dritter schnalzte nur mit Zunge und Fingern und konnte vor Vergnügen nicht stille stehen; da er sich aber keine andere Bewegung verschaffen konnte, trat er nur immer wieder von einem Bein auf das andere. Gegen Ende des Stückes hatte die allgemeine Stimmung ihren Höhepunkt erreicht. Ich übertreibe nicht im geringsten. Man muß sich vergegenwärtigen, daß dies alles ja im Zuchthaus geschah, man muß an die Fußketten denken, die Unfreiheit, die langen, kummervollen Jahre, die jeder noch vor sich hatte, ein Leben, so eintönig wie der Nieselregen an trüben Herbsttagen – und da hatte man diesen Unterdrückten, von der Außenwelt Isolierten einmal gestattet, für eine kurze Stunde aus sich herauszugehen, sich zu amüsieren, den schweren Albtraum zu vergessen und ein richtiges Theater auf die Beine zu stellen, und was für eines: zu Stolz und Staunen der ganzen Stadt – da seht nur, was wir für Gefangene haben! Selbstverständlich erregte alles daran ihr Interesse, so beispielsweise die Kostümierung. Es war ungeheuer spannend für sie, etwa den altvertrauten Wanka Otpetij oder Nezwetajew oder Bakluschin in vollkommen anderer Gewandung zu sehen als in der Sträflingskluft, in der sie diese so viele Jahre lang tagtäglich vor Augen gehabt hatten. »Der ist doch auch bloß Sträfling, nicht anders als vorher, man hört seine Ketten klirren, und doch tritt er jetzt in Gehrock, Zylinder und Mantel auf – wie ein piekfeiner Zivilist. Einen

Schnurrbart hat er sich angeklebt und trägt eine Perücke auf dem Kopf. Da hat er doch wahrhaftig ein rotes Schnupftüchlein aus der Tasche gezogen und fächelt sich damit Luft zu, den feinen Herren macht er, als wäre er selber ungelogen ein richtiger vornehmer Herr!« Alle waren begeistert. Der »wohltätige Gutsherr« erschien in einer zwar schon recht abgetragenen Adjutantenuniform mit Epauletten, Mütze und Kokarde und machte unwahrscheinlichen Effekt. Für diese Rolle hatte es zwei Bewerber gegeben, und ob man's glaubt oder nicht, die beiden hatten sich wie die kleinen Kinder ganz fürchterlich gestritten, wer sie spielen sollte: beide wollten sich um jeden Preis in der Offiziersuniform mit Schulterstücken zeigen! Die andern Schauspieler mußten sie auseinanderbringen und entschieden sich mit Stimmenmehrheit für Nezwetajew, nicht etwa, weil er stattlicher und hübscher gewesen wäre als der andere und darum besser zum Herrn getaugt hätte, sondern nur darum, weil Nezwetajew jedermann zu überzeugen gewußt hatte, daß er mit einem Stöckchen auftreten und dieses so schwenken und Figuren damit auf den Boden zeichnen würde wie ein leibhaftiger Herr und erstklassiger Stutzer, wozu Wanjka Otpetij nie und nimmer imstande gewesen wäre, da er ja sein Lebtag noch keine richtigen Herrschaften zu Gesicht bekommen hatte. Wenn Nezwetajew mit seiner Gnädigen vor das Publikum trat, machte er in der Tat nichts weiter, als mit seinem dünnen Rohrstock, den er sich Gott weiß woher beschafft hatte, flink und behende allerlei Figuren auf den Boden zu zeichnen, sicher weil er diese Geste für ein Merkmal äußerster Vornehmheit, Stutzerhaftigkeit und Eleganz hielt. Wahrscheinlich hatte er irgendwann in seiner Kindheit, als barfüßiger Hofjunge, einen feinen Herren mit einem solchen Stöckchen gesehen und war ganz gebannt gewesen von der Geschicklichkeit, mit der dieser seinen Stock handhabte, und dieser Eindruck hatte sich für immer unauslöschlich in seiner Seele festgesetzt, so daß er sich jetzt, mit dreißig Jahren, noch genau daran erinnerte, zur uneingeschränkten Bezauberung und Begeisterung des gesamten Zuchthauspublikums. Nezwetajew war so in diese Beschäftigung versunken, daß es ihm nicht einfiel, irgend jemanden oder irgend etwas anzusehen, er sagte seinen Text herunter, ohne den Blick zu heben, und konzentrierte sich auf nichts anderes als auf die Spitze seines Stocks. Die wohltätige Gutsherrin war ihrerseits recht sehenswert: sie erschien in einem alten, abgetragenen Musselinkleid, das eher die Bezeichnung Fetzen verdient hätte, mit bloßen Armen und tiefem, dick gepudertem Dekolleté und rotgeschminktem Gesicht, auf dem Kopf trug sie, unterm Kinn zugebunden, ein Nachthäubchen aus Kaliko, in der einen Hand einen Sonnenschirm, in der andern einen Fächer aus buntbemaltem Papier, mit dem sie sich unablässig Luft zufächelte. Eine Lachsalve empfing sie; die gnädige Frau konnte sich selbst nicht beherrschen und prustete mehrmals laut heraus. Die Dame wurde von Iwanow gespielt. Sirotkin nahm sich, als Mädchen verkleidet, ganz reizend aus. Auch die Couplets klappten vortrefflich. Kurzum, das Stück endete zur vollsten Zufriedenheit des gesamten Publikums. Kritik wurde nicht laut, man hatte schlechterdings nichts zu kritisieren.

Dann erklang noch einmal die Ouvertüre: »Häuschen, mein Häuschen«, und wieder ging der Vorhang auf. Jetzt war Kedril an der Reihe. Kedril hatte entfernte Ähnlichkeit mit Don Juan; jedenfalls werden Herr wie Diener am Schluß von Teufeln geholt. Man gab einen vollständigen Akt, der aber offensichtlich nur das Fragment eines Stückes war, Anfang und Ende waren verloren. Das Ganze ergab nicht den mindesten Sinn und Zusammenhang. Die Handlung spielt irgendwo in Rußland in einer Herberge. Der Wirt geleitet einen Herren in Reisemantel und verdrücktem Zylinder auf sein Zimmer. Dem Herren folgt der Diener Kedril mit dem Koffer und einem in blaues Papier gewickelten Brathuhn. Kedril trägt Halbpelz und Schirmmütze. Er ist der bewußte Vielfraß. Er wurde von Pozejkin gespielt, Bakluschins Rivalen; den Herrn gab Iwanow, der im ersten Stück die wohltätige Gutsherrin verkörpert hatte. Der Wirt, will sagen Nezwetajew, setzt die beiden Gäste vorsorglich davon in Kenntnis, daß in diesem Zimmer Teufel ihr Unwesen treiben, und zieht sich zurück. Der Herr, düster und sorgenvoll, brummelt vor sich hin, daß er dies längst gewußt habe, und beauftragt Kedril, die Koffer auszupacken und das Abendessen zu richten. Kedril ist ein Hasenfuß und Vielfraß. Sobald er etwas von Teufeln hört, wird er bleich und zittert wie Espenlaub. Am liebsten hätte er Reißaus genommen, getraut sich aber nicht im Angesicht des Herren. Außerdem hat er Hunger. Er ist wollüstig, dummschlau, feige, übertölpelt seinen Herren auf Schritt und Tritt und hat dabei auch wieder Furcht vor ihm. Er ist der markante Typus des Bediensteten, in dem undeutlich und von ferne Leporellos Züge durchschimmern, zudem wurde er hier wirklich trefflich verkörpert. Pozejkin war unzweifelhaft begabt, und nach meinem Dafürhalten ein noch besserer Schauspieler als Bakluschin. Als ich Bakluschin am andern Tag begegnete, hielt ich mit dieser Meinung selbstredend hinterm Berge, sonst hätte ich ihn gar zu sehr betrübt. Auch der Sträfling, der den Herrn darstellte, spielte nicht übel. Er schwatzte einen fürchterlichen Unsinn zusammen, aber seine Diktion war flott und lebensecht, seine Gebärden entsprachen der Handlung. Während Kedril sich mit den Koffern zu schaffen macht, geht der Herr gedankenverloren auf und ab und erklärt unüberhörbar, daß am heutigen Abend das Ende seiner Irrfahrten gekommen sei. Kedril hört neugierig zu, schneidet Grimassen, spricht *a parte* und bringt die Zuschauer mit jeder Silbe zum Lachen. Er hat kein Mitleid mit seinem Herrn, aber er hat was von Teufeln gehört und will wissen, was es damit auf sich hat, also zieht er seinen Herrn ins Gespräch, um ihn auszuhorchen. Schließlich vertraut der Herr ihm an, daß er vorzeiten in einer Notlage die Hölle um Beistand angerufen habe und daß die Teufel ihm aus der Klemme geholfen hätten; heute aber sei seine Frist abgelaufen und es sei sehr gut möglich, daß sie heute kommen und seine Seele holen würden, auf die sie vertragsgemäß Anspruch hätten. Kedril vergeht fast vor Angst. Der Herr dagegen verliert die Fassung nicht und befiehlt ihm, das Abendessen anzurichten. Kaum hat Kedril das Wort Abendessen gehört, wird er lebendig, holt Huhn und Wein hervor – und hast du nicht gesehen, bricht er sich ein Stück vom Huhn ab, um es zu probieren. Die Zuschauer toben vor Vergnügen. Doch da knarrt die Tür, der Wind rüttelt an den Fensterläden; Kedril schlottert und steckt geschwind, fast unbewußt, ein großes Stück Huhn in den Mund, das er nicht so schnell hat herunterschlucken können. Erneute Lachsalve. »Ist das Essen fertig?« ruft der Herr, der im Zimmer auf und ab wandert. »Auf der Stelle, gnäd'ger Herr ... gleich ... ist angerichtet ...« sagt Kedril, setzt sich zu Tisch und fängt in aller Seelenruhe an, sich das herrschaftliche Abendbrot einzuverleiben. Dem Publikum imponiert sichtlich die Behendigkeit und Schläue des Dieners, es amüsiert sich über den Trottel von einem Herrn. Man muß zugeben, daß Pozejkin höchstes Lob verdiente. Die Worte: »Auf der Stelle, gnäd'ger Herr, gleich ist angerichtet«, sprach er unübertrefflich. Kaum hat er am Tisch Platz genommen, beginnt er gierig zu schlingen und schreckt bei jedem Schritt des Herrn zusammen vor Angst, dieser könnte sein Tun bemerken; sobald jener sich umdreht, verkriecht er sich hastig unter den Tisch und nimmt das Huhn mit sich. Schließlich hat er seinen ersten Hunger gestillt; jetzt wird es Zeit, an den Herrn zu denken. »Kedril, bist du endlich fertig?« ruft der Herr. »Schon fertig, Euer Gnaden!« erwidert Kedril hastig, der sich eben erst darüber klar geworden ist, daß für den Herrn so gut wie nichts mehr übrig ist. Auf dem Teller liegt nur noch ein klägliches Hühnerbein. Der Herr, düster und sorgenvoll, setzt sich zu Tische, ohne etwas zu bemerken, Kedril postiert sich mit der Serviette hinter seinem Stuhl. Jedes Wort, jede Gebärde, jede Grimasse Kedrils, wenn dieser, dem Publikum zugewandt, mit einer Kopfbewegung auf seinen einfältigen Tropf von Herrn deutet, wird von den Zuschauern mit unbändigem Gelächter begrüßt. Dann aber, als der Herr sich gerade zum Essen anschickt, erscheinen die Teufel. Hier versteht man nun überhaupt nichts mehr, zu allem Überfluß zeigen sich die Teufel in gar zu sonderbarer Gestalt: in der Seitenkulisse geht eine Tür auf, daraus erscheint ein ganz in Weiß gehülltes Etwas, das anstelle des Kopfes eine Laterne mit brennender Kerze trägt, ein anderes Phantom hat gleichfalls eine Laterne auf dem Kopf und hält eine Sense in der

Hand. Was die Laternen und die Sense zu bedeuten haben, warum die Teufel weißgekleidet einhergehen, kann sich kein Mensch erklären. Aber darauf verschwendet niemand viele Gedanken. So ist es eben, wahrscheinlich muß es so sein. Der Herr wendet sich ganz beherzt den Teufeln zu und ruft, er sei bereit, sie sollten nur kommen und ihn holen. Kedril aber ist ein rechter Hasenfuß, er verkriecht sich unter den Tisch, vergißt aber nicht, trotz aller Angst, die Flasche mitzunehmen. Die Teufel verschwinden für einen Augenblick, Kedril kommt wieder unter dem Tisch hervor, aber kaum hat sich der Herr wieder dem Hühnerrest zugewandt, stürzen die drei Teufel wieder in die Stube, packen den Herrn von hinten und schleppen ihn mit sich in die Hölle. »Kedril, zu Hilfe!« ruft der Herr. Aber Kedril hat anderes im Kopf. Diesmal nimmt er Flasche und Teller und sogar das Brot mit sich unter den Tisch. Jetzt ist er ganz allein, die Teufel sind fort, der Herr ebenfalls. Kedril wagt sich hervor, sieht sich um, und ein Grinsen überzieht sein Gesicht. Er kneift spitzbübisch die Augen zusammen, setzt sich an den Platz des Herren und sagt halblaut, dem Publikum zuzwinkernd: »Tja, jetzt bin ich wohl ganz mutterseelenallein ... ohne meinen Herrn! ...«

Alle lachen, daß er jetzt ohne seinen Herrn ist; er aber fährt mit gedämpfter Stimme fort, wobei er sich wieder vertraulich ans Publikum wendet und ihm immer ausgelassener zuzwinkert: »Den Herrn haben nämlich die Teufel geholt! ...«

Jetzt kennt die Begeisterung der Zuschauer keine Grenzen mehr! Nicht allein der Umstand, daß der Herr von den Teufeln geholt worden ist – dies wurde so schelmisch, mit einer so spöttisch-triumphierenden Grimasse gesagt, daß man gar nicht anders konnte als applaudieren. Kedrils Glück währt indes nicht lange. Kaum hat er sich der Flasche bemächtigt, ein Glas eingeschenkt und schickt sich an, es zu leeren, da kommen die Teufel zurück, schleichen sich von hinten heran und packen ihn unversehens um die Hüften. Kedril schreit aus vollem Hals, vor lauter Angst wagt er nicht, sich umzusehen. Er kann sich auch nicht wehren, in den Händen hält er Flasche und Glas, von denen er sich nicht trennen kann. Mit vor Schreck weit offenem Mund sitzt er wohl eine halbe Minute, starrt mit aufgerissenen Augen und einem so komischen Ausdruck feigen Schreckens ins Publikum, daß man ihn hätte malen mögen. Schließlich wird auch er weggeschleppt, die Flasche immer noch in der Hand, er fuchtelt mit den Beinen und schreit unaufhörlich. Sein Geschrei dringt noch hinter den Kulissen hervor. Aber der Vorhang senkt sich, und alles jubelt, alles ist begeistert ... Das Orchester intoniert die Kamarinskaja.*

Leise beginnt sie, kaum hörbar, aber die Melodie schwillt an, wird immer lauter, das Tempo wird schneller, man hört das verwegene Pochen der Knöchel gegen die Resonanzböden der Balalaikas ... Das ist die Kamarinskaja mit all ihrem Temperament, und es wäre wirklich schön gewesen, wenn Glinka sie wenigstens durch Zufall bei uns im Zuchthaus hätte mit anhören können. Jetzt beginnt die Pantomime mit Musik. Das Motiv der Kamarinskaja reißt während des ganzen Spiels nicht ab. Man sieht den Innenraum einer Bauernhütte. Auf der Bühne befinden sich ein Müller und seine Frau. Der Müller flickt in der Ecke ein Pferdegeschirr, in der anderen Ecke sitzt die Frau und spinnt. Die Frau wird von Sirotkin dargestellt, den Müller spielt Nezwetajew.

Hier muß ich anmerken, daß unsere Dekorationen sehr dürftig waren. Sowohl in diesem als auch in dem vorausgegangenen Stück mußte man sich alles mehr aus eigener Phantasie hinzudenken, als daß man es mit Augen gesehen hätte. Anstelle der Rückwand war ein Teppich oder eine Pferdedecke ausgespannt, und seitlich hatte man ein paar altersschwache Wandschirme aufgestellt. Die linke Seite war überhaupt nicht verbaut, so daß man dort die Pritschen sehen konnte. Aber die Zuschauer waren nicht verwöhnt und gern bereit, die Wirklichkeit aus ihrer eigenen Vorstellung zu ergänzen, um so mehr, als Gefangene sich darauf ohnehin sehr gut verstehen: »Wenn dies ein Garten sein soll, sieht man

* Bekanntes russisches Volkstanzlied. Michail Iwanowitsch Glinka schrieb über dieses Thema 1848 ein Orchesterstück (Anmerkung des Übersetzers).

es halt dafür an, soll's eine Stube sein, so ist's eine Stube, wenn eine Hütte vonnöten ist, sehen wir eine Hütte – das ist einerlei, da braucht man nicht viel Umstände zu machen.« Sirotkin sah im Kostüm einer jungen Bauersfrau wirklich zum Anbeißen aus. Die Zuschauer tauschten untereinander halblaute Komplimente für ihn aus. Der Müller hat jetzt seine Arbeit beendet, er nimmt Mütze und Peitsche, tritt zu seiner Frau heran und bedeutet ihr durch Zeichen, daß er fortgehen müsse, sie solle sich aber ja nicht einfallen lassen, in seiner Abwesenheit jemandem die Tür zu öffnen, sonst ... und er zeigt auf die Peitsche. Die Frau hört ihn an und nickt. Diese Peitsche ist ihr wahrscheinlich nur zu gut bekannt, denn das Frauchen setzt ihrem Manne Hörner auf. Der Mann geht. Kaum ist er zur Tür hinaus, droht ihm die Frau mit der Faust hinterdrein. Und schon klopft es; die Tür geht auf, der Nachbar erscheint, gleichfalls ein Müller, ein bärtiger Bauer in langem Rock. Er hält als Angebinde ein rotes Tuch in der Hand. Das Frauchen lacht, aber kaum will der Nachbar sie umarmen, da klopft es schon wieder an die Tür. Wohin mit ihm? In aller Eile versteckt sie ihn unter dem Tisch und setzt sich selbst wieder an den Spinnrocken. Ein zweiter Galan erscheint: diesmal ein Militärschreiber. Bis jetzt war die Pantomime tadellos verlaufen, jede Gebärde war passend und fehlerlos. Man konnte nicht genug staunen über diese Laiendarsteller und dachte unwillkürlich: wieviel Kraft und Talent geht bei uns in Rußland in Knechtschaft und Not oft ungenutzt zugrunde! Aber der Gefangene, der den Schreiber spielte, hatte wahrscheinlich irgendwann eine Provinz- oder Privatbühne gesehen und war der Ansicht, daß unsere Schauspieler samt und sonders nichts von der Sache verstünden und sich nicht bewegten, wie man sich auf der Bühne zu bewegen habe. Und so schritt er daher in einer Manier, wie dermaleinst die klassischen Helden über die Bühne stolziert sein sollen: er tat einen langen Schritt, um dann, ohne das andere Bein nachzuziehen, unvermittelt innezuhalten, legte sich mit dem ganzen Gewicht zurück, warf einen stolzen Blick in die Runde und machte dann erst den nächsten Schritt. Wirkt eine solche Gangart schon bei klassischen Tragödien lächerlich genug, wieviel mehr dann bei einem Militärschreiber in einer lustigen Pantomime. Unser Publikum indes war der Ansicht, daß es damit wohl seine Richtigkeit haben müsse, und nahm das affektierte Schreiten des schlaksigen Schreibers ohne viel Kritik als unabänderliche Tatsache hin. Kaum ist der Schreiber so bis in die Mitte der Bühne stolziert, da bringt ein erneutes Klopfen an der Tür die Hausfrau noch einmal in arge Verlegenheit. Wohin mit dem Schreiber? In die Truhe, die glücklicherweise offensteht. Der Schreiber kriecht in die Truhe, und die Frau legt den Deckel auf. Diesmal erscheint ein Gast von eigener Art, zwar gleichfalls ein Verehrer, doch einer von besonderem Schlag. Ein Brahmane ist er, und sogar in einem richtigen Brahmanenkostüm. Stürmisches Gelächter brandet bei den Zuschauern auf. Er hat eine wahre Brahmanenfigur. Mit Gebärden erläutert er das ganze Ausmaß seines Liebessehnens. Er hebt die Hände zum Himmel, dann legt er sie auf die Brust, auf sein Herz; aber kaum kann er ein wenig zärtlich tun, da ertönt ein heftiger Schlag gegen die Tür. An dem Schlag hört man sogleich, daß dies kein anderer als der Eheherr persönlich sein muß. Das erschrockene Weib ist außer sich, der Brahmane rennt wie ein Wilder hin und her und fleht sie an, ihn zu verstecken. In aller Eile schiebt sie ihn hinter den Schrank, vergißt aber ganz, dem Mann die Tür zu öffnen, stürzt zum Spinnrocken und spinnt und spinnt, ohne das Pochen ihres Mannes an der Tür zu beachten, in ihrem Schrecken spinnt sie den Faden, den sie gar nicht in Händen hält, und dreht die Spindel, die sie vergessen hat, vom Boden aufzuheben. Sirotkin verstand es, diesen Schrecken sehr gut und wohlgelungen wiederzugeben. Unterdessen hat der Hausherr die Tür mit Fußtritten aufgebrochen und geht mit der Peitsche in der Hand auf sein Eheweib zu. Er hat ihr aufgelauert und alles mit angesehen und zählt ihr ohne Umschweife an den Fingern her, daß sie drei Männer verborgen hält. Dann macht er sich auf die Suche nach den Versteckten. Als ersten entdeckt er den Nachbarn und treibt ihn mit Püffen und Knüffen aus der Stube. Der verschüchterte Schreiber möchte sich gern aus dem Staub machen, hebt mit dem Kopf den Truhendeckel und verrät sich dadurch selber. Der Hausherr macht ihm mit der Peitsche Beine, und diesmal bewegt sich der verliebte Schreiber durchaus nicht mit klassisch-gemessenem Schreiten. Jetzt ist nur noch der Brahmane übrig, der Hausherr sucht lange nach ihm und stöbert ihn schließlich im Winkel hinter dem Schrank auf, er verneigt sich höflich vor ihm und zieht ihn am Bart in die Mitte der Bühne. Der Brahmane versucht, sich zu verteidigen und schreit: »Du Malefizkerl!« (die einzigen Worte, die während der ganzen Pantomime gesprochen werden), aber der Mann achtet nicht darauf und zahlt es ihm auf seine Weise heim. Als die Frau gewahr wird, daß jetzt die Reihe an ihr ist, läßt sie Garn und Spindel fahren und läuft hinaus, die Spinnbank fällt polternd zu Boden, die Gefangenen jubeln vor Lachen. Ohne mich anzusehen, zupft Alej mich am Arm und ruft: »Sieh doch bloß, der Brahmane, der Brahmane!« und kann sich vor Lachen kaum auf den Beinen halten. Der Vorhang fällt. Eine andere Szene beginnt ... Aber was soll ich alle Szenen im einzelnen beschreiben. Es folgten noch zwei oder drei. Sie alle waren komisch und von einer ungekünstelten Lustigkeit. Wenn die Gefangenen sie auch nicht selbst verfaßt hatten, so hatten sie doch in jede das Ihre hineingelegt. Fast jeder Mitwirkende improvisierte beim Spielen und wandelte allabendlich seine Rolle immer wieder etwas ab. Die letzte Pantomime hatte ein phantastisches Sujet und endete mit einem Ballett. Ein Toter wurde zu Grabe getragen. Der Brahmane mit zahlreichem Gesinde verrichtete über dem Sarg allerlei Totenbeschwörungen, aber alles war vergeblich. Endlich ertönte der Ruf: »Die Sonne geht unter«, da wurde der Tote lebendig, und alle begannen vor Freude zu tanzen. Der Brahmane tanzte mit dem Toten und tanzte ganz eigentümlich, eben wie ein Brahmane. Damit war das Theater bis zum nächsten Abend vorbei. Alle gingen vergnügt und zufrieden auseinander, lobten die Akteure, dankten dem Unteroffizier. Nirgends war ein Streit zu hören. Alle waren ungewohnt zufrieden, ja fast glücklich und schliefen anders ein als gestern, beinahe ruhigen Gemütes – und warum das, könnte einer fragen. Dabei ist dies alles kein Phantasiegebilde. Es ist die lautere Wahrheit. Nur für kurze Zeit hatte man diesen armseligen Menschen gestattet, nach eigenem Gutdünken zu leben, sich zu vergnügen, wie andere Menschen auch, und wenigstens eine Stunde zu vergessen, daß sie Zuchthäusler waren – und schon wurden sie innerlich andere Menschen, wenn auch nur für wenige Minuten ... Inzwischen ist es schon tief in der Nacht. Ich schrecke zusammen und werde wach: der alte Mann sitzt immer noch betend auf dem Ofen und wird so weiterbeten bis zum Morgengrauen; Alej schläft friedlich neben mir. Mir fällt ein, wie er noch beim Einschlafen gelacht hatte, während er mit seinen Brüdern über das Theater plauderte, und ich werfe unwillkürlich einen Blick auf sein ruhiges Kindergesicht. Allmählich fällt mir alles wieder ein: der letzte Tag, die Feiertage, dieser ganze Monat ... erschrocken hebe ich den Kopf und betrachte meine ringsum schlafenden Kameraden beim flackernden, trüben Schein des armseligen Talglichtes. Ich sehe ihre bleichen Gesichter, ihre elenden Lagerstätten, ihre ganze unüberwindliche Bedürftigkeit und Not – ich sehe das alles, und es ist, als müsse ich mich selbst erst vergewissern, daß dies nicht die Fortsetzung eines schrecklichen Angsttraumes ist, sondern die leibhaftige Wirklichkeit. Es ist Wirklichkeit: da höre ich einen der Gefangenen stöhnen, ein anderer läßt schwer den Arm herunterfallen, und seine Ketten klirren. Der dritte fährt im Schlaf zusammen und beginnt zu reden, während der alte Mann auf dem Ofen immer noch für alle »rechtgläubigen Christen« betet, ich höre sein ebenmäßiges, leises, langgezogenes: »Herr Jesus Christus, erbarme dich unser! ...«

Ich bin ja nicht für alle Zeiten hier, sondern nur für wenige Jahre! denke ich und lasse mich wieder aufs Kissen zurücksinken.

ZWEITER TEIL

1

Das Hospital

Bald nach den Weihnachtsfeiertagen wurde ich krank, und man schickte mich in unser Militärkrankenhaus. Dieses lag ganz isoliert, etwa eine halbe Werst von der Festung entfernt. Es war ein langes, einstöckiges, gelbgetünchtes Gebäude. Bei den sommerlichen Ausbesserungsarbeiten wurde für dieses Haus eine Unmenge Ocker verbraucht. Auf dem riesigen Hof des Hospitals befanden sich die Wirtschaftsgebäude, die Wohnhäuser für das medizinische Personal und andere zweckdienliche Baulichkeiten. Das Hauptgebäude blieb allein den Krankensälen vorbehalten. Es gab viele Säle, jedoch nur zwei für Gefangene, und die waren stets gestopft voll, besonders im Sommer, so daß man die Betten häufig zusammenrücken mußte. Unsere Krankensäle waren voll von »Unglücklichen« jeder Art. Hierher kamen die Kranken unseres Zuchthauses, außerdem Militärgefangene, die in verschiedenen Arrestlokalen saßen, Abgeurteilte, noch nicht Verurteilte und solche, die auf Sträflingstransporten erkrankt waren, hierher schickte man auch die Kranken aus der Strafkompanie, eine merkwürdige Institution, in die Soldaten aus verschiedenen Bataillonen, die sich etwas hatten zuschulden kommen lassen oder unzuverlässig waren, zwecks Besserung abkommandiert wurden, und von wo sie nach ein paar Jahren in aller Regel als so ausgekochte Halunken zurückkehrten, wie man sie nur selten trifft. Wenn sich einer von uns Sträflingen krank fühlte, machte er gewöhnlich beim Frühappell dem Unteroffizier Meldung. Er wurde dann sofort ins Krankenbuch eingetragen, und mit diesem Buch schickte man ihn unter Bewachung ins Krankenrevier des Bataillons. Dort nahm ein Arzt eine Voruntersuchung der Kranken aus allen zum Festungsbereich gehörenden Kommandos vor und wies diejenigen ins Hospital ein, die er für wirklich krank befunden hatte. Auch mich hatte man in diesem Buch vermerkt, und als meine Kameraden gegen zwei Uhr zur Nachmittagsarbeit ausrückten, machte ich mich auf den Weg ins Hospital. Ein erkrankter Sträfling tat gut daran, möglichst viel Geld ins Hospital mitzunehmen, desgleichen Brot, weil er an diesem Tag nicht mehr mit einer Essenszuteilung rechnen konnte, dazu eine winzige Pfeife und einen Beutel mit Tabak, Feuerstein und Stahl zum Feuerschlagen. Diese letzteren Gegenstände hielt man sorgsam in den Stiefelschäften verborgen. Ich betrat das Hospitalgelände nicht ohne einige Neugier auf diese neue, mir noch unbekannte Variation des Sträflingsdaseins.

Es war ein milder, trüber, melancholischer Tag, einer jener Tage, an denen Anstalten wie ein Krankenhaus besonders nüchtern, langweilig und unfreundlich wirken. Ich begab mich mit dem Wachtposten ins Aufnahmezimmer, in dem zwei Kupferwannen standen und in dem ich bereits zwei noch nicht abgeurteilte Häftlinge antraf, ebenfalls in Begleitung eines Bewachers. Ein Feldscher trat ein, musterte uns träge und hochfahrend und trollte sich noch träger davon, um den diensthabenden Arzt zu benachrichtigen. Der ließ nicht lange auf sich warten, untersuchte uns mit äußerster Zuvorkommenheit und händigte uns die »Kummerblätter« aus, wie man die Krankenblätter nannte, auf denen nur unsere Namen verzeichnet standen. Die weiteren Eintragungen wie Krankheitsgeschichte, Bestimmung der Medikamente, der Kost usw. blieben dem für die Gefangenensäle zuständigen Stationsarzt vorbehalten. Ich hatte schon gehört, daß die Sträflinge ihre Ärzte nicht genug rühmen konnten. »Der eigene Vater könnte nicht besser sein!« hatten sie auf meine Fragen geantwortet, ehe ich mich ins Hospital begab. Unterdessen kleideten wir uns um. Kleidung und Wäsche, in denen wir gekommen waren, mußten wir ablegen und erhielten statt dessen Krankenhauswäsche, dazu lange Strümpfe, Pantoffeln, eine Nachtmütze, einen graubraunen Schlafrock aus dickem Tuch, der mit einer Art Leinen oder Pflaster gefüttert war. Um es kurz zu sagen, dieser Schlafrock war unbeschreiblich schmutzig, aber das bemerkte ich so richtig erst an Ort und Stelle. Dann führte man uns in die Gefangenensäle, die am Ende eines hohen und sauber gehaltenen Korridors lagen. Die äußere Sauberkeit war allenthalben durchaus zufriedenstellend; alles, was mir in die Augen fiel, blitzte geradezu vor Sauberkeit. Vielleicht kam es mir nach den Erfahrungen, die ich im Zuchthaus gemacht hatte, auch nur so vor. Die beiden noch nicht abgeurteilten Häftlinge kamen in den Saal zur linken, ich in den zur rechten. Vor der mit einem eisernen Bolzen gesicherten Tür stand ein Soldat mit Gewehr, neben ihm ein Hilfsposten. Der Unteroffizier der Hospitalswache gab Befehl, mich einzulassen, und schon befand ich mich in einem langen, schmalen Raum, an dessen beiden Längswänden an die zweiundzwanzig Betten standen, von denen drei oder vier nicht belegt waren. Es waren grüngestrichene Holzbetten von der Art, wie sie jedermann in Rußland nur zu gut kennt – jene Sorte Betten, deren Bestimmung es zu sein scheint, als Herberge für Wanzen zu dienen. Ich suchte mir ein Bett in der Ecke, an der Fensterseite aus.

Wie schon gesagt, wurden auch unsere kranken Zuchthäusler hier untergebracht. Ein paar von ihnen kannten mich bereits, wenigstens vom Sehen. Die Mehrzahl der Patienten waren jedoch Untersuchungsgefangene oder aber Angehörige der Strafkompanie. Schwerkranke, d. h. solche, die ihr Bett nicht verlassen konnten, waren kaum darunter. Alle andern, die leicht Erkrankten oder Genesenden, saßen auf ihren Betten oder schlenderten im Saal auf und ab, wo zwischen den beiden Bettreihen noch Platz genug zum Umherspazieren blieb. Ein stickiger Krankenhausgeruch lag auf dem Raum. Die Luft war verpestet von mancherlei üblen Ausdünstungen und Arzneigerüchen, ganz zu schweigen davon, daß der Ofen in der Ecke fast den ganzen Tag über geheizt wurde. Mein Bett war mit einem gestreiften Überzug bedeckt. Ich nahm ihn ab. Darunter fand sich eine mit Leinen gefütterte Stoffdecke und grobe Bettwäsche von höchst zweifelhafter Sauberkeit. Neben dem Bett stand ein Tischchen, darauf ein Krug und ein Zinnbecher. Das alles war anstandshalber mit dem für mich bestimmten kleinen Handtuch überdeckt. Unten am Tischchen war noch ein Brett angebracht: dort verwahrte man Teekannen oder Deckelkrüge mit Kwas usw; aber nur sehr wenige Patienten waren Teetrinker. Pfeifen und Tabaksbeutel hingegen, die fast jeder bei sich hatte, die Schwindsüchtigen nicht ausgenommen, wurden unter dem Bett versteckt gehalten. Der Arzt und das Aufsichtspersonal kümmerten sich so gut wie überhaupt nicht darum, und wenn sie wirklich einmal einen mit der Pfeife überraschten, übersahen sie es geflissentlich. Übrigens waren auch die Kranken selbst meistens vorsichtig und gingen zum Ofen, wenn sie rauchen wollten. Nur bei Nacht blieben sie zum Rauchen manchmal im Bett liegen; aber nachts machte niemand die Runde durch die Krankensäle, allenfalls der Offizier, der die Hospitalswache kontrollierte.

Ich hatte zuvor noch nie in einem Krankenhaus gelegen, daher war alles ringsum völlig neu für mich. Ich bemerkte, daß mein Eintreffen einige Neugier erweckte. Man hatte offensichtlich schon von mir gehört und fixierte mich höchst ungeniert, ja mit einer Spur von Herablassung, wie in der Schule ein Neuling oder auf Behörden ein Bittsteller fixiert wird. Rechts neben mir lag ein noch nicht verurteilter Häftling, ein Schreiber, illegitimer Sohn eines pensionierten Hauptmannes. Er war wegen Falschmünzerei angeklagt und lag bereits ein Jahr im Hospital; obwohl er anscheinend nicht im mindesten krank war, hatte er den Ärzten einzureden verstanden, daß er an Schlagadergeschwülsten litte. Und er hatte Erfolg damit: er blieb vor Zwangsarbeit und körperlicher Züchtigung verschont und wurde nach einem weiteren Jahr nach T. in ein anderes Krankenhaus überwiesen. Das war ein untersetzter, stämmiger, etwa achtundzwanzigjähriger Bursche, ein mit allen Wassern gewaschener Schelm, der sich in juristischen Kniffen auskannte, keineswegs dumm, aber ungemein dreist und aufgeblasen, obendrein krankhaft eitel, so daß er sich allen Ernstes einbildete, er sei der redlichste und ehrlichste Mensch dieser Erde und habe sich nicht das mindeste zuschulden kommen lassen, eine Überzeugung, die er sich nicht nehmen ließ. Er sprach mich an, fragte mich neugierig aus und weihte mich ziemlich eingehend in die Hausordnung und den Tagesablauf des Hospitals ein. Natürlich teilte er mir als erstes mit, daß er der Sohn eines leibhaftigen Hauptmannes sei. Es lag ihm ungemein daran, für einen Adligen oder wenigstens »Hochgeborenen« gehalten zu werden. Danach trat ein Patient aus der Strafkompanie zu mir und behauptete, viele schon früher verbannte Adlige gekannt zu haben, deren Namen und Vaternamen er mir nannte. Dies war ein schon ergrauter Soldat, auf dessen Gesicht man lesen konnte, daß er sich alles aus den Fingern gesogen hatte. Er hieß Tschekunow. Ganz offensichtlich wollte er sich bei mir anbiedern, wahrscheinlich im Glauben, daß ich über einiges Geld verfügen müßte. Als er ein Päckchen mit Tee und Zucker bei mir gewahrte, bot er mir eilfertig seine Dienste an: er schlug vor, eine Teekanne zu besorgen und mir Tee zu bereiten. Mein Mitgefangener M. hatte mir versprochen, meine Teekanne am nächsten Tag einem der Zuchthäusler mitzugeben, die zur Arbeit ins Hospital kamen. Aber Tschekunow hatte das Problem bereits gelöst. Er hatte einen gußeisernen Topf und sogar eine Tasse aufgetrieben, Wasser gekocht, den Tee zubereitet, kurz, er wartete mir mit größtem Eifer auf, was einem anderen Patienten sofort Anlaß zu giftigen Spöttereien gab. Dies war ein Schwindsüchtiger, der mir gegenüber lag, er hieß Ustjanzew, ein noch nicht abgeurteilter Soldat, derselbe, der aus Angst vor der Prügelstrafe einen Becher Schnaps mit kräftigem Tabaksud vermischt getrunken und sich damit die Schwindsucht geholt hatte; ich habe bereits von ihm gesprochen. Er hatte bisher stumm und schwer atmend dagelegen, hatte mich nur unverwandt und streng fixiert und Tschekunows Treiben mit sichtlicher Empörung verfolgt. Sein übertriebener, galliger Ernst verlieh seiner Empörung einen besonders komischen Akzent. Zuletzt hielt er nicht länger an sich:

»Seht euch doch bloß diese Knechtsseele an! Hat sich doch wahrhaftig einen Gnädigen aufgegabelt!« stieß er, von langen Pausen unterbrochen, mit vor Schwäche versagender Stimme hervor. Es waren bereits seine letzten Lebenstage.

Tschekunow wandte sich aufgebracht zu ihm um:

»Wer ist hier eine Knechtsseele?« fragte er mit verächtlichem Blick auf Ustjanzew.

»Du, wer sonst?« gab jener so selbstgefällig zurück, als sei er durchaus berechtigt, Tschekunow die Leviten zu lesen, ja als sei er eigens dazu beauftragt.

»Ich und eine Knechtsseele?«

»Hast ganz recht verstanden. Hört euch so was an, ihr guten Leute, der will's nicht wahrhaben! Der ist noch erstaunt darüber!«

»Was kümmert's dich! Du siehst doch, er kann sich selbst nicht helfen. So einer ist nicht gewohnt, ohne Bedienung auszukommen, das weiß jedes Kind. Warum sollte ich ihm nicht aufwarten, du Schweineschnauze!«

»Wer ist hier eine Schweineschnauze?«

»Du natürlich.«

»Ich eine Schweineschnauze?«

»Erraten!«

»Du bist wohl eine Extraschönheit, was? Hat selbst eine Visage wie'n Rabenei ... und mich heißt er Schweineschnauze.«

»Bist und bleibst eine Schweineschnauze. Hat dich Gott schon so gestraft, so lieg doch still und warte, bis du abkratzt! Aber nein, muß der sich alleweil einmischen! Was hast du dich da überhaupt einzumischen!«

»Warum, fragst du? Nein, wenn schon kriechen, dann lieber vor einem Stiefel als vor einem Bastschuh! Mein Vater hat nicht kriechen wollen und hat's mich auch nicht gelehrt. Ich, ich ...«

Er wollte weitersprechen, aber ein schrecklicher, minutenlang anhaltender Hustenanfall, bei dem er Blut spuckte, hinderte ihn daran. Bald trat ein kalter Schweiß der Erschöpfung auf seine niedrige Stirn. Der Husten gebot ihm Einhalt, sonst hätte er weitergezetert; an seinen Augen war abzulesen, daß er noch manches auf dem Herzen hatte, so aber winkte er nur kraftlos mit der Hand ab. Und auch Tschekunow dachte bald nicht mehr an ihn.

Ich fühlte, daß sich der Ingrimm des Schwindsüchtigen viel mehr gegen mich richtete als gegen Tschekunow. Über dessen Absicht, mir aufzuwarten und sich dadurch ein paar Kopeken zu verdienen, hätte kein Mensch sich aufgeregt oder ihn dafür mit besonderer Verachtung gestraft. Jedermann wußte, daß er es ausschließlich für Geld tat. In diesem Punkt sind die Leute aus dem Volk durchaus nicht zimperlich und können sehr wohl unterscheiden, worum es geht. In Wahrheit hatte ich selbst Ustjanzews Mißfallen erregt, ihm paßte es nicht, daß ich Tee trank und daß ich mich, obzwar selbst in Fesseln, seiner Meinung nach als vornehmer Herr aufspielte, der nicht ohne Dienstboten auskommen konnte, wiewohl ich niemanden darum ersucht hatte und überhaupt keinen Aufwärter haben wollte. In Wirklichkeit hätte ich alles viel lieber selber getan, ja mir lag viel daran, jeden Anschein zu vermeiden, als sei ich ein verweichlichter Fant mit gepflegten Händen, als sei ich darauf erpicht, den Herren herauszukehren. Um aufrichtig zu sein, hatte ich gerade hier meinen ganzen Ehrgeiz dreingesetzt. Trotzdem – und ich begreife einfach nicht, wie es zuging – habe ich mich nie der verschiedenen übereifrigen Lakaien erwehren können, die mir ihre Dienste aufdrängten und mich zuletzt gänzlich beherrschten, so daß in Wahrheit sie meine Herren waren und ich ihr Knecht; während es oberflächlich betrachtet den Anschein hatte, als sei ich der Adlige, der nicht ohne Bediensteten auskommen könnte, und legte es darauf an, das feine Herrchen zu spielen. Das verdroß mich natürlich ungemein. Aber schließlich war Ustjanzew schwindsüchtig und durch die Krankheit besonders reizbar. Die übrigen Patienten wahrten den Schein des Gleichmuts, sogar mit einem Anflug von Herablassung. Ich erinnere mich noch, daß ihr Interesse damals einem besonderen Umstand galt: den Gesprächen der Gefangenen hatte ich entnommen, daß an diesem Abend noch ein Häftling zu uns gebracht werden sollte, der in ebendiesem Augenblick durch die Spießruten gejagt wurde. Die Gefangenen erwarteten diesen Neuling mit einiger Spannung. Sie meinten übrigens, daß es sich nur um eine leichte Strafe handele, nicht mehr als fünfhundert insgesamt.

Unterdessen begann ich mich ein wenig umzuschauen. Bald wurde ich gewahr, daß die wirklich Kranken hier vor allem mit Skorbut und Augenleiden behaftet waren – häufige Krankheiten jener Gegend. Es gab mehrere solcher Kranken in unserm Saal. Die andern wirklich Kranken fieberten, litten an allerlei offenen Wunden und Geschwüren oder Brustkrankheiten. Hier ging es nicht zu wie in normalen Krankensälen, hier lagen alle Kranken, sogar die Geschlechtskranken, in einem Haufen beisammen. Ich sprach absichtlich von *wirklich* Kranken, weil sich manch einer *bloß so*, ohne eigentlich krank zu sein, hier eingefunden hatte, nur um sich einmal »auszuruhen«. Die Ärzte ließen das bereitwillig, aus Mitleid, geschehen, besonders dann, wenn viele Betten leer standen. Das Eingesperrtsein in Arrestzellen und Zuchthäusern galt im Vergleich zum Leben im Hospital als so erbärmlich, daß sich viele Häftlinge trotz der schlechten Luft und des verschlossenen Saales nur zu gern hier ins Bett legten. Es gab sogar besondere Freunde des Krankseins und des Hospitallebens überhaupt, vor allem unter den Angehörigen der Strafkompanie. Ich betrachtete meine neuen Kameraden voller Wißbegier, erinnere mich aber noch genau, daß besonders ein Patient mein Interesse fesselte, damals schon ein Todeskandidat, ein Insasse unseres Zuchthauses, gleichfalls schwindsüchtig und dem Ende nahe, der das Bett neben Ustjanzew innehatte und mir demzufolge fast gegenüber lag. Er hieß Michajlow, vor zwei Wochen noch hatte ich ihn im Zuchthaus gesehen. Er war schon seit langem krank, und es wäre längst an der Zeit gewesen, sich in ärztliche Behandlung zu begeben, er aber hatte sich mit unbegreiflich hartnäckiger und gänzlich nutzloser Überwindung weitergeschleppt, hatte sich zusammengenommen und war erst zu den Feiertagen ins Hospital gegangen, um drei Wochen danach an hochgradiger Schwindsucht zu sterben; es war, als habe sich sein Lebenslicht selbst aufgezehrt. Ich war bestürzt über sein unheimlich verändertes Gesicht – ein Gesicht, das mir gleich bei meiner Einlieferung ins Zuchthaus aufgefallen war, es hatte sich mir schon damals aus irgendeinem Grund besonders eingeprägt. Neben ihm lag ein Soldat aus der Strafkompanie, ein alter Mann, ein gräßlicher, abscheuerregender Schmutzfink. Aber ich habe nicht die Absicht, alle Patienten aufzuzählen ... Auch jetzt ist mir dieser jämmerliche Alte einzig und allein darum wieder in den Sinn gekommen, weil er seinerzeit einen gewissen Eindruck auf mich gemacht und es fertiggebracht hatte, mir binnen einer Minute einen ziemlich erschöpfenden Begriff von einigen Absonderlichkeiten des Gefangenensaales zu vermitteln. Dieser alte Mann wurde damals, wie ich mich erinnere, von einem ungemein heftigen Schnupfen geplagt. Er nieste ununterbrochen und nieste hernach noch eine volle Woche lang, sogar im Schlaf, immer in richtigen Salven, fünf oder sechsmal hintereinander, und sagte dabei unweigerlich jedesmal aufs neue: »Herrgott, ist das eine Plage!« In jenem Augenblick saß er aufrecht in seinem Bett und stopfte sich gierig Tabak aus einer Papiertüte in die Nase, um hernach noch stärker und effektvoller zu niesen. Beim Niesen bediente er sich eines ihm selbst gehörenden baumwollenen karierten Taschentuchs, das wohl schon an die hundert Male gewaschen sein mochte und völlig ausgeblichen war, dabei zog sich seine kurze Nase ganz sonderbar zusammen und legte sich in unzählige kleine Fältchen, zugleich entblößte er seine alten, schwarz gewordenen Zahnstummel mit dem roten, sabbernden Zahnfleisch. Wenn er geniest hatte, breitete er alsbald das Taschentuch auseinander, betrachtete aufmerksam den reichlich darin enthaltenen Schleim und wischte ihn unverzüglich an seinem braunen Krankenschlafrock ab, so daß der Schleim am Schlafrock hängenblieb, das Tuch indes nur feucht war. So verfuhr er die ganze Woche lang. Dieses zeitraubende, knauserige Hüten des eigenen, privaten Taschentuchs auf Kosten des Hospitalschlafrocks löste bei den andern Kranken nicht etwa Proteste aus, obwohl doch irgendein anderer nach ihm diesen selben Schlafrock anziehen mußte. Aber unsere einfachen Menschen sind so abgehärtet und unempfindlich gegen alles Ekelhafte und Widerliche, daß es einen nachgerade wundernimmt. Mir dagegen drehte sich bei diesem Anblick der Magen um, und von Abscheu und Neugier getrieben, unterzog ich den Schlafrock, den ich soeben angelegt hatte, einer eingehenden Musterung. Und da bemerkte ich, daß mir schon seit geraumer Zeit der penetrante Geruch aufgefallen war, der von ihm ausströmte; er war inzwischen auf meinem Leib warm geworden und roch immer stärker nach Medikamenten, Pflastern und, wie mir deuchte, auch nach Eiter, was durchaus möglich war, da er seit undenklichen Zeiten nicht von den Schultern kranker Menschen heruntergekommen war. Vielleicht war das Leinenfutter an seinem Rücken irgendwann einmal gewaschen worden, aber das kann ich nicht mit Bestimmtheit sagen. Jetzt jedenfalls war dieses Futter vollgesogen von allen möglichen unappetitlichen Flüssigkeiten, von Umschlägen, Wundwasser aus aufgeschnittenen Pflastern und anderem mehr. Und schließlich wurden häufig Delinquenten geradeswegs vom Spießrutenlaufen mit blutendem Rücken in die Gefangenensäle gebracht; die kurierte man mit Umschlägen, und daher mußte der Schlafrock, der unmittelbar über das feuchte Hemd gezogen wurde, unter allen Umständen schmutzig werden, denn alles blieb ja an ihm haften. Und in all den Jahren meines Zuchthausaufenthaltes zog ich, sobald ich mich ins Hospital begab (was ziemlich häufig geschah), den Schlafrock jedesmal mit ängstlichem Mißtrauen über. Besonders widerlich waren mir die Läuse, die ich hin und wieder in diesen Schlafröcken aufstöberte, große und beachtlich fette Biester. Die Gefangenen machten ihnen mit wahrer Wollust den Garaus, und wenn so ein Untier unter dem dicken, plumpen Nagel eines Gefangenen knackte, konnte man allein am Gesicht des Jägers ablesen, welches Vergnügen ihm das bereitete. Auch bei uns konnte man diese Läuse auf den Tod nicht ausstehen, und zuweilen eröffnete der ganze Saal an einem langen, öden Winterabend einen Vernichtungsfeldzug gegen sie. Und wenn es im Krankensaal – sah man von der verpesteten Luft ab – äußerlich nach Möglichkeit sauber war, so konnte man mit der inneren, unter der Oberfläche liegenden Reinlichkeit ganz gewiß keinen Staat machen. Die Kranken waren daran gewöhnt und meinten sogar, es müsse so sein, überdies trug auch die Hausordnung nicht gerade zu besonderer Reinlichkeit bei. Aber darauf werde ich noch zurückkommen ...

Tschekunow hatte mir gerade den Tee gebracht (der, nebenbei gesagt, mit Wasser aus dem im Krankensaal stehenden Eimer bereitet worden war, das in vierundzwanzig Stunden nur einmal erneuert wurde und in unserer Luft besonders schnell verdarb), da wurde mit einigem Lärm die Tür aufgerissen, und unter verstärkter Bewachung wurde der

Soldat hereingeführt, der soeben vom Spießrutenlaufen kam. Es war das erste Mal, daß ich einen Menschen nach einer körperlichen Züchtigung zu Gesicht bekam. Später wurden in meiner Gegenwart noch häufig solche Delinquenten hereingebracht, manche mußten sogar auf einer Bahre getragen werden, wenn sie zu übel zugerichtet waren, und das war für die andern Kranken immer eine willkommene Abwechslung. Man empfing diese armen Teufel gewöhnlich mit gewollt strengen Mienen und einem etwas krampfhaften Ernst. Übrigens war die Art und Weise des Empfangs auch von der Schwere des Verbrechens und demzufolge von der Härte der Strafe abhängig. Ein arg zusammengeschlagener und dem Hörensagen nach besonders gefährlicher Verbrecher genoß mehr Achtung und Aufmerksamkeit als irgendein fahnenflüchtiger kleiner Rekrut von der Art dessen, der soeben hereingeführt wurde. Aber weder in diesem noch in anderen Fällen kam es zu nennenswerten Mitleidskundgebungen oder sonderlicher Entrüstung. Schweigend machte man sich um den Unglücklichen zu schaffen und leistete ihm Hilfe, vor allem dann, wenn er sich nicht allein helfen konnte. Die Feldschere wußten schon, daß sie den Geschlagenen erfahrenen und kunstvollen Händen überließen. Die Hilfe beschränkte sich in der Regel auf das häufige und unerläßliche Wechseln eines in kaltes Wasser getauchten Leintuchs oder Hemdes, das man auf den zerschundenen Rücken legte, besonders wenn der Abgestrafte selbst nicht imstande war, für sich zu sorgen, und im geschickten Herausziehen der Splitter aus den offenen Wunden, die oft genug von den auf den Rücken zerschlagenen Stöcken darin steckengeblieben waren. Diese letztere Operation ist für den Patienten in der Regel sehr unangenehm. Im allgemeinen war ich jedoch erstaunt über die bemerkenswerte Geduld, mit der die Delinquenten den Schmerz ertrugen. Wie viele von ihnen habe ich gesehen, zuweilen solche, die unbeschreiblich zusammengeschlagen waren, und doch habe ich kaum einen jemals stöhnen hören! Nur der Gesichtsausdruck wechselte unablässig, er erbleichte, die Augen brannten, der Blick war zerstreut und unstet, die Lippen bebten, so daß der Ärmste sie sich absichtlich fast blutig biß. Der eintretende Soldat war ein etwa dreiundzwanzigjähriger Bursche von kräftiger, muskulöser Statur mit angenehmen Gesichtszügen, hochgewachsen, schlank, brünett. Sein Rücken war tüchtig zerbleut. Der Oberkörper war bis zum Gürtel entblößt, um seine Schultern hing ein nasses Leintuch, seine Glieder bebten im Schüttelfrost, als ob er fieberte, so schleppte er sich wohl eineinhalb Stunden lang im Raum auf und ab. Ich sah ihm ins Gesicht: er schien in diesem Augenblick keines Gedankens fähig zu sein, sah sonderbar wild um sich, mit einem flatternden Blick, dem es augenscheinlich schwerfiel, sich auf einen bestimmten Gegenstand zu konzentrieren. Und doch hatte ich das Gefühl, als ob er immer wieder meinen Tee fixierte. Der Tee war heiß, Dampf quoll aus der Tasse, der Ärmste aber war ganz verfroren und zitterte, daß ihm die Zähne aufeinanderschlugen. Ich bot ihm zu trinken an. Er wandte sich ohne ein Wort jäh zu mir um, nahm die Tasse, trank sie stehend und ohne Zucker gierig aus, wobei er es vermied, mich anzusehen. Kaum hatte er sie geleert, stellte er sie schweigend wieder hin und nahm, ohne mir auch nur zuzunicken, seine Wanderung durch den Krankensaal wieder auf. Aber ihm war gewiß nicht nach Worten und Kopfnicken zumute! Was die andern Gefangenen betraf, so gingen sie zunächst jedem Gespräch mit dem bestraften Rekruten aus dem Weg; nachdem sie ihm erste Hilfe geleistet hatten, waren sie hernach im Gegenteil sogar darauf bedacht, sich nicht um ihn zu kümmern, vielleicht in der Absicht, ihn möglichst in Ruhe zu lassen und nicht durch viel Fragen und Zeichen von Anteilnahme zu belästigen, was ihm selber offenbar nur recht war.

Unterdessen war die Dämmerung hereingebrochen, und das Nachtlämpchen wurde angezündet. Einige Gefangene, allerdings nur sehr wenige, holten eigene Leuchter hervor. Zuletzt, nach der Abendvisite des Arztes, kam der wachhabende Unteroffizier, um die Kranken zu zählen, dann wurde der Saal verschlossen, nachdem man vorher einen Kübel für die Nacht hereingebracht hatte ... Zu meiner Bestürzung mußte ich hören, daß dieser Kübel die ganze Nacht über im Raum stehen bleiben würde, obwohl sich das stille Örtchen auf demselben Korridor befand, und zwar nur zwei Meter von unserer Tür entfernt. Aber das war nun einmal Vorschrift. Tagsüber ließ man die Gefangenen den Krankensaal zum Austreten verlassen, freilich nicht länger als für eine Minute; nachts hingegen war das unter keinen Umständen zulässig. Die Gefangenensäle hatten mit gewöhnlichen Krankenzimmern nichts gemein, und wenn ein Sträfling erkrankte, hatte er noch als Kranker die Last seiner Strafe zu tragen. Wer diese Anordnung eingeführt hatte, weiß ich nicht, ich weiß nur, daß sie nicht den geringsten Sinn hatte und daß die ganze Nutzlosigkeit der buchstabengetreuen Durchführung von Vorschriften nicht deutlicher zutage treten konnte als beispielsweise in diesem Fall. Die Anordnung stammte selbstredend nicht von den Ärzten. Ich wiederhole: die Gefangenen konnten ihre Ärzte nicht genug rühmen, sie betrachteten sie als ihre Väter und verehrten sie. Jeder sah, daß er von ihnen freundlich behandelt wurde, für jeden hatten sie ein gutes Wort; und der von allen verstoßene Sträfling wußte das wohl zu schätzen, denn er spürte die Echtheit und Aufrichtigkeit ihres Zuspruchs und ihrer Freundlichkeit. Sie war keineswegs selbstverständlich, denn niemand hätte die Ärzte zur Verantwortung gezogen, wenn sie die Gefangenen anders, das heißt rauher und weniger menschlich, behandelt hätten. Folglich beruhte ihre Güte auf echter Menschenfreundlichkeit. Und sie wußten natürlich nur zu gut, daß ein Patient, ob er gefangen war oder nicht, genausoviel frische Luft brauchte wie jeder andere Kranke, genau wie einer von allerhöchstem Rang. Die Patienten aus den andern Sälen durften beispielsweise, sobald ihr Befinden es erlaubte, ungehindert durch die Korridore spazieren, sich dadurch Bewegung verschaffen und eine Luft atmen, die nicht so vergiftet war wie die verbrauchte und unvermeidlich mit stickigen Ausdünstungen geschwängerte Luft in den Krankensälen. Noch heute widert es mich an, wenn ich mich erinnere, bis zu welchem Grad die ohnehin schlechte Luft des Nachts in unserm Krankensaal verpestet wurde, in dem dieser Kübel die ganze Nacht über stehen blieb, noch dazu bei der Hitze im Raum und bei bestimmten Krankheiten, bei denen man nicht umhin kann, ihn zu benutzen. Wenn ich sagte, daß der Gefangene auch als Kranker schwer an seiner Strafe zu tragen hatte, habe ich damit selbstverständlich nicht behaupten wollen, daß diese Vorschrift eigens als Strafe ersonnen worden wäre. Das wäre eine absurde Verleumdung meinerseits. Kranke zu bestrafen, hat keinen Sinn. Doch wenn es sich so verhielt, hatte gewiß irgendeine unerbittliche, unvermeidliche Notwendigkeit die Hospitalverwaltung zu einer Maßnahme mit so schädlichen Folgen gezwungen. Welche denn? Aber das ist ja gerade das Verdrießliche daran, daß man die Notwendigkeit dieser Anordnung beim besten Willen nicht einsehen konnte, genausowenig wie die vieler anderer, derart unsinniger Vorschriften, daß es schlechterdings unmöglich war, sie zu verstehen oder sich irgendeine Erklärung für sie auszudenken. Womit hätte man auch eine so sinnlose Grausamkeit erklären sollen? Etwa damit, daß sich möglicherweise ein Sträfling hätte ins Hospital einschleichen können, eine Krankheit simulieren, die Ärzte täuschen, bei Nacht auf den Abort gehen und unter Ausnutzung der Dunkelheit fliehen können? Es ist überflüssig, die ganze Ungereimtheit einer solchen Überlegung ernsthaft zu beweisen. Wohin hätte er fliehen sollen? Wie hätte er fliehen sollen? Mit was hätte er fliehen sollen? Tagsüber läßt man die Kranken nur einzeln heraus; genauso könnte man es auch nachts halten. Vor der Tür steht ein Posten mit geladenem Gewehr. Das stille Örtchen ist buchstäblich zwei Schritt von ihm entfernt, obendrein wird der Kranke vom Hilfsposten dorthin begleitet, der ihn die ganze Zeit nicht aus den Augen läßt. Dort gibt es ein einziges Fenster, das im Winter mit Doppelfenstern versehen und außerdem mit einem Eisengitter gesichert ist. Unten auf dem Hof, unmittelbar vor den Gefangenensälen, patroulliert ebenfalls die ganze Nacht über ein Posten. Um aus dem Fenster steigen zu können, müßte man zuvor die Fenster einschlagen und das Gitter durchfeilen. Wer würde das schon geschehen lassen? Aber nehmen wir an, der Ausbrecher würde vorher den Hilfsposten umbringen, und zwar so, daß dieser keinen Laut von sich geben und niemand etwas bemerken würde. Aber selbst wenn wir einen so absurden Umstand als gegeben voraussetzen, müßte er doch immer noch Fenster und Gitter beseitigen. Unmittelbar neben dem Wachtposten schlafen wohlgemerkt die Krankenwärter, und nur zehn Schritt entfernt steht vor dem zweiten Gefangenensaal wieder ein Posten mit schußbereitem Gewehr, daneben ein weiterer Hilfsposten und weitere Wärter. Und wohin sollte einer wohl im Winter fliehen in Strümpfen, Pantoffeln, Krankenschlafrock und Nachtmütze? Wenn es sich aber so verhält, wenn das Risiko so gering ist (das heißt, wenn in Wahrheit überhaupt keines besteht), was soll dann eine so einschneidende Härtemaßnahme den Kranken gegenüber, vielleicht in den letzten Tagen oder Stunden ihres Lebens, Kranken gegenüber, die frischer Luft noch mehr bedürfen als Gesunde? Warum? Das habe ich nie einsehen können ...

Aber wenn sich die Frage nach dem Warum erhebt und da ich schon einmal darauf zu sprechen gekommen bin, kann ich nicht umhin, auch noch einen andern unfaßlichen Umstand zu erwähnen, den ich ebenfalls jahrelang vor Augen hatte und der mir völlig rätselhaft geblieben ist, da ich auch für ihn keinerlei Erklärung hätte finden können. Ehe ich in meinem Bericht fortfahre, muß ich auch darüber ein paar Worte sagen. Ich meine die Fußfesseln, von denen keine noch so schwere Krankheit den bereits abgeurteilten Sträfling zu befreien imstande gewesen wäre. Sogar die Schwindsüchtigen starben vor meinen Augen in ihren Fußketten. Dabei hatte sich jedermann damit abgefunden, und alle sahen es als unumgänglich an. Wie hätte sich auch jemand darüber Gedanken machen sollen, wo es in all diesen Jahren nicht einmal einem der Ärzte je eingefallen wäre, sich bei der Direktion dafür einzusetzen, daß einem schwerkranken Gefangenen die Fesseln abgenommen wurden, wenigstens wenn er Schwindsucht hatte. Nehmen wir an, daß die Fußfesseln an sich keine Gott weiß wie schlimme Belastung darstellen. Sie wiegen in der Regel acht bis zehn Pfund. Eine Last von neun Pfund strengt einen gesunden Menschen nicht sonderlich an. Ich habe übrigens gehört, daß jahrelanges Tragen dieser eisernen Fußfesseln die Beinmuskeln schrumpfen ließe.

Ich weiß nicht, ob das zutrifft, wenn auch einige Wahrscheinlichkeit dafür spricht. Selbst ein kleines, nur zehn Pfund schweres Gewicht, das ständig am Bein befestigt ist, bedeutet eine anomale Belastung und kann, wenn es lange Zeit hindurch getragen wird, durchaus von nachteiliger Wirkung sein. Aber nehmen wir getrost an, daß es einem gesunden Menschen nichts ausmachte. Wie steht es indes bei einem Kranken? Nehmen wir an, daß es auch einem Leichtkranken nichts zu schaffen machte. Wie aber, wenn es sich, ich wiederhole, um einen Schwerkranken handelt, noch einmal sei es gesagt, um einen Schwindsüchtigen, dem die Krankheit ohnehin Arme und Beine auszehrt, so daß ihm schon ein Strohhalm zu schwer wird? Und wenn die Ärzte eine solche Erleichterung allein für die Schwindsüchtigen erwirkt hätten, wäre auch das schon eine echte und große Wohltat gewesen. Nehmen wir an, jemand wäre der Ansicht, der Sträfling sei ein Missetäter und verdiene keine Wohltaten; aber soll man wirklich die Strafe für einen Menschen noch erschweren, auf dem Gottes Hand auch ohnedies schwer genug lastet? Außerdem glaube ich nicht, daß diese Verfügung überhaupt als Strafe gedacht war. Ein Schwindsüchtiger bleibt auch von Gesetzes wegen vor jeder körperlichen Züchtigung verschont. Also verbirgt sich dahinter vielleicht doch irgendeine geheimnisvolle und bedeutsame Vorsichtsmaßnahme? Aber was für eine? das ist und bleibt mir unerfindlich. Kein Mensch kann im Ernst annehmen, daß ein Schwindsüchtiger einen Fluchtversuch unternehmen würde. Wer könnte auf eine so absurde Idee kommen, besonders wenn es sich bereits um ein fortgeschrittenes Krankheitsstadium handelt? Und Schwindsucht simulieren, die Ärzte hinters Licht führen, um fliehen zu können, ist völlig ausgeschlossen. Das ist bei dieser Krankheit unmöglich, man erkennt sie auf den ersten Blick. Und schließlich: legt man einem Menschen die Fußketten denn nur an, damit er nicht davonläuft oder damit diese ihn bei einer möglichen Flucht hindern? Ganz und gar nicht. Die Ketten bedeuten doch im Grunde nichts anderes als Entehrung, Schmach und Last in physischer und moralischer Hinsicht. Das ist zum mindesten ihr Sinn und Zweck. An der Flucht können sie doch niemanden ernstlich hindern. Selbst der einfältigste und ungeschickteste Gefangene kann sie ohne viel Mühe sehr bald durchfeilen oder die Niete mit einem Stein aufklopfen. Die Fußfesseln bieten also zweifellos nicht die geringste Sicherheit; wenn es sich aber so verhält, wenn sie dem verurteilten Gefangenen einzig und allein zum Zweck der Bestrafung angelegt werden, so frage ich wiederum: muß man denn wirklich auch einen Sterbenden noch damit strafen?

Und während ich dies alles niederschreibe, sehe ich ganz deutlich einen Sterbenden vor mir, einen Schwindsüchtigen, eben jenen Michajlow, der mir fast gegenüber lag, gleich neben Ustjanzew, und der, wie ich mich entsinne, am vierten Tag nach meiner Ankunft im Krankensaal starb. Vielleicht sind eben jetzt, wo ich auf die Schwindsüchtigen zu sprechen gekommen bin, ungewollt die Eindrücke und Gedanken wieder in mir wachgeworden, die mir seinerzeit angesichts dieses Sterbens durch den Kopf gingen. Diesen Michajlow hatte ich übrigens persönlich kaum gekannt. Er war noch jung, nicht älter als fünfundzwanzig, hochgewachsen, schlank und von sehr angenehmem Äußeren. Er gehörte zur Sonderabteilung und war auffallend wortkarg, stets von einer in sich gekehrten, gelassenen Melancholie erfüllt. Es war, als sei er im Zuchthaus allmählich »verdorrt«. So nannten es die andern Sträflinge, die ihm ein gutes Andenken bewahrten. Ich erinnere mich nur noch, daß er wunderschöne Augen hatte, aber ich weiß wahrhaftig nicht, warum sein Bild so nachhaltig in meinem Gedächtnis haftet. Er starb gegen drei Uhr nachmittags, an einem kalten, klaren Tag. Ich weiß noch, daß die kräftigen Sonnenstrahlen schräg durch die grünen, ein wenig gefrorenen Fensterscheiben unseres Saales drangen. Ein ganzes Strahlenbündel fiel auf den Unglücklichen. Er war bereits bewußtlos und hatte einen schweren, mehrere Stunden dauernden Todeskampf. Schon am Morgen hatte er keinen mehr erkannt, der an sein Bett trat. Man hätte ihm sein Leiden gern erleichtert, denn man sah, daß es ihm sehr schlecht ging; er atmete mühsam, tief und röchelnd, seine Brust hob und senkte sich krampfhaft, als ob ihm die Luft knapp würde. Er warf erst die Decke von sich, dann alle Kleidungsstücke, und zuletzt wollte er sich auch noch das Hemd vom Leib reißen, selbst das war ihm zu schwer. Die Kameraden waren ihm behilflich und zogen ihm das Hemd aus. Der langgestreckte Körper mit den bis auf die Knochen ausgemergelten Gliedmaßen, dem eingefallenen Leib, dem hochgewölbten Brustkorb und den Rippen, die sich scharf abzeichneten wie bei einem Gerippe, bot einen schrecklichen Anblick. Er hatte nichts mehr am Leib als ein hölzernes Kreuz mit einer Medaille und die Fußketten, aus deren Ring er, wie es schien, den ausgezehrten Fuß jetzt mühelos hätte herausziehen können. Eine halbe Stunde vor seinem Tode wurde es im Saal still, alle flüsterten nur noch miteinander. Wer umherlief, gab sich Mühe, möglichst leise aufzutreten. Die andern unterhielten sich kaum und nur über nebensächliche Dinge, nur hie und da warfen sie einen Blick auf den Sterbenden, der immer heftiger röchelte. Zuletzt tastete er mit irrender, unsicherer Hand nach der Medaille auf seiner Brust und wollte sich auch die vom Leibe reißen, als ob selbst sie ihm zu schwer sei, ihn beunruhigte und bedrückte. So nahm man ihm die Medaille ab. Zehn Minuten später war er tot. Man klopfte an die Tür, um den Posten zu benachrichtigen. Ein Wärter kam herein, glotzte stumpfsinnig auf den Leichnam und ging den Feldscher holen. Der Feldscher, ein junger und gutmütiger Bursche, der etwas zu viel auf sein Äußeres hielt, das im übrigen durchaus vorteilhaft war, erschien bald danach; mit schnellen Schritten, die laut durch den still gewordenen Saal hallten, ging er zu dem Verstorbenen, nahm seine Hand und fühlte den Puls mit einem merkwürdig gleichgültigen Gesichtsausdruck, den er sich eigens für diese Gelegenheit zurechtgelegt zu haben schien, dann machte er eine resignierte Handbewegung und ging hinaus. Gleich danach wurde auch der Hospitalwache Meldung gemacht: immerhin handelte es sich um einen Schwerverbrecher aus der Sonderabteilung, also mußte sein Tod unter besonderen Zeremonien bestätigt werden. In Erwartung der Wache gab einer der Gefangenen mit gedämpfter Stimme zu bedenken, ob es nicht schicklich wäre, dem Verschiedenen die Augen zu schließen. Ein anderer hörte ihm aufmerksam zu, ging ohne ein Wort zu dem Toten und drückte ihm die Augen zu. Als er das auf dem Kissen liegende Kreuz bemerkte, nahm er es auf, betrachtete es eingehend und legte es dann stumm um Michajlows Hals; als das getan war, bekreuzigte er sich. Inzwischen wurde das leblose Gesicht langsam steif; ein Lichtstrahl spielte darauf, der Mund stand halb offen, zwei Reihen weißer, junger Zähne schimmerten unter den schmalen, am Zahnfleisch klebenden Lippen hervor. Endlich erschien der wachhabende Unteroffizier mit Seitengewehr und Helm, gefolgt von zwei Krankenwärtern. Im Näherkommen verlangsamte er seine Schritte immer mehr und starrte ratlos auf die verstummten Sträflinge, deren Blicke von allen Seiten auf ihn gerichtet waren. Als er sich dem Toten bis auf einen Schritt genähert hatte, blieb er wie festgenagelt stehen, als sei ihm plötzlich bange geworden. Der Anblick des nackten, ausgemergelten Leichnams, der nichts als die Fußketten an sich trug, hatte ihn sichtlich erschüttert, und unversehens öffnete er die Schuppenkette, nahm den Helm ab, was keineswegs Vorschrift war, und schlug mit weitausholender Gebärde das Kreuz. Es war ein rauhes, schon ergrautes Soldatengesicht. Ich weiß noch, wie im selben Augenblick Tschekunow neben ihm auftauchte, auch er ein grauhaariger Alter. Die ganze Zeit über hatte er dem Unteroffizier stumm und unverwandt ins Gesicht gestarrt und sich in sonderbarer Spannung keine seiner Gebärden entgehen lassen. Doch da trafen sich ihre Blicke, und Tschekunows Unterlippe begann auf einmal zu zittern. Er verzog sie ganz sonderbar, entblößte die Zähne und sagte hastig, wie von ungefähr, während er mit einer Kopfbewegung auf den Toten deutete: »Hat ja auch eine Mutter gehabt!« und ging seines Weges.

Ich weiß noch, daß mir diese Worte durch und durch gingen. Warum hatte er sie gesagt, und wie waren sie ihm in den Sinn gekommen? Jetzt aber wurde der Leichnam aufgehoben, man schaffte ihn mitsamt dem Bett hinaus; das Stroh knisterte, die Fußketten schlugen in der allgemeinen Stille mit lautem Klirren zu Boden. Jemand hob sie auf.

Der Leichnam wurde hinausgetragen. Und auf einmal begann alles laut durcheinanderzureden. Man hörte noch, wie der Unteroffizier, schon draußen auf dem Korridor, nach dem Schmied schickte. Dem Toten mußten die Fesseln abgenommen werden.

Aber ich bin abgeschweift ...

2

Fortsetzung

Die Arztvisite fand am Vormittag statt; gegen elf Uhr kamen sie alle im Gefolge des Chefarztes, anderthalb Stunden vorher machte bereits unser Stationsarzt seinen Rundgang durch den Saal. Damals war Stationsarzt ein freundlicher, zuvorkommender, noch sehr junger Mann, der etwas von seinem Fach verstand; die Gefangenen hatten ihn sehr gern und fanden nur eines an ihm auszusetzen: »Der ist zu schüchtern!« Und er war in der Tat sonderbar schweigsam, wirkte sogar uns gegenüber verlegen, ja es fehlte nicht viel, daß er rot geworden wäre; er änderte die Essensrationen auf die leiseste Bitte der Patienten hin und schien nicht abgeneigt, sogar beim Verschreiben der Arzneien auf ihre Wünsche Rücksicht zu nehmen. Im übrigen war er ein prächtiger junger Mann. Man kann nicht bestreiten, daß sich viele Ärzte in Rußland der Liebe und Achtung des einfachen Volkes erfreuen; das ist meiner eigenen Beobachtung nach eine feststehende Tatsache. Ich weiß, daß manch einem diese Behauptung paradox erscheinen könnte, besonders wenn man sich das allgemein verbreitete Mißtrauen der einfachen Russen gegenüber der Schulmedizin und ausländischen Arzneien vor Augen hält. In der Tat lassen sich die Leute aus dem Volk, mögen sie auch noch so schwer krank sein, lieber jahrelang von einer Quacksalberin behandeln oder nehmen Zuflucht zu ihren volkstümlichen Hausmitteln (die man, nebenbei gesagt, keineswegs geringschätzen sollte), als einen Arzt aufzusuchen oder sich in ein Krankenhaus zu begeben.

Aber abgesehen davon, daß man dabei einen sehr wichtigen Umstand berücksichtigen muß, der mit der Medizin als solcher gar nichts zu tun hat, nämlich das allgemeine Mißtrauen des Volkes gegen alles, was den Stempel des Behördlichen und Offiziellen trägt, abgesehen davon sind die einfachen Leute verschüchtert und voreingenommen gegen das Krankenhaus durch alle möglichen Schauergeschichten, die meistens völlig aus der Luft gegriffen sind, hin und wieder aber auch einen Kern von Wahrheit enthalten. Vor allem aber scheuen sie die in den Krankenhäusern herrschende deutsche Disziplin, die fremden Gesichter, die sie während der Krankheit um sich haben, die strengen Diätbestimmungen, die Berichte von der Unnachgiebigkeit und Strenge der Arzthelfer und Ärzte, die Schilderungen vom Aufschneiden und Ausweiden von Leichen usw. Und schließlich, denkt der Mann aus dem Volke, sind es feine Herren, die einen da kurieren, denn die Ärzte gelten nun einmal als Herrschaften. Bei näherer Bekanntschaft mit den Ärzten lösen sich diese Ängste, wenn auch nicht ohne Ausnahme, aber doch in der Regel, sehr bald in nichts auf, was, nach meiner Überzeugung, unseren Doktoren, vor allem den jungen, nur zur Ehre gereicht. Die meisten von ihnen verstehen es, sich die Achtung, ja sogar die Liebe der einfachen Leute zu gewinnen. Ich jedenfalls schreibe über das, was ich selbst gesehen und immer wieder an verschiedenen Orten erlebt habe, und ich habe keinen Grund zu der Annahme, daß es anderswo häufig anders zugegangen wäre. Freilich mag es an abgelegenen Orten vorkommen, daß Ärzte sich von ihren Patienten bestechen lassen, daß sie sich in verwerflicher Weise an ihnen bereichern, daß sie die Kranken vernachlässigen, ja daß sie ihre Pflicht als Mediziner völlig vergessen. Auch das mag vorkommen, ich aber spreche von der Mehrheit, oder richtiger, von der Tendenz, die heutzutage in der Medizin tonangebend ist. Jene Abtrünnigen ihres Berufes aber, die Wölfe im Schafspelz, werden, ganz gleich, was sie zu ihrer Rechtfertigung vorbringen könnten, womit sie sich auch herauszureden versuchen, etwa mit der Umwelt, die sie zugrunde gerichtet habe, doch stets unrecht behalten, vor allem, wenn sie dabei auch die

Menschenliebe eingebüßt haben. Denn Menschenliebe, Wohlwollen, brüderliches Mitleid nützt den Kranken oft mehr als jede Medizin. Es wäre an der Zeit, daß wir endlich aufhörten, apathisch darüber zu klagen, daß uns die Umwelt zugrunde richte. Räumen wir ein, daß sie vieles in uns zugrunde richten mag, aber doch keineswegs alles, und wie oft bemäntelt und rechtfertigt ein abgefeimter und erfahrener Schurke mit dem Umwelteinfluß nicht nur die eigene Schwäche, sondern oft sogar die eigene Niedertracht, besonders wenn er beredt ist oder einen eleganten Stil schreibt. Doch da bin ich schon wieder vom Thema abgekommen; ich wollte sagen, daß sich Mißtrauen und Feindseligkeit der einfachen Menschen eher gegen die medizinische Administration richten als gegen die Ärzte selbst. Wenn einer erst am eigenen Leib erfahren hat, wie diese wirklich sind, gibt er viele seiner Vorurteile sehr bald auf. Die Organisation unserer Krankenhäuser jedoch steht bis zum heutigen Tag vielfach im Widerspruch zur Mentalität des Volkes, sie ist mit all ihren Vorschriften den Lebensgewohnheiten der einfachen Menschen feindlich und fremd und hat nicht verstanden, sich die uneingeschränkte Achtung und das Vertrauen des Volkes zu erwerben. Jedenfalls habe ich diesen Eindruck aus persönlicher Erfahrung gewonnen.

Unser Stationsarzt blieb in der Regel bei jedem einzelnen Patienten stehen, untersuchte ihn gründlich und sehr eingehend, fragte ihn nach seinen Beschwerden, bestimmte danach die Arznei und die Krankenkost. Zuweilen entging ihm nicht, daß ein Patient überhaupt nicht krank war; da er aber wußte, daß jener nur ins Hospital gekommen war, um sich von der Arbeit auszuruhen oder einmal statt auf kahlen Brettern auf einer Matratze liegen zu können, und obendrein in einem geheizten Raum anstelle der feuchten Arrestzelle, wo die Untersuchungsgefangenen bleich und ausgemergelt zusammengepfercht sind (die noch nicht abgeurteilten Gefangenen sind bei uns überall in Rußland in der Regel bleich und abgezehrt – ein Zeichen dafür, daß sie, was Unterbringung und seelische Verfassung anbetrifft, meistens schlechter dran sind als die bereits Verurteilten), attestierte unser Stationsarzt ihm ohne weiteres eine febris catarrhalis und ließ ihn manchmal eine ganze Woche im Hospital liegen. Über diese febris catarrhalis lachte jedermann bei uns. Alle wußten sehr wohl, daß dies eine auf Grund einer gegenseitigen stillschweigenden Übereinkunft zwischen Arzt und Patienten übliche Formulierung zur Kennzeichnung einer simulierten Krankheit war; »Ersatz-Zipperlein«, wie die Gefangenen das Wort febris catarrhalis unter sich verdolmetschten. Hin und wieder kam es vor, daß ein Patient die Gutmütigkeit des Arztes ausnutzte und so lange liegen blieb, bis man ihn mit Gewalt entfernen mußte. Dann mußte man unsern Stationsarzt gesehen haben: er genierte sich und hatte förmlich Hemmungen, dem Kranken rundheraus zu sagen, daß es Zeit sei, allmählich ans Gesundwerden zu denken und um seine Entlassung nachzusuchen, obgleich er durchaus das Recht gehabt hätte, ihn ohne viele Worte und Zureden gesund zu schreiben, indem er nur den Vermerk ‚sanatus est' in dessen Kummerblatt eintrug. Anfänglich beschränkte er sich auf Anspielungen, dann aber fragte er unverblümt: »Na, wär's nicht langsam Zeit, du bist doch so gut wie gesund, und im Saal ist's eng«, und so weiter, und so fort, bis der Patient sich selber schämte und zu guter Letzt von sich aus um seine Entlassung bat. Obgleich auch der Chefarzt ein menschenfreundlicher und ehrenwerter Mann war (auch er war bei den Patienten sehr beliebt), war er doch unvergleichlich strenger und energischer als unser Stationsarzt und konnte, wenn es darauf ankam, sogar ausgesprochen hart und unerbittlich sein, und gerade deshalb wurde er von unsern Leuten besonders respektiert. Er erschien in Begleitung der gesamten Ärzteschaft nach der Visite des Stationsarztes, erkundigte sich ebenfalls bei jedem einzelnen nach seinem Befinden, hielt sich besonders lange bei den Schwerkranken auf, für die er stets ein gutes, aufmunterndes, oft sogar herzliches Wort hatte, und machte im allgemeinen einen sehr sympathischen Eindruck. Auch er schickte die Patienten niemals fort, die mit »Ersatz-Zipperlein« gekommen waren, wenn einer sich aber einmal zu hartnäckig sträubte, schrieb er ihn ohne viel Federlesens gesund: »Na, Freundchen, jetzt hast du lange genug auf der faulen Haut gelegen, jetzt aber raus mit dir, man muß wissen, was sich gehört.« Besonders hartnäckig sträubten sich sowohl die Faulpelze, die sich vor der Arbeit drücken wollten, vor allem im Sommer, wo die Arbeit schwerer war, als auch die Untersuchungshäftlinge, denen eine Körperstrafe bevorstand. Ich weiß noch, wie man einem solchen Simulanten gegenüber besondere Strenge, ja Grausamkeit walten lassen mußte, um ihn zum Fortgehen zu bewegen. Er war mit einer Augenkrankheit gekommen; die Augen waren gerötet, er klagte über heftige, stechende Schmerzen in den Augen. Man behandelte ihn mit Kantharidenpflastern und Blutegeln, spritzte ihm eine ätzende Flüssigkeit in die Augen, und so weiter, aber die Krankheit wollte nicht vergehen, der Zustand der Augen besserte sich nicht. Mit der Zeit kamen die Ärzte dahinter, daß er simulierte: die Entzündung war und blieb leicht, sie wurde nicht schlimmer, aber auch nicht besser, der Zustand blieb unverändert, das war verdächtig. Die Gefangenen wußten längst, daß er simulierte und die Ärzte an der Nase herumführte, wenn er selbst es auch niemals zugegeben hatte. Es war ein junger, recht ansehnlicher Bursche, den aber niemand von uns leiden mochte: er war zurückhaltend, argwöhnisch, finster, sprach mit keinem, konnte niemanden offen ansehen und war so zugeknöpft gegen jedermann, als ob er sich von allen nur Schlechtes zu erwarten hätte. Ich weiß noch, daß manche sogar fürchteten, er könnte auch bei uns noch etwas anstellen. Er war als Soldat bei schweren Diebstählen erwischt worden, dafür hatte man ihm tausend Stockhiebe aufgebrummt und ihn in die Strafkompanie versetzt. Wie ich schon sagte, ließen sich die Häftlinge, nur um den Zeitpunkt der Prügelstrafe hinauszuzögern, zuweilen zu schrecklichen Untaten hinreißen: so einer war imstande, am Tag vor der Exekution mit dem Messer auf einen Vorgesetzten oder Mitgefangenen loszugehen, dann kam er wieder vor Gericht, die Bestrafung wurde um einen oder zwei Monate hinausgeschoben, und er hatte erreicht, was er wollte. Es kümmerte ihn nicht, daß man ihn nach zwei Monaten doppelt oder dreifach so hart strafen würde; ihm war es einzig und allein darum zu tun, den gefürchteten Augenblick hinauszuzögern, und sei es auch nur um wenige Tage – so groß war mitunter die Mutlosigkeit dieser Unglücklichen. Einige von uns tuschelten bereits, man möge sich vor ihm in acht nehmen, der sei imstande, bei Nacht irgendeinen kaltzumachen. Das war freilich nur so ein Gerede, niemand dachte daran, besondere Vorsichtsmaßregeln zu ergreifen, selbst die nicht, deren Betten unmittelbar neben dem seinen standen. Er wurde übrigens dabei beobachtet, wie er sich nachts Kalk, den er vom Wandverputz abkratzte, und noch irgend etwas anderes in die Augen rieb, damit sie bis zum Morgen wieder rot waren. Zu guter Letzt drohte ihm der Chefarzt mit dem Haarseil. Bei besonders hartnäckigen Augenkrankheiten entschließen sich die Ärzte, wenn alle andern Mittel nicht anschlagen, zur Anwendung eines wirksamen, aber qualvollen Mittels, einer wahren Pferdekur; man führt dem Kranken nämlich ein Haarseil ein. Aber der arme Teufel wollte auch da nicht gesund werden. War er nun besonders starrsinnig oder auch nur besonders feige? Wenn das Haarseil auch nicht so schlimm ist wie Stockhiebe, ist seine Anwendung doch schmerzhaft genug. Man zieht dem Patienten hinten am Nacken so viel Haut zusammen, wie man mit einer Hand greifen kann, fährt mit dem Messer durch die Haut, was eine breite und tiefe Schnittwunde längs des Nackens ergibt, und zieht ein ziemlich starkes, fast fingerdickes Leinenband durch diese Wunde; fast täglich wird dieses in der Wunde steckende Band zu einer bestimmten Stunde hin und herbewegt, das ist, als würde die Wunde immer wieder neu aufgeschnitten, damit sie ständig eitert und nicht zuheilen kann. Hartnäckig, wie er war, erduldete der arme Kerl unter schrecklichen Qualen auch diese Folter mehrere Tage lang, bis er sich schließlich bequemte, um seine Entlassung zu bitten. Seine Augen wurden innerhalb eines einzigen Tages völlig gesund, und sobald auch sein Nacken abgeheilt war, wurde er in die Hauptwache zurückeskortiert, um am andern Tag seine tausend Stockschläge zu beziehen.

Freilich ist der Augenblick vor einer körperlichen Züchtigung schwer, so schwer, daß ich mich vielleicht versündige, wenn ich die Furcht davor als Kleinmut oder Feigheit bezeichne. Es muß schon sehr hart sein, wenn einer lieber die doppelte oder dreifache Strafe auf sich nimmt, wenn sie nur nicht gleich vollstreckt wird. Und doch habe ich Fälle gekannt, wo Delinquenten, deren Rücken nach der ersten Partie Stockschläge noch gar nicht richtig verheilt war, selbst darum nachsuchten, so bald wie möglich aus dem Hospital entlassen zu werden, nur um den Rest der Strafe hinter sich zu bringen und aus dem Gewahrsam der Gerichtsbehörde loszukommen; denn die Haft der noch nicht Abgeurteilten in der Arrestzelle ist natürlich unvergleichlich viel härter als das Leben im Zuchthaus. Neben dem Unterschied in den Temperamenten war bei der Entschlossenheit und Furchtlosigkeit, die manche angesichts der Prügel an den Tag legten, freilich auch die eingefleischte Gewöhnung an Schläge und Züchtigung im Spiele. Einer, der schon häufig geprügelt worden ist, wird mit der Zeit sozusagen abgehärtet an Herz und Buckel, er betrachtet die Züchtigung zuletzt nur noch zynisch wie eine kleine Unannehmlichkeit und verliert jede Furcht davor. Das ist eine im allgemeinen zutreffende Beobachtung. Einer unserer Gefangenen aus der Sonderabteilung, ein getaufter Kalmüke, Alexander oder Alexandra, wie man ihn nannte, ein sonderbares Früchtchen, ein furchtloser und dabei doch äußerst gutmütiger Spitzbube, hat mir einmal erzählt, wie er seine viertausend Stockschläge überstanden hatte, er erzählte es lachend wie einen Witz, beteuerte jedoch in vollem Ernst, daß er diese viertausend nie und nimmer überlebt hätte, wenn er nicht von Kindesbeinen, von seiner frühesten Jugend an, unter der Knute aufgewachsen wäre, deren Striemen nie vernarbt waren, solange er in seiner Horde lebte. Dabei konnte er diese Erziehungsmethode nicht genug rühmen: »Für jeden Dreck setzte es Hiebe, Alexander Petrowitsch«, sagte er zu mir, als er eines Abends, noch ehe die Kerzen angezündet wurden, auf meinem Lager saß, »für alles und jedes, ganz gleich, was es war, wurde ich geprügelt, fünfzehn Jahre, solange ich denken konnte, und das täglich mehrere Male; jeder schlug mich, den die Lust dazu ankam, und so wurde ich zu guter Letzt richtig abgebrüht dagegen.« Ich weiß nicht, wie er zu den Soldaten gekommen war; ich erinnere mich nicht mehr, vielleicht hat er es auch erzählt, er war ein ewiger Stromer und Landstreicher. Ich erinnere mich nur noch, daß er erzählte, wie schrecklich er sich gefürchtet hatte, als er wegen Totschlags eines Vorgesetzten zu viertausend Hieben verurteilt worden war. »Ich hab gewußt, daß man mich hart anfassen und daß ich nicht lebend davonkommen würde, und wenn ich auch die Knute gewöhnt war, sind viertausend doch kein Pappenstiel! Obendrein waren alle Offiziere in heller Wut über mich! Ich hab's gewußt, ich hab's wohl gewußt, das werden sie mir nicht durchgehen lassen, ich werde nicht mit dem Leben davonkommen, sie werden mich totschlagen. Zuerst hab ich's damit versucht, daß ich mich taufen ließ, hab ich mir doch gedacht, vielleicht lassen sie dann Gnade vor Recht ergehen, und wenn die Meinigen auch gleich gesagt haben, das nutzt alles nichts, die lassen keine Gnade walten, hab ich mir doch gedacht: ich kann's immerhin versuchen, trotz allem werden sie mit einem Getauften mehr Mitleid haben. So wurde ich denn wahrhaftig getauft, und bei der Heiligen Taufe gab man mir den Namen Alexander; tja, aber um die Hiebe bin ich doch nicht herumgekommen, einen einzigen hätten sie mir wenigstens erlassen können, so hab ich mich schier verhöhnt gefühlt. Und da hab ich bei mir gedacht: wartet nur ab, ich werd euch allen miteinander eine Nase drehn. Und was meint Ihr, Alexander Petrowitsch, das ist mir einmal gelungen! Ich hab mich immer ganz täuschend gut totstellen können, freilich nicht ganz mausetot, aber so, als ob ich jeden Augenblick den Geist aufgeben würde. Man führt mich durch die Gasse, sie ziehen mir das erste Tausend über, na, denke ich, jetzt ist es aus mit mir, die haben mich schier um den Verstand geprügelt, die Beine knicken unter mir zusammen, ich schlage wie ein Plumpsack zu Boden; meine Augen sind wie tot, das Gesicht blau, der Atem geht nicht mehr, Schaum steht mir vor dem Mund. Der Arzt tritt herzu: der ist gleich hinüber, sagt er. Man hat mich ins Hospital geschafft, da bin ich aber wieder lebendig geworden. So haben sie mich hernach noch zweimal durch die Gasse getrieben, und wütend sind die geworden, arg wütend, ich aber hab sie noch zweimal ausgeschmiert; das dritte Tausend hab ich hintereinander abgemacht, dann war ich starr und steif, wie's aber zum vierten gekommen ist, da ist mir jeder Streich wie ein Messer bis ins Herz gedrungen, jeder Schlag ist wie drei Schläge gewesen, so über die Maßen hat das weh getan. Sie sind wie rasend gewesen vor Grimm über mich. Dieses letzte Tausend (der Teufel soll es holen!) war ärger als die vorigen drei zusammen, und wenn ich nicht grad noch vor Toresschluß umgefallen wäre (es waren nur noch zweihundert Hiebe übrig), hätten sie mich doch wahrhaftig zu Tode geprügelt, ich aber nicht faul, hab sie wieder ausgeschmiert und bin steif und starr dagelegen, und wieder sind sie drauf reingefallen, wie hätten sie auch nicht, wo's der Doktor selber geglaubt hat; und so haben sie dann bei den letzten zweihundert ihre ganze Wut an mir ausgelassen, so wütend haben die zugeschlagen, daß ein andermal zweitausend leichter zu ertragen gewesen wären, aber hat sich was, kaputtgekriegt haben die mich nicht, und warum nicht? Einzig und allein, weil ich von Kindesbeinen mit der Knute großgezogen worden bin. Und so bin ich denn noch am Leben bis auf den heutigen Tag. Och, Prügel hab ich bezogen, Prügel, solange ich denken kann!« schloß er bekümmert und nachdenklich, als hätte er Mühe, sich zu besinnen und nachzurechnen, wie oft man ihn geprügelt hatte. »Aber nein«, setzte er nach minutenlangem Schweigen hinzu, »das kann man gar nicht zählen, wie oft man mich verdroschen hat, wie sollte man auch! So eine Rechnung gibt's gar nicht.« Er warf mir einen Blick zu und mußte lachen, aber so gutherzig, daß ich gar nicht anders konnte, als ihm meinerseits zuzulächeln. »Soll ich Ihnen was sagen, Alexander Petrowitsch, wenn ich jetzt bei Nacht einen Traum habe, so sehe ich unweigerlich, wie man mich schlägt: andere Träume kenne ich gar nicht mehr.« In der Tat schrie er oft auf bei Nacht und zwar aus vollem Hals, daß die andern Gefangenen ihn alsbald mit Püffen und Knüffen wachrüttelten: »Was zum Teufel brüllst du so!« Er war ein gesunder Bursche von kleiner Statur, quicklebendig und vergnügt, an die fünfundvierzig Jahre, er war gut Freund mit jedermann, wenn er auch sehr gern lange Finger machte und dafür verprügelt wurde, aber wer tat das nicht bei uns, und wer wurde nicht dafür geprügelt?

Noch eines muß ich hinzufügen: ich war immer wieder erstaunt über die ausgesprochene Gutmütigkeit und Harmlosigkeit, mit der alle diese Verprügelten erzählten, wie sie geschlagen worden waren, und von denen, die sie geschlagen hatten. Meist klang nicht die leiseste Spur von Ärger oder Haß in so einem Bericht an, von dem sich mir beim bloßen Anhören das Herz zusammenkrampfte und wie wild zu schlagen begann. Sie aber lachten beim Erzählen gewöhnlich wie die Kinder. Anders verhielt es sich, als ich M. nach seiner Strafe fragte; er war nicht von Adel und war zu fünfhundert Schlägen verurteilt worden. Ich hatte dies von andern erfahren und erkundigte mich bei ihm selbst, ob es denn wirklich auf Wahrheit beruhe und wie es sich damit verhalten habe. Seine Antwort war merkwürdig kurz angebunden, er schien dabei von einem geheimen Schmerz gequält, trachtete danach, mich nicht anzusehen, das Blut schoß ihm ins Gesicht; gleich darauf sah er mich dann doch an, in seinen Augen brannte das Feuer des Hasses, und die Lippen bebten vor Empörung. Ich begriff, daß er dieses Blatt aus seiner Vergangenheit nie würde vergessen können. Fast alle anderen Gefangenen (natürlich kann ich nicht garantieren, daß es dabei keine Ausnahmen gab) betrachteten die Sache indes mit ganz anderen Augen. Es kann doch nicht sein, dachte ich zuweilen, daß sie sich selbst als durchaus schuldig erachteten und die gegen sie verhängte Strafe als gerecht, besonders wenn sie sich nicht gegen Kameraden, sondern gegen Vorgesetzte vergangen hatten. Die meisten von ihnen fühlten sich doch bestimmt nicht schuldig. Ich sagte schon, daß ich niemals etwas wie Gewissensbisse bei ihnen wahrnehmen konnte, selbst in den Fällen, wo sich ihre Tat gegen ihresgleichen gerichtet hatte. Von Vergehen gegen Vorgesetzte ganz zu schweigen. Mitunter hatte ich den Eindruck, daß sie in diesem letzteren Falle ihre eigene, sozusagen praktische oder richtiger faktische Ansicht von der Sache hatten. Sie hielten ihre Tat eher für die Folge eines unentrinnbaren Schicksals, und zwar nicht etwa bewußt und überlegt, sondern vielmehr aus einem unbewußten Glauben heraus. Wenn der Gefangene auch immer dazu neigte, sich bei Straftaten gegen Vorgesetzte im Recht zu fühlen, so daß es für ihn ganz undenkbar wäre, hier nach Recht oder Unrecht zu fragen, blieb er sich doch faktisch stets bewußt, daß die Obrigkeit sein Vergehen ganz anders beurteilt, folglich hatte er sich, seiner Meinung nach, nur in die auferlegte Strafe zu schicken, und schon war man wieder quitt. Es war ein Kampf auf Gegenseitigkeit. Dabei konnte der Übeltäter davon überzeugt sein, daß er vor dem Gericht seiner eigenen Klasse, vor dem Angesicht der einfachen Leute, bestehen würde, daß sie ihn niemals, das wußte er sehr wohl, vollends verdammen, sondern allermeist von jeder Schuld freisprechen würden, sofern er sich nur nicht gegen seinesgleichen, gegen seine Brüder, die einfachen Menschen, versündigt hatte. Sein Gewissen war ruhig, darum war er stark und ließ sich moralisch nicht erschüttern, und allein darauf kam es an. Er spürte sozusagen, daß er etwas hatte, worauf er sich stützten konnte, darum empfand er auch keinen Haß, sondern nahm das Mißgeschick, das ihn betroffen hatte, als unabänderliche Gegebenheit hin, die nicht in seinem Fall begonnen hatte und nicht bei ihm zu Ende sein, sondern im Rahmen des ausgetragenen, zwar passiven, aber doch hartnäckigen Kampfes noch lange weiterbestehen würde. Welcher Soldat hätte wohl einen persönlichen Haß auf den Türken, gegen den er zu Felde zieht: und doch haut dieser Türke ihn nieder, ersticht ihn oder schießt ihn über den Haufen. Nebenbei gesagt, erzählten sie nicht in jedem Fall so völlig kaltblütig und ungerührt von ihren Prügelstrafen. Sobald die Rede auf den Leutnant Scherebjatnikow kam, war ein Anklang von einer wenn auch nicht allzu vehementen Empörung herauszuhören. Diesen Leutnant Scherebjatnikow lernte ich bereits bei meinem ersten Krankenhausaufenthalt kennen, allerdings nur aus den Erzählungen der andern Gefangenen. Später bekam ich ihn auch noch leibhaftig zu Gesicht, als er bei uns den Wachdienst versah. Er mochte etwa dreißig Jahre alt sein, war ein großer, feister, fettleibiger Kerl mit rosigen, von Fett aufgeblähten Backen, weißen Zähnen und einem dröhnenden Lachen wie Nosdrjow aus Gogols »Toten Seelen«. An seinem Gesicht sah man gleich, daß dies ein Mann war, der nicht lange fackelte und vor nichts zurückschreckte. Wenn er die Vollstreckung einer Prügelstrafe zu leiten hatte, genoß er den bloßen Anblick von Rute und Stock mit wahrer Leidenschaft. Ich muß mich beeilen hinzuzufügen, daß ich diesen Leutnant Scherebjatnikow schon damals für eine Ausgeburt unter seinesgleichen hielt, das war auch die Meinung der andern Gefangenen. Außer ihm gab es noch andere Vollzugsbeamte, in alter Zeit, versteht sich, in jener eben erst vergangenen alten Zeit, von der »die Kunde frisch noch ist, doch glaubt man's kaum«, die sich einen Spaß daraus machten, sich ihres Auftrags gründlich und mit Eifer zu entledigen. In den meisten Fällen aber geschah dies ganz naiv und ohne sonderliche Begeisterung. Jener Leutnant indes war eine Art Feinschmecker des Strafvollzugs. Er hatte eine wahre, eine leidenschaftliche Liebe für die Kunst der körperlichen Züchtigung und liebte sie einzig und allein um dieser Kunst willen. Er schwelgte in dieser Kunst, und wie ein von allzu vielen Genüssen abgestumpfter und erschlaffter Patrizier aus der Zeit des römischen Imperiums ersann er sich alle möglichen raffinierten, widernatürlichen Züchtigungsmethoden, um seine verfettete Seele wenigstens auf diese Weise aufzustacheln und ihr einen angenehmen Kitzel zu verschaffen. Da wird ein Sträfling zur Züchtigung vorgeführt; Scherebjatnikow ist Vollstreckungsbeamter; ein einziger Blick auf die in langer Reihe angetretenen Soldaten mit den dicken Stockprügeln läßt sein Herz höher schlagen. Selbstzufrieden schreitet er die Reihen ab und schärft jedem einzelnen eindringlich ein, daß er seine Pflicht gründlich und gewissenhaft zu versehen habe, sonst ... Aber die Soldaten wissen schon, was dieses *sonst* zu bedeuten hat. Dann wird der Delinquent vorgeführt, und falls er Scherebjatnikow bisher noch nicht gekannt, falls er noch nicht weiß, mit wem er es da zu tun hat, macht sich dieser beispielsweise folgenden Spaß. (Natürlich ist das nur einer von hundert ähnlichen Späßen; der Leutnant war unermüdlich, sich immer wieder neue einfallen zu lassen). In dem Augenblick, wo man ihm den Rücken entblößt und die Arme an die Gewehrkolben bindet, an denen ihn die Unteroffiziere hernach durch die grüne Gasse ziehen, verlegt sich jeder Sträfling, einem allgemeinen Brauch zufolge, darauf, den Exekutor mit weinerlicher, jämmerlicher Stimme anzuflehen, er möge nicht allzu hart mit ihm umspringen lassen und die Strafe nicht durch übermäßige Strenge verschärfen: »Euer Wohlgeboren«, schreit so ein Unglücklicher, »habt Erbarmen, seid mir ein Vater, ich will auch mein Lebtag zu Gott für Euch beten, richtet mich nicht zugrunde, habt Erbarmen!« Darauf hat Scherebjatnikow nur gewartet; unverzüglich gebietet er Einhalt und beginnt mit scheinbarer Anteilnahme ein Gespräch mit dem Delinquenten. »Mein lieber Freund«, sagt er, »was soll ich denn mit dir anfangen? Ich bin's ja nicht, der dich straft, sondern das Gesetz!«

»Euer Wohlgeboren, alles steht in Eurer Hand, habt Erbarmen!«

»Meinst du, ich hätte kein Mitleid mit dir? Glaubst du denn, mir machte es Spaß, mit ansehen zu müssen, wie man dich durchbleut? Schließlich bin ich auch ein Mensch! Bin ich ein Mensch oder nicht, wie?«

»Aber gewiß, Euer Wohlgeboren, das weiß doch ein jeder; ihr seid die Väter, wir eure Kinder. Seid mir ein Vater!« schreit der Gefangene voll neuer Hoffnung.

»Tja, mein Freund, überleg doch mal, hast ja Verstand dazu, um es selbst zu beurteilen; freilich weiß ich wohl, daß ich aus Menschlichkeit auch einen Sünder wie dich mit Erbarmen und Mitleiden ansehen sollte ...«

»Die lautere Wahrheit sprecht Ihr da, Euer Wohlgeboren, mit Verlaub!«

»Tja, voll Mitleid sollte ich dich ansehen, wie sehr du dich auch versündigt haben magst. Aber hier geht es ja nicht um meinen Wunsch und Willen, sondern um das Gesetz! Bedenke das! Ich diene Gott und Vaterland; ich würde eine schwere Sünde auf mich laden, wenn ich dich nicht die ganze Schwere des Gesetzes spüren lassen wollte, bedenk das wohl!«

»Euer Wohlgeboren!«

»Na ja, meinetwegen! Mir soll's recht sein, ich will bei dir eine Ausnahme machen! Ich weiß, daß ich mich versündige, aber meinetwegen ... Diesmal will ich Gnade vor Recht ergehen lassen und dich nur ganz gelinde strafen. Was aber, wenn ich dir damit nur Schaden zufügte? Wenn ich jetzt Gnade walten lasse und dich nur milde strafe, wirst du gar denken, daß es auch beim nächsten Mal so glimpflich ablaufen könnte, und wieder straffällig werden, was dann? Das kommt dann auf meine Seele ...«

»Euer Wohlgeboren! Vor Freund und Feind will ich's bekennen! Grad wie vor dem Thron des himmlischen Schöpfers ...«

»Na, schon gut, schon gut! Kannst du mir schwören, daß du dich auch künftig gut führen wirst?«

»Gott soll mich zermalmen, soll mich in jener Welt ...«

»Verschwör dich nicht, das ist Sünde. Ich glaube dir aufs Wort, gibst du mir dein Wort?«

»Euer Wohlgeboren!!!«

»Nun, so hör mich an, ich lasse Gnade walten nur wegen deiner Waisentränen, du bist doch eine Waise, oder?«

»Waise bin ich, Euer Wohlgeboren, mutterseelenallein auf der Welt, hab nicht Vater noch Mutter mehr ...«

»Na schön, sei's denn um deiner Waisentränen willen; aber merk dir's, zum allerletzten Mal ... so fangt denn an«, setzt er mit so mildherziger Stimme hinzu, daß der Gefangene nicht weiß, wie er Gott für einen so gnädigen Herren danken soll. Dann aber setzt sich die schreckliche Prozession in Bewegung, man führt den Delinquenten durch die Gasse, die Trommel dröhnt, die ersten Stöcke schwirren durch die Luft ... »Jetzt aber drauf!« schreit Scherebjatnikow aus vollem Hals. »Sengt ihm das Fell, verbleut ihn, was das Zeug hält! Brennt ihm eins drauf! Kräftiger noch, gebt's ihm, gebt's ihm! Immer zeigt's diesem Waisenknaben, diesem Halunken! Zeigt's ihm, zeigt's ihm!« Und die Soldaten schlagen zu aus voller Kraft, dem armen Teufel sprühen die Funken aus den Augen, er brüllt laut auf, Scherebjatnikow aber läuft hinter ihm her die Front entlang und lacht, lacht, will sich ausschütten vor Lachen, hält sich die Seiten, kann schon nicht mehr gerade stehen, so daß er einem zuletzt ordentlich leid tut, der Gute. Und vergnügt ist er, und spaßig findet er das alles, und nur ganz selten reißt sein gesundes, wieherndes Gelächter ab, dann hört man ihn wieder rufen: »Haut zu! Haut zu! Gerbt ihm das Fell, dem Halunken, brennt ihm eins auf, dem Waisenknaben . . .!«

Er hatte aber auch noch andere Variationen auf Lager: wieder wird ein Delinquent zur Züchtigung geführt, wieder verlegt er sich aufs Bitten. Dieses Mal verzichtet Scherebjatnikow auf große Sprüche, schneidet keine Grimassen, sondern spielt den Offenherzigen.

»Siehst du, mein Bester«, sagt er, »ich werde dich bestrafen, wie es sich gehört, denn du hast es verdient. Eines aber kann ich für dich tun, wenn du willst: ich lasse dich nicht an die Gewehrkolben binden. Du magst allein gehen, nur auf eine neue Art: lauf, so schnell dich die Füße tragen, die ganze Front ab! Da trifft zwar auch jeder Hieb, aber du bringst das Ganze schneller hinter dich. Was meinst du, willst du's probieren?«

Der Gefangene hört ihn mißtrauisch an, ohne recht zu begreifen, worauf er eigentlich hinauswill. Na wenn schon, denkt er bei sich, mag sein, daß ich dabei in der Tat was gewinne; ich renne auf Teufel komm raus, dann dauert die Pein fünfmal weniger lang, und wer weiß, vielleicht geht auch mal ein Hieb daneben. – »Wie Ihr meint, Euer Wohlgeboren, mir soll's recht sein.« – »Na, dann soll's auch mir recht sein, also ab mit dir! Gebt Obacht, schlaft nicht!« ruft er den Soldaten zu, obgleich er im vorhinein weiß, daß auch nicht ein einziger Stock den schuldigen Buckel verfehlen wird; denn ein Soldat, der danebenhaut, weiß sehr genau, was ihn erwartet. Der Delinquent rennt also, so schnell er kann, durch die »grüne Gasse«, kommt aber natürlich kaum am ersten Dutzend der Soldaten vorbei; die Stöcke prasseln wie ein Trommelwirbel, wie ein Blitz sausen sie, alle auf einmal, auf seinen Rücken nieder, und der Ärmste fällt schreiend zu Boden, wie hingemäht, wie von einer Kugel niedergestreckt. »Nein, Euer Wohlgeboren, dann schon lieber nach dem Gesetz«, sagt er, bleich und erschrocken, während er sich mühsam vom Boden aufrichtet; Scherebjatnikow aber, der diesen ganzen Streich ja von vornherein genau kannte und wußte, was daraus werden würde, platzt heraus, will sich förmlich ausschütten vor Lachen. Aber ich will hier nicht alle Belustigungen schildern, die man sich von ihm erzählte!

Ganz anders, in einem andern Ton und Geist, sprach man bei uns von einem andern Leutnant namens Smekalow, der den Posten des Zuchthauskommandanten innehatte, ehe unser Platzmajor dazu ernannt wurde. Von Scherebjatnikow sprachen die Gefangenen zwar ziemlich gleichgültig, ohne besonderen Groll, aber sie zollten seinen Heldentaten auch keine Bewunderung, lobten ihn nicht, sondern verabscheuten ihn offensichtlich. Man hatte sogar den Eindruck, daß sie sich ihm überlegen fühlten und ihn verachteten. An den Leutnant Smekalow dagegen erinnerte man sich mit lebhafter Freude. Er fand kein besonderes Vergnügen daran, wenn er jemanden durchprügeln lassen mußte, er hatte nichts von dieser typisch Scherebjatnikowschen Eigenschaft. Dabei war er jedoch auch nicht abgeneigt zu prügeln, wenn es sein mußte; aber das war es ja gerade, daß man sogar seiner Rutenhiebe mit einer Art liebevoller Rührung gedachte – so hatte dieser Mensch sich bei den Gefangenen beliebt zu machen gewußt! Und womit? Womit hatte er eine solche Popularität erlangt? In der Tat sind unsere einfachen Menschen, ist vielleicht das russische Volk insgemein sofort bereit, alle Qualen für ein einziges freundliches Wort zu vergessen; ich stelle hier die bloße Tatsache fest, ohne sie diesmal von verschiedenen Seiten zu analysieren. Es war gewiß kein Kunststück, diesen Menschen zu imponieren und sich bei ihnen beliebt zu machen. Der Leutnant Smekalow aber hatte sich eine ganz *spezielle* Popularität erworben, so daß man sich sogar der Art und Weise, wie er die Prügelstrafe vollziehen ließ, geradezu mit Rührung erinnerte. »Da brauchte man keinen Vater mehr!« pflegten die Gefangenen seufzend von ihm zu sagen, wenn sie in Gedanken den einstigen zeitweiligen Kommandanten Smekalow mit dem jetzigen Platzmajor verglichen.

»Das war eine Seele von Mensch.« Er war ein schlichter, auf seine Art vielleicht sogar guter Mensch. Dabei kommt es zuweilen vor, daß man einen nicht nur guten, sondern auch großmütigen Mann zum Vorgesetzten hat, und doch ist er allgemein unbeliebt, oder man macht sich rundheraus über ihn lustig. Smekalow hatte nämlich das Kunststück fertiggebracht, daß alle unsere Gefangenen ihn als *ihresgleichen* ansahen, das ist ein großes Geschick, oder richtiger, eine angeborene Begabung, über die sich diejenigen, die sie besitzen, keine Gedanken machen. Merkwürdigerweise gibt es auch unter ihnen Menschen, die alles andere sind als gut, und doch werden sie mitunter höchst populär. Sie zeigen keinen Abscheu, ekeln sich nicht vor ihren Untergebenen – darin liegt, wie mir scheint, das ganze Geheimnis! Keine Spur findet man bei ihnen vom verzärtelten Herrensöhnchen, keine Spur eines vornehmen, hochherrschaftlichen Betragens, dafür aber geht von ihnen ein ganz bestimmter Armeleutegeruch aus, der ihnen angeboren ist, und mein Gott, was für eine feine Nase haben die Menschen aus dem Volke für diesen Geruch! Was geben sie nicht alles für ihn! Sie sind bereit, den Mitleidigsten gegen den Gestrengsten einzutauschen, wenn dieser nur den ihnen wohlvertrauten grobleinenen Geruch ausströmt. Und wie erst, wenn ein solcher Mensch obendrein noch wirklich gutherzig ist, wenn auch auf seine Weise? Dann ist er geradezu unbezahlbar! Der Leutnant Smekalow konnte, wie ich bereits sagte, zuweilen auch hart durchgreifen, aber er tat es so, daß man ihm dafür nicht nur nicht böse war, sondern sich auch jetzt noch, zu meiner Zeit, als das alles längst vorüber war, mit vergnügtem Schmunzeln an seine *Kunststückchen* bei der Züchtigung erinnerte. Übrigens hatte er nur wenige solcher Kunststücke auf Lager: es mangelte ihm an künstlerischer Phantasie. Genau genommen, war es sogar nur ein einziges, mit dem er sich fast ein Jahr hindurch bei uns amüsierte, aber vielleicht war es ihm gerade darum so ans Herz gewachsen, weil es das einzige war. Es war, nebenbei bemerkt, reichlich naiv. Da wird ihm der Delinquent vorgeführt, Smekalow erscheint zur Exekution, erscheint mit einem Lächeln, einem Scherzwort, richtet sogleich irgendeine Frage an den armen Sünder, fragt ihn nach etwas, das nicht das mindeste mit der augenblicklichen Situation zu tun hat, erkundigt sich nach seinem persönlichen Befinden als Sträfling, nach seiner Familie, und das nicht etwa aus irgendeiner hintergründigen Absicht heraus, nicht um ihn zu foppen, sondern *weil es ihn tatsächlich interessiert*. Man bringt die Ruten und einen Stuhl für Smekalow; dieser nimmt darauf Platz, zündet sich sogar eine Pfeife an. Er hatte so eine lange Tabakspfeife. Der Gefangene fängt an zu bitten. »Nein, Bruderherz, leg dich nur hin, da ist nichts zu machen ...« sagt Smekalow, und der Sträfling legt sich mit einem Seufzer nieder. »Na, wie ist's, mein Freund, du weißt doch den und den Vers auswendig?« – »Wie denn nicht, Euer Wohlgeboren, wir sind doch getauft, haben's von Kindesbeinen auf gelernt.« – Na, dann fang an.« Und der Sträfling weiß genau, welchen Vers er hersagen soll, und weiß von vornherein, was ihm dabei widerfahren wird, denn das gleiche Spiel ist schon an die dreißig Male zuvor mit andern durchexerziert worden. Desgleichen weiß Smekalow, daß der Sträfling Bescheid weiß; er weiß auch, daß sogar die Soldaten, die mit geschwungenen Ruten über dem hingestreckten Opfer bereitstehen, daß auch sie schon längst im Bilde sind, und doch wiederholt er seinen Spaß immer wieder, weil er ihm so ausnehmend gut gefällt, vielleicht nur deshalb, weil er selbst ihn erfunden hat, aus literarischer Eitelkeit sozusagen. Der Gefangene beginnt mit dem Aufsagen, die Leute stehen mit erhobenen Ruten bereit, Smekalow hat sich vor lauter Spannung sogar auf seinem Stuhl vorgebeugt, hebt die Arme, vergißt weiterzurauchen, wartet auf das Stichwort. Nach der ersten Zeile der bekannten Verse kommt der Gefangene schließlich zu den Worten »im Himmelreich«. Darauf hat Smekalow nur gewartet. »Halt!« ruft der Leutnant begeistert und feuert alsbald den Soldaten an, der die Rute bereits erhoben hat: »Hau ihn windelweich!«

Und will sich ausschütten vor Lachen. Auch die ringsum stehenden Soldaten können sich das Grinsen nicht verbeißen: auch derjenige feixt, der gerade zuschlägt, es fehlt nicht viel, daß auch der Geprügelte gegrinst hätte, obwohl die Rute auf das Kommando des Leutnants: »Hau ihn windelweich!« bereits durch die Luft schwirrt, um gleich darauf wie ein Rasiermesser in seinen schuldigen Rücken zu fahren. Und Smekalow freut sich, er freut sich, wie fein er das ausgetüftelt hat und wie er ganz von selbst darauf gekommen ist, auf die Worte »im Himmelreich« zu erwidern: »Hau ihn windelweich!« und daß es sich obendrein noch reimt. Und nach der Exekution geht Smekalow restlos zufrieden seiner Wege, auch der Geprügelte ist beinahe zufrieden mit sich und Smekalow, und schon eine halbe Stunde später kann man ihn sehen, wie er den andern Zuchthäuslern von diesem gelungenen Spaß erzählt, der, nachdem er zuvor schon dreißigmal durchexerziert worden, soeben zum einunddreißigsten Male an ihm selber wiederholt worden ist. »Mit einem Wort, das ist eine Seele von Mensch! So ein Spaßmacher!«

Die Erinnerungen an den herzensguten Leutnant steigerten sich mitunter geradezu bis zur Schwärmerei.

»Komm ich doch grade an seinem Haus vorüber, Brüder«, erzählt dann wohl einer der Gefangenen und strahlt übers ganze Gesicht bei der Erinnerung, »ich gehe, er aber sitzt im Schlafrock unterm Fenster, trinkt seinen Tee, schmaucht sein Pfeifchen dazu. Ich zieh die Mütze. – ‚Wohin des Wegs, Axjonow?'

‚Zur Arbeit, Michail Wasiljitsch, zuallererst muß ich in die Werkstatt', da lacht er sich eins ... Eine Seele von Mensch! Mit einem Wort, eine Seele!«

»So einen kriegen wir so bald nicht wieder«, setzt einer der Zuhörer hinzu.

3

*Fortsetzung**

Ich bin hier eigentlich nur darum auf die Strafen und auf die verschiedenen Vollzugsbeamten bei diesen interessanten Obliegenheiten zu sprechen gekommen, weil ich erst nach meiner Übersiedlung ins Hospital einen anschaulichen Begriff von all diesen Dingen bekam. Vorher hatte ich lediglich vom Hörensagen davon Kenntnis gehabt. In unsere beiden Gefangenensäle legte man nach der Züchtigung die Verurteilten aus allen Bataillonen, Strafkompanien und sonstigen Militäreinheiten unserer Stadt und der ganzen Umgebung ... In dieser ersten Zeit, als ich alles, was um mich herum geschah, noch mit lebhafter Neugier betrachtete, wurde ich von den vielen seltsamen Vorschriften, dem Anblick der exekutierten oder sich auf die Exekution vorbereitenden Menschen natürlich aufs tiefste beeindruckt. Ich war erschüttert, empört und erschrocken zugleich. Ich weiß noch, wie ich damals ungeduldig in alle Einzelheiten dieser für mich neuartigen Erfahrungen einzudringen trachtete, wie ich mir die Berichte und Schilderungen der Mitgefangenen über dieses Thema anhörte, ihnen von mir aus Fragen stellte und Antworten zu finden hoffte. Mir war es unter anderem darum zu tun, unbedingt alle Stufen der Verurteilung und der Vollstreckung, alle Nuancen dieser Vollstreckung kennenzulernen, desgleichen die Meinung der Betroffenen selber zu diesen Dingen; ich versuchte, mich in die psychische Verfassung derjenigen hineinzuversetzen, die zur Exekution abgeführt wurden. Ich sagte bereits, daß vor der Strafe nur selten einer kaltblütig bleibt, diejenigen nicht ausgeschlossen, die früher schon wiederholt geschlagen worden waren. In dieser Situation wird der Verurteilte, ob er will oder nicht, von einer panischen, unüberwindlichen, dabei rein physischen

* Alles, was ich hier von Strafen und körperlichen Züchtigungen berichte, betrifft meine Haftzeit. Inzwischen hat sich, wie ich höre, das alles gewandelt oder ist im Wandel begriffen (Anmerkung des Autors).

Furcht ergriffen, die sein ganzes moralisches Selbst zuschanden macht. Auch später, während meines ganzen Zuchthausaufenthaltes, habe ich mich unwillkürlich immer wieder gerade für die Gefangenen interessiert, die nach der ersten Partie der ihnen zugemessenen Strafe im Hospital lagen, um ihre Rücken auszuheilen, und dann entlassen wurden, um sich am Tag darauf dem Rest der ihnen auf Gerichtsbeschluß zudiktierten Züchtigung zu unterziehen. Eine solche Aufteilung der Strafe wird nur auf Grund des Urteils des bei der Exekution anwesenden Arztes vorgenommen. Ist die Anzahl der einem Sträfling wegen der Schwere seines Verbrechens zugemessenen Schläge so groß, daß er sie auf einmal nicht überleben würde, so wird diese Gesamtzahl, gemäß der Anordnung des Arztes während der Züchtigung, in zwei oder sogar drei Partien aufgeteilt, je nachdem, ob der Bestrafte imstande ist, noch weiter durch die Gasse zu laufen, oder ob dies für ihn mit Lebensgefahr verbunden wäre. Gewöhnlich macht man fünfhundert, tausend, ja sogar tausendfünfhundert Schläge in einem Mal ab; ist einer jedoch zu zwei- oder dreitausend Hieben verurteilt, wird die Vollstreckung auf zwei oder drei Male verteilt. Diejenigen Sträflinge, deren Rücken nach der ersten Partie zugeheilt war und die aus dem Hospital entlassen werden sollten, um sich der zweiten Hälfte zu unterziehen, waren am Tag ihrer Entlassung wie am Tag zuvor meistens gedrückt, finster und wortkarg. Man gewahrte an ihnen eine gewisse geistige Stumpfheit, eine unnatürliche Zerstreutheit. Ein Mensch in solcher Lage beteiligt sich an keiner Unterhaltung, sondern brütet meist stumm vor sich hin; dabei verdient der Umstand erwähnt zu werden, daß die Mitgefangenen ihrerseits ihn nicht ins Gespräch zu ziehen versuchten und sich bemühten, keine Anspielung auf das zu machen, was ihn erwartete. Kein überflüssiges Wort, keine Trostsprüche, sie waren vielmehr bestrebt, einen solchen Kameraden möglichst sich selbst zu überlassen. Das war dem Betroffenen natürlich auch am liebsten. Es gab Ausnahmen, jener Orlow beispielsweise, von dem ich bereits erzählte. Nachdem er die Hälfte seiner Strafe abgebüßt hatte, verdroß ihn nichts so sehr, als daß sein Rücken so lange nicht heilen wollte und er nicht rasch genug wieder gesund geschrieben werden konnte, denn er wollte den Rest der Strafe so bald wie möglich hinter sich bringen, mit einem Gefangenentransport zu dem für ihn bestimmten Verbannungsort geschickt werden und unterwegs entfliehen. Aber der hatte auch ein Ziel vor Augen, das ihn erfüllte, und Gott allein weiß, was er dabei noch für Pläne hatte. Das war eine leidenschaftliche, zählebige Natur. Er war sehr zufrieden, lebte in beständiger Hochstimmung, wenn er seine Empfindungen auch zu beherrschen wußte. Er hatte nämlich vor der ersten Partie seiner Strafe befürchtet, daß man ihn nicht lebendig davonkommen lassen würde und daß er sterben müsse. Schon als er noch bei Gericht gefangen saß, waren Gerüchte über bestimmte behördliche Maßnahmen zu ihm gedrungen, und er hatte sich bereits damals auf den Tod vorbereitet. Nachdem er dann die erste Hälfte hinter sich hatte, faßte er neuen Mut. Er wurde halbtot geprügelt bei uns eingeliefert; nie zuvor habe ich so schreckliche Wunden gesehen; er aber kam getrost, in der Hoffnung, daß er leben bleiben würde, daß jene Gerüchte falsch gewesen wären, daß er nach der Exekution mit dem Leben davonkommen würde, so erleichtert war er, daß er, jetzt, nach der langen Haftzeit bei Gericht, schon vom Transport, von der Flucht, der Freiheit, von Feldern und Wäldern zu träumen begann ... Zwei Tage nach seiner Entlassung aus dem Hospital starb er in ebenjenem Krankensaal, auf seinem alten Bett, denn die zweite Hälfte der Strafe hatte er nicht überstanden. Aber das habe ich bereits erwähnt.

Und doch ertrugen dieselben Menschen, die vor der Strafe so bittere Tage und Nächte durchgemacht hatten, die Prügel selbst mit großer Tapferkeit, wobei auch die besonders Kleinmütigen keine Ausnahme bildeten. Nur selten habe ich stöhnen hören, nicht einmal in der ersten Nacht nach der Einlieferung, nicht einmal von solchen, die besonders grausam zugerichtet waren; unsere einfachen Menschen sind im allgemeinen nicht zimperlich im Ertragen von Schmerzen. Was den Schmerz als solchen betrifft, habe ich viel danach herumgefragt. Ich hatte das Bedürfnis, genau zu erfahren, wie groß dieser Schmerz ist und womit man ihn vergleichen könnte. Ich kann nicht erklären, warum mir soviel an dieser Auskunft gelegen war. Nur das eine weiß ich, es war keine müßige Neugier, die mich zu fragen trieb. Ich wiederhole, ich war zutiefst aufgewühlt und erschüttert. Aber wen ich auch fragte, ich bekam doch nie eine erschöpfende Auskunft. Es brennt, es ist ein Gefühl, als würde man mit Feuer versengt, das war alles, was ich in Erfahrung zu bringen vermochte, das war die immer wiederkehrende Antwort. Es brennt, nichts weiter. In der ersten Zeit fragte ich auch M. darüber aus, nachdem ich näher mit ihm bekannt geworden war. »Es tut sehr weh«, antwortete er, »und es ist ein Gefühl, nun, es brennt wie Feuer, als ob einem der Rücken über starkem Feuer gebraten würde.« Kurzum, alle gebrauchten immer wieder diese eine Definition. Übrigens weiß ich noch, daß ich damals eine merkwürdige Feststellung gemacht habe, für deren Richtigkeit ich mich freilich nicht verbürgen kann; immerhin scheint die übereinstimmende Aussage aller Gefangenen doch für sie zu sprechen, die Feststellung nämlich, daß Rutenhiebe, sofern sie nur in größerer Zahl verabreicht werden, die härteste aller bei uns praktizierten Züchtigungsmethoden sind. Diese Behauptung könnte auf den ersten Blick absurd und unvorstellbar klingen. Und doch kann man einen Menschen mit fünf-, ja schon mit vierhundert Rutenhieben totschlagen; bei mehr als fünfhundert sogar mit an Gewißheit grenzender Wahrscheinlichkeit. Tausend Rutenhiebe auf einmal hält selbst ein Mann von stärkster Konstitution nicht aus. Dagegen kann man fünfhundert Stockschläge ohne jegliche Lebensgefahr überstehen. Tausend Stockschläge überlebt auch ein nicht besonders kräftiger Mann ohne Risiko. Selbst zweitausend Stockschläge bringen einen Mann von mittlerer Widerstandskraft und gesunder Konstitution noch nicht um. Die Sträflinge versicherten mir übereinstimmend, daß Ruten schlimmer seien als Stockschläge. »Die Rute zieht besser«, sagten sie »darum tut sie auch mehr weh.« Selbstverständlich sind Rutenhiebe qualvoller als Stockschläge. Sie üben einen stärkeren Reiz aus, erregen die Nerven auf das heftigste und erschüttern sie über alles Maß. Ich weiß nicht, wie es jetzt damit bestellt ist, aber noch in der jüngsten Vergangenheit gab es Gentlemen, denen die Gelegenheit, ihre Opfer nach Herzenslust prügeln zu dürfen, ein Vergnügen bereitete, das eines Marquis de Sade oder einer Marquise de Brinvilliers * würdig gewesen wäre. Ich kann mir vorstellen, daß in diesem Gefühl etwas sein muß, süß und schmerzlich zugleich, das solchen Gentlemen das Herz stocken läßt. Es gibt Menschen, die wie Tiger nach Blut lechzen. Wer einmal eine solche Macht gekostet hat, eine so unbegrenzte Herrschaft über Leib, Blut und Geist eines andern Menschen, Geschöpf wie er selbst, sein Bruder nach dem Gebot Christi; wer diese Macht gekostet hat und die absolute Möglichkeit, ein anderes Wesen, das Gottes Antlitz trägt, durch entwürdigendsten Schimpf zu erniedrigen, der verliert allein dadurch die Kontrolle über seine Gefühle. Tyrannei ist Gewohnheit, sie wuchert immer weiter, bis sie zuletzt ins Krankhafte ausartet. Ich vertrete die Ansicht, daß selbst der beste Mensch durch Gewohnheit roh und abgestumpft werden kann, bis er auf die Stufe eines wilden Tieres herabsinkt. Blut und Macht berauschen, die Folge sind Herzlosigkeit und Laster; gänzlich abnorme Regungen finden Zugang zu Geist und Gefühl eines solchen Menschen und erscheinen ihm zuletzt sogar süß. Menschen- und Bürgertugenden gehen im Tyrannen für immer verloren, und eine Rückkehr zur Menschenwürde, zur Reue und Wiedergeburt ist für einen solchen Menschen beinahe ausgeschlossen. Zudem wirkt das Beispiel, die Möglichkeit einer so ungehemmten Willkür ansteckend auf die gesamte übrige Gesellschaft; allzu große Macht ist verführerisch. Eine Gesellschaft, die eine solche Erscheinung gleichmütig ansieht, ist bereits selbst an der Wurzel krank. Kurzum, das dem einen über den andern erteilte Recht zu körperlicher Züchtigung ist ein Geschwür am Leib der Gesellschaft, ist eine der verderblichsten Ursachen für die Zerstörung jedes Keims, jedes Anlaufs zur Bürgertugend und

* Bekannte Giftmörderin, die ihren Vater, zwei Brüder und mehrere andere Verwandte vergiftete, um sich in den Besitz der Erbschaft zu setzen. 1676 hingerichtet (Anmerkung der russischen Ausgabe).

Grund genug für ihren endgültigen und unabänderlichen Verfall.

Der Henker wird von der Gesellschaft verabscheut, der Gentleman-Henker dagegen durchaus nicht im nämlichen Maß. Vor kurzem wurde zwar eine abweichende Meinung geäußert, freilich nur in Büchern, das heißt, in der Theorie. Auch von denen, die eine solche Meinung vertreten, haben noch nicht alle den Drang nach absoluter Gewalt in sich selbst überwunden. Jeder Fabrikant, jeder Unternehmer muß ja ein gewisses aufreizendes Vergnügen empfinden in dem Bewußtsein, daß sein Untergebener mitsamt seiner ganzen Familie einzig und allein von ihm abhängt. Das verhält sich unzweifelhaft so; denn eine Generation kann sich nicht so bald von dem lösen, was als Anlage in ihr steckt; der Mensch verzichtet nicht so schnell auf das, was ihm im Blut sitzt, was er sozusagen mit der Muttermilch eingesogen hat. Es gibt auf diesem Gebiet keine schnellen Wandlungen. Es ist wenig, sehr wenig, wenn man seine Schuld und angestammte Stünde erkennt; man muß sich ganz von ihr lossagen. Das aber ist gar nicht so leicht.

Ich habe vom Henker gesprochen. Henkerseigenschaften sind im Keim in fast jedem modernen Menschen vorhanden. Indes entwickeln sich die bestialischen Eigenschaften nicht in allen Menschen gleichmäßig. Gewinnen sie jedoch in einem Individuum die Oberherrschaft über alle seine andern Eigenschaften, so entartet ein solcher Mensch unausbleiblich zu einem entsetzlichen Scheusal. Es gibt zwei Arten von Henkern: die einen sind es freiwillig, die andern unfreiwillig und aus Zwang. Der freiwillige Henker steht natürlich in jeder Hinsicht tiefer als der unfreiwillige; das Volk aber verabscheut den letztgenannten, es entsetzt und ekelt sich vor ihm und empfindet vor ihm eine unbewußte, beinahe mystische Furcht. Wie aber erklärt sich diese fast abergläubische Furcht vor dem einen Henker neben einer so großen Gleichgültigkeit, ja fast Billigung dem andern gegenüber? Es gibt dafür höchst sonderbare Beispiele: ich habe Menschen gekannt, gute, redliche, gesellschaftlich geachtete Menschen, die es nicht ruhig hinnehmen konnten, wenn der Delinquent unter der Rute nicht schrie, flehte und um Gnade bettelte. Die Bestraften hatten nun einmal zu schreien und um Gnade zu betteln. Das war der Brauch, das galt als anständig und unerläßlich, und wollte ein Opfer einmal nicht schreien, so fühlte sich der Vollzugsbeamte, den ich kannte und den man in anderer Hinsicht einen guten Menschen hätte nennen können, geradezu persönlich gekränkt. Anfangs hatte er im Sinn gehabt, nur milde zu strafen, als aber das übliche: »Euer Wohlgeboren, Vater, habt Erbarmen, ich will auch ewig zu Gott für Euch bitten«, ausblieb, wurde er zornig und ließ ihm zusätzlich noch fünfzig Hiebe geben, weil er Geschrei und Bitten hören wollte – und er hatte Erfolg damit. »So geht das nicht, der Kerl ist ja zu hartgesotten«, antwortete er mir allen Ernstes. Was dagegen den richtigen, unfreiwilligen, zu diesem Geschäft verpflichteten Henker betrifft, so weiß jedermann: das ist ein verurteilter und zur Verschickung vorgesehener Gefangener, den man jedoch zurückbehalten hat, um ihn zum Henker zu machen; er muß sein Handwerk zuerst bei einem andern Henker erlernen, und sobald er ausgelernt hat, wird er für alle Zeiten einem Zuchthaus zugewiesen, hier lebt er ganz für sich, in einem gesonderten Raum, er kann sogar für sich selbst wirtschaften, darf sich aber in der Regel nur unter Bewachung bewegen. Ein lebendiger Mensch ist natürlich keine Maschine; wenn der Henker auch nur seine Pflicht tut, kann er dabei zuweilen doch in Eifer geraten, aber selbst wenn er nicht ohne Vergnügen bei der Sache ist, empfindet er dabei doch kaum jemals persönlichen Haß gegen sein Opfer. Es kitzelt seiner Eitelkeit, wenn er geschickt zuzuschlagen versteht, wenn er sein Metier beherrscht, wenn er sich vor seinen Kameraden und vor den Zuschauern ins rechte Licht setzen kann. Er gibt sich Mühe um der Kunst willen. Zudem ist er sich wohl bewußt, daß er allgemein als Ausgestoßener gilt, daß abergläubische Scheu ihn allenthalben begleitet, und wer wollte sich dafür verbürgen, daß dies keinen Einfluß auf ihn hätte, daß es seine Wut und seine bestialischen Neigungen nicht verschlimmerte. Schon die Kinder bekommen zu hören, daß er »seinen Vater und seine Mutter verleugnet« habe. Es ist sonderbar, aber so viele Henker ich auch zu Gesicht bekommen habe, sie alle waren durchaus nicht auf den Kopf gefallen, sondern gescheite, vernünftige Leute und von großem Selbstbewußtsein, ja sogar von einem gewissen Stolz erfüllt. Ich weiß nicht, ob sich dieser Stolz als Abwehrreaktion auf die allgemeine Verachtung herausgebildet hat, ob er durch das Wissen um die Furcht verstärkt wurde, die sie ihren Opfern einflößten, und durch das Gefühl ihrer Macht über diese ihre Opfer. Möglicherweise fördert allein die feierliche und theatralische Aufmachung, in der sie vor den Zuschauern auf dem Schafott erscheinen, in ihnen die Ausbildung eines gewissen Hochmuts. Ich erinnere mich, daß ich einmal längere Zeit hindurch häufig mit einem Henker zusammentraf und Gelegenheit hatte, ihn aus der Nähe zu beobachten. Das war ein etwa vierzigjähriger Bursche von mittlerer Größe, muskulös gebaut, hager, mit durchaus angenehmen, klugen Gesichtszügen und mit lockigem Haar. Er benahm sich stets sehr würdig und gesetzt, er hatte das Gebaren eines Gentleman, gab knappe, vernünftige und sogar liebenswürdige Antworten, war aber von einer sonderbaren hochmütigen Verbindlichkeit, als ob er sich vor mir brüsten wolle. Die Wachoffiziere zogen ihn in meiner Gegenwart häufig ins Gespräch, sie behandelten ihn sogar mit einem gewissen Respekt. Er wußte das wohl und verdoppelte deshalb im Gespräch mit Vorgesetzten ganz bewußt seine trockene Höflichkeit und betonte das Gefühl der eigenen Würde. Je freundlicher der Vorgesetzte mit ihm sprach, desto unzugänglicher gab er sich, und wenn er sich auch stets der ausgesuchtesten Höflichkeit befleißigte, bin ich doch überzeugt, daß er sich selbst bei derlei Gelegenheiten für unvergleichlich höherstehend erachtete als den Offizier, der gerade das Wort an ihn gerichtet hatte. Das stand deutlich auf seinem Gesicht geschrieben. An heißen Sommertagen wurde er zuweilen mit einer langen, dünnen Stange unter Bewachung losgeschickt, um die streunenden Hunde der Stadt zu erschlagen. In dieser Stadt gab es auffallend viele herrenlose Hunde, die sich sehr schnell vermehrten. Um die Hundstage herum wurden sie gefährlich, und auf behördliche Anordnung wurde der Henker mit ihrer

Vernichtung beauftragt. Aber selbst dieses schimpfliche Tun schien er keineswegs als Erniedrigung zu betrachten. Man mußte gesehen haben, mit welcher Würde er in Begleitung des erschöpften Wachsoldaten durch die Straßen stolzierte und allein durch seinen Anblick die Weiber und Kinder schreckte, die ihm begegneten, wie gelassen und selbstsicher er auf jeden Passanten heruntersah. Die Henker führen, nebenbei bemerkt, ein recht ungebundenes Leben. Sie haben Geld, sie essen sehr gut, sie pflegen Wein zu trinken. Zu Geld kommen sie durch Bestechung. Wird ein Zivilgefangener vom Gericht zu einer Körperstrafe verurteilt, so steckt er dem Henker vor der Vollstreckung ein Schmiergeld zu, und sei es vom letzten, was er besitzt. Bei anderen, wohlhabenden Gefangenen stellen die Henker von sich aus ihre Forderungen und bestimmen die Höhe der Summe je nach dem geschätzten Vermögen des Gefangenen, sie verlangen dreißig Rubel, manchmal sogar noch mehr. Mit sehr reichen Gefangenen wird lange um die Höhe des Schmiergeldes gefeilscht. Allzu zart kann sie der Henker freilich nicht anfassen, denn dafür müßte er selbst seinen Rücken herhalten. Dafür verspricht er dem Opfer, sofern das Schmiergeld seine Erwartungen erfüllt, daß er nicht gar so hart zuschlagen werde. In der Regel gehen die Gefangenen auf seine Forderung ein, denn wo einer nicht gute Miene macht, prügelt ihn der Henker in der Tat barbarisch, denn das steht ganz in seinem Belieben. Zuweilen fordert er selbst von einem bettelarmen Gefangenen eine erkleckliche Summe; dann suchen ihn dessen Angehörige auf, trachten die Summe herunterzuhandeln, bitten ihn fußfällig, und es ist schlimm um den Betreffenden bestellt, wenn es ihnen nicht gelingt, ihn zufriedenzustellen. In derlei Fällen ist die abergläubische Scheu, die er jedem einflößt, für ihn nur von Vorteil. Was für ungeheuerliche Geschichten kursieren über die Henker! Übrigens haben die Gefangenen mir selbst beteuert, daß der Henker wohl imstande sei, mit einem einzigen Schlag einen Menschen zu töten. Wann aber wäre das je ausprobiert worden? Freilich liegt es durchaus im Bereich des Möglichen. Ein Henker hat sich mir gegenüber selbst dafür verbürgt, daß er dazu imstande sei. Desgleichen behauptete man, er könne den Rücken des Delinquenten mit voller Wucht treffen, und doch so, daß man hernach nicht den kleinsten Striemen sähe und daß sein Opfer überhaupt keinen Schmerz dabei empfände. Doch es gibt ja genug Histörchen über dergleichen Kunststückchen und Tricks. Aber selbst wenn der Henker ein Handgeld nimmt, um einen Gefangenen milde zu bestrafen, führt er den ersten Schlag doch immer mit voller Wucht und Kraft. Das ist in dieser Gilde geradezu Brauch. Die folgenden Schläge fallen milder aus, besonders wenn man ihn zuvor gut geschmiert hat. Aber der erste Schlag hat's in sich, ob man ihn nun bestochen hat oder nicht. Ich kann mir nicht erklären, warum das bei ihnen so üblich ist. Vielleicht, um das Opfer von vorherein auf die kommenden Schläge vorzubereiten, in der Überlegung, daß die folgenden, leichteren Schläge ihm nach dem ersten harten Schlag nicht mehr so qualvoll erscheinen würden, oder auch nur aus dem Verlangen, vor dem Opfer den starken Mann zu spielen, ihm Furcht einzuflößen, es gleich beim ersten Schlag aller Fassung zu berauben, damit der Gestrafte gleich weiß, mit wem er es zu tun hat, mit einem Wort, um sich großzutun. Jedenfalls ist der Henker vor einer Exekution stets in gehobener Stimmung, er genießt seine Macht, weiß, daß er nach Belieben mit seinem Opfer schalten und walten kann; in diesem Augenblick ist er ein Schauspieler, die Zuschauer begaffen ihn mit einer Mischung aus Staunen und Entsetzen, und selbstredend ruft er seinem Opfer vor dem ersten Schlag nicht ohne Schadenfreude zu: »Halt dich wacker, gleich seng ich dir das Fell!« – die bei solchen Gelegenheiten gebräuchliche, verhängnisvolle Floskel. Es ist schwer, sich vorzustellen, bis zu welchem Maß von Entartung die menschliche Natur fähig ist.

In dieser ersten Zeit im Hospital konnte ich von allen diesen Erzählungen nicht genug hören. Die Zeit wurde uns entsetzlich lang. Ein Tag war wie der andere! Am Morgen brachten die Arztvisite und bald darauf das Mittagessen noch einige Abwechslung. Das Essen bedeutete in diesem Einerlei natürlich eine besonders willkommene Zerstreuung. Es gab unterschiedliche Kost, entsprechend der jeweiligen Krankheit.

Einige bekamen lediglich Grützsuppe, andere nichts als Brei, andere nur Griesbrei, der besonders viele Liebhaber hatte. Die Gefangenen waren vom langen Liegen verwöhnt und richtige Leckermäuler geworden. Den Rekonvaleszenten und beinahe Gesunden setzte man ein Stück gesottenes Rindfleisch vor, »Bullenfleisch«, wie man dazu sagte. Das beste Essen erhielten die Skorbutkranken – Rindfleisch mit Zwiebel, Meerrettich und so weiter, mitunter sogar einen Becher Schnaps dazu. Je nach Krankheit gab es Schwarz- oder Mischbrot dazu, die beide recht gut durchgebacken waren. Die peinliche Genauigkeit beim Festsetzen der Krankenkost fanden die Patienten selbst höchst lächerlich. Natürlich gab es Kranke, die von sich aus nichts essen mochten. Dafür aßen die andern, die Appetit verspürten, alles, worauf sie gerade Lust hatten. Manche tauschten ihre Essensportionen, so daß für eine bestimmte Krankheit gedachte Speisen von einem verzehrt wurden, der ein ganz anderes Leiden hatte. Andere, die auf schmale Kost gesetzt waren, kauften sich Fleisch oder das Essen für Skorbutkranke, dazu tranken sie Kwas oder Bier, das sie denen abkauften, für die es bestimmt war. Einige verleibten sich sogar gleich zwei Essensportionen ein. Diese Portionen wurden für Geld gehandelt. Die Rindfleischportion stand besonders hoch im Kurs; sie kostete fünf Kopeken Papiergeld. War in unserm Saal niemand, dem man sie hätte abkaufen können, schickte man den Wärter in den zweiten Gefangenensaal, und hatte man dort auch kein Glück, weiter in die Soldatensäle, die sogenannten »freien« Säle. Und stets fanden sich welche, die bereit waren, ihre Mahlzeit zu verkaufen. Sie nahmen dann allein mit Brot vorlieb, konnten sich aber ein weniges an Geld verdienen. Natürlich waren alle arme Schlucker, wer aber über ein bißchen Geld verfügte, ließ sich auf dem Markt Kalatschen, ja sogar Süßigkeiten und dergleichen besorgen. Unsere Wärter führten derlei Aufträge völlig uneigennützig aus. Nach dem Essen begann die schlimmste Zeit; der eine machte vor lauter Nichtstun ein Nickerchen, der andere schwätzte, ein dritter suchte Streit, wieder ein anderer erzählte mit lauter Stimme. Wurden keine neuen Patienten eingeliefert, war es noch langweiliger. Das Eintreffen eines Neulings erregte meistens einiges Interesse, besonders wenn es einer war, den niemand kannte. Man gaffte ihn an, versuchte herauszufinden, wer er war, woher und weswegen er kam. Besonders interessierte man sich für solche, die mit einem Sträflingstransport unterwegs waren; so einer hatte immer etwas zu erzählen, freilich nicht von seinen eigenen, persönlichen Angelegenheiten, danach fragte man nie, wenn er nicht von selbst damit anfing, sondern nach dem Woher und Wohin, wer sonst noch zu diesem Transport gehörte und so weiter. Manch einem kam beim Anhören dieser Neuigkeiten wie von ungefähr die Erinnerung an eigene Erlebnisse, an bestimmte Etappen des Marsches, an Sträflingstransporte, Vollstreckungsbeamte, Transportführer. Auch die zu Spießruten Verurteilen wurden um diese Zeit, meist gegen Abend, eingeliefert. Sie machten, wie ich bereits erwähnte, immer einen recht tiefen Eindruck; aber nicht jeden Tag kamen welche, und an Tagen, wo es keine interessanten Fälle gab, ging es entsetzlich eintönig zu, es war, als könnte einer des andern Gesicht nicht mehr sehen, dann gab es nicht selten sogar Streit. Die Patienten waren darum ordentlich froh, wenn ein Geistesgestörter zur Beobachtung gebracht wurde. Häftlinge, deren Verfahren noch nicht abgeschlossen war, versuchten zuweilen, sich verrückt zu stellen, um der Prügelstrafe zu entgehen. Sie wurden jedoch sehr rasch entlarvt, oder richtiger, sie entschlossen sich selbst dazu, ihre Taktik zu ändern, und so ein Simulant nahm, wenn er ein paar Tage den wilden Mann gespielt hatte, auf einmal im Handumdrehen wieder Vernunft an, gab Ruhe und bat mit finsterem Gesicht um seine Entlassung. Weder die Mitgefangenen noch die Ärzte machten ihm dann Vorwürfe oder beschimpften ihn wegen seiner verzweifelten Streiche von gestern, wortlos wurde er entlassen, wortlos sah man ihn gehen, und nach ein paar Tagen kehrte er dann mit zerbleutem Rücken wieder zu uns zurück. Solche Fälle waren aber relativ selten. Die wirklich Geistesgestörten dagegen, die zur Beobachtung eingeliefert wurden, waren eine Strafe Gottes für den ganzen Saal. Manche, die sich vergnügt und munter gebärdeten, die krakeelten, tanzten und grölten, wurden anfänglich nahezu begeistert empfangen. »Das ist doch mal ein Spaß!« pflegten die Gefangenen zu sagen, wenn so ein Faxenmacher hereingeschafft wurde. Mich aber kam es stets sehr hart an, wenn ich diese Unglückseligen sah. Ich habe Geisteskranke nie unbewegten Herzens ansehen können.

Übrigens hatten auch die andern bald genug vom pausenlosen Gesichterschneiden und ruhelosen Treiben eines solchen mit Hallo und Gelächter begrüßten Verrückten, und nach wenigen Tagen hatte man die Geduld mit ihnen verloren. Einmal blieb ein solcher Patient ganze drei Wochen in unserm Saal, das war reinweg zum Davonlaufen. Zu allem Überfluß wurde ausgerechnet zur gleichen Zeit noch ein zweiter Geistesgestörter eingeliefert. Es war bereits im dritten Jahr meiner Zuchthaushaft. Im ersten Jahr, genauer in den ersten Monaten meiner Haft, arbeitete ich im Frühjahr in einer drei Werst vom Zuchthaus entfernten Ziegelei als Gehilfe für die Ofensetzer. Unsere Aufgabe war es, die Öfen für das sommerliche Ziegelbrennen instand zu setzen. An einem Morgen machten M. und B. mich mit dem in der Ziegelei wohnenden Aufseher bekannt, einem Unteroffizier namens Ostróżski. Das war ein alter, etwa sechzigjähriger Pole, groß und hager, von sehr wohlgestaltem, ja sogar majestätischem Aussehen. Er tat schon seit langem Dienst in Sibirien, und wenn er auch einfacher Herkunft war – er war als gemeiner Soldat im Jahr achtzehnhundertdreißig hierher verschlagen worden –, hatten M. und B. ihn doch sehr gern und behandelten ihn mit Hochachtung. Er pflegte stets in seiner katholischen Bibel zu lesen. Ich kam ins Gespräch mit ihm, und er redete so liebenswürdig und gescheit, wußte so interessant zu erzählen, sah so gutherzig und redlich drein. Seither hatte ich ihn zwei Jahre nicht mehr gesehen und nur gehört, daß er in irgendeine Affäre verwickelt worden sei und mit den Gerichten zu tun bekommen habe – und jetzt wurde derselbe Mann als Verrückter in unsern Krankensaal gebracht! Er kam kreischend und lachend herein, tanzte und sprang mit höchst unanständigen Gebärden im Saal herum. Die Gefangenen waren begeistert, mir aber war so weh ums Herz ...

Nach drei Tagen wußten wir nicht mehr, was wir mit ihm anfangen sollten. Er zankte und prügelte sich, kreischte, sang immerzu, sogar bei Nacht, verfiel alle Augenblicke auf so unappetitliche Einfälle, daß uns schlechterdings übel wurde. Man zog ihm eine Zwangsjacke über, aber da wurde es nur noch ärger, obwohl er sich jetzt nicht mehr zanken und streiten und mit jedermann herumprügeln konnte. In diesen drei Wochen bat der ganze Saal den Doktor wiederholt einstimmig, er möge unser Herzblatt doch in den andern Gefangenensaal verlegen. Dort jammerten sie ihrerseits schon nach zwei Tagen, man solle ihn doch ja wieder zu uns zurückbringen. Da wir zu jener Zeit gerade zwei Geistesgestörte auf einmal hatten, beide ruhelose Raufbolde, wurden sie abwechselnd zwischen den beiden Sälen ausgetauscht. Aber einer war immer schlimmer als der andere. Alle atmeten erleichtert auf, als sie endlich irgendwohin fortgeschafft wurden.

Auch an einen andern sonderbaren Kauz kann ich mich noch erinnern. Im Sommer brachte man einmal einen Untersuchungsgefangenen zu uns, einen gesunden Burschen von sehr ungeschlachtem Äußern, etwa fünfundvierzig, mit einem von Pockennarben entstellten Gesicht, verschwommenen kleinen roten Äuglein und mürrischer Miene. Er wurde in das Bett neben mir einquartiert. Er war ein friedfertiger Geselle, sprach mit niemandem und saß die ganze Zeit gedankenverloren da. Als es dämmerte, richtete er auf einmal das Wort an mich. Ohne jede Vorrede, aber mit einer Miene, als hätte er mir ein unerhörtes Geheimnis anzuvertrauen, platzte er auf einmal mit der Mitteilung heraus, daß man ihm in den nächsten Tagen zweitausend Schläge aufbrummen wolle, die er jedoch nicht bekommen würde, weil die Tochter des Obersten G. sich für ihn verwendet habe. Ich sah ihn verblüfft an und erwiderte, daß meiner Meinung nach in einem solchen Fall die Tochter eines Obersten nicht das mindeste ausrichten könne. Ich war noch nicht dahintergekommen, was mit ihm los war; man hatte ihn nicht als Verrückten, sondern als normalen Patienten eingeliefert. Ich fragte ihn, was für eine Krankheit er denn habe. Er wisse es selber nicht, war seine Antwort, man habe ihn aus ihm unbekanntem Anlaß hergeschickt, dabei sei er völlig gesund, und die Oberstentochter sei in ihn verliebt; vor einer oder zwei Wochen sei sie an der Arrestzelle vorbeigefahren, und da habe er just in diesem Moment durch das vergitterte Fenster geschaut. Und als sie ihn gesehen, habe sie sich augenblicks in ihn verliebt. Und seither sei sie unter verschiedenen Vorwänden bereits dreimal in der Wachstube gewesen; das erste Mal habe sie mit dem Vater zusammen ihren Bruder aufgesucht, der gerade Wachoffizier gewesen sei, ein anderes Mal sei sie mit der Mutter gekommen, um Almosen zu verteilen, und habe ihm im Vorbeigehen zugeflüstert, daß sie ihn liebe und ihm aus der Patsche helfen werde. Es war sonderbar, mit welchen exakten Einzelheiten er mir diese Phantastereien schilderte, die natürlich nur seinem armen, wirren Hirn entsprungen waren. Er glaubte unverbrüchlich daran, daß er straffrei ausgehen werde. Von der Leidenschaft der jungen Dame für ihn sprach er ruhig und bestimmt, und trotz der absoluten Unsinnigkeit seiner Worte war es wunderlich genug, seine romantische Geschichte anzuhören, von dem jungen Mädchen, das sich angeblich in diesen fast fünzigjährigen Mann mit seiner trostlosen, melancholischen und entstellten Physiognomie verliebt habe. Sonderbar, was für Verwirrungen die Furcht vor der Züchtigung in dieser scheuen Seele angerichtet hatte. Vielleicht hatte er wirklich jemanden durch das Gitterfenster gesehen, und der Wahnsinn, den die von Stunde zu Stunde wachsende Angst in ihm bewirkte, hatte mit einem Schlag sein Ventil, seine Form gefunden. Dieser unglückselige Soldat, der vielleicht sein Lebtag nie gewagt hatte, an ein Fräulein auch nur zu denken, hatte sich jetzt einen ganzen Roman zusammengereimt und klammerte sich instinktiv an diesen Strohhalm. Ich hörte ihn schweigend an und machte die andern Gefangenen auf ihn aufmerksam. Als aber die andern sich für ihn zu interessieren begannen, verstummte er züchtig. Am andern Morgen fragte der Arzt ihn lange aus, weil er ihm aber sagte, daß er überhaupt nicht krank sei, und die Untersuchung dasselbe Resultat erbrachte, wurde er tatsächlich gesund geschrieben. Daß man auf seinem Krankenblatt »sanatus est« vermerkt hatte, erfuhren wir erst, als die Ärzte den Saal bereits wieder verlassen hatten, so konnten wir sie nicht mehr auf sein Leiden aufmerksam machen. Zudem waren wir selber auch noch nicht so ganz sicher, was ihm eigentlich fehlte. Dabei entsprang das ganze Mißverständnis nur der Achtlosigkeit des Vorgesetzten, der ihn hergeschickt hatte, ohne zu erklären, warum. Das war zweifellos ein Versäumnis. Vielleicht aber waren auch diejenigen, die ihn geschickt hatten, gar nicht so sicher, ob er wirklich verrückt war, und hatten ihn nur auf Grund von allgemeinen Redereien zur Untersuchung ins Hospital überwiesen. Wie sich das auch verhalten haben mag, jedenfalls wurde der Unglückliche zwei Tage darauf zur Strafvollstreckung abgeführt. Das kam ihm offenbar gänzlich überraschend und erschütterte ihn zutiefst; bis zum letzten Augenblick hatte er nicht geglaubt, daß man ihn bestrafen würde, und als man ihn durch die Reihen zog, schrie er laut um Hilfe. Dieses Mal kam er nicht in unsern Saal zurück, da bei uns kein Bett mehr frei war, sondern in den andern. Ich erkundigte mich jedoch nach ihm und erfuhr, daß er die ganzen acht Tage lang mit niemandem ein Wort gesprochen hatte, daß er verwirrt und über die Maßen niedergeschlagen war. Als dann sein Rücken verheilt war, wurde er irgendwohin fortgeschickt. Ich habe jedenfalls nie wieder etwas von ihm gehört.

Was nun die Heilmethoden und die Medikamente betrifft, so kümmerten sich, soviel ich beobachten konnte, die Leichtkranken kaum um die Verordnungen und nahmen keine Medizinen ein, die Schwerkranken und überhaupt die wirklich Kranken dagegen ließen sich sehr bereitwillig behandeln, befolgten alle Vorschriften, nahmen ihre Mixturen und Pülverchen mit peinlicher Genauigkeit. Besonders beliebt waren indes alle äußeren Heilanwendungen, wie Schröpfköpfe, Blutegel, heiße Umschläge, Aderlassen, all diese Mittel, die unsere einfachen Menschen so schätzen und denen sie so sehr vertrauen, ließen sie bereitwillig, ja sogar mit Vergnügen über sich ergehen. Dabei weckte ein merkwürdiger Umstand mein Interesse. Dieselben Menschen, die qualvollste Schmerzen von Stock- und Rutenhieben so geduldig ertrugen, stellten sich wer weiß wie an, jammerten und stöhnten sogar wegen ein paar lächerlicher Schröpfköpfe. Ob sie nun wirklich so verweichlicht waren oder sich nur aufspielen wollten – ich weiß mir das jedenfalls nicht zu erklären. Unsere Schröpfköpfe hatten es allerdings wirklich in sich. Den Apparat, mit dem die Haut in einem Nu durchstochen wird, hatte der Feldscher vor undenklichen Zeiten verloren oder entzweigemacht, vielleicht war er auch von allein entzweigegangen, daher mußten jetzt die erforderlichen Einstiche mit der Lanzette durchgeführt werden. Für jeden Schröpfkopf braucht man zwölf solcher Einschnitte. Mit dem Apparat tut das nicht weh. Zwölf kleine Messerchen stechen auf einmal zu, und man verspürt dabei keinen Schmerz. Das Einstechen mit der Lanzette freilich ist ganz etwas anderes. Diese dringt relativ langsam in die Haut ein, so daß man den Schmerz schon empfindet, und da für zehn Schröpfköpfe beispielsweise hundertundzwanzig solcher Einstiche benötigt werden, bekommt man sie in dieser Zahl natürlich durchaus zu spüren. Ich habe es am eigenen Leib durchgemacht, aber obwohl es keineswegs angenehm war, sondern weh tat, war es doch nicht so arg, daß man das Stöhnen nicht hätte unterdrücken können. Es war geradezu komisch, wenn man mit ansehen mußte, wie so ein baumlanger, gesunder Kerl sich dabei krümmte und wimmerte. Genauso verhält es sich, wenn einer, der sich da, wo es um ernsthafte Dinge geht, energisch und ruhig verhält, in den eigenen vier Wänden vor lauter Müßiggang dauernd übellaunisch ist und an allem etwas auszusetzen findet, der nicht ißt, was man ihm vorsetzt, der schimpft und ständig unwirsch ist; niemand kann es ihm recht machen, alle sind ihm lästig, alle sind ihm zu ungehobelt, alle sind ihm zur Qual – mit einem Wort, ihn sticht der Hafer, wie man von solchen Herren zu sagen pflegt, die es übrigens auch unter einfachen Leuten gibt, in unserm Zuchthaus, wo so viele Menschen eng aufeinanderhocken mußten, sogar allzuoft. Mitunter hänselten die andern Gefangenen im Krankensaal einen solchen Jammerlappen, oder der eine oder andere schnauzte ihn einfach an, und schon verstummte das Stöhnen, als habe jener nur darauf gewartet, daß man ihn tüchtig ausschimpfte. Ustjanzew war so ein Getue besonders verhaßt, und er versäumte nie, so einen zimperlichen Burschen herunterzuputzen. Er ließ sich überhaupt nie eine Gelegenheit entgehen, sich mit irgend jemandem anzulegen. Das war ein Glück, ja ein Bedürfnis für ihn, selbstverständlich eine Folge seines Leidens, teilweise aber auch bedingt durch sein stumpfsinniges Wesen. Wenn einer sein Mißfallen erregt hatte, fixierte er ihn zuerst eine ganze Weile streng und eindringlich, um ihm dann mit sonderbar ruhiger, selbstsicherer Stimme die Leviten zu lesen. Überall mischte er sich ein, gerade als sei er verantwortlich für die Ordnung oder zum Hüter der allgemeinen Moral bestellt.

»Muß der auch überall die Nase reinstecken«, sagten die andern Gefangenen dann wohl lachend. Dabei nahmen sie Rücksicht auf ihn, vermieden es, ihn zu schelten, und lachten nur über seine Wichtigtuerei.

»Hörst du, was er wieder zusammenquasselt. Das schaffen keine drei Fuhren weg.«

»Was heißt da quasseln? Vor einem Narren zieht man nicht die Mütze. Muß er sich wegen der lumpigen Lanzette so anstellen? Willst du Honig, mußt du auch den Stachel leiden, reiß dich gefälligst zusammen.«

»Was geht's dich an?«

»Nein, Brüder«, redete einer dazwischen, »Ruten sind gar nichts, hab's am eignen Leib verspürt, nichts tut so weh, als wenn dich einer lange an den Ohren zieht.«

Alle brachen in lautes Lachen aus.

»Hat man dich denn schon mal an den Ohren gezogen?«

»Meinst du etwa nicht? Freilich hat man das.«

»Drum stehn dir wohl auch die Löffel so ab.«

Dieser Gefangene, Schapkin mit Namen, hatte wirklich auffallende, nach beiden Seiten abstehende Ohren. Er war ein Landstreicher, ein vernünftiger und besonnener, noch junger Mann, er blieb immer ganz ernst, wenn er sprach, hatte aber dabei einen stillen, verborgenen Humor, der seine Schilderungen bisweilen sehr komisch machte.

»Wieso sollte ich denken, daß man dich bei den Ohren gezogen hat? Wie sollte ich so etwas denken, frage ich, du engstirniger Stoffel?« mischte sich Ustjanzew wieder ein und wandte sich empört zu Schapkin um, obgleich der gar nicht mit ihm geredet hatte, sondern mit allen zusammen. Aber Schapkin würdigte ihn keines Blickes.

»Wer hat dich denn wirklich an den Ohren gezogen?« fragte einer.

»Wer? Na, wer schon, der Bezirkshauptmann natürlich. Das hat mir die Landstreicherei eingebracht, Brüder. Wir waren grad nach K. gekommen, selbander waren wir, ich und noch einer, auch ein Stromer, Jefim, ohne Übernamen. Unterwegs hatten wir uns bei einem Bauern in Tolmina so'n bißchen gesundgestoßen. Da gibt's nämlich ein Dorf Tolmina. Na schön, wir kommen also nach K. rein, sehn uns um, ob man auch da was mitgehn lassen könnte, und dann ab, heidi in die Büsche. Draußen in Feld und Wald bist du frei, kannst in alle vier Winde laufen, in einer Stadt aber ist das immer eine kitzliche Sache, das ist ja klar, Na, wir als erstes natürlich in eine Kneipe. Sehn uns um. Da kommt einer auf uns zu, so'n ganz abgebrannter Tippelbruder, zerschlißne Ellenbogen, im deutschen Rock. Fragt nach dem Woher und Wohin.

‚Wie steht's bei euch, wenn die Frage erlaubt ist, habt ihr Papiere?'

‚Nein', sagen wir, ‚haben wir nicht.'

‚Aha. Uns geht's genauso. Hab noch zwei liebe Freunde bei mir', sagte er, ‚die stehn auch im Dienst beim General Kuckuck*. Alsdann, so die Frage erlaubt ist, wir haben uns hier schon ein bißchen die Kehle angefeuchtet, und jetzt sind wir blank, wollt ihr uns nicht ein halbes Gläschen spendieren?'

‚Mit dem größten Vergnügen', sagen wir. Da haben wir also mitsammen gebechert. Und dann haben die uns ein Ding gesteckt, für lange Finger, also genau das Richtige für unsereinen. Da ist nämlich ein Haus gestanden, am Stadtrand, einem reichen Kleinbürger hat's gehört, der hatte eine Menge Geld und Gut dort liegen, das wollten wir uns bei Nacht mal ein bißchen näher ansehen. Und wie wir da in der nämlichen Nacht zu fünft bei dem Geldsack eingestiegen sind,

* das heißt im Walde, wo der Kuckuck ruft. Er will damit sagen, daß sie gleichfalls Landstreicher seien (Anmerkung des Autors).

hat man uns doch tatsächlich schon geschnappt. Die haben uns gleich zur Wache mitgenommen und dann zum Bezirkshauptmann persönlich. ‚Ich will sie selbst verhören', sagt er. Er erscheint mit seiner Pfeife, die Teetasse wird ihm hinterhergetragen, ein stattlicher Kerl ist das gewesen, mit einem Backenbart. Setzt sich hin. Außer uns sind ihm gleich noch drei andere vorgeführt worden, Stromer wie wir. So ein Landstreicher ist ein komischer Vogel, Brüder, der kann sich an reinweg gar nichts erinnern, und wenn du ihm auch mit einem Stock die Birne weich drischst, alles hat der vergessen, weiß dir partout überhaupt nichts mehr. Der Bezirkshauptmann knöpft sich zuerst mich vor: ‚Wer bist du?' Das dröhnt wie aus einem Faß heraus. Na, ich natürlich sag das gleiche wie alle andern: ‚Kann mich an nichts erinnern', sag ich, ‚Euer Hochwohlgeboren, alles, reinweg alles hab ich vergessen.'

‚Halt', sagt er, ‚mit dir hab ich später noch ein Wörtchen zu reden, die Visage kommt mir bekannt vor', dabei glotzt er mich mit seinen Glupschaugen an. Ich aber hab ihn bis auf diesen Tag bestimmt noch kein einziges Mal nicht zu Gesicht bekommen. Dann fragt er den nächsten: ‚Wer bist du? Wie heißt du?'

‚Reiß-aus, Euer Hochwohlgeboren.'

‚Was soll das heißen, Reiß-aus?'

‚So nennt man mich, Euer Hochwohlgeboren.'

‚Na schön, du bist also der Reiß-aus. Und du?' zum dritten, versteht sich.

‚Ihm-immer-nach, Euer Hochwohlgeboren.'

‚Wie nennst du dich, zum Teufel?'

‚So eben nennt man mich: ›Ihm-immer-nach‹, Euer Hochwohlgeboren.'

‚Wer hat dich Schuft denn so geheißen?'

‚Gute Leute waren's, die mich so geheißen haben, Euer Hochwohlgeboren. 's gibt halt doch noch gute Leute auf der Welt, Hochwohlgeboren.'

‚Und wer wären diese guten Leute?'

‚Das ist mir doch wahr und wahrhaftig grad eben aus dem Gedächtnis entfallen, Hochwohlgeboren, bitte ergebenst um Verzeihung.'

‚Alle hättest du sie vergessen, samt und sonders?'
‚Samt und sonders, Euer Hochwohlgeboren.'
‚Aber Vater und Mutter hast du doch gehabt? ... An die wirst du dich doch wenigstens erinnern können?'
‚Man sollt doch annehmen, daß ich welche gehabt hab, Hochwohlgeboren, aber auch auf die kann ich mich grad eben nicht besinnen. Kann wohl sein, daß ich welche gehabt hab, Euer Hochwohlgeboren.'
‚Wo hast du dich bis jetzt rumgetrieben?'
‚Im Wald, Hochwohlgeboren.'
‚Immerfort im Wald?'
‚Immerfort.'
‚Und im Winter?'
‚Den hab ich nie nicht gesehen, Euer Hochwohlgeboren.'
‚Na und du, wie heißt denn du?'
‚Hackebeil, Euer Hochwohlgeboren,'
‚Und du?'
‚Schleif's-nicht-faul, Hochwohlgeboren.'
‚Und du?'
‚Mach's-blitzeblank, Hochwohlgeboren.'
‚Und ihr könnt euch auch an gar nichts besinnen?'
‚An rein gar nichts, Euer Hochwohlgeboren.'
Er steht da und lacht, und die Kerls stehn da, sehn ihn an und feixen sich eins. Na, aber manches Mal schlägt so einer dir auch die Zähne ein, wenn du grad an den Falschen gerätst. Sind euch einer wie der andere lauter kräftige, feiste Kerle.
‚Ab mit denen da ins Loch', sagt er, ‚ich nehm sie mir hernach nochmal vor, du aber bleibst da', sagt er zu meiner Wenigkeit, müßt ihr wissen. ‚Komm her, setz dich!' Ich seh Tisch, Papier, eine Feder. Ich denke: Was mag der bloß im Schilde führen? ‚Setz dich auf den Stuhl', sagt er, ‚nimm die Feder, schreib!' und dabei packt er mich am Ohr, zieht daran. Ich starr ihn an wie der Leibhaftige den Popen: ‚Ich kann's doch nicht', sag ich, ‚Euer Hochwohlgeboren.' – ‚Wirst du wohl gleich schreiben!'
‚Erbarmen, Hochwohlgeboren.' – ‚Schreib, so gut du's

verstehst, sag ich, schreib!‘ und dabei zieht er mich immer stärker am Ohr, zieht und zieht, dreht mir’s Ohr um! Na, Brüder, das eine sag ich euch, dann schon lieber dreihundert Rutenstreiche, mir tanzten die Funken vor den Augen. ‚Schreib, und basta!‘«

»Der war wohl übergeschnappt?«

»Nein, übergeschnappt war der nicht. In T. hatte nämlich vor kurzem irgend so’n Schreiberling ein Ding gedreht: der hatte auf seinem Amt Geld unterschlagen und war damit über alle Berge, der hat doch auch so abstehende Löffel gehabt. Das haben sie überallhin gemeldet. Dem Aussehen nach hätte der Steckbrief auf mich passen können, und so hat er partout herausfinden wollen, ob ich schreiben kann und wie.«

»Das war dir mal ein tolles Ding, mein Lieber! Hat’s arg weh getan?«

»Ich sag dir’s ja, sehr weh.«

Ein allgemeines Gelächter erklang.

»Na, und hast du was geschrieben?«

»Wo werd ich denn? Hab versucht, die Feder zu führen, fuhrwerkte damit auf dem Papier herum, da hat er mein Ohr endlich fahren lassen. Ein Dutzend Ohrfeigen hab ich mir freilich noch eingefangen von ihm, dann hat er mich laufen lassen, auch in’n Knast, natürlich.«

»Kannst du denn überhaupt schreiben?«

»Früher hab ich’s mal gekonnt, seit sie aber angefangen haben, mit Federn zu schreiben, hab ich’s verlernt ...«

Unter derlei Erzählungen, oder richtiger, unter solchem Geschwätz ging die Zeit langweilig genug dahin. Guter Gott, was war das für ein ödes Leben! Die Tage endlos und drückend, einer wie der andere. Wenn man wenigstens ein Buch gehabt hätte! Dabei suchte ich, besonders in der ersten Zeit, häufig das Hospital auf, manchmal weil ich krank war, manchmal auch nur, um dort zu liegen, um dem Zuchthaus für einige Zeit zu entrinnen. Dort war es hart für mich, härter noch als hier, härter in moralicher Hinsicht. Niedertracht, Feindschaft, Zank und Hader, Mißgunst, das ewige Herumhacken auf uns Adligen, die finsteren, drohenden Mienen! Hier im Hospital dagegen standen alle mehr auf gleichem Fuß, hier lebte man freundschaftlicher miteinander. Die traurigste Zeit des ganzen Tages begann am Abend, wenn die Lichter angezündet wurden und die Nacht hereinbrach. Man legte sich früh zur Ruhe. Das trübe Nachtlämpchen glimmt als heller Punkt neben der Tür, in unserer Ecke aber herrscht Halbdunkel. Die Luft ist zum Schneiden dick und von Gestank erfüllt. Einer findet keinen Schlaf, steht auf und sitzt wohl anderthalb Stunden auf dem Bettrand, den Kopf mit der Nachtmütze gesenkt, gedankenverloren. Du beobachtest ihn eine geschlagene Stunde und versuchst zu erraten, woran er wohl denken mag, um damit wenigstens die Zeit totzuschlagen. Sonst verlierst du dich noch in Träumereien, rufst die Vergangenheit ins Gedächtnis zurück, da tauchen freie und leuchtende Bilder in deiner Phantasie auf, du erinnerst dich an Einzelheiten, an die du bei anderer Gelegenheit nie gedacht hättest und die dir nie so greifbar nahe gewesen sind wie jetzt. Oder du fängst an, über die Zukunft zu sinnieren: wie wird es sein, wenn du aus dem Zuchthaus entlassen wirst? Wohin wirst du gehen? Wann wird das sein? Wirst du eines Tages in die Heimat zurückkehren dürfen? Du grübelst unaufhörlich, und Hoffnung regt sich in deiner Seele ... Ein anderes Mal verlegst du dich aufs Zählen: eins, zwei, drei und so weiter, um unterm Zählen unversehens einzuschlafen. Ich bin dabei manches Mal bis dreitausend gekommen und doch nicht eingeschlafen. Da drüben wälzt sich einer auf seinem Bett. Man hört Ustjanzews hohlen, schwindsüchtigen Husten und sein schwaches Stöhnen, wobei er immer wieder sagt: »Herr, ich habe gesündigt!« Und es berührt einen merkwürdig, diese kranke, brüchige, klagende Stimme in der allgemeinen Stille zu vernehmen. Drüben im Winkel sind zwei ebenfalls noch wach und unterhalten sich halblaut von einem Bett zum anderen. Der eine fängt an, von seinem Leben zu erzählen, von dem, was längst vergangen und verloren ist, von seinem Landstreicherleben, von Weib und Kindern, von seinen früheren Lebensumständen. Und du begreifst bei seinem undeutlichen Geflüster, daß alles, wovon er spricht, für ihn unwiederbringlich dahin ist, und er selbst, der da redet, hinfort ganz mutterseelenallein auf der Welt; der andere hört ihm zu. Nichts ist zu hören als ihr gedämpftes gleichmäßiges Flüstern, wie Wasser, das irgendwo in der Ferne plätschert ... Ich weiß noch, wie ich einmal in einer langen Winternacht eine solche Geschichte mit angehört habe. Zuerst meinte ich, es wäre nur ein böser Traum, ich läge im Fieber und erlebte das alles nur in der Krankheitshitze, im Fieberwahn ...

4

Akulinas Mann

Eine Erzählung

Es war schon spät in der Nacht, um die zwölfte Stunde. Ich war ein wenig eingeschlummert, wurde aber plötzlich wach. Der Saal war vom trüben, kümmerlichen Schein des fernen Nachtlämpchens nur undeutlich erhellt. Fast alle schliefen bereits. Sogar Ustjanzew schlief, und in der Stille hörte ich, wie schwer sein Atem ging und wie bei jedem Atemzug der Schleim in seiner Kehle rasselte. Draußen auf dem Flur erdröhnten plötzlich die schweren Schritte der Wachablösung. Klirrend stieß ein Gewehrkolben auf den Fußboden. Die Tür zum Saal ging auf; der Gefreite trat leise ein und zählte die Kranken. Eine Minute danach wurde der Saal verschlossen, die Ablösung hatte Posten bezogen, die Wache entfernte sich, und wieder herrschte Stille wie zuvor. Da erst bemerkte ich, daß nicht weit von mir zu meiner Linken zwei Männer gleichfalls wach lagen und miteinander flüsterten. Dergleichen kam in den Krankensälen zuweilen vor: da lagen zwei manchmal tage- und monatelang nebeneinander, ohne ein einziges Wort zu wechseln, bis sie dann auf einmal in der nächtlichen Stille, die zum Erzählen herausforderte, unversehens ins Gespräch kamen und der eine seine ganze Vergangenheit vor dem andern ausbreitete.

Die beiden hatten anscheinend schon längere Zeit miteinander geredet. Den Anfang ihres Gesprächs hatte ich nicht mitbekommen, auch jetzt konnte ich nicht jedes Wort verstehen; allmählich aber schärfte sich mein Ohr, und ich nahm alles auf, was sie sagten. Schlafen konnte ich nicht, was sollte ich also tun als ihnen zuhören? Der eine erzählte voller Eifer, halb aufgestützt auf seinem Bett liegend, er hatte den Kopf gehoben und den Hals zu seinem Gefährten hinübergereckt. Er war sichtlich in Feuer geraten und aufgewühlt, es drängte ihn, sich einmal auszusprechen. Sein Zuhörer saß verdrießlich und absolut gleichgültig mit ausgestreckten Beinen auf seinem Bett, brummte hie und da etwas als Antwort oder als Zeichen seines Interesses, aber mehr aus Anstand denn aus echter Anteilnahme, dabei schnupfte er alle paar Minuten aus einem Schnupftabakshorn. Das war der Soldat Tscherewin aus der Strafkompanie, ein etwa fünfzigjähriger, mürrischer, pedantischer Mensch, ein kaltschnäuziger Räsoneur, dabei lächerlich aufgeblasen und eitel. Der Erzähler Schischkow war noch jung, um die dreißig, ein Zivilgefangener, der in unserer Zuchthausschneiderei arbeitete. Bisher hatte ich ihn kaum beachtet und legte auch während meiner ganzen späteren Haftzeit keinen Wert darauf, mich näher mit ihm zu befassen. Dieser Schischkow war ein Hohlkopf und ein reichlich verdrehtes Individuum. Manchmal war er schweigsam und mürrisch, ungehobelt gegen jedermann, sprach wochenlang kein Wort. Dann wieder mischte er sich aus heiterm Himmel in irgendeinen Streit, verbreitete Klatschereien, ereiferte sich wegen nichts und wieder nichts, lief von einer Kaserne in die andere, um Neuigkeiten weiterzutragen oder einen andern zu verleumden, wobei er völlig außer sich geraten konnte. Wurde er dann einmal tüchtig verprügelt, gab er für ein Weilchen Ruhe. Er war feige und schwächlich. Alle begegneten ihm mit Verachtung. Er war klein und hager, seine Augen blickten sonderbar unstet, dann wieder stumpf oder gedankenverloren. Wenn er etwas erzählen wollte, begann er temperamentvoll und mit Feuer, gestikulierte dabei mit den Armen, um dann unvermittelt abzubrechen oder auf ein anderes Thema überzuspringen, dessen Einzelheiten ihn alsbald so sehr fesselten, daß er vergaß, wovon er zu sprechen begonnen hatte. Er zankte und stritt sich gern herum, wobei er unbedingt behauptete, die andern hätten ihm etwas zuleide getan, dabei wurde er ganz pathetisch, und es fehlte nicht viel, daß er in Tränen ausgebrochen wäre ... Er spielte gern und nicht übel Balalaika, an Feiertagen tanzte er sogar, wenn man ihn dazu aufforderte, und er tanzte gut. Man konnte ihn sehr leicht dazu bringen, irgend etwas zu tun. Nicht, daß er besonders gefügig gewesen wäre, aber er biederte sich gern an und war den andern darum gern gefällig.

Lange konnte ich nicht dahinterkommen, wovon eigentlich die Rede war. Auch schien es mir zuerst, daß er sich immer wieder durch Nebensächlichkeiten von seinem Thema ablenken ließe. Vielleicht war ihm auch nicht entgangen, daß Tscherewin sich wenig aus seiner Geschichte machte, während er sich doch partout einreden wollte, daß sein Zuhörer ganz Ohr sei, und vielleicht hätte es ihn sehr gekränkt, wenn er sich vom Gegenteil hätte überzeugen müssen.

»Wann immer der sich auf dem Markt gezeigt hat«, fuhr er fort, »haben sich alle vor ihm verneigt und ihn ehrerbietig gegrüßt, mit einem Wort, ein richtiger Geldsack ist das gewesen.«

»Handel hat er getrieben, sagst du?«

»Ja freilich. Den Kleinbürgern geht es bei uns sonst dreckig genug. Richtige Hungerleider. Die Weiber schleppen das Wasser vom Fluß das Steilufer hinauf, um die Gemüsegärten zu gießen; die plagen und schinden sich ab, und zum Herbst haben sie nicht mal genug für die Kohlsuppe. Das blanke Elend. Na, er aber hat ein hübsches Stück Ackerland gehabt und Arbeiter, um es zu bebauen, drei Knechte hat er sich gehalten, dazu einen Bienengarten, mit Honig hat er gehandelt, mit Vieh obendrein, und ist in unserer Gegend ein hochgeachteter Mann gewesen. Mächtig alt ist er schon gewesen, seine siebzig hat er gut und gern auf dem Buckel gehabt, das Gehen ist ihm sauer geworden, ein stattlicher, weißhaariger Mann ist er gewesen. Wenn der dir in seinem Fuchspelz auf den Markt gekommen ist, haben alle ihm untertänig den Gruß entboten. Die haben eine Nase dafür, was einer wert ist. ‚Seid gegrüßt, Väterchen, Ankudim Trofimytsch!' – ‚Sei auch du mir gegrüßt', sagt er. Keiner war ihm zu gering.

‚Lang sollt Ihr leben, Ankudim Trofimytsch!' – ‚Und wie steht's bei dir?' fragt er. ‚Schlecht steht's bei uns, sind vom Pech verfolgt. Und Ihr, Väterchen?' – ‚Auch wir leben', sagt er, ‚in unsern Sünden, auch wir stehlen dem lieben Gott den Tag weg.' – ‚Lang sollt Ihr leben, Ankudim Trofimytsch!' Er also achtet niemanden gering, und spricht er, ist jedes Wort einen Rubel wert. Und ein ganz Bibelkundiger ist der gewesen, lesen hat er können, alleweil hat er fromme Bücher vor der Nase gehabt. Setzt seine Alte vor sich hin: ‚So höre denn, Weib, paß gut auf!' und fängt an, ihr's auszulegen. Was aber seine Alte ist, nicht daß sie wirklich alt gewesen wäre, er hatte sich nämlich zum zweiten Mal verehelicht, Kinder hat er haben wollen, denn die erste hatte ihm keine geboren. Na, und von der zweiten, von Marja Stepanowna, hatte er dann auch zwei Söhne, die waren noch minderjährig, Wasja, den jüngsten, hatte er noch mit sechzig Jahren in die Welt gesetzt, Akulka aber, seine Tochter, war die älteste von allen, achtzehn Jahre ist sie gewesen.«

»Und das ist deine Frau gewesen?«

»Wart nur ab, zuerst hat der Filka Morosow sie in Verruf gebracht. ‚Zahl mich aus', sagt der Filka zum Ankudim, ‚rück die vierhundert Silberrubel raus bis zur letzten Kopeke, oder meinst du, ich sei dein Knecht? Ich mag nicht länger mit dir im Geschäft bleiben', sagt er, ‚und deine Akulka, die nehm ich auch nicht', sagt er. ‚Hab mich aufs Saufen verlegt', sagt er. ‚Beide Eltern sind mir weggestorben', sagt er, ‚und so versauf ich jetzt mein Geld, dann laß ich mich anwerben, zu den Soldaten geh ich, und in zehn Jahren bin ich Feldmarschall und komm euch hier besuchen.' Ankudim hat ihm das Geld gegeben, hat mit ihm abgerechnet nach Treu und Glauben, weil noch sein Vater selig und der alte Morosow ihr Geld gemeinsam ins Geschäft gesteckt hatten. ‚Bist ein verlorener Mensch', sagt er. Der drauf: ‚Ob ich verloren bin oder nicht, ist meine Sache, aber bei dir, Graubart, muß man ja sogar die Milch mit der Schusterahle löffeln. Du', sagt er, ‚knauserst mit jedem Groschen, jeden Dreck hebst du auf, weil er noch für'n Grützbrei gut sein könnte. Ich', sagt er, ‚spuck was drauf. Du sparst und sparst und wirst dir noch den Teufel einhandeln damit. Ich aber', sagt er, ,habe Charakter. Und deine Akulka, die nehm ich nicht zur Frau, ich', sagt er, ,hab ja auch ohnehin schon mit ihr geschlafen ...'

,Was', sagt Ankudim, ,du wagst es, die ehrliche Tochter eines ehrlichen Vaters zu beschimpfen? Wann hättest du mit ihr geschlafen, du Schlangenschmalz, du Hechtblut? ...' und schlottert am ganzen Leib. Filka hat's mir selbst erzählt.

,Das gilt nicht nur für meine Person', sagt er, ,ich werd schon dafür sorgen, daß Eure Akulka überhaupt keinen kriegt, der Mikita Grigoritsch nimmt sie jetzt auch nicht mehr, ist sie doch jetzt ihrer Ehre ledig. Vergangenen Herbst hat sie sich schon mit mir eingelassen. Jetzt aber nehm ich sie auch für hundert Krebse nicht. Gebt mir zur Probe hundert Krebse, ich nehm sie um keinen Preis ...!'

Und dann hat er dir doch das Saufen angefangen, der Sapperlotskerl! So arg hat er's getrieben, daß ein Stöhnen über die Erde, ein Dröhnen durch die Stadt gegangen ist. Hat sich Kumpane zusammengeholt, einen Haufen Geld hat er ja gehabt, an die drei Monate hat er so gepraßt, dann war er blank. ,Wenn das Geld beim Teufel ist', hat er gesagt, ,laß ich das Haus draufgehn, alles laß ich draufgehn, und dann laß ich mich als Rekrut anwerben, oder ich verleg mich auf die Landstreicherei!' Von morgens bis abends war er voll, zweispännig kam er dahergefahren, mit Schellengebimmel, und die Mädel sind verrückt nach ihm gewesen, daß es schon keine Art mehr hatte. Er hat auch hübsch auf der Torba* spielen können.«

»Also hat er mit der Akulka schon vorher was gehabt?«

»Sachte, wart's nur ab. Auch ich hatte damals grad den Vater zu Grabe getragen, mein Mütterchen hat Lebkuchen gebacken, für Ankudim haben wir gearbeitet, so haben wir uns durchgeschlagen. Schlecht ist's uns gegangen. Nun, auch wir hatten unser Stück Acker hinterm Wald, hatten unser bißchen Korn dort gesät, aber nach Vaters Tod war's aus damit, denn

* Ein lautenähnliches Instrument, aus italienisch tiorba. Saiteninstrument mit doppeltem Griff, bis zu 14 Metallsaiten, mit Plättchen gezupft. Seit dem Ende des 16. Jahrhunderts bekannt (Anmerkung des Übersetzers).

auch ich hab das Saufen angefangen, Bruderherz. Hab der Mutter das Geld mit Prügeln abverlangt ...«

»Das ist nicht recht, mit Prügeln meine ich. Eine große Sünde ist das.«

»Besoffen bin ich gewesen, Bruderherz, vom Morgen bis in die Nacht. Unser Haus war so übel nicht, baufällig wohl, doch unser eigen, in der Stube aber hätte man einen Hasen jagen können. Da hocken wir drin mit knurrendem Magen, die ganze Woche nagen wir am Hungertuch. Die Mutter hat geschmäht und gezetert, doch was kümmerte mich das! ... Damals, Bruder, bin ich nicht einen Schritt von Filka Morosows Seite gewichen. Von früh bis spät war ich mit ihm zusammen. ‚Spiel mir was auf der Gitarre', sagt er, ‚und tanz', sagt er, ‚ich will daliegen und dir Geld zuwerfen, denn ich bin der allerreichste Kerl auf der Welt.' Und was hat er nicht alles angestellt! Nur gestohlenes Gut hat er nicht angerührt. ‚Bin', sagt er, ‚kein Dieb, sondern 'n ehrlicher Mensch.' – ‚Kommt', sagt er, ‚der Akulka das Hoftor mit Teer bestreichen, denn ich will nicht, daß Akulka den Mikita Grigoritsch zum Mann nimmt. Das ist mir wichtiger als alles sonst.' Dem Mikita Grigoritsch hatte der Alte nämlich zuvor schon die Jungfer zum Weibe geben wollen. Auch der Mikita ist schon alt gewesen, ein Witwer, mit einer Brille ist der rumgelaufen, auch ein Handelsmann. Wie der gehört hat, daß Akulka ins Gerede gekommen ist, hat er sein Wort zurückgenommen. ‚Das würde mir zu großer Schande gereichen, Ankudim Trofimytsch, und in meinen Jahren denke ich auch nicht mehr ans Heiraten.' So haben wir der Akulka das Tor angestrichen. Und dann hat man sie hergenommen daheim, hergenommen hat man sie ... Marja Stepanowna hat geschrien: ‚Ich bring sie um!' Und der Alte: ‚Vorzeiten', sagt er, ‚als die ehrwürdigen Patriarchen noch lebten, hätte ich sie auf dem Scheiterhaufen in Stücke gehauen, heute aber', sagt er, ‚ist die Welt eitel Finsternis und Verderben.' So manches Mal haben die Nachbarsleute Akulkas Geschrei die ganze Straße weit gehört: Prügel hat sie gekriegt von früh bis spät. Filka aber krakeelt über den ganzen Markt: ‚Ein Prachtmädel ist die Akulka, eine rechte Saufschwester.

Kommst so schmuck und proper an, sage, wer ist dein Galan?' – ‚Ich', sagt er, ‚habe denen einen Denkzettel verpaßt, den sie nicht so bald vergessen werden.' Mittlerweile ist die Akulka auch mir mal begegnet, sie ging mit den Eimern zum Wasserholen, da hab ich ihr zugerufen: ‚Seid gegrüßt, Akulina Kusimowna. Verehrung für Euer Gnaden, schmuck und proper kommst du an, scheint spendabel dein Galan. Eines nur verrate mir, wer mag es sein, wer schläft mit dir?' Mehr hab ich nicht gesagt, sie aber hat mich angeschaut mit ihren großen Augen, und spitz ist sie geworden wie ein Holzspan. Wie sie mich so anschaut, hat die Mutter gemeint, sie triebe Kurzweil mit mir, und schreit durchs Hoftor: ‚Ich werd dich lehren Süßholz raspeln, du Schamlose!' So hat man sie am selben Tag wieder geprügelt. Manches liebe Mal hat der Alte sie eine geschlagene Stunde verbleut. ‚Ich schlag sie tot', sagt er, ‚ist die doch meine Tochter nicht mehr.'«

»Da ist sie wohl ein recht liederliches Frauenzimmer gewesen.«

»Hör nur weiter, Onkelchen. Wie ich da in einem fort mit dem Filka am Saufen war, kommt da doch einmal meine Mutter zu mir, ich aber liege da herum. ‚Was liegst du auf der faulen Haut, du Tunichtgut', sagt sie. ‚Du Tagedieb', sagt sie. Tüchtig hat sie mich gescholten, kann ich dir sagen. ‚Heirate', sagt sie, ‚nimm die Akulka zum Weib. Jetzt werden sie froh und dankbar sein, wenn sie sie an dich loswerden, dreihundert Rubel geben sie allein in bar als Mitgift.' Ich aber sage ihr: ‚Jetzt ist sie doch vor aller Welt ihrer Ehre ledig.' – ‚Ach, du Tollkopf', sagt sie, ‚die Brautkrone deckt alles zu, und um so besser für dich, wenn sie ihr Lebtag in deiner Schuld steht. Wir würden mit diesem Geld schon zurechtkommen, ich hab', sagt sie, ‚mit Marja Stepanowna geredet. Die wäre schon dafür zu haben.' Ich drauf: ‚Geld will ich sehen', sag ich, ‚zwanzig Silberrubel auf den Tisch, dann nehm ich sie.' Und ob du's glaubst oder nicht, bis zur Hochzeit bin ich ohn Unterlaß betrunken gewesen. Und dann hat mir auch noch der Filka die Hölle heiß gemacht: ‚Alle Rippen brech ich dir, Akulkas Mann, und mit deiner Frau schlaf ich Nacht für Nacht, so mich's danach gelüstet.‘ Ich drauf zu ihm: ‚Das lügst du, Hundefleisch!‘ Na, da hat er mich vor der ganzen Straße heruntergeputzt. Ich komm nach Haus: ‚Ich nehm sie nicht‘, sag ich, ‚wenn sie nicht auf der Stelle noch fünfzig Silberrubel rausrücken!‘«

»Hat man sie dir denn wirklich zur Frau gegeben?«

»Ob man sie mir gegeben hat? Warum denn nicht? Wir sind doch keine ehrlosen Leut nicht gewesen. Was mein Vater war, so ist er erst gegen Ende seiner Tage durch ein Feuer um seine Habe gekommen, zuvor sind wir reicher gewesen als die. Ankudim hat zu mir gesagt: ‚Ihr seid ein elendes Lumpengesindel!‘ Ich nicht faul darauf: ‚Und Euer Tor ist auch nicht schlecht mit Teer beschmiert.‘ Er sagt zu mir: ‚Was‘, sagt er, ‚willst dich noch über uns lustig machen? Beweis erst einmal, daß sie ihre Ehre verloren hat. Nicht jedem Lügner kann man das Maul stopfen. Wie Gott will‘, sagt er, ‚du brauchst sie ja nicht zu nehmen. Gib nur das Geld zurück, das du schon genommen hast.‘ Und da hab ich Schluß gemacht mit Filka: hab ihm den Mitrij Bykow geschickt, der hat ihm sagen müssen, daß ich ihn hinfort vor aller Welt in Verruf bringen würde, und dann, Bruderherz, bin ich dir bis zum Hochzeitstag nicht mehr nüchtern geworden. Gerade, daß ich mir zur Trauung den Rausch ausgeschlafen hab. Wie man uns von der Kirche nach Haus gefahren hat und zu Tisch setzt, sagt Mitrofan Stepanytsch, ihr Oheim: ‚Ist's auch nicht in Ehren zugegangen‘, sagt er, ‚so hält's doch kräftig, der Handel ist beschlossen und abgetan ein für allemal.‘ Was der Alte, der Ankudim, war, so ist der auch betrunken gewesen und hat das Heulen angefangen, sitzt da, und die Tränen kullern ihm nur so in den Bart. Nun muß ich dir sagen, Bruder, wie ich's da gehalten hatte: ich hatte mir noch vor der Trauung insgeheim eine Peitsche in die Tasche gesteckt, und das ist mein Vorsatz gewesen, daß ich's der Akulka hab heimzahlen wollen, zeigen wollt ich's ihr, wie man sich durch schamlosen Betrug einen Mann angelt, und den Leuten hab ich's zeigen wollen, daß ich mich auch durch die Heirat nicht hinters Licht führen lasse ...«

»Recht hast du getan! Auf daß sie's auch in Zukunft zu spüren bekommt . . .«

»Nein, Onkelchen, du hör zu und sei ganz still. Bei uns daheim ist es Brauch, daß man die Neuvermählten gleich nach der Trauung in die Kammer führt, die Gäste aber trinken derweil. So haben sie denn Akulka und mich in der Kammer allein gelassen. Sie sitzt totenbleich, kein Blutströpfchen im Gesicht. Vor lauter Angst, mußt du wissen. Auch ihr Haar ist ganz weiß gewesen, wie Flachs. Die Augen ganz groß. Und keinen Laut gibt sie von sich, man hat sie überhaupt nie gehört, wie wenn man eine Stumme im Haus hätte. Ganz wunderlich ist sie gewesen. Und was soll ich dir sagen, Bruder, was glaubst du wohl? Die Peitsche hatt ich mir gleich neben dem Bett bereitgelegt, sie aber, Bruder, ist dir doch wahr und wahrhaftig noch ganz unschuldig gewesen.«

»Was du nicht sagst!«

»Ganz und gar unschuldig, ehrliche Tochter aus ehrlichem Haus. Und wofür, Bruderherz, hat sie alle diese Qualen erduldet? Warum hat der Filka Morosow sie vor aller Welt in Verruf gebracht?«

»Tja.«

»Da bin ich vom Bett aufgestanden, hab mich vor ihr mit gefalteten Händen hingekniet: ‚Mütterchen', sag ich, ‚Akulina Kudimowna, vergib mir einfältigem Tropf, daß auch ich dich für so eine gehalten habe. Vergib mir Elendem', sage ich. Sie aber sitzt vor mir auf dem Bett, sieht mich an, legt mir beide Hände auf die Schultern und lacht, dabei laufen ihr die hellen Tränen übers Gesicht, sie weint und lacht in einem . . . Da bin ich zu den andern hinaus: ‚Ha', sag ich, ‚wenn mir dieser Filka übern Weg läuft, der kommt mir nicht mehr lebendig davon!' Die Alten wissen kaum, zu wem sie beten sollen: die Mutter flennt, es fehlte nicht viel, und sie wäre mir zu Füßen gefallen. Der Alte sagt: ‚Hätten wir das gewußt und geahnt, hätten wir dir einen besseren Mann gefunden, liebste Tochter.' Und wie wir beide am ersten Sonntag zur Kirche gegangen sind: ich hatte eine Lammfellmütze auf, einen Rock aus feinem Tuch, Pluderhosen aus Plüsch, sie im neuen Hasenpelz, ein Seidentüchlein dazu – das heißt, ich bin ihrer wert, sie ist meiner wert: so kommen wir daher! Die Leute reißen Mund und Nase auf: ich bin natürlich wer, aber auch an Akulinuschka gab's nichts auszusetzen, wenn sie auch nicht sonderlich zu loben war, sie war halt wie'n Dutzend andere auch ...«

»Na, dann war ja alles gut.«

»So höre weiter. Nach der Hochzeit, gleich am andern Tag bin ich, betrunken wie ich war, von der Tafel fort; ich hab mich losgerissen und laufe durch die Stadt: ‚Her mit dem Tagedieb Filka Morosow, her mit ihm, dem elenden Schurken', rufe ich über den ganzen Markt. Na, und ganz schön besoffen bin ich gewesen; so hat man mich beim Haus der Wlasows geschnappt, und drei Mann haben mich mit Gewalt nach Hause geschleppt. In der Stadt aber geht das Gerede los. Die Mädel auf dem Markt tuscheln miteinander: ‚Mädchen, habt ihr's schon gehört? Die Akulka ist ganz unbescholten.' Der Filka aber hat wenig später vor allen Leuten zu mir gesagt: ‚Verkauf dein Weib, so kannst du alle Tage besoffen sein. Darum hat sich auch Jaschka, der Soldat, ein Weib genommen', sagt er, ‚er selbst hat nicht mit ihr geschlafen, dafür war er drei Jahre lang voll.' Ich zu ihm: ‚Du Schuft!' – ‚Du aber', sagt er, ‚bist mir ein rechter Narr. Als man sie dir angetraut hat, konntest du nicht gerade auf den Beinen stehen. Was hättest du in deinem Zustand in so einer Sache überhaupt wahrnehmen können?' Ich komm nach Hause und brülle los: ‚Ihr habt mich', sage ich, ‚in trunkenem Zustand mit ihr vermählt!' Die Mutter hat sich einmischen wollen. ‚Dir hat man die Ohren mit Gold zugestopft, Mütterchen', sage ich. ‚Her mit Akulka!' Und dann hab ich's ihr gegeben. Geprügelt hab ich sie, Bruder, geprügelt, zwei volle Stunden lang, bis ich selbst zu Boden fiel, drei Wochen hat sie nicht vom Bett aufstehen können.«

»Das soll wohl so sein«, warf Tscherewin phlegmatisch ein, »prügelt man sie nicht, so ... aber hast du sie denn mit einem Liebhaber ertappt?«

»Nein, ertappt hab ich sie nicht«, bemerkte Schischkow nach kurzer Pause gleichsam mit Überwindung, »Aber es hat mich arg gekränkt, die Leute haben mich nur noch gehänselt, und Rädelsführer ist der Filka gewesen. ‚Hat ein Weib, wie'n Bild so schön, alle Leute solln sie sehn!' sagt er. Einmal hat er uns alle zu Gast geladen, und beim Zutrunk sagt er: ‚Seine Gattin', sagt er, ‚ist eine mitleidige Seele, edel, umgänglich und freundlich, gut zu jedermann, so hat er's getroffen! Aber hat er denn ganz vergessen, der Wicht, wie er ihr selber das Tor mit Teer bestrichen hat?' Ich saß betrunken da, er aber packt mich an den Haaren, und wie er mich gepackt hat, drückt er mich zu Boden: ‚Tanze', sagt er, ‚Akulkas Mann, ich will dich am Haar ziehen, du aber sollst tanzen mir zur Kurzweil!' – ‚Ein Schurke bist du', schreie ich. Er aber zu mir: ‚Ich komme mit meinen Kumpanen zu dir, und die Akulka, dein Weib, will ich vor deinen Augen mit Ruten streichen, soviel es mir behagt.' Und so hab ich mich denn hernach, ob du's glaubst oder nicht, einen ganzen Monat nicht aus dem Haus gewagt: der bringt's fertig, dachte ich, und kommt wirklich und tut uns diese Schande an. Und darum hab ich begonnen, sie wieder zu schlagen ...«

»Aber warum denn immerfort schlagen? Die Hände kann man ihnen binden, die Zunge nicht. Zu viel Prügel taugen nicht. Straf sie, gib ihr eine tüchtige Lehre, dann aber sei auch wieder gut. Immerhin ist sie deine Frau.«

Schischkow blieb ein Weilchen stumm.

»Ich hatte es satt«, hub er dann von neuem an, »und so hab ich die alte Gewohnheit wiederaufgenommen: manchen lieben Tag schlage ich sie von früh bis spät, sie hat kaum noch auf den Beinen stehen können. Schlag ich sie nicht, wird mir die Zeit lang. Sie sitzt da, stumm, starrt aus dem Fenster, flennt ... Immerfort flennt sie, sie dauert mich, und doch muß ich sie schlagen. Die Mutter schilt mich um ihretwillen: ‚Ein Schuft bist du', sagt sie, ‚ein Zuchthäusler!' – ‚Ich schlag sie tot', schrei ich, ‚und niemand soll wagen, mir dreinzureden, hat man mich doch mit List verheiratet.' Erst hat sich der alte Ankudim noch einmischen wollen, er ist selbst zu uns gekommen: ‚Du bist nicht Gott weiß was auf dieser Welt', sagt er, ‚ich werde schon Recht finden wider dich!' Dann aber ließ er's geschehen. Marja Stepanowna aber hatte sich schon ganz dreingeschickt. Einmal ist sie zu mir gekommen – unter Tränen hat sie mich angefleht: ‚Mit einem Anliegen komm ich dich belästigen, Iwan Semjonytsch, der Wunsch ist klein, die Bitte riesengroß. Laß sie wieder froh werden, mein Lieber' – und sie verneigt sich vor mir –, ‚gib endlich Frieden, verzeihe ihr! Böse Zungen haben unsere Tochter in Verruf gebracht: du weißt ja selbst, daß du ein rechtschaffenes Mädchen zum Weib bekommen hast ...' Und sie verneigt sich bis auf die Erde, weint. Ich aber trumpfe gehörig auf: ‚Ich will nichts mehr hören! Ich mach mit euch allen, was mir beliebt, bin ich doch meiner selbst nicht mehr mächtig, und was der Filka Morosow ist, so ist der mein Geselle und bester Freund ...«

»Da habt ihr mitsammen wieder das Saufen angefangen?«

»Wo denkst du hin! An den war kein Rankommmen mehr. Der hatte alles versoffen. Sein Hab und Gut hatte er durchgebracht und sich von einem Kleinbürger zu den Soldaten dingen lassen, als Ersatzmann für dessen ältesten Sohn. Bei uns daheim will es nun der Brauch: wenn einer sich als Ersatzmann verdingt, muß alles im Haus vor ihm kriechen bis auf den Tag, wo man ihn zu den Soldaten geleitet, und er ist uneingeschränkter Herr über alles. Das Handgeld zahlt man ihm zur Gänze erst beim Einrücken aus, aber vorher lebt er im Haus dessen, der ihn geworben hat, bis zu einem Jahr bleiben sie mitunter, und was sie da nicht alles mit dem Hausherrn anstellen, die Heiligen könnt es jammern! ‚Ich geh an deines Sohnes Statt zu den Soldaten,' sagt er, ‚also bin ich euer Wohltäter, haltet mich nur alle in Ehren, sonst trete ich zurück.' So hat auch der Filka im Haus jenes Kleinbürgers das Unterste zuoberst gekehrt, schläft mit der Tochter, zieht den Hausherrn jeden Tag nach dem Mittagessen am Bart – tut, was ihm beliebt. Jeden Tag muß er sein Dampfbad haben, und der Dampf muß mit Branntwein gemacht werden, und die Weiber müssen ihn auf den Armen in die Badstube schleppen. Kommt er von einer Sauftour zurück, bleibt er auf der Straße stehen: ‚Hab keine Lust, durchs Tor zu gehen, reißt mir den Zaun ein!' So haben sie ihm neben dem Tor den Zaun niederreißen müssen, und da kommt er hereinspaziert. Doch dann ist's aus gewesen mit der Herrlichkeit, er hat einrücken müssen, man läßt ihn seinen Rausch ausschlafen, gibt ihm das Geleit. Alles, was Beine hat, läuft auf der Straße zusammen: den Filka Morosow geleiten sie zu den Rekruten. Er grüßt nach allen Seiten. Akulka kommt gerade um die Stunde vom Gemüsegarten heim; und wie Filka sie sieht, schreit er ‚Halt!' – gleich vor unserm Tor ist das gewesen, springt vom Wagen und verneigt sich stracks vor ihr bis auf den Boden: ‚Du meine Seele', sagt er, ‚mein Augentrost, zwei Jahre hab ich dich geliebt, doch jetzt geleiten sie mich mit Musik zu den Soldaten. Verzeih mir', sagt er, ‚du eines ehrsamen Vaters ehrsame Tochter, ich hab an dir getan wie ein Schurke, ich bin schuld an allem!' Und verneigt sich ein anderes Mal vor ihr bis auf die Erde. Akulka steht zuerst starr vor Schreck, dann aber hat auch sie sich tief vor ihm verneigt und sagt: ‚Verzeih auch du mir, guter Bursche, ich hege keinen Groll wider dich.' Ich lauf ihr nach ins Haus: ‚Was hast du mit ihm zu reden, du Hundebrut?' Sie aber, ob du's glaubst oder nicht, sieht mich an: ‚Ja', sagt sie, ‚ich liebe ihn jetzt über alles auf der Welt!'«

»Hör dir so was an! ...«

»Und da hab ich diesen ganzen Tag kein Wort mehr mit ihr gesprochen. Erst gegen Abend sage ich: ‚Akulka! Jetzt bring ich dich um.' In dieser Nacht hab ich nicht schlafen können, und wie ich in den Flur hinaus bin, Kwas zu trinken, graut schon der Morgen. Ich bin in die Stube gegangen. ‚Akulka', sage ich, ‚mach dich fertig, wir fahren aufs Feld. Ich habe das auch vorher schon im Sinn gehabt, und mein Mütterchen hat gewußt, daß wir fahren wollen! ‚Das ist recht', sagt sie, ‚'s ist Erntezeit, und der Knecht liegt, wie man hört, schon den dritten Tag auf der faulen Haut.' Ich spanne an, schweige. Kommst du aus unserer Stadt hinaus, so geht gleich der Fichtenwald an, an die fünfzehn Werst, und hinter dem Wald beginnt unser Acker. Wie wir drei Werst durch den Wald gefahren sind, halte ich das Pferd an: ‚Steh auf, Akulina', sage ich, ‚dein Ende ist da.' Sie sieht mich an, ganz erschrocken, so steht sie vor mir, sagt kein Wort.

‚Ich hab genug von dir', sag ich, ‚sprich dein Gebet!' Und dann pack ich sie bei den Haaren – sie hat dichte, lange Zöpfe gehabt –, wickle sie mir um den Arm, dann hab ich hinterrücks mit beiden Knien ihren Leib umschlungen, das Messer heraus, reiß ihr den Kopf zurück und stoß ihr das Messer in den Hals ... Da hat sie laut aufgeschrien, und das Blut ist nur so herausgespritzt, ich hab das Messer fallen lassen, hab sie festgehalten und auf die Erde gelegt, dann halte ich sie in meinen Armen und schreie laut über ihr; sie schreit, und ich schreie, sie zittert am ganzen Leibe, windet sich mir aus den Händen, und das Blut, das Blut, das spritzt auf mich, es fließt mir aufs Gesicht, auf die Hände, will nicht aufhören. Da hab ich sie fahrenlassen, Furcht ist mich angekommen, auch das Pferd hab ich stehenlassen und bin gelaufen, nur gelaufen, von hinten auf unsern Hof hinein, und ins Badehaus: wir hatten da ein altes, unbenutztes Badehaus stehen; da hab ich mich unter die Schwitzbank verkrochen und bin sitzen geblieben. Bis auf die Nacht bin ich da gesessen.«

»Und Akulka?«

»Die ist hernach aufgestanden und hat auch heimgehen wollen. So hat man sie hernach hundert Schritt von jenem Ort gefunden.«

»Hast du sie also doch nicht richtig kaltgemacht?«

»Tja ...« Schischkow zögerte einen Augenblick.

»Da gibt's nämlich eine Ader«, bemerkte Tscherewin, »wenn man diese Ader nicht gleich richtig durchschneidet, schlägt einer noch lange um sich, aber wieviel Blut er auch verliert, stirbt er doch nicht.«

»Aber sie ist dann doch gestorben. Auf den Abend hat man sie tot gefunden. Man hat Anzeige erstattet, sie suchten mich, und als es Nacht wurde, haben sie mich gefunden, im Badehaus ... Und so geht's jetzt schon ins vierte Jahr, daß ich hier bin«, setzte er nach kurzem Stillschweigen hinzu.

»Hm ... Freilich, schlägst du sie nicht, wird auch nichts Rechtes draus!« bemerkte Tscherewin ungerührt und sachlich und zog sein Tabakshorn hervor. Er schnupfte lange und umständlich. »Und doch, Junge«, fuhr er fort, »hast du's mächtig dumm angestellt. Die Meinige hab ich auch mal mit einem

Liebhaber überrascht. Da hab ich sie mir in die Scheune geholt; den Zügel hab ich doppelt gelegt. ‚Wem hast du Treue geschworen?‘ sag ich. ‚Wem hast du Treue geschworen?‘ Und dann hab ich sie verbleut, verbleut hab ich sie mit dem doppelten Zügel, verbleut und verbleut, eine und eine halbe Stunde lang hab ich auf sie eingedroschen. ‚Deine Füße will ich waschen‘, hat sie da geschrien, ‚und das Wasser trinken.‘ Awdotja hat sie geheißen.«

5

Sommerszeit

Inzwischen ist es Anfang April geworden, und schon steht die Karwoche vor der Tür. Allmählich werden auch die Sommerarbeiten wiederaufgenommen. Die Sonne scheint mit jedem Tag wärmer und heller; die Luft riecht nach Frühling und stimmt den gesamten Organismus um. Die jetzt anbrechenden schönen Tage bringen auch im gefesselten Menschen alle Sinne in Aufruhr, sie rufen Wünsche, Begierden, Sehnsüchte in ihm wach. Es ist, als empfände man den Verlust der Freiheit unter der strahlenden Sonne noch schmerzlicher als an einem trüben Winter- oder Herbsttag, diese Feststellung kann man bei allen Sträflingen machen. Sie freuen sich wohl über die hellen Tage, zugleich aber bemerkt man an ihnen eine stärkere Ungeduld und Heftigkeit als sonst. So habe ich stets beobachtet, daß die Streitereien im Zuchthaus zunahmen, wenn es Frühling wurde. Jetzt hörte man häufiger Lärm, Geschrei und wüstes Schimpfen, es kam häufiger zu Reibereien untereinander, zugleich aber konnte es geschehen, daß man plötzlich bei der Arbeit einen Blick nachdenklich und unverwandt in die blaue Ferne gerichtet sah, irgendwohin in die Weite, auf das andere Ufer des Irtysch, wo sich in unübersehbarer Fläche, an die anderthalbtausend Werst weit, die freie Kirgisensteppe erstreckt; man vernimmt einen schweren Seufzer aus voller Brust, als dränge es den Menschen, diese ferne, freie Luft tief in sich hineinzusaugen und sich dadurch die bedrückte, gefesselte Seele zu erleichtern. »Ach ja!« sagt dann wohl so ein Gefangener und greift, als müsse er Träume und Versonnenheit von sich abschütteln, hastig und mit finsterer Miene zum Spaten oder wuchtet sich die Ziegelsteine auf den Rücken, die er von einem Platz zum andern transportieren muß. Einen Augenblick später hat er seine plötzliche Aufwallung vergessen und lacht oder schimpft schon wieder, je nach Temperament; oder er stürzt sich mit ungewöhnlichem, keineswegs erforderlichem Elan auf die ihm zugeteilte Leistungsarbeit und schuftet, schuftet aus aller Kraft, als wolle er durch die schwere Arbeit etwas zum Schweigen bringen, das ihn innerlich drängt und bedrückt. Schließlich sind es lauter kräftige Männer, meist in der Blüte ihrer Jahre und Lebenskraft ... Schwer drücken die Ketten in dieser Zeit! Ich ergehe mich hier nicht in poetischen Ergüssen, sondern bin sicher, daß meine Beobachtung zutrifft. Abgesehen davon, daß dir, wenn du in der Wärme, im strahlenden Sonnenschein, die ringsumher in unbändiger Kraft neu erstehende Natur mit ganzer Seele, mit allen Fasern deines Seins spürst und empfindest, abgesehen davon, daß dir dann Gefängnis, Wachtposten und der fremde Wille über dir noch drückender scheinen; abgesehen davon hebt in dieser Frühlingszeit in Sibirien und in ganz Rußland mit der ersten Lerche die hohe Zeit der Landstreicher an: da entlaufen die Gotteskinder aus den Zuchthäusern und schlagen sich in die Wälder. Nach dem stickigen, dumpfen Loch, nach Gericht, Ketten und Stockschlägen streifen sie nach Herzenslust umher, sie bleiben, wo immer es ihnen gefällt und wo sie ungebunden leben können; sie trinken und essen, was sich findet, was Gott beschert, und des Nachts entschlummern sie friedlich irgendwo in Feld oder Wald, ohne große Sorgen, ohne den Trübsinn der Gefängnismauern, frei wie die Vögel des Waldes, wünschen nur den Sternen unter Gottes Angesicht eine gute Nacht. Wer wollte dagegen etwas einwenden! Freilich ist der Dienst beim General Kuckuck oft genug hart und kärglich und aufreibend. Wie oft bekommt einer da tagelang kein Stückchen Brot zu sehen; vor jedermann muß so einer sich verbergen und auf der Hut sein; zuweilen kann er nicht umhin, zu stehlen und zu rauben oder gar zu morden. »Ansiedler kennt nicht mein und dein, grad wie ein Kind, töricht und klein. Wenn ihm was in die Augen sticht, so greift er zu und zögert nicht.« Dieses Sprichwort könnte nachdrücklicher und mit mehr Berechtigung auf den Landstreicher angewandt werden. Dieser ist nicht selten ein Räuber und meistens ein Dieb, freilich mehr aus Zwang denn aus eigenem Antrieb. Manch einer läuft noch als Ansiedler davon, wenn er seine Zuchthausstrafe längst verbüßt hat. Man sollte meinen, als Siedler sei er zufrieden und habe, was er brauche, aber nein! Es zieht und ruft ihn unablässig hinaus in die Ferne. Das Leben in den Wäldern, dieses elende, oft genug schreckliche, dabei aber ungebundene, freie Leben voller Abenteuer hat etwas Verführerisches, übt eine geheimnisvolle Anziehungskraft auf diejenigen aus, die es einmal gekannt haben, und immer wieder kommt es vor, daß so einer davonläuft, oftmals ein bescheidener, ordentlicher Mensch, der ein seßhafter Bürger und tüchtiger Landwirt zu werden versprach. Manch einer hat sogar eine Frau genommen, Kinder in die Welt gesetzt, hat es vielleicht schon fünf Jahre lang an einem Ort ausgehalten, doch eines schönen Morgens ist er auf und davon und läßt Weib und Kinder ratlos zurück, nebst dem Landbezirk, in dem er registriert war. Bei uns im Zuchthaus hat man mir einen solchen ewigen Stromer gezeigt. Er hatte keine besonderen Verbrechen verübt – jedenfalls war mir dergleichen nie zu Ohren gekommen –, sondern war nur immer auf der Walze gewesen, all sein Lebtag hatte er sich herumgetrieben. Er war bis an die Südgrenze Rußlands, bis an die Donau gekommen, kannte die Kirgisensteppe und Ostsibirien und den Kaukasus – überall war er gewesen. Wer weiß, vielleicht wäre dieser Mann mit seinem großen Fernweh unter anderen Umständen ein zweiter Robinson Crusoe geworden. Übrigens hatten mir das nur die andern von ihm erzählt; er selbst sprach kaum und nur das Allernotwendigste. Es war ein winziges, etwa fünfzigjähriges Männlein, außergewöhnlich friedfertig, mit einem unbewegten, stumpfen, fast schon idiotischen Gesicht. Im Sommer saß er gern irgendwo in der Sonne und summte stets ein Liedchen vor sich hin, aber so leise, daß man es schon auf fünf Schritt Entfernung nicht mehr hören konnte. Sein Gesicht war wie aus Holz geschnitzt. Er aß wenig, meistens nur Brot; nie leistete er sich einen Kalatschen oder ein Gläschen Schnaps; wahrscheinlich hatte er auch gar kein Geld dazu, ja ich möchte bezweifeln, daß er überhaupt rechnen konnte. Er ließ sich von niemandem aus der Ruhe bringen. Manchmal fütterte er die Hunde im Zuchthaus mit eigener Hand, während doch sonst niemand darauf verfallen wäre, so etwas zu tun. Der Russe schätzt es im allgemeinen nicht, Hunde zu füttern. Man sagt, er sei verheiratet gewesen, sogar zweimal, man erzählte sich auch, daß irgendwo noch Kinder von ihm lebten ... Ich habe keine Ahnung, weswegen er ins Zuchthaus gekommen war. Bei uns war jedermann darauf gefaßt, daß er eines Tages durchbrennen würde; aber entweder war seine Stunde noch nicht gekommen, oder er war aus diesem Alter schon heraus, jedenfalls lebte er still vor sich hin und nahm das seltsame Leben und Treiben rings um sich her mit gelassener Beschaulichkeit wahr. Freilich hätte niemand die Hand für ihn ins Feuer legen können, wenn man sich auch hätte fragen können, warum er denn hätte fliehen sollen und was er dabei hätte gewinnen können. Und doch ist das Leben als freier Vagabund im Wald, im ganzen gesehen, immer noch ein Paradies, verglichen mit dem Leben im Zuchthaus. Das ist durchaus einleuchtend, und das eine läßt sich überhaupt nicht mit dem andern vergleichen. Mag das Wanderleben auch noch so hart sein, bleibt man dabei doch sein eigener Herr. Und darum wird jeder Gefangene überall in Rußland beim ersten Schein der warmen Frühlingssonne von Unrast befallen. Freilich denkt bei weitem nicht jeder ernstlich an Flucht: man kann wohl sagen, daß sich wegen der damit verbundenen Schwierigkeiten und Gefahren nur einer von hundert wirklich zu einem solchen Wagnis entschließt; aber immerhin träumen auch die restlichen neunundneunzig davon, wie sie eine Flucht bewerkstelligen und wohin sie wohl fliehen würden; allein der Wunsch, allein die Vorstellung der bloßen Möglichkeit einer Flucht läßt ihnen das Herz leichter werden. Der eine oder andere erinnert sich wohl daran, wie er schon einmal geflohen ist ... Ich spreche hier von den bereits Abgeurteilten. Selbstverständlich entschließen sich Untersuchungsgefangene viel eher zu einem solchen Schritt. Wer dagegen zu einer bestimmten Strafdauer verurteilt ist, würde allenfalls zu Beginn seiner Haftzeit das Wagnis einer Flucht auf sich nehmen. Hat einer aber erst einmal zwei oder drei Jahre seiner Strafe abgesessen, so fängt er an, diese Jahre zu schätzen, und findet sich mit der Zeit damit ab, daß es gescheiter ist, die Zwangsarbeit legal hinter sich zu bringen und dann als Ansiedler ein neues Leben zu beginnen, als ein so großes Risiko und im Fall des Mißlingens eine solche Katastrophe auf sich zu nehmen. Und es ist nur zu wahrscheinlich, daß der Fluchtversuch mißlingt. Höchstens jedem zehnten gelingt es, sein »Los zu ändern«. Unter den Abgeurteilten nehmen vor allem die zu besonders langen Strafen Verurteilten das Risiko der Flucht auf sich. Fünfzehn oder zwanzig Jahre sind eine Ewigkeit, und ein zu so langer Haft verurteilter Mensch träumt stets davon, sein Los zu ändern, auch wenn er zehn Jahre Zuchthaus bereits hinter sich hat. Schließlich sind auch die Brandmale bei einem Fluchtversuch recht hinderlich. Sein »Los ändern« ist ein terminus technicus der Gefangenen. Wird einer bei einem Fluchtversuch gefaßt, gibt er auch beim Verhör zur Antwort, daß er sein Los habe ändern wollen. Dieser etwas literarisch klingende Ausdruck ist in so einem Fall ganz wörtlich zu verstehen. So ein Ausbrecher hofft ja nicht etwa darauf, ein völlig freier Mann zu werden – er weiß, daß das so gut wie ausgeschlossen ist –, sondern ihm ist es darum zu tun, entweder in eine andere Haftanstalt verbracht zu werden oder zum Strafansiedler bestimmt oder wegen eines neuerlichen, bereits auf der Wanderschaft begangenen Verbrechens wieder verurteilt zu werden – kurzum, ganz gleich, wohin, nur nicht zurück an den alten Ort, den er nicht mehr sehen kann, nur nicht zurück in dasselbe Zuchthaus. Alle diese Ausreißer strömen, sofern sie im Lauf des Sommers nicht zufällig ein Plätzchen auftreiben, wo sie über den Winter Zuflucht finden, wenn sie nicht von ungefähr auf einen Beschützer der Landstreicher stoßen, der aus diesem Geschäft seinen Nutzen zieht, und wenn sie sich schließlich nicht, manchmal sogar durch Mord, einen Paß beschaffen, mit dem sie sich überall frei bewegen können – sie alle strömen im Herbst, sofern sie nicht schon vorher eingefangen worden sind, freiwillig in hellen Scharen in die Städte und Zuchthäuser zurück und lassen sich über den Winter einsperren, freilich in der stillen Hoffnung, im Sommer wieder ausreißen zu können.

Der Frühling ging auch an mir nicht spurlos vorüber. Ich weiß noch, mit welcher Gier ich oft durch die Zaunritzen starrte und lange dastand, den Kopf auf einen Pfahl gelehnt, und unersättlich, ohne müde zu werden, beobachtete, wie das Gras auf dem Festungswall grün wurde, wie der ferne Himmel sich mit immer tieferem Blau färbte. Meine Unruhe und Sehnsucht steigerten sich von Tag zu Tag, und das Zuchthaus wurde mir immer verhaßter. Die Feindseligkeit, die mir, dem Adligen, während der ersten Jahre von den andern Gefangenen entgegengebracht wurde, war unerträglich für mich und vergiftete mir das ganze Leben. In der ersten Zeit ging ich darum häufig ins Hospital, ohne wirklich krank zu sein, nur um eine Weile nicht im Zuchthaus leben zu müssen, um dieser hartnäckigen, durch nichts zu besänftigenden allgemeinen Feindseligkeit zu entrinnen. »Ihr seid eiserne Schnäbel – ihr habt uns kaputtgehackt!« pflegten die Sträflinge von uns zu sagen, und wie sehr habe ich manches Mal die einfachen Leute beneidet, die ins Zuchthaus kamen! Die wurden von allen sogleich als Leidensgefährten und Kameraden anerkannt. Darum wirkten der Frühling, dieses Symbol der Freiheit, und die allgemeine Lebensfreude in der Natur auf mich eher bedrückend und aufreizend. Gegen Ende der Fastenzeit, ich glaube in der sechsten Woche, war ich an der Reihe, mich durch Fasten und Kirchenbesuch auf das heilige Abendmahl vorzubereiten. Die Zuchthäusler waren dazu gleich bei Beginn der ersten Fastenwoche vom dienstältesten Unteroffizier gemäß der Zahl der Fastenwochen in sieben Gruppen eingeteilt worden. Zu jeder Gruppe gehörten etwa dreißig Mann. Diese Woche der Abendmahlsvorbereitung gefiel mir sehr. Die Teilnehmer waren von der Arbeit befreit. Wir gingen zwei- bis dreimal am Tag in die nahegelegene Kirche.

Schon lange war ich nicht mehr in einer Kirche gewesen. Der Fastengottesdienst, mir seit frühester Kindheit im Elternhaus wohlvertraut, die feierlichen Gebete, die tiefen Verneigungen – das alles ließ in meiner Seele die weit zurückliegende Vergangenheit wiedererstehen, rief Eindrücke aus der Kinderzeit in mir wach, und ich weiß noch, daß ich sehr froh war, wenn uns die Wachen mit geladenem Gewehr in der Frühe über den von der Nacht her gefrorenen Boden zum Gotteshaus eskortierten. Die Wachmannschaften betraten die Kirche übrigens nie. In der Kirche blieben wir dichtgedrängt ganz hinten, gleich neben der Tür stehen, von wo aus wir allenfalls die klangvolle Stimme des Diakons vernehmen und hie und da das schwarze Meßgewand und die Glatze des Geistlichen aus der Menge auftauchen sehen konnten. Dabei erinnerte ich mich daran, wie ich als Kind in der Kirche manches Mal zu den einfachen Leuten hinübergesehen hatte, die sich in dichten Haufen am Eingang drängten und unterwürfig vor glänzenden Schulterstücken, einem feisten Herrn oder einer herausgeputzten, aber ungemein frommen Dame zurückwichen, die sich, koste es, was es wolle, auf die vordersten Plätze durchdrängten und bereit schienen, sich jederzeit um den besten Platz zu streiten. Dort neben der Tür, so hatte ich damals gemeint, betete man nicht wie wir, sondern viel demütiger und inbrünstiger, zur Erde gebückt und im vollen Bewußtsein der eigenen Niedrigkeit.

Jetzt war auch mein Platz dort bei der Tür, ja, ärger noch, wir waren gefesselt und geächtet, von allen gemieden, alle schienen uns zu fürchten, man verteilte Almosen unter uns, und ich weiß noch, daß es mir nicht einmal unangenehm war, sondern mir ein ganz eigenes, differenziertes, seltsames Vergnügen bereitete. ‚Meinetwegen mag auch das hingehen!' dachte ich. Die Gefangenen beteten sehr andächtig, und alle spendeten sie jedesmal ihr armseliges Scherflein für eine Kerze oder gaben etwas in die Kollekte. Immerhin bin auch ich ein Mensch, mögen sie dabei gedacht oder empfunden haben, vor Gott sind wir alle gleich ... Wir empfingen das Heilige Abendmahl nach der Frühmesse. Als der Geistliche mit dem Kelch in den Händen die Worte sprach: »... Herr, sei mir Sünder gnädig! ...« warfen sich fast alle mit klirrenden Ketten zu Boden, bezogen sie doch diese Worte buchstäblich auf sich selbst.

Und dann brach die Osterwoche an. Von der Zuchthausverwaltung erhielten wir ein Ei und ein Stück Weißbrot pro Mann. Aus der Stadt wurde das Zuchthaus wieder mit milden Gaben überschüttet. Wieder der Besuch des Geistlichen mit dem Kreuz, wieder der Besuch der Vorgesetzten, wieder eine üppige Kohlsuppe, wieder Trunkenheit und Nichtstun – genau wie zu Weihnachten, mit dem einzigen Unterschied, daß man sich jetzt auf dem Zuchthaushof ergehen und in der Sonne wärmen konnte. Alles war heller und weitläufiger und doch noch schwermütiger als im Winter. Der endlos lange Sommertag war an Feiertagen besonders unerträglich. Die Wochentage wurden durch die Arbeit wenigstens kurzweiliger.

Im Sommer war die Arbeit in der Tat bedeutend härter als im Winter. Wir waren jetzt mehr bei Bauvorhaben eingesetzt, die von Pionieroffizieren geleitet wurden. Die Gefangenen bauten, hoben Erde aus, mauerten; andere führten bei der Ausbesserung öffentlicher Gebäude die Schlosser-, Tischler- oder Malerarbeiten aus. Wieder andere wurden zum Ziegelbrennen abkommandiert. Diese letztgenannte Arbeit galt als besonders schwer. Die Ziegelei war drei oder vier Werst von der Festung entfernt. Den ganzen Sommer über machte sich Tag für Tag, schon früh morgens, gegen sechs Uhr, ein ganzer Trupp von Gefangenen, an die fünfzig Mann, auf den Weg zur Ziegelei. Für diese Arbeit wurden die ungelernten Arbeiter ausgesucht, das heißt alle, die kein Handwerk erlernt hatten und nicht in einer Werkstatt zur Arbeit eingesetzt waren. Sie nahmen sich ihre Brotration mit, denn wegen der großen Entfernung hätte es sich nicht gelohnt, zum Mittagessen ins Zuchthaus zurückzukehren und acht Werst zusätzlich laufen zu müssen, also aßen sie ihr Mittagessen erst abends, wenn sie von der Arbeit zurückkehrten. Pro Tag wurde ihnen ein bestimmtes Arbeitspensum gestellt, und das war so bemessen, daß man Mühe hatte, im Lauf eines Arbeitstages damit fertig zu werden. Zuerst mußte

Lehm gegraben und herbeigeschafft und Wasser geholt werden, dann mußte jeder selbst den Lehm in der Grube stampfen und aus dem Lehmbrei schließlich eine stattliche Anzahl Ziegel formen, ich glaube, an die zweihundert, wenn nicht sogar zweihundertfünfzig Stück. Ich selbst war insgesamt nur zweimal mit in der Ziegelei. Die Arbeiter kamen von dort erst abends müde und erschöpft zurück und hielten den andern den ganzen Sommer über vor, daß sie die schwerste Arbeit zu verrichten hätten. Das gewährte ihnen anscheinend einigen Trost. Trotz der harten Arbeit gingen manche sogar ausgesprochen gern dorthin: erstens lag die Ziegelei außerhalb der Stadt an einem offenen, freien Platz am Irtyschufer. Immerhin war es angenehmer, den Blick einmal ungehindert schweifen lassen zu können, ganz etwas anderes als das ewige Einerlei in der Festung. Man konnte ungestört rauchen und sich sogar ein halbes Stündchen genießerisch ausstrecken. Ich selbst ging entweder wie gewöhnlich in die Werkstatt oder zum Alabasterbrennen, oder ich wurde auf Bauplätzen als Ziegelträger eingesetzt. Im letztgenannten Fall hatte ich die Ziegel einmal vom Irtyschufer siebzig Faden weit über den Festungswall zu einem Kasernenneubau zu schleppen, und das gleich zwei Monate hintereinander. Ich fand sogar Gefallen an dieser Arbeit, obgleich mir der Strick, mit dem ich die Ziegel trug, beständig die Schulter wundscheuerte. Ich war jedoch froh darüber, daß meine Kräfte bei dieser Arbeit sichtlich zunahmen. Anfangs hatte ich nicht mehr als acht Ziegel bewältigen können, von denen jeder seine zwölf Pfund schwer war. Allmählich steigerte ich die Last bis auf zwölf oder fünfzehn Steine, und das freute mich sehr. Im Zuchthaus braucht man physische Kraft nicht minder als moralische, um die materielle Unbill dieses verfluchten Daseins überstehen zu können.

Und schließlich wollte ich ja auch nach dem Zuchthaus noch leben ...

Übrigens fand ich am Ziegelschleppen nicht nur darum so viel Gefallen, weil dabei mein Körper gekräftigt wurde, sondern auch, weil diese Arbeit am Irtyschufer verrichtet wurde. Ich erwähne dieses Ufer so oft, weil wir nur von dort die weite Gotteswelt sehen konnten, die reine klare Ferne, die unbewohnte freie Steppe, die in ihrer Unberührtheit einen starken Eindruck auf mich machte. Nur auf diesem Ufer konnte man der Festung den Rücken kehren und brauchte sie eine Zeitlang nicht zu sehen. Alle anderen Arbeitsplätze waren in der Festung oder in ihrer unmittelbaren Nähe. Vom ersten Tag an habe ich diese Festung gehaßt, bestimmte Gebäude ganz besonders. Das Haus unseres Platzmajors schien mir ein verfluchter, verabscheuenswürdiger Ort zu sein, und ich warf ihm immer einen feindseligen Blick zu, wenn ich vorüberkam. Am Ufer konnte man das alles vergessen: da sieht man diese unermeßliche leere Weite, wie ein Gefangener aus seinem Kerkerfenster die Freiheit draußen. Alles dort war mir teuer und lieb: die helle, brennende Sonne am unendlichen blauen Himmel, das ferne Lied eines Kirgisen, das vom andern Ufer herüberdringt. Wenn man nur lange und intensiv hinüberspäht, erkennt man zuletzt wohl ein armseliges, verräuchertes Nomadenzelt, von dem eine dünne Rauchsäule aufsteigt, daneben eine Kirgisenfrau, die sich mit ihren beiden Schafen zu schaffen macht. Das alles ist dürftig und wild, aber doch frei. Oder man entdeckt einen Vogel in der blauen, durchsichtigen Luft und folgt ihm lange und unverwandt mit den Blicken: eben noch hat er mit den Flügeln das Wasser gestreift, jetzt ist er in der blauen Luft verschwunden, dann zeigt er sich noch einmal als kaum sichtbarer Punkt ... Selbst die armselige, kümmerliche Blume, die ich im zeitigen Frühjahr in einer Felsspalte am steinigen Ufer fand, selbst diese Blume fesselte meine Aufmerksamkeit in fast krankhafter Weise. Die Sehnsucht und Schwermut, die mich das ganze erste Zuchthausjahr quälte, war schier unerträglich, reizte und verbitterte mich. In diesem ersten Jahr entging mir vor lauter Schwermut vieles von dem, was um mich herum geschah. Ich verschloß die Augen und wollte es nicht wahrhaben. Unter den feindseligen, haßerfüllten Blicken vieler Mitgefangener übersah ich die guten Menschen, die sich trotz ihrer häßlichen, abstoßenden Schale die Fähigkeit zu denken und zu fühlen bewahrt hatten. Unter all den giftigen Reden überhörte ich mitunter ein freundliches und liebreiches Wort, das um so mehr zählte, als es ohne jede Heuchelei gesprochen wurde und meist aus einer Seele kam, die vielleicht mehr gelitten und erduldet hatte als ich selbst. Doch was soll ich noch viel darüber sagen? Ich war heilfroh, wenn ich bei der Rückkehr todmüde war, dann würde ich vielleicht Schlaf finden können! Das Schlafen war im Sommer eine Qual, fast ärger noch als im Winter. Die Abende freilich waren oft sehr schön. Die Sonne, die den ganzen Tag auf den Zuchthaushof gebrannt hatte, war endlich untergegangen. Dann brach die Kühle herein, der die ziemlich kalte Steppennacht folgte. Die Gefangenen schlenderten vor der abendlichen Einschließung in Gruppen auf dem Hof hin und her. Die meisten freilich hielten sich dichtgedrängt in der Küche auf. Dort wurde stets irgendeine aktuelle Frage erörtert, die für die Sträflinge von Belang war, dort debattierte man über dieses und jenes, dort besprach man auch Gerüchte, die, so unsinnig sie sein mochten, doch stets der ungeteilten Aufmerksamkeit dieser von der Außenwelt isolierten Menschen sicher sein konnten; so kam eines Tages zum Beispiel das Gerücht auf, daß man unserm Platzmajor den Laufpaß geben würde. Gefangene sind leichtgläubig wie Kinder; sie wissen selber, daß diese Nachricht barer Unsinn ist, daß ein notorischer Schwätzer und Taugenichts, nämlich der Sträfling Kwasow, sie aufgebracht hat, dem schon längst keiner mehr Glauben schenkt und der nie ein wahres Wort spricht – und doch klammern sich alle an diese Neuigkeit, bereden sie hin und her, schmücken sie aus, trösten sich selbst damit, daß am Ende doch etwas Wahres daran sein könnte, um sich zuletzt über sich selbst zu ärgern und zu schämen, weil sie auf Kwasows Gerede hereingefallen sind.

»Wer sollte den schon zum Teufel jagen?« ruft einer, »der hat ein breites Kreuz, dem kann man so leicht nichts anhaben.«

»Immerhin gibt's noch welche, die über ihm stehen!« widerspricht ein anderer, ein hitziger, keineswegs dummer Bursche, der schon viel gesehen und erlebt hat, aber ein Streithammel, wie man ihn nicht zum zweitenmal findet.

»Eine Krähe hackt der anderen nicht die Augen aus!« sagt

verdrießlich und wie im Selbstgespräch ein Graukopf, der in einer Ecke einsam seine Suppe löffelt.

»Dich werden die Oberen grad fragen kommen, ob sie ihn absetzen sollen oder nicht«, wirft ein vierter gleichmütig ein und klimpert dabei auf seiner Balalaika.

»Und warum nicht?« braust der zweite auf, »dann müssen wir uns eben über ihn beschweren, dann müssen alle aussagen, wenn man uns über ihn befragt. So aber gibt's immerfort großes Geschrei, und wenn's so weit ist, getraut sich keiner, das Maul aufzumachen.«

»Wie hast du dir das eigentlich gedacht?« gibt der Balalaikaspieler zu bedenken. »Immerhin sind wir im Zuchthaus.«

»Neulich«, fährt der Streithammel hitzig fort, ohne auf seinen Einwand zu hören, »ist doch ein Restchen Mehl zurückgeblieben. Das haben wir zusammengekratzt, bis aufs allerletzte Krümchen, müßt ihr wissen, und haben's zum Verkauf weggeschickt. Aber nein, er hat's herausgekriegt. Der Markthelfer hat's verpfiffen, so hat man's uns wieder abgenommen, aus Sparsamkeit, hat es geheißen. Ist das nun gerecht oder nicht?«

»Ja, bei wem willst du dich denn beschweren?«

»Bei wem? Natürlich beim Revisor, der bald kommt.«

»Bei was für einem Revisor?«

»Das ist wahr, Brüder, daß ein Revisor kommen soll«, sagt ein junger flotter Bursche, er ist des Lebens und Schreibens kundig, ist früher Schreiber gewesen und hat die »Herzogin Lavallière« oder dergleichen gelesen. Er ist stets vergnügt und ein Witzbold, und doch wird er wegen seiner Beschlagenheit und Gewitztheit allgemein respektiert. Ohne die Neugier zu beachten, die seine Andeutung vom Kommen eines Revisors bei allen Anwesenden geweckt hat, geht er schnurstracks zur Kochmamsell, will sagen zum Koch, und fragt nach einem Stückchen Leber. Unsere Kochmamsells hielten häufig dergleichen Leckerbissen feil. So kauften sie auf eigene Kosten ein großes Stück Leber, brieten es und verkauften es stückchenweise an die Gefangenen weiter.

»Um einen Groschen oder um zwei?« erkundigt sich die Kochmamsell.

»Schneid nur eine ordentliche Scheibe runter: soll den andern das Wasser im Maul zusammenlaufen«, antwortet der Gefangene. »Ein General ist es, Brüder, irgend so'n General aus Petersburg, ganz Sibirien soll er inspizieren. Das ist wahr. Die vom Kommandanten haben's erzählt.«

Diese Neuigkeit schlägt wie eine Bombe ein. Wohl eine Viertelstunde schon fragen alle durcheinander: wer mag das sein, was für ein General, in welchem Rang er wohl steht und ob das ein höheres Tier ist als die hiesigen Generäle? Die Gefangenen unterhalten sich im allgemeinen mit Vorliebe über Dienstgrade, Vorgesetzte, wer höher steht als der andere, wer einem andern den Posten streitig machen könnte und so weiter, über dieses Thema gibt es öfters Zank und Streit, und es fehlt nicht viel, daß sie dabei handgreiflich werden. Man könnte fragen, was sie denn eigentlich davon haben. Aber eine gründliche Kenntnis der höheren Dienstgrade und der Vorgesetzten überhaupt ist für die Gefangenen gleichbedeutend mit Wissen und Intelligenz und gilt als Maßstab für die Stellung und Bedeutung, die einer vor seiner Haft in der Gesellschaft innehatte. Überhaupt gilt bei den Gefangenen jedes Gespräch über höhere Vorgesetzte als besonders vornehm und schick.

»Also ist es doch wahrhaftig wahr, Brüder, der kommt eigens, um den Major abzusetzen«, beteuert Kwasow, ein kleiner, rotgesichtiger, hitziger und höchst unvernünftiger Kerl. Er war es, der das Gerücht von der bevorstehenden Absetzung des Majors in die Welt gesetzt hatte.

»Der wird ihn schon gehörig schmieren!« wirft der mürrische, grauhaarige Sträfling ein, der seine Suppe inzwischen ausgelöffelt hat.

»Und wie der ihn schmieren wird«, pflichtet ein anderer bei.

»Der hat sich ja Geld genug zusammengeschachert! Der ist früher schon mal Bataillonskommandant gewesen. Und neulich hat er um die Tochter des Protopopen gefreit.«

»Gekriegt hat er sie aber nicht: man hat ihm die Tür gewiesen; weil er nichts hat, versteht sich. Was ist der auch schon für'n Freier! Der hat doch bloß, was er am Leib trägt.

Zu Ostern hat er alles beim Kartenspiel auf den Kopf gehauen. Hab's von Fedjka gehört.«

»Tja, gibt der Kerl auch nie nichts aus, hat er doch kein Geld im Haus.«

»Ach, Bruder, auch ich bin verheiratet gewesen. Für einen armen Teufel wie mich bringt das nichts ein: heirate nur, wirst sehn, wie rasch die Nacht herum ist!« wirft Skuratow ein, der sich erst in diesem Augenblick der Runde zugesellt.

»Ja wie denn nicht! Von dir ist auch gerade die Rede«, erwidert der kecke, ehemalige Schreiber. »Dir aber, Kwasow, sag ich nur das eine, du bist mir ein schöner Strohkopf. Meinst du im Ernst, unser Major könnte einen solchen General bestechen, und so ein hohes Tier käme eigens aus Petersburg, um unserm Major auf die Finger zu sehen? Schön blöd bist du, kann ich dir sagen.«

»Warum denn nicht? Meinst du, bloß weil er General ist, nimmt er nichts?« warf einer aus der Menge skeptisch dazwischen.

»Freilich nimmt der nichts, und wenn, dann nur 'nen fetten Brocken.«

»Versteht sich, wie sich's für seinen Rang gebührt.«

»Ein General nimmt immer«, widersprach Kwasow entschieden.

»Ach so, hast ihm wohl schon was zugesteckt?« fragt verächtlich Bakluschin, der gerade eingetreten ist. »Du hast ja einen richtigen General überhaupt noch nie zu sehen bekommen, oder?«

»Freilich hab ich das.«

»Das flunkerst du dir zusammen.«

»Du flunkerst selber.«

»Leute, wenn er wirklich einen gesehn hat, soll er uns auf der Stelle sagen, was für ein General das ist, den er kennt. Na, so red schon, denn ich kenne alle Generäle.«

»General Siebert hab ich mal gesehen«, antwortete Kwasow ein wenig stockend.

»Siebert? So 'nen General gibt's ja gar nicht. Der hat dich wohl mal von hinten gesehen, dieser Siebert, wird wohl ein Oberstleutnant gewesen sein, und du hast dir vor lauter

Schreck eingebildet, es wär ein leibhaftiger General gewesen.«

»Nein, hört mich an«, schreit Skuratow, »denn ich bin ein verheirateter Mann. Einen solchen General hat's in Moskau wirklich gegeben, Siebert, von deutscher Abstammung, selbst aber Russe. Jedes Jahr um Mariä Himmelfahrt hat er bei einem russischen Popen gebeichtet, und nichts als Wasser hat er gesoffen, wie eine Ente. Jeden Tag hat der euch seine vierzig Gläser Flußwasser aus der Moskwa runtergekippt. Es hat geheißen, daß er mit diesem Wasser eine Krankheit kurieren wollte; das hat mir sein Kammerdiener persönlich gesagt.«

»Da hat der sich wohl Karauschen in den Wanst gesoffen mit so viel Wasser?« spottet der Gefangene mit der Balalaika.

»Jetzt hört aber auf damit! Hier wird vernünftig geredet, ihr aber ... Was für ein Revisor soll das sein?« erkundigt sich besorgt ein etwas ängstlicher, schon älterer Sträfling, namens Martynow, ein ehemaliger Husar.

»Die schwindeln doch das Blaue vom Himmel runter!« wendet ein Skeptiker ein. »Woher wollen sie's denn haben und so genau wissen? Das ist doch nichts als dummes Geschwätz.«

»Nein, kein Geschwätz!« widerspricht Kulikow kategorisch, der bisher ein würdevolles Schweigen bewahrt hat. Das ist ein Bursche, der etwas gilt bei seinen Kameraden, an die fünfzig, mit wohlgeformten Gesichtszügen und einem eigentümlich verächtlichen, hochfahrenden Gebaren. Er weiß das und ist stolz darauf. Er ist von Vater- oder Mutterseite her Zigeuner, kennt sich in Tierkrankheiten aus und verdient sich in der Stadt eine hübsche Stange Geld durch das Kurieren kranker Pferde, bei uns im Zuchthaus handelt er mit Branntwein. Er ist ein gescheiter Kopf und viel in der Welt herumgekommen. Seine Worte wägt er so sorgfältig, als ob es Rubelstücke wären.

»Das ist die reine Wahrheit, Brüder,«, fährt er ruhig fort, »ich hab's erst vergangne Woche gehört; ein General soll kommen, sogar ein sehr hoher, der soll ganz Sibirien inspizieren. Das eine steht fest, schmieren wird man ihn schon, aber unser Achtauge bestimmt nicht, der traut sich ja gar nicht erst in seine Nähe. Ein General ist nicht wie der andere, Brüder. Da gibt's ganz verschiedene Sorten. Nur das eine kann ich euch sagen, was nämlich unser Major ist, der wird in jedem Fall seinen Platz behalten. Das ist klar. Wir haben nichts zu sagen, und von den Oberen wird bestimmt keiner seinesgleichen verpfeifen. Der Revisor wird einen Blick aufs Zuchthaus werfen, wieder fortfahren und melden, daß er alles in bester Ordnung vorgefunden habe ...«

»So ist es, Brüder, dem Major aber ist das Herz doch schon in die Hosen gefallen: der ist jetzt schon vom frühen Morgen an blau.«

»Und abends kommt dann die nächste Ladung, Fedjka hat's erzählt.«

»Einen schwarzen Köter kannst du nicht weißwaschen. Ist doch nichts Neues, daß der sich besäuft.«

»Das wäre doch gelacht, wenn nicht 'mal ein General was ausrichten könnte! Nein, jetzt ist das Maß voll, Schluß mit den Schikanen!« riefen die Gefangenen empört durcheinander.

Die Kunde von der bevorstehenden Ankunft des Revisors verbreitete sich wie ein Lauffeuer durchs ganze Zuchthaus. Im Hof liefen Gefangene umher, die es kaum erwarten konnten, den andern die große Neuigkeit mitzuteilen. Andere schwiegen mit Fleiß und blieben äußerlich kaltblütig, offensichtlich, um sich wichtig zu machen. Wieder andern war die Nachricht in der Tat gleichgültig. Auf den Vortreppen vor den Kasernen setzten sich einige mit Balalaikas nieder. Andere schwätzten noch weiter. Wieder andere stimmten ein Lied an, aber im großen und ganzen waren an diesem Abend alle auffallend erregt.

Gegen zehn Uhr wurden wir alle gezählt, in die Kasernen getrieben und für die Nacht eingeschlossen. Die Nächte waren kurz; um fünf wurden wir geweckt, fanden aber nie vor elf Uhr Schlaf. Bis dahin herrschte immer noch geschäftiges Treiben, man plauderte, und manchmal wurden auch wie im Winter die Karten hervorgeholt. Nachts wurde es unerträglich heiß und drückend. Wenn auch ein wenig nächtliche Kühle durch das Fenster hereindrang, warfen sich die Gefangenen doch die ganze Nacht auf ihren Pritschen hin und her wie im Fieber. Ganze Myriaden von Flöhen fielen über uns her. Es hatte zwar auch im Winter welche gegeben, und zwar mehr als genug, aber seit dem Frühjahr hatten sie sich so unbeschreiblich vermehrt, wie ich es wohl schon vom Hörensagen wußte, aber nie geglaubt hätte, ehe ich es nicht am eigenen Leib verspürte. Und mit fortschreitendem Sommer wurden sie immer blutgieriger. An Flöhe kann man sich zwar gewöhnen, ich habe es selbst erfahren, und doch ist es schwer, sich so weit zu überwinden. Sie peinigten mich mitunter so sehr, daß ich zuletzt wie fiebernd dalag und spürte, daß ich nicht schlief, sondern nur im Halbschlaf dahindämmerte. Wenn dann kurz vor Tagesanbruch auch die Flöhe Ruhe gaben, gerade als ob sie plötzlich erstarrt wären, und man in der Morgenfrische tatsächlich noch in erquickenden Schlaf fiel, ertönte schon das erbarmungslose Trommelsignal am Zuchthaustor, und der Weckappell begann. Fluchend hörte man, in seinen Pelz gewickelt, die lauten, abgehackten Töne, als gelte es, die einzelnen Schläge zu zählen, und in den Schlaf hinein bohrte sich der unerträgliche Gedanke, daß es morgen und übermorgen genauso sein würde, und noch manches Jahr, bis man die Freiheit wiedererlange. Wann und wo aber, dachte man bei sich, wird man diese Freiheit gewinnen? Inzwischen mußte man wach werden, das alltägliche Laufen und Gedränge setzte ein ... Die Männer zogen sich an, hasteten zur Arbeit. Zum Glück hatte man Gelegenheit, auch am Tag noch ein Stündchen zu ruhen.

Die Nachricht vom Eintreffen des Revisors beruhte auf Wahrheit. Die Gerüchte verdichteten sich von Tag zu Tag, und zu guter Letzt erfuhren alle ganz offiziell, daß ein hoher General aus Petersburg unterwegs sei, um ganz Sibirien zu inspizieren, daß er schon ganz in der Nähe sei, nämlich in Tobolsk. Im Zuchthaus überstürzten sich die Gerüchte. Auch aus der Stadt trafen Neuigkeiten ein: wie man hörte, waren alle alarmiert und taten, was sie konnten, um sich ins beste Licht zu setzen. Man erzählte sich, daß die

Stadtverwaltung Empfänge, Bälle und Festlichkeiten vorbereitete. Die Gefangenen wurden in Scharen ausgeschickt, um die Straßen im Festungsbereich einzuebnen, Erdhügel abzutragen, Zäune und Pfähle anzupinseln, um zu verputzen und zu verschmieren, kurz, man war bestrebt, alles auf Hochglanz zu bringen, was dem General zu Gesicht kommen würde. Unsere Leute begriffen sehr wohl, was das zu bedeuten hatte, und diskutierten nur noch eifriger und hitziger darüber. Ihre Phantasie steigerte sich ins Unermeßliche. Sie beschlossen sogar, eine *Beschwerde* vorzubringen, falls der General geruhen sollte, nach ihrem Ergehen zu fragen. Vorerst aber zankten und schimpften sie untereinander. Der Platzmajor war völlig durchgedreht. Er zeigte sich öfter als gewöhnlich im Zuchthaus, schrie und brüllte mehr herum, fuhr öfter auf die Leute los, ließ sie bei dem kleinsten Verstoß in die Wachstube abführen und hielt strenger als sonst auf Sauberkeit und Ordnung. Ausgerechnet um diese Zeit kam es zu einem kleinen Zwischenfall, über den sich der Major freilich keineswegs aufregte, wie eigentlich zu erwarten gewesen wäre, sondern der ihm im Gegenteil sogar Vergnügen zu bereiten schien. Ein Sträfling hatte einem andern bei einer Keilerei eine Schusterahle in die Brust, unmittelbar in die Herzgegend, gerannt.

Der Mann, der diese Untat begangen hatte, hieß Lomow; der Verletzte wurde Gawrilka genannt, das war einer der unverbesserlichen Stromer. Ich weiß nicht mehr, ob er noch einen andern Namen hatte; bei uns nannte man ihn jedenfalls nie anders als Gawrilka.

Lomow war früher ein wohlhabender Bauer aus T. im Kreis K. Alle Lomows hatten in einer Familie zusammengelebt: der alte Vater, drei Söhne und der Oheim Lomow. Sie waren begüterte Bauern. Im Gouvernement munkelte man, daß sie an die dreihunderttausend Papierrubel in bar besäßen. Sie betrieben Ackerbau, Gerberei und Handelsgeschäfte, vor allem aber liehen sie auf Wucherzinsen, gewährten Landstreichern Unterschlupf, befaßten sich mit Hehlerei und andern dunklen Künsten. Die Bauern des halben Kreises standen bei ihnen in der Kreide und waren dadurch in völlige Abhängigkeit von ihnen geraten. Sie galten als kluge und gerissene Bauersleute. Zuletzt aber wurden sie übermütig, besonders nachdem eine hochgestellte Persönlichkeit ihres Heimatkreises es sich zur Gewohnheit gemacht hatte, unterwegs bei ihnen abzusteigen, mit dem Alten persönliche Bekanntschaft schloß und ihn wegen seiner schnellen Auffassungsgabe und Wendigkeit schätzen lernte. Sie bildeten sich ein, es gäbe hinfort keine legale Gewalt mehr über ihnen, und beteiligten sich immer unvorsichtiger an allen möglichen ungesetzlichen Unternehmungen. Jeder murrte über sie, jeder hatte nur den einen Wunsch, sie zur Hölle fahren zu sehen, sie aber trugen die Nase immer höher. Bezirkshauptleute und Gerichtsbeisitzer galten ihnen überhaupt nichts mehr. Dann aber war es auf einmal aus mit der Herrlichkeit, und zuletzt gingen sie gänzlich vor die Hunde, aber nicht wegen einer Übeltat, nicht weil man ihnen hinter die Schliche gekommen wäre, sondern auf Grund einer falschen Anschuldigung. Zehn Werst vom Dorf entfernt hatten sie ein großes Vorwerk besessen. Dort hielten sich einmal im Herbst sechs kirgisische Knechte auf, die schon lange in ihren Diensten standen. Eines Nachts nun waren allen diesen Kirgisen die Hälse durchgeschnitten worden. Eine gerichtliche Untersuchung wurde eingeleitet. Sie zog sich lange hin. Im Laufe dieser Untersuchung kamen viele dunkle Dinge ans Tageslicht. Die Lomows wurden des Mordes an ihren Knechten angeklagt. Sie selbst hatten es so erzählt, und das ganze Zuchthaus wußte es: man hatte sie verdächtigt, daß sie ihren Arbeitern noch viel Lohn geschuldet hätten, und da sie, trotz ihres Reichtums, geizig und geldgierig waren, hätten sie die sechs Kirgisen umgebracht, um den schuldigen Lohn zu sparen. Im Lauf der Untersuchung und Gerichtsverhandlung war ihr ganzes Vermögen zerronnen. Der Alte war gestorben. Die Söhne wurden zur Zwangsarbeit verschickt. Einer von ihnen und der Oheim waren auf zwölf Jahre in unser Zuchthaus gekommen. Und was soll ich sagen? Sie waren völlig schuldlos am Tode der Kirgisen. Ausgerechnet im selben Zuchthaus war später auch Gawrilka aufgetaucht, ein notorischer Gauner und Vagabund, ein vergnügter, behender Geselle, der hatte die Mordtat auf sich genommen. Zwar habe ich nicht mit Sicherheit herausbekommen, ob er das Verbrechen jemals eingestanden hatte, aber jedermann im Zuchthaus war überzeugt, daß die Kirgisen unter seiner Hand gestorben waren. Gawrilka hatte schon als Landstreicher mit den Lomows zu tun gehabt. Er hatte als Deserteur und Landstreicher nur eine kurze Zuchthausstrafe zu verbüßen. Die Kirgisen hatte er mit drei andern Landstreichern gemeinsam umgebracht; sie hatten sich auf dem Vorwerk einen guten Tag machen und es ausplündern wollen.

Die beiden Lomows waren bei uns unbeliebt, warum, weiß ich nicht. Der eine von ihnen, der Neffe, war ein netter, gescheiter Bursche von umgänglichem Charakter; sein Oheim aber, der Gawrilka die Schusterahle in den Leib gerannt hatte, war ein törichter und zänkischer Bauerntölpel. Er hatte sich auch vorher schon häufig mit andern angelegt und hatte dafür oft tüchtige Prügel bezogen. Gawrilka dagegen war ob seines vergnügten und ausgeglichenen Wesens allgemein wohlgelitten. Wenn die Lomows auch wußten, daß er der Mörder war und daß sie um seinetwillen hier gefangensaßen, hatten sie doch niemals Streit mit ihm gehabt; ja sie kamen niemals mit ihm zusammen; und auch er kümmerte sich überhaupt nicht um sie. Doch dann war es zwischen ihm und dem Oheim Lomow wegen eines höchst unappetitlichen Mädchens zu einer Auseinandersetzung gekommen. Gawrilka hatte sich ihrer Gunst gerühmt, der Bauer war eifersüchtig geworden und hatte eines schönen Mittags einfach mit der Ahle zugestochen.

Wenn die Lomows wegen der hohen Prozeßkosten auch verarmt waren, lebten sie im Zuchthaus doch recht üppig. Offensichtlich besaßen sie noch Geld. Sie hielten sich einen Samowar, leisteten sich Tee. Unserm Major war das wohlbekannt, und er verfolgte die beiden Lomows mit grimmigem Haß. Er hatte vor aller Augen beständig etwas an ihnen auszusetzen und suchte ihnen stets und ständig am Zeug zu flicken. Die Lomows erklärten sich dieses Verhalten des Majors mit seinem Wunsch, Schmiergelder von ihnen zu bekommen. Sie aber dachten nicht daran, ihn zu schmieren.

Freilich, hätte Lomow die Ahle nur ein wenig tiefer hineingestoßen, hätte er Gawrilka umgebracht. So aber war es mit einem harmlosen Kratzer abgegangen. Man machte dem Major Meldung. Ich weiß noch, wie schnell er angebraust kam, außer Atem und sichtlich zufrieden. Er sprach erstaunlich freundlich mit Gawrilka, als wäre der sein eigen Fleisch und Blut.

»Na, wie steht's, mein Freund, kannst du allein ins Hospital laufen oder nicht? Nein, man soll doch lieber den Wagen anspannen. Laß auf der Stelle anspannen!« schrie er den Unteroffizier an.

»Aber ich merke ja gar nichts, Euer Hochwohlgeboren. Er hat mich ja nur ein winziges bißchen geritzt, Euer Hochwohlgeboren.«

»Davon verstehst du nichts, mein Bester, du wirst schon sehen ... Das ist ein gefährlicher Fleck; es kommt immer auf den Fleck an; gerade unters Herz hat er dich getroffen, der Bandit! Und du, du«, brüllte er unvermittelt, zu Lomow gewandt, »na, warte nur, jetzt werd ich mir dich mal vorknöpfen ... Ab mit ihm in die Wachstube!«

Und er knöpfte ihn sich tatsächlich vor. Lomow wurde vor Gericht gestellt, und obwohl es nichts weiter war als eine harmlose Stichwunde, lag die Absicht doch klar auf der Hand. Dem Missetäter wurde das Strafmaß heraufgesetzt, und obendrein bekam er tausend Hiebe. Der Major war's wohl zufrieden ...

Und schließlich erschien auch der Revisor.

Am zweiten Tag nach seiner Ankunft in der Stadt kam er bei uns vorgefahren. Es war gerade an einem Feiertag. Schon ein paar Tage vorher hatte man bei uns gescheuert und geschrubbt, alles sah aus wie abgeleckt. Die Gefangenen waren frisch geschoren. Sie waren alle in weißem, sauberem Drillichzeug angetreten. Im Sommer trugen sie vorschriftsmäßig weiße Drillichjacken und ebensolche Hosen. Auf dem Rücken hatte jeder einen zwei Handbreit großen schwarzen Kreis aufgenäht. Eine geschlagene Stunde lang instruierte man die Gefangenen, wie sie zu antworten hätten für den Fall, daß die hochstehende Persönlichkeit geruhen würde, sie zu grüßen. Es wurden regelrechte Repetitionen abgehalten. Der Major stob wie wild geworden hierhin und dorthin. Bereits eine Stunde vor Eintreffen des Generals standen alle reglos wie Götzenbilder auf ihren Plätzen, mit den Händen an der Hosennaht. Endlich, gegen ein Uhr mittags, traf der General ein. Es war ein hoher General, so hoch, daß gewiß die Herzen aller Beamten in ganz Westsibirien bei seinem Erscheinen zitterten. Sein Auftritt war streng und majestätisch, hinter ihm drängte sich ein großes Gefolge von örtlichen Offizieren und Beamten, darunter mehrere Generäle und Obersten. In seiner Begleitung befand sich auch ein Zivilist, ein stattlicher, gutaussehender Herr in Frack und Halbstiefeln, der schon aus Petersburg mitgekommen war und sich auffallend ungezwungen und selbstsicher gab. Der General richtete häufig das Wort an ihn und stets mit ausgesuchter Höflichkeit. Das verwunderte die Gefangenen über die Maßen; ein Zivilist, dem soviel Respekt gezollt wird, noch dazu von seiten eines so hohen Generals! Später erfuhr man auch seinen Namen und wer er eigentlich war, trotzdem erging man sich in den tollsten Spekulationen. Unser Major, in seine Paradeuniform mit orangefarbenem Kragen gezwängt, mit blutunterlaufenen Augen und dunkelrotem, pickeligem Gesicht, machte auf den General anscheinend keinen sonderlich vorteilhaften Eindruck. Aus besonderer Ehrerbietung vor dem hohen Gast war er ohne Brille erschienen. Er stand etwas abseits, in untadeliger Haltung, und fieberte mit allen Fasern seines Herzens dem Augenblick entgegen, wo man ihn aus irgendeinem Grund rufen würde, um augenblicklich herbeizufliegen, die Wünsche Seiner Exzellenz zu erfüllen. Aber man brauchte ihn überhaupt nicht. Wortlos inspizierte der General die Kasernen, warf einen Blick in die Küche, kostete wohl auch von der Kohlsuppe. Man machte ihn auf mich aufmerksam, sagte, wer ich sei und daß ich von Adel sei.

»Aha!« antwortete der General. »Und wie führt er sich?«

»Bisher zufriedenstellend, Euer Exzellenz«, wurde ihm erwidert.

Der General nickte, und schon wenige Augenblicke später

hatte er das Zuchthaus wieder verlassen. Die Gefangenen waren selbstverständlich geblendet und verblüfft und blieben in einiger Verwirrung zurück. Natürlich konnte von einer wie auch immer gearteten Beschwerde gegen den Major keine Rede sein. Daran hatte der Major auch vorher keinen Augenblick gezweifelt.

6

Die Tiere im Zuchthaus

Der bald darauf erfolgte Kauf des neuen Braunen beschäftigte und unterhielt die Gefangenen wesentlich angenehmer als der hochgestellte Besuch. Zum Wasserholen, zum Abtransport von Unrat, Abfällen und so weiter stand uns ein Pferd zu, dessen Wartung einem Sträfling anvertraut war. Der nämliche Gefangene fungierte auch als Kutscher, natürlich unter Bewachung. Für unsern Gaul gab es morgens und abends genug zu tun. Der alte Braune hatte schon sehr lange bei uns Dienst getan. Er war ein braves, aber abgeklappertes Pferdchen. Eines schönen Tages, kurz vor dem Peter- und Paulstag, war der Braune beim abendlichen Wasserholen gestürzt und nach wenigen Minuten verendet. Man bedauerte sein Verscheiden, alle kamen herbeigelaufen, beredeten den Vorfall und stritten sich darüber. Die ehemaligen Kavalleristen unter uns, die Zigeuner und Tierheilkundigen und so weiter bewiesen bei dieser Gelegenheit allerlei Spezialkenntnisse über die Behandlung von Pferden, wobei es zu ernsthaften Meinungsverschiedenheiten zwischen ihnen kam, aber den Braunen konnte niemand zum Leben erwecken. Er lag tot da, mit aufgedunsenem Leib, und jedermann fühlte sich verpflichtet, ihn zur Probe mit dem Finger anzustoßen; man meldete dem Major das Unglück, das sich nach Gottes unerforschlichem Ratschluß vollzogen hatte, und der Major entschied, daß unverzüglich ein neues Pferd erworben werden müsse. Am Morgen von Peter und Paul, nach der Messe, als alle Gefangenen versammelt waren, wurden uns die zum

Verkauf stehenden Gäule vorgeführt. Vernünftigerweise hatte man den Pferdekauf ganz den Gefangenen überlassen. Wir hatten wirkliche Spezialisten unter uns, und es wäre schwergefallen, an die zweihundertfünfzig Mann übers Ohr zu hauen, die sich früher nur mit derlei Dingen befaßt hatten. Da kamen Kirgisen, Pferdehändler, Zigeuner, Kleinbürger, um ihre Pferde vorzuführen. Die Gefangenen warteten ungeduldig auf das Erscheinen jedes neuen Pferdes. Sie waren ausgelassen wie Kinder. Am meisten schmeichelte ihnen dabei, daß sie berechtigt waren, zu ihrem eigenen Bedarf ein Pferd zu kaufen wie freie Leute, gerade als müßten sie es aus ihrer eigenen Tasche bezahlen. Drei Gäule waren bereits vorgeführt und wieder weggeführt worden, bis man dann beim vierten handelseinig wurde. Die Pferdehändler schauten sich beim Eintreten ein wenig befremdet und fast verschüchtert um und schielten hie und da verstohlen zu den Wachtposten hinüber, die sie hereingeleitet hatten. Diese zweihundertköpfige Rotte unheimlicher Gesellen, mit geschorenen Köpfen, gebrandmarkt, in Ketten und in ihren eigenen Mauern, in dem ihnen wohlvertrauten Zuchthaus, über dessen Schwelle sonst niemand treten durfte, flößte ihnen doch einen gewissen Respekt ein. Unsere Leute überboten sich bei jedem Pferd, das vorgeführt wurde, in allerlei Fachsimpeleien. Was sie nicht alles zu untersuchen und zu betasten hatten, und das mit so wichtiger und geschäftiger Miene, als ob das Wohl und Wehe des ganzen Zuchthauses davon abhinge. Die Tscherkessen ließen sich's nicht nehmen, aufzusitzen und hoch zu Roß einherzugaloppieren, ihre Augen brannten, und sie redeten hastig und erregt in ihrer unverständlichen Sprache, zeigten die weißen Zähne und nickten sich mit ihren dunklen, markanten Gesichtern zu. Mancher Russe lauschte wie gebannt auf ihren Disput, als wollte er ihnen gleich ins Gesicht springen. Wenn er auch kein Wort verstand, wollte er doch wenigstens am Ausdruck ihrer Augen erkennen, zu welchem Urteil sie gekommen waren: ob der Gaul etwas taugte oder nicht. Einem unbeteiligten Beobachter wäre ein so fieberhaftes Interesse höchst merkwürdig vorgekommen. Was hatten die Gefangenen schon davon, sich so leidenschaftlich zu ereifern, Gefangene obendrein, die sonst so demütig, so geduckt und verschüchtert wirkten und sogar in Gegenwart ihrer Mitgefangenen oft keinen Mucks zu machen wagten! Sie taten so, als ob sie das Pferd für sich persönlich anschafften, als ob es ihnen im Grund nicht ganz gleichgültig hätte sein können, für welches Tier man sich entschied. Außer den Tscherkessen taten sich die einstigen Zigeuner und Pferdehändler besonders hervor: man ließ ihnen den besten Platz und hörte auf ihr Urteil. Dabei entspann sich sogar ein edler Zweikampf eigener Art zwischen zwei Gefangenen – dem Sträfling Kulikow, einem ehemaligen Zigeuner, Pferdedieb und Pferdehändler, und einem andern Tierheilkundigen, einem gewitzten sibirischen Bäuerlein, das erst vor kurzem ins Zuchthaus eingeliefert worden war und dem Kulikow seither schon alle Patienten in der Stadt abspenstig gemacht hatte. Unsere in der Tierheilkunde erfahrenen Zuchthäusler standen nämlich in der Stadt hoch im Kurs, und nicht nur Kleinbürger und Kaufleute, sondern auch hochgestellte Beamte wandten sich an sie, wenn sie ein krankes Pferd hatten, obwohl es in der Stadt mehrere richtige, studierte Tierärzte gab. Bis zum Eintreffen Jolkins, jenes sibirischen Bäuerleins, hatte Kulikow keine Konkurrenz gehabt, er hatte großen Zulauf und erhielt für seine Dienste selbstredend auch ein Entgelt in barer Münze. Er war ein echter Zigeuner und Scharlatan und wußte viel mehr, als er zugab. Auf Grund seiner hohen Einkünfte war er der Aristokrat unter den Gefangenen. Seine Erfahrung, sein Verstand, seine Kühnheit und Entschlußkraft hatten allen Zuchthausinsassen schon seit langem unwillkürlichen Respekt eingeflößt. Alle hörten auf ihn und gehorchten ihm. Dabei redete er nur wenig: er wog seine Worte, als ob es Goldstücke wären, und sprach nur das Notwendigste. Zweifellos war er ein Geck, und doch besaß er viel echte, ungekünstelte Energie. Er war schon in Jahren, sah aber sehr gut aus und war ungemein klug. Uns Adligen begegnete er mit ausgesuchter Höflichkeit und doch mit auffallender Würde. Ich glaube, wenn man ihn fein herausgeputzt und als Grafen in einen vornehmen hauptstädtischen Klub eingeführt hätte, so hätte er sich gewiß auch dort zurechtgefunden, hätte seine Whistpartie gespielt, hätte untadelige Konversation gemacht, wenig zwar, aber stets Gewichtiges zu sagen gewußt, und den ganzen Abend wäre kein Mensch auf die Idee gekommen, daß er keinen Grafen, sondern einen Landstreicher vor sich hätte. Das ist mein voller Ernst: er war ungemein intelligent, scharfsinnig und geistesgegenwärtig. Zudem hatte er vortreffliche, stutzerhafte Manieren. Allem Anschein nach hatte er in seinem Leben viel gesehen und erlebt. Über seiner Vergangenheit lag jedoch der Schleier des Unbekannten. Er gehörte der Sonderabteilung an. Seit Jolkins Eintreffen, der, obzwar nur Bauer, doch ein ganz abgefeimter Bursche war, ein etwa fünfzigjähriger Raskolnik, wurde Kulikows Ruhm als Tierarzt verdunkelt. Innerhalb von wenigen Monaten hatte er ihm fast die gesamte Kundschaft in der Stadt abspenstig gemacht. Jolkin kurierte, und zwar scheinbar mühelos, auch solche Pferde, deren Behandlung Kulikow vorher längst abgelehnt hatte. Er machte Pferde gesund, deren Krankheit sogar die städtischen Tierärzte als unheilbar bezeichnet hatten. Dieser Bauer war mit andern zusammen wegen Falschmünzerei ins Loch geraten. Als ob er es nötig gehabt hätte, sich auf seine alten Tage in so ein Geschäft einzulassen. Er pflegte über sich selber spottend zu erzählen, daß sie aus drei richtigen Goldstücken nur ein einziges falsches zustande gebracht hätten. Kulikow war einigermaßen gekränkt über die Heilerfolge seines Rivalen, denn jetzt begann auch sein Ruhm unter den Mitgefangenen zu verblassen. Er hielt sich eine Liebste in der Vorstadt, trug ein Plüschwams, einen silbernen Ring und Ohrringe, dazu eigene Stiefel mit Pelzbesatz, und jetzt, da seine Einkünfte versiegten, sah er sich auf einmal genötigt, als Branntweinhändler sein Geld zu verdienen; daher war jedermann gespannt, ob sich die beiden Rivalen jetzt beim Kauf des neuen Braunen am Ende gar in die Haare geraten würden. Alle warteten begierig, was geschehen würde. Jeder der beiden hatte seine Parteigänger. Die Anführer beider Parteien waren schon ganz aufgeregt und fingen an, sich Schimpfworte zuzurufen, Jolkin selbst verzog sein schlaues Gesicht bereits zu einem sarkastischen

Grinsen. Aber es kam ganz anders: Kulikow dachte nicht daran, sich mit ihm herumzuzanken, erwies sich aber, auch ohne zu zetern, als der wahre Meister. Er machte zuerst ein Zugeständnis, hörte sich die kritischen Einwände seines Rivalen sogar respektvoll an, dann aber, als er ihn auf einem Wort festnageln konnte, gab er bescheiden, doch unbeirrbar zu bedenken, daß jener sich getäuscht haben müsse, und ehe Jolkin Zeit gehabt hatte, sich zu besinnen und sein Wort zurückzunehmen, hatte er ihm schon bewiesen, daß er sich in dem und dem Punkt geirrt habe. Mit einem Wort, Jolkin war völlig unverhofft und nach allen Regeln der Kunst geschlagen, und wenn er auch weiterhin seinen Ruf behauptete, waren doch auch Kulikows Parteigänger zufrieden.

»Nein, Jungs, den kann man nicht so leicht aus der Fassung bringen, der weiß für sich einzustehen, meiner Treu!« sagten die einen.

»Jolkin versteht mehr von der Sache!« bemerkten die andern, aber doch durchaus verträglich. Beide Parteien sprachen auf einmal auffallend versöhnlich miteinander.

»Nicht daß er mehr verstünde, er hat nur die leichtere Hand. Was aber das Viehzeug angeht, braucht sich auch Kulikow nicht zu verstecken.«

»Bestimmt nicht ...«

Endlich hatte man den neuen Braunen ausgesucht und gekauft. Das war ein prächtiges Pferdchen, jung, hübsch und von sehr bravem, fröhlichem Aussehen. Natürlich war es auch in allen anderen Punkten untadelig. Jetzt hub das Feilschen an: dreißig Rubel wurden gefordert, die unseren boten fünfundzwanzig. Man feilschte hitzig und lange, handelte den Preis herab und ließ von der ursprünglich verlangten Summe ab. Zuletzt mußten sie über sich selber lachen.

»Was denn, mußt du's etwa aus eigener Tasche nehmen?« sagten die einen, »was sollen wir da erst groß feilschen?«

»Euch tut's wohl um den Staatssäckel leid?« schrien andere.

»Immerhin ist es Geld, das allen gemeinsam gehört, Brüder ...«

»Allen gemeinsam! Da sieht man's wieder, Narren wie uns braucht man nicht zu säen, die wachsen von alleine ...«

Zu guter Letzt wurde man um achtundzwanzig Rubel handelseinig. Man machte dem Major Meldung, und der Kauf wurde abgeschlossen. Selbstverständlich brachte man sogleich Brot und Salz herbei, und der neue Braune wurde im Triumph ins Zuchthaus geleitet. Ich glaube, es gab keinen Gefangenen, der ihm bei dieser Gelegenheit nicht den Hals geklopft oder das Maul gestreichelt hätte. Gleich am ersten Tag wurde der Braune zum Wasserholen eingespannt, und alle sahen interessiert zu, wie er mit seiner Wassertonne zurückkam. Unser Wasserholer Roman betrachtete sein neues Pferdchen mit besonderem Stolz. Er war ein etwa fünfzigjähriger Bauer von schweigsamer und solider Wesensart. Die russischen Kutscher sind in der Regel sehr solide und meistens wortkarg, und es scheint sich zu bewahrheiten, daß der ständige Umgang mit Pferden den Menschen eine gewisse Gediegenheit und Würde verleiht. Roman war ein ruhiger, verträglicher Mensch, freundlich zu jedermann, dabei wortkarg, er schnupfte Tabak aus einem Horn und war seit undenklichen Zeiten mit der Wartung der Zuchthauspferde betraut. Der neuerworbene Gaul war bereits sein dritter. Alle Gefangenen waren überzeugt, daß braun die einzig schickliche Farbe sei und besonders gut gerade in ein Gefängnis passe. Auch Roman war dieser Ansicht. Einen Schecken zum Beispiel hätten sie um keinen Preis genommen. Das Amt des Wasserholers war ein für allemal, auf Grund wer weiß welchen Privilegs, dem Roman vorbehalten, und niemand von uns wäre auf die Idee gekommen, ihm dieses Recht streitig zu machen. Als der alte Braune verendet war, dachte kein Mensch, nicht einmal der Major daran, Roman deswegen Vorwürfe zu machen: es war Gottes Wille, damit hatte es sein Bewenden, und Roman war nach wie vor ein guter Kutscher. Bald wurde der Braune der Liebling des ganzen Zuchthauses. Wenn die Sträflinge auch rauhe Gesellen waren, kamen sie doch häufig heran, um ihn zu streicheln. Wenn Roman bei der Rückkehr vom Fluß abstieg, um das Tor zu schließen, das der Unteroffizier ihm geöffnet hatte, stand der Braune, der schon mit der Wassertonne in den Hof hineingefahren war, wartend da und schielte fragend zu ihm hinüber. »Geh nur allein voran!« rief Roman ihm zu, und der Braune zog augenblicklich an, zog die Tonne bis zur Küche und wartete dort auf die Kochmamsells und Latrinenputzer, die mit ihren Eimern zum Wasserholen kamen. »So ein Schlauberger, unser Brauner!« rief man ihm zu, »ganz allein hat er das Wasser hergeschafft! ... Und wie der pariert.«

»Wahr und wahrhaftig: ist nur ein Vieh und begreift doch alles!«

»Ein Prachtgaul bist du, Brauner!«

Der Braune schüttelte den Kopf und schnaubte, als verstünde er, was man sagte, und wäre stolz über das Lob. Und irgend jemand brachte ihm bestimmt ein Stück Brot mit Salz zur Belohnung. Der Braune nahm das Brot und bewegte wieder den Kopf, als wollte er sagen: »Ich weiß, wer du bist, ich kenne dich! Ich bin ein braves Pferdchen, und du bist ein guter Mensch!«

Auch ich hatte Freude daran, dem Braunen Brot zu reichen. Es beglückte mich, seinen schönen Kopf anzusehen und seine weichen, warmen Lippen auf der Hand zu fühlen, die geschickt das dargereichte Stück Brot entgegennahmen.

Überhaupt wären unsere Gefangenen wohl zur Tierliebe fähig gewesen, und hätte man es ihnen gestattet, so hätten sie nur zu gern Haustiere und Geflügel gehalten. Und, so meine ich, was hätte den rauhen und grausamen Charakter der Gefangenen mildern und edler machen können als eine solche Beschäftigung? Aber es war nun einmal nicht gestattet. Weder die Zuchthausordnung noch der Ort hätten es zugelassen. Und doch lebten zu meiner Zeit zufällig einige Tiere im Zuchthaus. Außer dem Braunen gab es Hunde und Gänse, den Ziegenbock Waska, auch ein Adler lebte kurze Zeit bei uns.

Als ständigen Zuchthaushund hatten wir, ich sagte es schon, den Scharik, ein kluges und gutmütiges Tier, mit dem mich eine feste Freundschaft verband. Da aber der Hund bei den Leuten aus dem Volke allgemein als unreines Tier gilt, das keine Beachtung verdient, kümmerte sich auch kaum jemand um diesen Scharik. Er war einmal da, schlief im Hof, nährte sich von den Küchenabfällen und fand bei niemandem besondere Anteilnahme, kannte aber jeden einzelnen und sah alle im Zuchthaus als seine Herren an. Wenn die Gefangenen von der Arbeit heimkamen, sprang er zum Tor, sobald der Ruf: »Gefreiter!« von der Wachstube ertönte, begrüßte jeden Trupp auf das herzlichste, wedelte mit dem Schwanz und sah jedem Eintretenden freundlich in die Augen, in der Hoffnung, daß ihm doch einmal einer schöntun würde. Aber in all den Jahren hatte er außer von mir niemals eine Freundlichkeit erfahren. Darum hatte er mich auch besonders ins Herz geschlossen. Ich weiß nicht mehr, wie später noch ein anderer Hund namens Belka bei uns aufgetaucht war. Den dritten, Kultjapka, hatte ich selbst mitgebracht, das heißt, ich hatte ihn als Welpen von der Arbeit mit heimgenommen. Belka war ein sonderbares Geschöpf. Er war einmal unter einen Bauernwagen gekommen, seither war sein Rücken nach unten verbogen, und wenn er lief, sah es aus, als bewegten sich zwei merkwürdige, zusammengewachsene weiße Tiere. Überdies war er räudig, hatte eitrige Augen, sein Schwanz war kahl, fast ganz ohne Fell, und er trug ihn beständig eingeklemmt. Derart vom Schicksal geschlagen, hatte er offenbar beschlossen, sich mit seinem Los abzufinden. Niemals hätte er gewagt, jemanden anzubellen oder zu knurren. Um hie und da etwas zum Fressen zu ergattern, trieb er sich meistens hinter den Kasernen herum; und wenn er einen von uns sah, legte er sich zum Zeichen der Unterwürfigkeit augenblicks, noch in einiger Entfernung, auf den Rücken: »Mach mit mir, was du willst, du siehst ja, daß ich nicht daran denke, mich zu wehren.« Und jeder Sträfling, vor dem das Tier sich so auf den Rücken legte, schien es für seine Pflicht und Schuldigkeit zu halten, ihm einen Fußtritt zu versetzen. »So ein abscheulicher Köter!« pflegten die Gefangenen zu sagen. Belka aber getraute sich nicht einmal zu winseln, und wenn es ihm einmal gar zu weh tat, heulte er nur gedämpft und kläglich auf. Genauso warf er sich auch vor Scharik und jedem andern Hund auf den Rücken, wenn er in seinen Angelegenheiten aus dem Zuchthaushof hinauslief. Sobald ein großer Köter mit hängenden Ohren wild knurrend und bellend auf ihn losging, warf er sich auf den Rücken und blieb demütig liegen. Aber Hunde wissen Demut und Unterwürfigkeit bei ihresgleichen zu schätzen. Der wütende Köter besänftigte sich sofort, blieb wie nachdenkend über dem mit den Pfoten nach oben vor ihm liegenden, schicksalsergebenen Hündchen stehen und beschnüffelte es neugierig von allen Seiten. Was mochte der am ganzen Leib zitternde Belka in solchen Augenblicken wohl denken? Ob der Bandit mich jetzt zerreißt? mochte ihm da durch den Kopf gehen. Doch nachdem der große Hund ihn eingehend beschnüffelt hatte, ließ er ihn schließlich liegen, da er nichts Bemerkenswertes an ihm hatte finden können. Belka seinerseits sprang sogleich wieder auf die Beine und schloß sich hinkend der langen Reihe von Hunden an, die irgendeiner schwarzen Hündin das Geleit gaben. Und wenn er auch wußte, daß es ihm nie und nimmer gelingen würde, mit dieser Angebeteten nähere Bekanntschaft zu schließen, war es ihm doch schon ein Trost in seinem Ungemach, wenigstens von ferne hinterherhinken zu dürfen. Er hatte wohl schon lange aufgegeben, sich Gedanken über seine Ehre zu machen. Da er jede Hoffnung auf eine künftige Karriere aufgegeben hatte, beschränkte sich sein Lebenszweck darauf, wenigstens seinen Hunger zu stillen, und er war sich dessen durchaus bewußt. Einmal hatte ich versucht, ihn zu streicheln, das kam ihm so überraschend, daß er sich plötzlich mit allen vier Pfoten zu Boden duckte, am ganzen Leibe zu zittern begann und vor Rührung laut winselte. Danach habe ich ihn aus Mitleid öfters gestreichelt. Dafür konnte er mir nicht mehr begegnen, ohne zu winseln. Sobald er mich nur von ferne sah, begann er sogleich jammervoll und kläglich zu winseln. Er fand sein Ende, als die andern Hunde ihn auf dem Wall hinter dem Zuchthaus zerrissen.

Kultjapka hatte einen völlig anderen Charakter. Ich weiß nicht mehr, warum ich ihn als blinden Welpen aus der Werkstatt mit ins Zuchthaus gebracht hatte. Es machte mir Freude, ihn zu füttern und aufzuziehen. Scharik nahm den kleinen Burschen sofort unter seinen Schutz und schlief mit ihm zusammen. Als Kultjapka größer wurde, erlaubte er ihm, in seine Ohren zu beißen, sich mit ihm zu balgen und zu spielen, wie erwachsene Hunde mit Welpen zu tun pflegen. Seltsamerweise wurde Kultjapka kaum größer, sondern wuchs nur in die Länge und Breite. Sein Fell war zottig, von einem hellen Mausgrau; das eine Ohr hing herunter, das andere stand aufrecht. Er war von temperamentvollem und überschäumendem Charakter, wie jeder kleine Hund, der vor Freude, seinen Herren zu sehen, winselt und kläfft, an ihm emporklettert, um ihm das Gesicht zu lecken, und auch alle anderen Gefühle nicht im Zaum zu halten versteht: »Ich pfeif auf Anstand, wenn man nur die Begeisterung sieht!« Wo auch immer ich mich befand, ich brauchte nur seinen Namen zu rufen, so kam er schon von irgendwoher herbeigeschossen, wie aus dem Boden gestampft, flog mit winselnder Begeisterung auf mich zu, kullerte über den Boden wie ein Ball und überschlug sich vor lauter Eifer. Ich hatte diese kleine Mißgeburt schrecklich gern. Es schien, als hätte das Schicksal ihm im Leben eitel Glück und Zufriedenheit bestimmt. Eines schönen Tages aber richtete der Sträfling Nëustrojew, der sich auf das Nähen von Damenschuhen und Lederverarbeitung spezialisiert hatte, sein Augenmerk auf Kultjapka. Irgend etwas hatte ihn stutzig gemacht. Er rief den Hund zu sich, befühlte sein Fell und drückte ihn spielerisch rücklings zu Boden. Kultjapka, der nichts Böses ahnte, jaulte vor Vergnügen. Am andern Morgen aber war er verschwunden. Ich suchte ihn lange, er war wie vom Erdboden verschluckt; und erst zwei Wochen danach fand sich des Rätsels Lösung: Kultjapkas Fell hatte Nëustrojew allzusehr in die Augen gestochen. Er hatte es abgezogen, gegerbt und samtene kleine Winterstiefelchen damit gefüttert, die eine Auditeursgattin bei ihm bestellt hatte. Er hat mir die Halbstiefelchen gezeigt, als er sie fertig hatte. Das Fell machte sich prächtig. Armer Kultjapka!

Viele unserer Gefangenen befaßten sich mit Lederverarbeitung und brachten häufig Hunde mit schönem Fell mit ins Zuchthaus, die gleich darauf spurlos verschwanden. Manche hatten sie einfach gestohlen, andere wurden von ihnen käuflich erworben. Ich weiß noch, wie ich einmal hinter den Küchengebäuden zwei Sträflinge traf, die über irgend etwas beratschlagten und sehr geschäftig taten. Einer hielt einen prachtvollen großen Hund von sichtlich sehr edler Rasse am Strick. Irgendein Schurke von einem Bediensteten hatte ihn seiner Herrschaft entführt und für einen Judaslohn an unsere Schuhmacher verschachert. Die Zuchthäusler waren übereingekommen, das Tier zu erhängen. Das war ohne große Mühe zu bewerkstelligen. Das Fell wurde abgezogen und der Kadaver in die breite und tiefe Spülichtgrube geworfen, die sich im hintersten Winkel des Zuchthausgeländes befand und im Sommer, bei großer Hitze, einen fürchterlichen Gestank verbreitete. Sie wurde nur selten geleert. Der arme Hund schien zu ahnen, welches Los ihn erwartete. Er sah uns drei nacheinander fragend und unruhig an und wedelte nur hin und wieder ein wenig mit seinem buschigen, eingeklemmten Schwanz, als ob er uns mit diesem Zeichen seines Vertrauens erweichen wollte. Ich entfernte mich rasch, die beiden aber vollendeten ihr Werk natürlich auf das beste.

Auch die Gänse waren eher durch Zufall ins Zuchthaus gekommen. Ich weiß nicht, wer sie aufgezogen hatte und wem sie gehörten, aber sie trugen einige Zeit sehr zur Belustigung der Gefangenen bei und wurden sogar stadtbekannt. Sie waren im Zuchthaus aufgezogen worden und wurden bei der Küche gefüttert. Als die Brut herangewachsen war, gewöhnten sie sich daran, alle miteinander, der ganze lärmende Haufe, die Zuchthäusler zur Arbeit zu begleiten. Sobald die Trommel ertönte und die Gefangenentrupps sich zum Ausgang bewegten, watschelten unsere Gänse schnatternd und flügelschlagend hinterher, eine nach der andern sprangen sie auf die hohe Schwelle der Pforte und stellten sich immer am rechten Flügel auf, wo sie das Ende der Arbeitseinteilung abwarteten. Sie schlossen sich stets dem größten Trupp an und blieben während der Arbeit irgendwo in seiner Nähe. Sobald sich die Gefangenen nach der Arbeit auf den Heimweg machten, setzten sich auch die Gänse wieder in Marsch. In der Festung munkelte man schon, daß die Gänse mit den

Gefangenen zur Arbeit gingen. »Seht nur, da kommen die Zuchthäusler mit ihren Gänsen!« sagten die Passanten, die uns begegneten. »Wie habt ihr ihnen das nur beigebracht!« – »Hier habt ihr was für die Gänse!« fügte wohl einer hinzu und schenkte uns ein Almosen. Aber trotz ihrer Anhänglichkeit wurden sie allesamt zum Ende einer Fastenzeit geschlachtet.

Unserm Ziegenbock Waska dagegen hätte man um keinen Preis auch nur ein Haar gekrümmt, wenn nicht besondere Umstände es erzwungen hätten. Auch bei ihm weiß ich nicht, woher er stammte und wer ihn mitgebracht hatte, indes gab es im Zuchthaus eines Tages einen allerliebsten kleinen, weißen Ziegenbock. Binnen kurzem hatten alle ihn ins Herz geschlossen, und er wurde der Anlaß allgemeiner Zerstreuung und Freude. Man fand auch einen Vorwand, ihn zu halten: schließlich mußte, da es einen Pferdestall im Zuchthaus gab, auch ein Ziegenbock gehalten werden. Er hauste jedoch keineswegs im Stall, sondern anfangs in der Küche und lief später frei im ganzen Zuchthausgelände umher. Es war ein ungemein graziöses und mutwilliges Geschöpfchen. Er kam angelaufen, wenn man seinen Namen rief, sprang auf Bänke und Tische, raufte sich mit den Gefangenen, war immer vergnügt und zu Streichen aufgelegt. Eines Abends, als er schon ganz beachtliche Hörner hatte, kam der Lesghier Babai, der inmitten einer Schar Gefangener auf dem Treppchen vor der Kaserne saß, auf den Einfall, sich mit Waska zu raufen. Die beiden hatten schon ein hübsches Weilchen ihre Stirnen gegeneinandergestoßen – das war der Lieblingssport der Gefangenen mit dem Bock –, da sprang Waska plötzlich auf die oberste Stufe, und als Babai sich einmal kurz abgewandt hatte, stellte er sich auf die Hinterbeine, preßte die kleinen Vorderhufe fest an sich und, hast du nicht gesehen, schlug damit aus voller Wucht gegen Babais Nacken, so daß dieser zum Entzücken aller Anwesenden und nicht zuletzt seinem eigenen im hohen Bogen von der Treppe herunterpurzelte. Kurzum, alle liebten unsern Waska über alles. Als er heranwuchs, wurde an ihm, nach allgemeiner, ernsthafter Beratung, eine gewisse Operation vollzogen, auf deren Durchführung sich unsere Veterinäre trefflich verstanden. »Sonst stinkt es so nach Bock«, sagten die Gefangenen. Danach wurde Waska freilich entsetzlich fett. Aber sie mästeten ihn auch regelrecht vor lauter Liebe. Schließlich war er zu einem prachtvollen, großen Tier mit gewaltigen, langen Hörnern und von außerordentlicher Leibesfülle herangewachsen. Er war so dick, daß er beim Gehen von einer Seite auf die andere schwankte. Auch er hatte sich angewöhnt, uns zur Belustigung der Gefangenen und Passanten zur Arbeit zu begleiten. Alle Welt kannte den Zuchthausbock Waska. Wenn die Gefangenen am Ufer arbeiteten, rissen sie manchmal biegsame Weidenruten ab, pflückten Blätter und Blumen am Festungswall und putzten Waska damit heraus: die Hörner wurden mit Zweigen und Blumen umwunden, der Leib mit Girlanden geschmückt. So aufgeputzt und herausstaffiert lief Waska stets vorneweg vor den Gefangenen ins Zuchthaus zurück, und sie folgten ihm und waren ordentlich stolz, wenn sie unterwegs Passanten begegneten. Diese Bewunderung für den Ziegenbock ging so weit, daß einige von ihnen sich wie Kinder darauf verstiegen, ob es nicht eine gute Idee wäre, dem Bock die Hörner zu vergolden. Aber das blieb nur ein Gerede, dieser Plan wurde nie zur Ausführung gebracht. Immerhin erinnere ich mich, daß ich mich bei Akim Akimytsch, nach Issai Fomitsch unserm besten Goldarbeiter, erkundigte, ob man einem Ziegenbock tatsächlich die Hörner vergolden könne. Er musterte den Bock erst prüfend, dachte ernsthaft über meine Frage nach und gab mir dann zur Antwort, daß dies möglicherweise zu bewerkstelligen sein würde, aber »es wäre nicht von Dauer und zudem absolut nutzlos, wenn's beliebt«. Damit war die Sache abgetan. Und Waska hätte sich noch lange seines Daseins im Zuchthaus erfreut und wäre allenfalls an Atemnot verendet, wenn er nicht eines Tages, als er an der Spitze der Gefangenen geputzt und geschmückt von der Arbeit zurückkehrte, dem Major unter die Augen gekommen wäre, der in einer Droschke vorüberfuhr. »Halt!« brüllte der. »Wem gehört der Ziegenbock?« Man erklärte es ihm. »Wie, was! Eine Ziege im Zuchthaus, und das ohne meine Genehmigung! Unteroffizier!«

Der Unteroffizier erschien und erhielt Befehl, den Bock unverzüglich schlachten zu lassen. Das Fell sollte abgezogen und auf dem Markt verkauft werden, der Erlös der Zuchthauskasse einverleibt und das Fleisch den Gefangenen zur Verbesserung der Kohlsuppe überlassen werden. Im Zuchthaus beredete man diesen Befehl, bedauerte ihn, wagte aber nicht, sich zu widersetzen. So wurde Waska über der Abfallgrube geschlachtet. Das Fleisch kaufte einer der Gefangenen im ganzen und zahlte den Zuchthäuslern anderthalb Rubel dafür. Für diese Summe wurden Kalatschen gekauft, und der Mann, der Waska erworben hatte, verkaufte das Fleisch stückweise zum Braten an seine Kameraden weiter. Es war in der Tat außergewöhnlich schmackhaft.

Einige Zeit hatten wir auch einen Adler im Zuchthaus, einen Schreiadler, das heißt eine Art kleiner Steppenadler. Irgend jemand hatte ihn verwundet und halbtot vor Schmerzen gefunden und ins Zuchthaus mitgebracht. Alle Gefangenen standen um ihn herum, er konnte nicht fliegen: der rechte Flügel hing zu Boden, ein Bein war ausgerenkt. Ich weiß noch, mit wie wilden Blicken er die neugierige Menschenschar musterte, wie er den gebogenen Schnabel aufriß, entschlossen, sein Leben so teuer wie möglich zu verkaufen. Als die Männer ihn genug betrachtet hatten und sich zum Gehen anschickten, hinkte er auf einem Bein, mit dem gesunden Flügel schlagend, davon und verkroch sich im äußersten Winkel des Hofes, dicht an die Zaunpfähle gedrückt. Dort hauste er an die drei Monate lang und verließ seinen Winkel die ganze Zeit über nicht ein einziges Mal. Anfangs kamen die Gefangenen häufig dorthin, um ihn anzugaffen, oder sie hetzten die Hunde auf ihn. Scharik ging wie ein Wilder auf ihn los, hütete sich aber, ihm zu nahe zu kommen, was die Sträflinge sehr belustigte. »So eine Bestie!« sagten sie, »der ergibt sich nicht!« Dann aber kam Scharik dahinter, wie er sein Mütchen an ihm kühlen konnte, und wenn man ihn auf den Adler hetzte, packte er ihn geschickt am kranken Flügel. Der Adler verteidigte sich nach Kräften mit Fängen und Schnabel und musterte, in seinen Winkel gedrückt, stolz und wild, wie ein weidwunder König, die Gaffer, die ihn anstarrten. Schließlich hatte man jedes Interesse an ihm verloren; man ließ ihn, wo er war, und vergaß ihn, und doch sah ich Tag für Tag neben seinem Platz ein paar Fetzen frisches Fleisch und eine Scherbe mit Wasser. Irgend jemand sorgte für ihn. Anfangs verweigerte er die Nahrung und nahm einige Tage überhaupt nichts zu sich; dann aber fing er an zu fressen, aber er nahm niemals etwas aus der Hand und nie, wenn Menschen in der Nähe waren. Ich habe ihn wiederholt von ferne beobachtet. Wenn er niemanden sah und sich allein glaubte, wagte er zuweilen, seinen Winkel zu verlassen, hüpfte an den Zaunpfählen entlang, an die zwölf Schritt weit, dann kehrte er auf seinen Platz zurück, kam wieder hervor, als ob er sich Bewegung machen wollte. Sobald er meiner ansichtig wurde, eilte er, so schnell er konnte, hinkend und flatternd auf seinen Platz zurück, und mit zurückgeworfenem Kopf und weit aufgerissenem Schnabel sträubte er das Gefieder, als ob er sich zum Kampf rüstete. Durch keine Liebkosung war er zu besänftigen: er biß und hackte, schlug um sich, nahm kein Fleisch von mir entgegen und starrte mich, während ich über ihn gebeugt dastand, unverwandt mit seinem bösen, stechenden Blick an. Einsam und verbittert erwartete er den Tod, traute niemandem und wollte mit niemandem Frieden schließen. Dann aber besannen die Gefangenen sich seiner, und obwohl sich niemand um ihn gekümmert und zwei volle Monate lang kein Mensch an ihn gedacht hatte, fühlten sie auf einmal alle Mitleid mit ihm. Sie kamen zu dem Schluß, daß man den Adler wieder freilassen müßte. »Wenn er schon krepiert, dann wenigstens in Freiheit und nicht hier im Loch!« sagten die einen.

»Recht hast du, das ist ein freier, wilder Vogel, den kann man nicht an den Kerker gewöhnen«, pflichteten andere ihnen bei.

»Freilich, der läßt sich nicht einsperren wie unsereiner«, fügte einer hinzu.

»Red keinen Unsinn, das ist bloß ein Vogel, wir aber sind Menschen.«

»Der Adler ist der König der Wälder ...« hub Skuratow an, aber diesmal hörte niemand auf ihn. Eines Tages nach dem Mittagessen, als die Trommel den Arbeitsbeginn verkündete, nahmen sie den Adler, hielten ihm den Schnabel mit der Hand zu, weil er wütend um sich hackte, und trugen ihn aus dem Zuchthaus hinaus. Sie kamen bis zum Festungswall. Die zwölf Mann, die diesem Trupp angehörten, warteten gespannt darauf, wohin der Adler sich wenden würde. Alle waren merkwürdig zufrieden, als ob sie selbst ein Stückchen Freiheit erhalten sollten.

»So ein Luder: du willst ihm was Gutes antun, er aber hackt in einem fort!« sagte der Gefangene, der ihn trug, und sah den bösen Vogel fast zärtlich an.

»Den kann man nicht an der Nase herumführen. Der will die Freiheit, die volle, leibhaftige Freiheit.«

Sie warfen den Adler vom Wall herunter in die Steppe. Es war an einem kalten, trüben Herbsttag. Der Wind pfiff über die nackte Steppe und raschelte im vergilbten, trockenen, zerrupften Steppengras. Der Adler humpelte, mit dem kranken Flügel schlagend, geradeaus weiter und schien es eilig zu haben, so rasch wie möglich unserm Gesichtskreis zu entschwinden. Die Sträflinge folgten ihm mit den Augen und sahen bald nur noch seinen Kopf, der hier und da im Gras auftauchte.

»Sieh dir so was an!« ließ einer sich nachdenklich vernehmen.

»Der schaut sich nicht mal mehr um!« fügte ein anderer hinzu. »Kein einziges Mal, Brüder, hat der sich umgeschaut nach uns, rennt und rennt immer weiter!«

»Hast du etwa gemeint, der würde umkehren und danke schön sagen?« bemerkte ein dritter.

»Versteht sich, das ist die Freiheit, der hat die Freiheit gekostet.«

»Ja, das ist halt die Freiheit.«

»Jetzt ist nichts mehr von ihm zu sehen, Brüder . . .«

»Was steht ihr da herum? Marsch!« riefen die Wachtposten, und alle trotteten stumm zur Arbeit.

7

Die Beschwerde

Als Herausgeber der Aufzeichnungen des verstorbenen Alexander Petrowitsch Gorjantschikow halte ich es für meine Pflicht, dem Leser vor Beginn dieses Kapitel folgendes mitzuteilen.

Im ersten Kapitel der »Aufzeichnungen aus einem toten Hause« war kurz von einem adligen Vatermörder die Rede. Er war unter anderm als Beispiel dafür hingestellt worden, mit welcher Gefühlsroheit die Sträflinge mitunter von ihren Verbrechen redeten. Desgleichen war darauf hingewiesen worden, daß der Mörder sich vor Gericht niemals schuldig bekannt hatte, daß aber auf Grund der Berichte von Menschen, die seinen Fall in allen Einzelheiten kannten, die Fakten so eindeutig waren, daß an seiner Schuld auch nicht der leiseste Zweifel aufkommen konnte. Dieselben Leute hatten dem Verfasser der »Aufzeichnungen« auch versichert, daß jener Übeltäter ein völlig haltloser Mensch gewesen sei, daß er bis über die Ohren in Schulden gesteckt und seinen Vater aus dem Weg geräumt habe, um sich in den Besitz der Erbschaft zu bringen. Nebenbei bemerkt, hatten alle Bewohner der Stadt, in der dieser Vatermörder seinerzeit gedient hatte, den Sachverhalt übereinstimmend in dieser Form geschildert. Über diesen letzteren Umstand hat der Herausgeber der »Aufzeichnungen« zuverlässige Auskünfte erhalten. Und schließlich heißt es in den »Aufzeichnungen«, daß jener Mörder sich im Zuchthaus stets in bester, heiterster Gemütsverfassung befunden habe, daß er ein sprunghafter, leichtsinniger und höchst unbesonnener Mensch gewesen sei, wenn auch keineswegs dumm, und daß der Autor niemals einen besonderen Hang zur Grausamkeit an ihm wahrgenommen habe. An dieser Stelle sind die Worte hinzugefügt: »Selbstverständlich hatte ich nicht für möglich gehalten, daß er eine solche Untat begangen haben könnte.«

Vor ein paar Tagen erhielt der Herausgeber der »Aufzeichnungen aus einem toten Hause« Nachricht aus Sibirien, daß jener vermeintliche Mörder tatsächlich unschuldig war und zehn Jahre grundlos im Zuchthaus geschmachtet hatte, daß seine Unschuld ganz offiziell vor Gericht erwiesen worden sei, daß die wahren Schuldigen gefunden und bereits geständig seien und daß der Unglückliche inzwischen freigelassen worden sei. Der Herausgeber sieht keinen Grund, an der Zuverlässigkeit dieser Nachricht zu zweifeln ...

Dem ist nichts hinzuzufügen. Auch über die tiefe Tragik dieses Justizirrtums, über das in so jungen Jahren durch eine so entsetzliche Anschuldigung zerstörte Leben braucht man nicht mehr viel zu sagen. Die Tatsache als solche spricht für sich und ist erschütternd genug.

Wir sind der Meinung, daß – wenn ein solcher Fall überhaupt möglich sein konnte – allein diese Tatsache zur Charakterisierung jenes toten Hauses beiträgt und sein Bild durch einen neuen, sehr wesentlichen Zug vervollständigt.

Doch fahren wir in unserm Bericht fort.

Ich sagte bereits, daß ich mich schließlich mit meiner Lage im Zuchthaus abfand. Aber dieses »schließlich« war das Resultat eines sehr mühsamen, qualvollen und viel zu langwierigen Prozesses. In Wahrheit brauchte ich fast ein Jahr dazu, und dieses Jahr war das schwerste meines ganzen Lebens. Darum hat es sich meinem Gedächtnis auch als Ganzes so tief eingeprägt. Ich habe das Empfinden, als könnte ich mich heute noch an alle Stunden dieses Jahres in ihrer Aufeinanderfolge genau erinnern. Ich sagte ferner, daß sich auch die andern Gefangenen an dieses Leben nie wirklich *gewöhnen* konnten. Ich weiß noch, wie ich mir im Lauf dieses ersten Jahres oft die Frage stellte: »Wie steht es mit ihnen, wie sieht es in ihrem Innern aus? Sind sie wirklich so gelassen, wie es den Anschein hat?« Diese Fragen beschäftigten mich ungemein. Ich habe schon erwähnt, daß die Gefangenen sich hier nicht wie zu Hause fühlten, sondern wie in einer Herberge, einem Feldlager oder in einer Etappe. Selbst die zu lebenslänglicher Haft Verurteilten hatten noch Pläne oder Sehnsüchte, und ganz gewiß träumte jeder von ihnen insgeheim von einer beinahe unmöglichen Wende seines Geschicks.

Diese ständige, zwar wortlos, aber doch sichtbar geäußerte Unrast, diese merkwürdige Heftigkeit und Ungeduld der hin und wieder ganz ungewollt laut werdenden Hoffnungen, die meistens so unbegründet waren, daß sie schon eher an Fieberphantasien grenzten, und die sich, was mich dabei am meisten erstaunte, nicht selten gerade in scheinbar besonders nüchternen Köpfen einnisteten – das alles verlieh jenem Ort sein einmaliges und typisches Gesicht und war vielleicht sogar ein besonderes charakteristisches Merkmal. Irgendwie spürte man, eigentlich schon vom ersten Augenblick, daß es dergleichen draußen, außerhalb der Zuchthausatmosphäre, nicht gab und nicht geben konnte. Hier waren alle Träumer, das war ganz augenfällig. Diesen Zustand empfand man um so schmerzlicher, als diese Verträumtheit den meisten Zuchthausinsassen ein mürrisches, düsteres, irgendwie ungesundes Aussehen verlieh. Die überwiegende Mehrzahl war schweigsam und abweisend bis zum Haß und liebte es nicht, ihre Hoffnungen zur Schau zu stellen. Einfalt und Treuherzigkeit waren verpönt. Je unmöglicher die Verwirklichung solcher Hoffnungen war und je mehr der Träumer diese Unmöglichkeit selber spürte, desto beharrlicher und schamhafter verbarg er sie in seinem Innern, konnte aber dennoch nicht von ihnen lassen. Wer weiß, vielleicht schämte sich manch einer insgeheim sogar dieser seiner Hoffnungen. Dem russischen Nationalcharakter wohnen soviel Objektivität und Nüchternheit des Blicks inne, soviel innere Bereitschaft, sich selbst zu verspotten. Vielleicht war die ständige, verborgene Unzufriedenheit mit sich selbst auch die Ursache der auffallenden Unduldsamkeit dieser Menschen in ihren alltäglichen Beziehungen zueinander, ihrer Unversöhnlichkeit und gegenseitigen Spottlust. Und wenn irgendein besonders Naiver und Ungestümer unter ihnen einmal laut auszusprechen wagte, was alle andern insgeheim dachten, wenn er sich offen in Träumen und Hoffnungen erging, so fielen sie alle miteinander wütend über ihn her, unterbrachen und verspotteten ihn; und doch kann ich mich des Argwohns nicht erwehren, daß die wütendsten Angreifer gerade diejenigen waren, die in ihren Träumen und Hoffnungen selbst vielleicht noch weiter gegangen waren als er. Die Naiven und Einfältigen wurden bei uns, ich sagte es bereits, überhaupt als nichtsnutzige Narren angesehen und dementsprechend verachtet. Die Gefangenen waren so mürrisch und dabei so selbstgefällig, daß sie meinten, jeden guten und bescheidenen Menschen verachten zu müssen. Abgesehen von den naiven und einfältigen Schwätzern waren alle übrigen, das heißt die Schweigsamen, deutlich geschieden in Gute und Böse, in Mürrische und Heitere. Die Mürrischen und Bösen waren bei weitem in der Überzahl: und wenn der eine oder andere von ihnen doch einmal ein Schwätzer war, so waren das in jedem Fall unermüdliche Klatschbasen und schlimme Neidhammel. Sie steckten ihre Nase in jede fremde Angelegenheit, obwohl sie ihre eigene Seele, ihre eigenen, geheimsten Gedanken niemandem offenbarten. Das galt als unschicklich und war nicht der Brauch. Die Guten dagegen – ein verschwindend kleines Häuflein – verhielten sich still, auch sie verbargen alle Hoffnungen in ihrem Innern und neigten natürlich noch eher als die Mürrischen dazu, auf diese ihre Hoffnungen zu bauen. Und schließlich möchte ich annehmen, daß es im Zuchthaus noch eine dritte Gruppe von Menschen gab, die völlig der Verzweiflung anheimgefallen waren. Dazu gehörte beispielsweise der alte Mann aus der Vorstadt von Starodub, im übrigen aber waren es nur sehr wenige. Der Alte schien zwar schicksalsergeben (ich habe schon von ihm berichtet), aber aus einigen Anzeichen glaube ich schließen zu können, daß er sich in entsetzlicher seelischer Verfassung befand. Dabei hatte er freilich noch eine Rettung, einen Ausweg: das Gebet und den Glauben an sein Martyrium. Auch jener wahnsinnig gewordene Sträfling, den ich erwähnte, der beständig in der Heiligen Schrift gelesen hatte und eines Tages mit einem Stein auf den Major losgegangen war, gehörte aller Wahrscheinlichkeit nach zu den endgültig Verzweifelten, zu denen, die auch die allerletzte Hoffnung verloren hatten; und da der Mensch nicht ohne Hoffnung leben kann, hatte er mit seinem selbstgesuchten, beinahe künstlich herbeigeführten Märtyrertum einen Ausweg finden wollen. Er hatte ausgesagt, daß er den Major ohne den leisesten Groll angegriffen habe, einzig von dem Wunsch beseelt, Leiden auf sich zu nehmen. Und wer will wissen, was für ein psychologischer Prozeß sich in seinem Innern vollzogen hatte! Ohne ein Ziel und das Streben auf dieses Ziel hin kann der Mensch nicht leben. Ein Mensch, der sein Ziel und seine Hoffnung verloren hat, wird aus lauter Gram darüber nicht selten zum Ungeheuer ... Das Ziel aller unserer Gefangenen war die Freiheit und das Verlassen des Zuchthauses.

Doch da bemühe ich mich, alle unsere Zuchthäusler in Kategorien einzuteilen, aber ist das überhaupt möglich? Im Vergleich zu allen, selbst den ausgeklügeltsten Schlußfolgerungen des abstrakten Denkens ist die Wirklichkeit unendlich vielseitiger, sie duldet keine scharfen Trennungslinien und groben Klassifikationen. Die Wirklichkeit hat die Tendenz zur Differenzierung. Auch bei uns lebte jeder sein individuelles Leben; so kümmerlich es sein mochte, verhielt es sich doch so, und zwar nicht nur im offiziellen Sinn, sondern jeder hatte ein inneres Leben ganz eigener Art.

Wie ich schon andeutete, war ich jedoch zu Beginn meiner Haftzeit noch nicht imstande, den verborgenen Inhalt dieses Lebens zu erkennen, daher erfüllten mich seine äußeren Erscheinungsformen mit unsäglicher, quälender Schwermut. Manchmal war ich so weit, daß ich anfing, meine Leidensgefährten zu hassen. Ja, ich beneidete sie und klagte mein Schicksal an. Ich beneidete sie, weil sie sich trotz allem unter ihresgleichen befanden, weil sie in einer festen Kameradschaft lebten, weil sie einander verstanden, wenn ihnen diese mit Knute und Stock zusammengeschweißte Kameradschaft, dieses erzwungene Zusammenleben im Grund auch genauso zuwider war wie mir und wenn jeder in Wahrheit auch nur seine eigenen Angelegenheiten im Sinn hatte. Ich wiederhole noch einmal, dieser Neid, der mich in Augenblicken der Verbitterung beschlich, hatte berechtigte Ursachen. Zweifellos sind nämlich diejenigen im Unrecht, die behaupten, das Leben im Zuchthaus sei für einen Adligen oder sonst einen gebildeten Menschen nicht schwerer zu ertragen als für jeden gewöhnlichen Bauern. Ich habe kürzlich von dieser These gehört, ich habe auch darüber gelesen. Der Ausgangspunkt dieser Idee ist richtig und human. Der eine ist genauso ein Mensch wie der andere. Und doch ist es eine zu abstrakte Vorstellung. Man hat dabei sehr viele praktische Voraussetzungen außer acht gelassen, die man nur aus eigener Erfahrung richtig begreifen kann. Ich sage dies nicht etwa, weil ich der Ansicht wäre, daß ein Adliger oder gebildeter Mensch feinfühliger und empfindsamer reagierte, daß er höher entwickelt wäre als die andern. Die Seele und ihre Entwicklung kann man schwerlich auf einen einheitlichen Nenner bringen. Auch ist Bildung als solche in diesem Fall kein Maßstab. Ich bin jederzeit bereit zu bezeugen, daß ich auch bei diesen völlig ungebildeten, unterdrückten Menschen, an diesen meinen Leidensgenossen, Merkmale einer subtilen seelischen Entwicklung wahrgenommen habe. Im Zuchthaus geschah es bisweilen, daß man einen Menschen schon jahrelang kannte und von ihm geglaubt hatte, er sei Tier und kein Mensch, und ihn deshalb verachtete. Und dann kam plötzlich, ganz zufällig, ein Augenblick, in dem sich seine Seele in einer unwillkürlichen Gefühlsaufwallung offenbarte, und auf einmal sah man ihren ganzen Reichtum, fand man so viel Gemüt und Herz, ein so klares Wissen um eigenes und fremdes Leid, daß einem gleichsam die Augen aufgingen und man im ersten Moment nicht fassen konnte, was man doch selbst gehört und gesehen hatte. Freilich kann auch der umgekehrte Fall eintreten: auch Bildung geht zuweilen mit einer solchen Barbarei, mit so viel Zynismus einher, daß einem übel werden kann, und so wohlwollend oder voreingenommen man auch sein mag, findet man in seinem Herzen doch keine Entschuldigung oder Rechtfertigung für ein solches Verhalten.

Ich sage auch gar nichts von dem Wechsel der Gewohnheiten, der Lebensform, der Ernährung und so weiter, die für einen Menschen aus höheren Gesellschaftskreisen natürlich härter zu ertragen sind als für einen Bauern, der in der Freiheit nicht selten gehungert hat, während er im Zuchthaus sich doch wenigstens satt essen kann. Auch darüber will ich nicht diskutieren. Setzen wir voraus, daß einem Menschen mit einiger Willenskraft dies alles lächerlich erscheint im Vergleich zu andern Widrigkeiten, wenn ein Wechsel der Lebensgewohnheiten in Wahrheit auch durchaus keine lächerliche und zweitrangige Sache ist. Aber es gibt Widrigkeiten, vor denen das alles verblaßt, so sehr verblaßt, daß man darüber den Schmutz ringsum, das Zusammengepferchtsein mit so vielen Menschen und das dünne, schmuddelig zubereitete Essen ganz vergißt. Auch das geschniegeltste Herrchen mit seinen weißen Händen, das verzärteltste Muttersöhnchen wird sich, nachdem es einen Tag lang im Schweiß seines Angesichtes so hart gearbeitet hat, wie nie zuvor als freier Mann, nicht vor Schwarzbrot und Kohlsuppe ekeln, in der die Schaben herumschwimmen. Daran gewöhnt man sich, wie es in dem humoristischen Sträflingslied von dem feinen Herrn heißt, der im Zuchthaus gelandet ist:

»Nur Kohl mit Wasser angemacht,
den freß ich, daß die Schwarte kracht ...«

Nein, einschneidender als das alles ist der Umstand, daß jeder gewöhnliche Neuankömmling sich schon zwei Stunden nach seiner Einlieferung ins Zuchthaus nicht mehr von allen andern unterscheidet, daß er sich unter ihnen *wie zu Hause* fühlen kann, daß er zum gleichberechtigten Mitglied der Zuchthausgemeinschaft wird wie jeder andere auch. Er ist allen vertraut, alle andern sind ihm vertraut, sie wissen, woran sie bei ihm sind und sehen ihn als *ihresgleichen* an. Ganz anders steht es mit einem Angehörigen der oberen Stände, einem Adligen. So gerecht, gut und verständig er auch sein mag, wird ihn doch die Masse der andern noch jahrelang hassen und verachten; sie verstehen ihn nicht, und was das schlimmste ist, sie trauen ihm nicht. Nie wird er ihnen Freund und Gefährte sein, und wenn er es schließlich, nach langen Jahren, so weit bringt, daß sie ihn nicht mehr ständig schikanieren, wird er doch niemals zu ihnen gehören und wird sein Fremdsein und seine Einsamkeit stets qualvoll empfinden. Diese Isolierung durch die andern Gefangenen vollzieht sich oft ohne jede böse Absicht, vielmehr wie selbstverständlich und ganz unbewußt. Der Adlige gehört eben nicht dazu, damit hat es sein Bewenden. Nichts ist schrecklicher, als in fremder Umwelt leben zu müssen. Ein Bauer, der als Ansiedler von Taganrog nach Petropawlowsk verschickt wird, stößt dort alsbald auf seinesgleichen, einen andern russischen Bauern, die beiden sind sich rasch einig, und schon zwei Stunden später hausen sie einträchtig in einer Hütte oder einem Zelt miteinander. Ganz anders steht es mit den Adligen. Sie sind durch eine tiefe Kluft vom einfachen Volk geschieden, und das bekommt der *Adlige bis ins Letzte* erst dann zu spüren, wenn er, durch äußere Umstände, in der Tat plötzlich alle einstigen Privilegien einbüßt und dem Mann aus dem Volk gleichgestellt wird. Selbst wenn einer sein Leben lang mit dem Volk vertraut gewesen ist, selbst wenn er vierzig Jahre lang ständigen Kontakt mit ihm gehabt hat, vielleicht als Beamter in den konventionellen Formen der Verwaltungsarbeit oder auch nur freundschaftlich, als Wohltäter oder in gewisser Beziehung auch als Vater – selbst dann wird er nie die Wirklichkeit kennenlernen, wie sie ist. Das alles ist nur optischer Betrug, nichts weiter. Natürlich bin ich mir bewußt, daß alle, ausnahmslos alle, die diese Behauptung lesen, sie für übertrieben halten werden. Aber ich bin überzeugt davon, daß sie wahr ist. Zu dieser Überzeugung bin ich nicht mit Hilfe von Büchern, nicht auf spekulativem Weg gelangt, sondern auf Grund eigener, praktischer Erfahrungen, und ich hatte Zeit genug, die Richtigkeit meiner Ansicht zu überprüfen. Vielleicht werden eines Tages alle erkennen, wie recht ich mit diesen Behauptungen habe ...

Die Ereignisse im Zuchthaus taten das Ihre, um die Richtigkeit meiner Beobachtungen vom ersten Schritt an zu bestätigen, sie belasteten meine Nerven und bedrückten mich sehr. In dieser ersten Zeit irrte ich fast immer mutterseelenallein im Zuchhausgelände umher. Wie ich schon sagte, befand ich mich damals in einer Gemütsverfassung, die mir verwehrte, diejenigen Zuchthäusler zu erkennen und richtig einzuschätzen, die mir hätten Freunde sein können und hernach auch wirklich meine Freunde wurden, ohne sich freilich je auf eine Stufe mit mir zu stellen. Auch ich hatte meine Kameraden, Adlige wie ich, aber diese Kameradschaft vermochte nicht allen Druck von meiner Seele zu nehmen. Am liebsten hätte ich nichts und niemanden sehen wollen und konnte ja doch nirgendwohin entrinnen. Und dann kam es zu einem jener Zwischenfälle, die mir von Anbeginn an mein Fremdsein und meine Isoliertheit im Zuchthaus besonders schmerzlich ins Bewußtsein riefen. Es war in diesem ersten Sommer, bereits im August, an einem klaren, heißen Werktag, gegen ein Uhr nachmittags, um die Zeit, wo sich jeder vor Beginn der Nachmittagsarbeit ein wenig auszuruhen pflegte. Da versammelten sich auf einmal alle Sträflinge wie ein Mann und stellten sich auf dem Zuchthaushof auf. Bis zu diesem Augenblick hatte ich keine Ahnung gehabt, was vorging. Zu dieser Zeit war ich meistens so sehr in mich selbst vertieft, daß ich von allem, was um mich her geschah, kaum etwas wahrnahm. Dabei hatte sich das Zuchthaus schon ein paar Tage vorher in dumpfer Erregung befunden. Möglicherweise hatte diese Erregung auch schon viel früher begonnen, wie mir hernach einfiel, als ich mich an einige Gesprächsfetzen erinnerte, die ich zufällig aufgefangen hatte, und mir das besonders mürrische und gereizte Benehmen der Gefangenen ins Gedächtnis zurückrief, das mir in letzter Zeit an ihnen aufgefallen war. Ich hatte das alles der schweren Arbeit zugeschrieben, den langweiligen, endlosen Sommertagen, der sich ungewollt einstellenden Sehnsucht nach den Wäldern und dem ungebundenen Leben draußen, den kurzen Nächten, in denen man sich nie richtig ausschlafen konnte. Vielleicht hatte sich das alles schon seit langem in ihnen aufgestaut, aber den eigentlichen Anstoß zu dieser Explosion hatte das Essen gegeben. Seit einigen Tagen schon war in den Kasernen laut und aufgebracht über das Essen geschimpft worden, besonders auch dann, wenn sich alle zum Mittag- oder Abendessen in der Küche versammelten; man war unzufrieden mit den Kochmamsells, hatte einen von ihnen sogar versuchsweise abgesetzt, den neuen indes alsbald wieder davongejagt und den alten zurückgeholt. Kurzum, alle Gemüter waren in beträchtlicher Erregung.

»Wir schuften wie die Wilden, und zu fressen gibt's nichts als Kuttelfleck«, brummte etwa einer in der Küche.

»Wenn dir's nicht paßt, kannst du dir ja Mandelgelee bestellen«, spottete ein anderer.

»Kohlsuppe mit Kutteln eß ich gern«, erwiderte ein dritter, »das schmeckt doch gut.«

»Wenn man dich tagaus tagein mit nichts als Kutteln stopft, wird's dir dann auch noch schmecken?«

»Grad jetzt müßte man 'nen ordentlichen Brocken Fleisch zwischen die Zähne kriegen«, sagte ein vierter. »Wir rackern uns ab in der Ziegelei, und nach so 'ner Schinderei will man sich wenigstens richtig den Bauch vollschlagen können, was sind da Kutteln schon für ein Fraß!«

»Sind's mal keine Kutteln, dann bestimmt Lunge.«

»Das hat uns grade noch gefehlt. Kuttel oder Lunge, das ist alles dasselbe Dreckszeug. Was ist das für ein Fraß! Hab ich recht oder nicht?«

»Ja, das Essen ist miserabel.«

»Bestimmt wirtschaftet der in die eigene Tasche.«

»Das soll nicht deine Sorge sein.«

»Nicht meine Sorge? Schließlich ist's mein Bauch, der's fressen muß. Wenn wir alle mitsammen eine Beschwerde losließen, das wär das richtige.«

»Eine Beschwerde?«

»Freilich.«

»Hast wohl für so 'ne Beschwerde noch nicht genug Prügel bezogen? Du Holzkopf!«

»Das ist wahr«, murrte ein anderer, der bisher schweigend zugehört hatte. »Gut Ding will Weile haben. Was willst du bei deiner Beschwerde überhaupt vorbringen, das mußt du uns erst mal sagen, du Schlauberger!«

»Das kannst du gleich zu hören kriegen. Wenn alle mitmachten, würde ich schon mit allen reden. Natürlich nur mit den Hungerleidern wie wir. Bei uns gibt's ja welche, die sich selbst verköstigen, während wir andern nur auf den Zuchthausfraß angewiesen sind.«

»Seht euch bloß den gierigen Neidhammel an! Dem sticht wohl fremdes Gut in die Augen.«

»Nicht nach Fremden darfst du blicken, mußt selbst dich in die Arbeit schicken. Früh sich regen, das bringt Segen.«

»Selbst dich in die Arbeit schicken! ... Darüber werd ich mit dir noch streiten, bis ich alt und grau bin. Du bist wohl reich genug, wenn du meinst, die Hände in den Schoß legen zu können!«

»Der Jeroschka, der ist reich, hat zum Hund die Katz zugleich.«

»Aber recht hat er, Brüder, was sitzen wir ewig hier herum. Ich hab's satt, mir von denen da oben alles gefallen zu lassen. Die ziehn uns noch das Fell über die Ohren. Warum wollen wir uns nicht beschweren?«

»Warum! Dir muß man wohl alles vorkauen und ins Maul stopfen, der ist bloß Vorgekautes gewöhnt. Weil wir im Zuchthaus sind, darum!«

»Ja, der Spruch gilt immer noch: Herr, plag das Volk mit Zank und Streit zu Nutz und Fromm der Obrigkeit.«

»Stimmt! Dick und fett ist das Achtauge geworden. Der hat sich ein paar Grauschimmel zugelegt.«

»Und vom Saufen hält der auch überhaupt nichts.«

»Neulich hat er sich beim Spiel mit dem Tierarzt in die Haare gekriegt.«

»Die ganze Nacht haben sie Karten gekloppt. Der unsere hat zwei Stunden die Fäuste riechen müssen. Ich hab's von Fedjka.«

»Drum müssen wir Kohlsuppe mit Kutteln fressen.«

»Hornochsen, die ihr seid. Hier ist nicht der Ort, um eine Beschwerde loszulassen.«

»Wenn wir uns alle miteinander beschweren, wolln wir doch sehen, was er zu seiner Rechtfertigung vorbringt. Das kann man doch wohl verlangen.«

»Rechtfertigung. In die Schnauze schlagen wird er dir, und basta.«

»Und obendrein kommen wir vor Gericht ...«

Mit einem Wort, alle waren in heller Aufregung. Zu jener Zeit war das Essen in der Tat schlecht. Außerdem war eben eines zum andern gekommen. Das ausschlaggebende Moment war freilich die allgemeine Niedergeschlagenheit, die ständige, verborgene Pein. Der Sträfling ist seiner Natur nach streitsüchtig und aufsässig, aber wegen der ewigen Uneinigkeit untereinander kommt es selten vor, daß alle zusammen oder in größerer Zahl aufbegehren. Das wußten sie selber am besten: darum wurde im allgemeinen auch mehr geschimpft als gehandelt. Und doch blieb diesmal die allgemeine Erregung nicht ohne Folgen. Die Gefangenen rotteten sich in kleinen Gruppen zusammen, diskutierten in den Kasernen, sie schimpften, riefen sich voll Ingrimm die ganze Amtsführung unseres Majors ins Gedächtnis zurück, wobei sie auch die allerletzten Einzelheiten ans Licht zerrten. Einige waren besonders aufgebracht. Bei allen derartigen Fällen gibt es immer Anstifter und Rädelsführer. Die Anführer sind bei solchen Gelegenheiten, das heißt im Fall einer Beschwerde, stets ein ganz eigener Menschenschlag, und zwar nicht nur bei uns im Zuchthaus, sondern in allen Genossenschaften, Kommandos und anderen Gemeinschaften. Das ist ein besonderer Typus, der sich überall gleicht. Heißsporne sind es, die nach Gerechtigkeit dürsten und die ganz naiv und aufrichtig davon überzeugt sind, daß die Gerechtigkeit um jeden Preis, unabänderlich und vor allem ohne Verzug durchgesetzt werden müsse. Diese Menschen sind nicht dümmer als andere, einige von ihnen sind sogar sehr gescheit, aber sie sind zu hitzig, um schlau und überlegt sein zu können. Wenn sich dabei zuweilen auch Menschen finden, die das Zeug dazu haben, die Massen geschickt zu lenken und ihrer Sache zum Sieg zu verhelfen, so ist das wieder ein ganz anderer Typ von Demagogen und geborenen Anführern, ein Typ, der bei uns sehr selten ist. Diejenigen aber, von denen ich hier spreche, die Anstifter und Rädelsführer bei Beschwerden, ziehen fast immer den kürzeren und werden dafür hernach in die Zuchthäuser und Zwangsarbeitslager gesteckt. Sie verfehlen ihr Ziel aufgrund ihres hitzigen Temperaments, aber eben dieses Temperament sichert ihnen den Einfluß auf die Massen, die ihnen willig folgen. Ihr Feuer und ihre gerechte Empörung beeindrucken jeden, und zuletzt stoßen selbst die Unschlüssigsten noch zu ihnen. Ihr blinder Glaube an den Erfolg besticht sogar eingefleischte Skeptiker, obwohl dieser Glaube manchmal auf so schwankenden, kindischen Argumenten fußt, daß man sich als Außenstehender wundert, warum ihnen überhaupt jemand folgt. Das Ausschlaggebende dabei ist, daß sie selber als erste vorangehen und dabei keine Furcht kennen. Wie Stiere stürmen sie mit gesenkten Hörnern schnurstracks auf ihre Gegner los, häufig ohne jede Sachkenntnis, ohne Vorsicht, ohne jene praktische jesuitische Raffinesse, mit deren Hilfe oft auch der niederträchtigste, befleckteste Mensch seiner Sache zum Sieg verhilft, sein Ziel erreicht und trocken aus dem Wasser kommt. Sie aber rennen sich unweigerlich die Hörner ein. Im normalen Leben sind das gallige, mürrische, reizbare und unduldsame Gesellen. Überdies sind sie meist schrecklich engstirnig, was freilich einen Teil ihrer Stärke ausmacht. Das Ärgerlichste an ihnen ist, daß sie sich häufig ablenken lassen, anstatt gerade auf ihr Ziel loszugehen, daß sie an Stelle der Hauptsache, um die es geht, Nebensächlichkeiten aufs Korn nehmen. Das ist auch der Grund für ihr Scheitern. Aber die Massen verstehen sie, darin liegt ihre Stärke. Übrigens muß ich den Begriff der *Beschwerde* wohl noch kurz erläutern ...

Bei uns gab es einige Häftlinge, die im Zuchthaus gelandet waren, weil sie eine Beschwerde eingebracht hatten. Sie waren es auch, die am meisten in Wallung geraten waren. Besonders einer von ihnen war völlig außer sich, Martynow, ein ehemaliger Husar, ein temperamentvoller, unsteter, immer mißtrauischer, sonst aber ehrlicher und rechtschaffener Mann. Ein anderer war Wasilij Antonow, ein Mann, der sich bei aller Empörung doch gleichsam kaltes Blut bewahrte, mit dreistem Blick und hochmütigem, sarkastischem Grinsen, ein heller Kopf, auch er ehrlich und rechtschaffen. Aber ich kann hier natürlich nicht alle aufzählen; es waren eine ganze Menge. Petrow lief übrigens die ganze Zeit ruhelos hierhin und dorthin, hörte bei allen Grüppchen ein Weilchen zu, sprach selbst nur wenig, war aber sichtlich erregt und eilte als erster aus der Kaserne, als man sich zum Antreten anschickte.

Auch unser Unteroffizier, der im Zuchthaus die Dienststellung eines Feldwebels bekleidete, kam sogleich erschrocken herbeigelaufen. Als die Männer angetreten waren, baten sie ihn in aller Höflichkeit, er möge dem Major melden, daß die

Sträflinge mit ihm zu reden wünschten und sich erlaubten, wegen einiger Anliegen um sein persönliches Erscheinen nachzusuchen. Dem Unteroffizier waren alle Invaliden gefolgt und hatten auf der anderen Seite, den Gefangenen gegenüber, Aufstellung genommen. Der Auftrag, mit dem man den Unteroffizier fortgeschickt hatte, war so ungewöhnlich, daß er ihm einen gehörigen Schrecken eingejagt hatte. Dem Major nicht unverzüglich Meldung zu machen, wagte er indes auch nicht. Wenn die Sträflinge schon aufmuckten, konnte es leicht zu Schlimmerem kommen. Alle unsere Vorgesetzten waren übertrieben ängstlich, was die Zuchthäusler betraf. Und selbst wenn nichts weiter geschehen und die Gefangenen sich gleich eines Besseren besinnen und auseinandergehen sollten, war es dennoch die Pflicht des Unteroffiziers, seinen Dienstvorgesetzten ungesäumt über den Zwischenfall in Kenntnis zu setzen. Bleich und angstzitternd machte er sich eiligst auf den Weg zum Major und versuchte erst gar nicht, die Gefangenen von sich aus zur Rede zu stellen und zu beschwichtigen. Er hatte erkannt, daß sie doch nicht auf ihn hören würden.

Völlig ahnungslos trat ich hinzu, um mich ebenfalls einzureihen. Die Einzelheiten der ganzen Angelegenheit erfuhr ich erst hinterher. Jetzt aber meinte ich nicht anders, als daß unvermutet ein Appell abgenommen werden solle; da ich jedoch keine Wachtposten sah, welche sonst Appelle abnahmen, wunderte ich mich und fing an, mich umzusehen. Die Gesichter waren erregt und gereizt. Einige waren sogar bleich. Alle warteten besorgt und stumm auf den Augenblick, wo sie dem Major würden Rede und Antwort stehen müssen. Mir fiel auf, daß viele mich höchst erstaunt musterten, sich dann aber wortlos abwandten. Es kam ihnen sichtlich merkwürdig vor, daß ich mit ihnen angetreten war. Ganz offenbar hielten sie es für ausgeschlossen, daß ich mich ihrer Beschwerde anschließen würde. Bald aber drehten sich alle, die in meiner Nähe standen, wieder zu mir um. Aller Augen waren fragend auf mich gerichtet.

»Was hast du hier zu suchen?« fragte Wasilij Antonow unfreundlich und laut, der etwas weiter von mir entfernt stand; bisher hatte er mich stets *gesiezt* und sich mir gegenüber immer höflich verhalten.

Ich sah ihn befremdet an, immer noch bemüht zu begreifen, was das Ganze eigentlich zu bedeuten habe, und bereits mit der Vorahnung, daß sich hier etwas Ungewöhnliches zusammenbraue.

»Ja, wahrhaftig, was stehst du hier herum? Verzieh dich schleunigst in die Kaserne«, sagte ein junger Bursche aus der Militärabteilung, den ich überhaupt nicht näher kannte, sonst ein gutmütiger und stiller Mensch. »Was hier gespielt wird, geht dich nichts an.«

»Aber es wird doch angetreten«, erwiderte ich, »ich dachte, es käme ein Appell.«

»Ist der doch tatsächlich auch mit herausgekrochen«, schrie einer.

»So ein Eisenschnabel«, spöttelte ein anderer.

»Fliegentöter!« sagte ein dritter mit unbeschreiblicher Verachtung. Dieser neue Spitzname rief allgemeines Gelächter hervor.

»Der ist in der Küche gut angeschrieben«, fügte einer hinzu.

»Solche wie der haben überall das Paradies. Wenn sie auch im Zuchthaus sitzen, schlagen sie sich doch den Bauch mit Kalatschen voll, sogar Ferkel können die sich leisten. Du verköstigst dich doch selbst, was kommst du also hier angekrochen.«

»Das hier ist nichts für Sie«, sagte Kulikow und trat ungezwungen auf mich zu; er nahm mich am Arm und zog mich beiseite.

Er war bleich, seine Augen funkelten, die Unterlippe war blutig gebissen. Er konnte das Erscheinen des Majors nicht kaltblütig erwarten. Übrigens machte es mir Spaß, Kulikow bei dergleichen Vorkommnissen zu beobachten, das heißt immer dann, wenn er Gelegenheit hatte, sich zur Schau zu stellen. Er schauspielerte gewaltig, aber er war dabei immer wirklich aktiv. Ich glaube, selbst auf dem Gang zur Hinrichtung hätte ihn die ihm eigene Eleganz und Stutzerhaftigkeit nicht im Stich gelassen. Jetzt, wo jedermann mich *duzte* und verhöhnte, verdoppelte er ganz bewußt seine Höflichkeit mir gegenüber, dabei waren seine Worte so eindringlich, so hochfahrend und bestimmt, daß sie keinen Widerspruch duldeten.

»Wir sind hier in unserer Sache, Alexander Petrowitsch, dabei haben Sie nichts verloren. Gehen Sie anderswo hin, warten Sie, wie es ausgeht ... Ihre Leute sind alle in der Küche, verfügen Sie sich auch dorthin ...«

»Ab mit ihm zu des Teufels Großmutter!« bekräftigte jemand.

Durch das offene Küchenfenster erkannte ich tatsächlich unsere Polen; auch wollte mir scheinen, als ob sich dort außer ihnen noch eine Menge Menschen versammelt hätte. Ganz verdattert ging ich auf die Küche zu. Lachen, Johlen und Klatschen (das bei den Sträflingen das Pfeifen ersetzte) begleiteten mich.

»Dem hat's bei uns nicht gefallen! ... Holla! ... Haltet ihn! ...«

Nie zuvor war ich im Zuchthaus so tief gekränkt worden, und es hatte mich schwer getroffen. Aber ich war auch dummerweise in eine so gespannte Situation hineingeplatzt. Im Küchenflur begegnete mir T.,* ein Adliger, ein energischer und hochherziger Mann ohne besondere Bildung, den eine unzertrennliche Freundschaft mit B. verband. Er war der einzige unter den Adligen, dem die andern Sträflinge sogar etwas wie Sympathie entgegenbrachten. Er war tapfer, mannhaft und stark, und diese Eigenschaften äußerten sich in allen seinen Gebärden.

»Was machen Sie da, Gorjantschikow?« rief er mir zu, »kommen Sie her!«

»Was geht dort draußen vor?«

»Die Gefangenen wollen eine Beschwerde vorbringen, haben Sie das denn nicht gewußt? Natürlich werden sie nichts damit erreichen: wer wollte Zuchthäuslern Glauben schen-

* Gemeint ist Simon Tokarzewski (1823–1900), Mitglied einer polnischen Bauernorganisation, die gegen die Leibeigenschaft und für die nationale Unabhängigkeit Polens eintrat; Verfasser des Buches »Sieben Jahre Zwangsarbeit« (Anmerkung des Übersetzers).

ken! Man wird nach den Rädelsführern fahnden, und wenn wir uns ihnen angeschlossen hätten, würde man uns als erste der Meuterei bezichtigen. Vergessen Sie nicht, warum wir hier sind! Die da draußen wird man lediglich auspeitschen, uns aber würde man vor Gericht stellen. Der Major hat einen Haß auf uns alle und würde sich ein Vergnügen daraus machen, uns zu ruinieren. Wenn wir da draußen mitmachten, wäre das für ihn das beste Alibi.«

»Auch die Gefangenen selbst würden uns aufsitzen lassen«, fügte M. hinzu, als wir die Küche betraten.

»Machen Sie sich nichts draus, die hätten bestimmt kein Mitleid mit uns!« pflichtete T. ihm bei.

In der Küche hielten sich außer den Adligen noch eine ganze Menge Menschen auf, an die dreißig Mann. Sie alle waren dort geblieben, weil sie sich der Beschwerde nicht anschließen wollten – die einen aus Feigheit, die andern, weil sie von der völligen Aussichtslosigkeit jeder wie auch immer gearteten Beschwerde überzeugt waren. Selbstredend befand sich Akim Akimytsch darunter, eingefleischter und natürlicher Feind von Beschwerden, die in seinen Augen nur den disziplinierten Gang des Tagesablaufs störten und gegen die guten Sitten verstießen. Stumm und gelassen wartete er das Ende der Angelegenheit ab, nicht im mindesten besorgt über ihren Ausgang, sondern im Gegenteil überzeugt vom unausbleiblichen Triumph der Ordnung und des obrigkeitlichen Willens. Auch Issai Fomitsch war da, völlig hilflos, mit hängendem Kopf stand er da und suchte begierig und ängstlich jedes unserer Worte zu erhaschen. Er war zutiefst beunruhigt. Auch die einfachen polnischen Sträflinge befanden sich dort, die sich den Adligen angeschlossen hatten. Auch ein paar zaghafte russische Gefangene waren darunter, die stets stumm und verschüchtert dreinschauten. Sie hatten nicht gewagt, mit den andern anzutreten, und warteten nun bekümmert, wie das alles enden würde. Schließlich waren auch einige mürrische und ungesellige Sträflinge dabei, die sich aber keineswegs aus Angst ausgeschlossen hatten. Sie waren hiergeblieben in der trotzigen und verächtlichen Überzeugung, daß dies alles Unsinn sei und nur ein schlechtes Ende nehmen könne. Ich hatte aber doch den Eindruck, daß sie sich nicht recht wohl in ihrer Haut fühlten und nicht sehr selbstsicher dreinschauten. Wenn sie auch gewiß sein konnten, daß sie, was die Beschwerde betraf, nur zu recht hatten, was sich alsbald erweisen sollte, fühlten sie sich doch irgendwie als Abtrünnige, welche die Gemeinschaft im Stich gelassen hatten, gerade als hätten sie ihre Kameraden dem Platzmajor ausgeliefert. Auch Jolkin entdeckte ich in dieser Gruppe, jenes gewitzte sibirische Bäuerlein, das wegen Falschmünzerei sitzen mußte und Kulikow seine Kundschaft in der Stadt abspenstig gemacht hatte. Auch der alte Mann aus Starodub war hier. Die Kochmamsells waren ausnahmslos in der Küche geblieben, wohl aus der Überlegung, daß sie schließlich selber zur Administration gehörten und es für sie nicht schicklich wäre, gegen diese aufzutreten.

»Aber«, sagte ich unschlüssig zu M., »sonst sind doch fast alle mit draußen.«

»Was geht uns das an?« knurrte B.

»Wir würden hundertmal mehr aufs Spiel setzen, wenn wir mitmachten, und wozu? Je hais ces brigands. Und glauben Sie denn auch nur einen Augenblick, daß ihre Beschwerde Erfolg haben könnte? Was für einen Sinn hätte es, sich dafür in Unannehmlichkeiten zu stürzen!«

»Aus dem Ganzen kommt doch nichts raus«, warf einer der Sträflinge dazwischen, ein starrköpfiger und verbitterter alter Mann. Almasow, der ebenfalls in der Küche war, beeilte sich, ihm beizupflichten: »Nichts weiter, als daß man ein halbes Hundert auspeitschen wird.«

»Der Major ist da!« schrie jemand, und alle stürzten neugierig ans Fenster.

Der Major kam hereingestürzt, außer sich vor Zorn, puterrot im Gesicht, die Brille auf der Nase. Stumm, aber entschlossen ging er auf die Männer zu, die in Front vor ihm angetreten waren. Bei derlei Gelegenheiten war er wirklich couragiert und bewahrte seine Geistesgegenwart. Nebenbei gesagt, war er fast immer halb betrunken. Selbst seine schmierige Mütze mit dem orangegelben Rand und die schmutzigen silbernen Epauletten hatten in diesem Augenblick etwas Unheilverkündendes. Ihm folgte der Schreiber Djatlow, eine gewichtige Persönlichkeit bei uns, in dessen Händen in Wahrheit die Zuchthausverwaltung lag und der sogar einigen Einfluß auf den Major besaß, ein gerissener, sehr gewitzter Bursche, dabei kein übler Mensch. Die Gefangenen hatten nichts an ihm auszusetzen. Hinter ihm trottete der Unteroffizier, den der Major augenscheinlich schon fürchterlich heruntergeputzt hatte und der sich noch auf zehnmal Schlimmeres gefaßt machen mußte, dann kamen die Wachen, drei oder vier Mann, nicht mehr. Die Gefangenen, die ihre Mützen wohl schon in dem Augenblick abgenommen hatten, als sie nach dem Major schickten, richteten sich jetzt auf und nahmen Haltung an; jeder von ihnen wechselte noch einmal das Standbein, dann aber standen sie wie angewurzelt auf ihrem Platz und erwarteten das erste Wort, oder richtiger, den ersten Wutschrei ihres obersten Vorgesetzten.

Der ließ nicht lange auf sich warten; schon beim zweiten Wort brüllte der Major aus vollem Hals, seine Stimme überschlug sich vor lauter Wut. Aus unsern Fenstern konnten wir beobachten, wie er vor der Front auf und ab rannte, wie er sich auf einzelne Gefangene stürzte und sie verhörte. Übrigens konnten wir seine Fragen wie auch die Antworten der Gefangenen nicht verstehen, weil wir zu weit entfernt waren. Wir hörten nur, wie er mit schriller Stimme schrie: »Meuterergesindel! ... alle Mann durch die Gasse! ... Die Rädelsführer raus! ... Du bist einer! Und du!« damit stürzte er sich auf irgendeinen der Männer.

Dessen Antwort war nicht zu verstehen. Aber eine Minute danach sahen wir, wie ein Gefangener aus dem Glied trat und sich in Richtung auf die Wachstube entfernte. Nach einer weiteren Minute sahen wir, wie ihm ein zweiter, dann ein dritter folgte.

»Alle Mann vor Gericht! Euch werd ich's zeigen! Wer ist denn da in der Küche?« kreischte er dann, als er uns durch die geöffneten Fenster erblickte. »Heraus mit allen! Schafft sie auf der Stelle hierher!«

Der Schreiber Djatlow begab sich zu uns in die Küche. Hier sagte man ihm, daß wir keine Beschwerde vorzubringen hätten. Er machte unverzüglich kehrt und meldete das dem Major.

»Aha, die wollen sich also nicht beschweren!« sagte der zwei Töne tiefer, sichtlich erfreut. »Trotzdem, her mit den Kerls!«

Wir traten heraus. Ich fühlte, wie beschämend es für uns war, so vor ihn zu treten. Und alle ließen im Gehen die Köpfe hängen.

»Ach, Prokofjew! Jolkin ist auch dabei, und du, Almasow ... Stellt euch hierher, hierher, auf einen Haufen«, wies uns der Major hastig, aber mit milderer Stimme an und musterte uns wohlwollend. »M., du bist auch dabei, wie ich sehe ... notieren, alle Mann notieren. Djatlow! Schreiben Sie sofort alle Zufriedenen auf eine Liste und die Unzufriedenen auf eine andere, jeden einzelnen, und die Listen bringen Sie mir. Ich werd euch alle melden ... Vors Gericht bring ich euch! Euch werd ich helfen, ihr Halunken!«

Die Drohung mit der Liste verfehlte ihre Wirkung nicht.

»Wir sind auch zufrieden!« rief eine mürrische Stimme aus der Schar der Unzufriedenen, freilich klang es ziemlich unschlüssig.

»Ach, sieh einer an, ihr seid plötzlich auch zufrieden! Wer ist zufrieden? Wer zufrieden ist, soll vortreten.«

»Zufrieden, zufrieden!« fielen noch ein paar Stimmen ein.

»Zufrieden seid ihr! Also hat man euch aufgewiegelt? Also gibt es Anführer, Aufwiegler unter euch? Desto schlimmer für sie! ...«

»Großer Gott, worauf läuft das hinaus!« erklang eine Stimme aus der Menge.

»Wer war das, wer hat eben gerufen?« schäumte der Major und schoß in die Richtung, aus der die Stimme gekommen war. »Du warst es, Rastorgujew, du hast gerufen? Ab mit dir in die Wachstube!«

Rastorgujew, ein aufgedunsener, großer junger Bursche trat vor und trollte sich langsam zur Wachstube. Er hatte gar nicht gerufen, da man ihn aber geheißen hatte zu gehen, wagte er keinen Widerspruch.

»Euch sticht wohl der Hafer!« brüllte der Major ihm hinterdrein. »Seht euch den Fettwanst an, drei Tage lang ... Ich werd euch alle kriegen! Alle Zufriedenen heraustreten!«

»Wir sind zufrieden, Euer Hochwohlgeboren!« riefen finster ein paar Dutzend Stimmen, die übrigen schwiegen beharrlich. Mehr hatte der Major gar nicht gewollt. Ihm war sichtlich daran gelegen, die Sache so rasch wie möglich hinter sich zu bringen, und zwar auf gütliche Weise.

»Aha, auf einmal sind wieder *alle* zufrieden!« sagte er schnell. »Ich hab's doch gleich gewußt. Das waren bloß Rädelsführer! Offenbar stecken Rädelsführer dahinter!« fuhr er fort, zu Djatlow gewandt, »das muß geklärt werden. Jetzt aber ... an die Arbeit, es ist allerhöchste Zeit! Laßt die Trommel rühren!«

Er überwachte diesmal persönlich den Arbeitsappell. Stumm und bedrückt machten sich die Gefangenen auf den Weg zu ihren Arbeitsplätzen, erleichtert wenigstens darüber, daß sie ihm so rasch wieder aus den Augen kommen konnten. Nach dem Appell verfügte sich der Major sofort in die Wachstube und hielt Abrechnung mit den »Rädelsführern«, übrigens nicht allzu strenge. Er hatte es sichtlich eilig damit. Einer von ihnen hatte, wie man hernach erfuhr, um Verzeihung gebeten, die ihm auch alsbald gewährt wurde. Es war augenscheinlich, daß sich der Major selbst nicht so ganz wohl in seiner Haut fühlte und daß ihm der Schrecken doch ein wenig in die Glieder gefahren war. Eine Beschwerde ist in jedem Fall eine heikle Angelegenheit, und wenn man die Klagen der Gefangenen auch gar nicht als Beschwerde im eigentlichen Sinn bezeichnen konnte, weil sie sie nicht der vorgesetzten Behörde, sondern dem Major persönlich vorgetragen hatten, war ihm der Zwischenfall doch unangenehm und peinlich genug. Vor allem verdroß es ihn, daß so viele Gefangene wie ein Mann aufgestanden waren. Also war er darauf bedacht, die ganze Angelegenheit um jeden Preis zu vertuschen. Die »Rädelsführer« ließ man schon bald wieder laufen. Am nächsten Tag besserte sich das Essen, freilich nicht für lange. Der Major ließ sich in der ersten Zeit häufiger im Zuchthaus blicken, um zu inspizieren, und stieß auf mancherlei Unregelmäßigkeiten. Unser Unteroffizier lief mit besorgter und verwirrter Miene umher, als ob er sich vor Staunen immer noch nicht fassen könnte. Was die Gefangenen betraf, so konnten sie sich noch lange nach diesem Zwischenfall nicht wieder beruhigen, wenn die laute Erregung auch einer stummen Betroffenheit gewichen war. Manche ließen die Köpfe hängen. Andere wechselten nur wenige, widerwillige Worte über die Sache. Viele spotteten auch ingrimmig und vernehmlich über sich selbst, als ob sie sich wegen der Beschwerde selbst eins auswischen wollten.

»Da hast du nun dein Fett, nimm's und schluck's runter!« sagte wohl einer.

»Was man sich einbrockt, muß man eben auslöffeln!« fügte ein anderer hinzu.

»Wo wäre die Maus, die der Katz die Schell umhängt?« bemerkte ein dritter.

»Unsereinen kann man ohne Knüppel nicht zur Vernunft bringen, das ist klar. Wir können von Glück sagen, daß er nicht alle durchgebleut hat.«

»Wir sollten künftig erst denken, dann reden, das wär gescheiter!« schloß ein anderer voller Grimm.

»Das mußt du grade sagen, du Klugscheißer!«

»Ich weiß schon, was ich sage.«

»Wer bist du denn schon, daß du dich so aufplusterst?«

»Ich bin immer noch ein Mensch, dagegen du?«

»Ein abgenagter Hundeknochen, das bist du!«

»Selber Hundeknochen.«

»Heda, jetzt aber Schluß mit dem Krach!« schrie man von allen Seiten auf die Streitenden ein.

Als ich an jenem Abend, das heißt am Tage der Beschwerde, von der Arbeit zurückkehrte, traf ich hinter den Kasernen mit Petrow zusammen. Er hatte mich schon gesucht. Er kam auf mich zu, brummelte irgend etwas vor sich hin, nur wenige unzusammenhängende Bemerkungen, dann brach er zerstreut ab und lief nur mechanisch neben mir her. Die ganze Affäre lag mir noch sehr schmerzlich auf der Seele, und ich glaubte, Petrow könne mir vielleicht einige Aufklärung geben.

»Sagen Sie, Petrow«, fragte ich ihn, »sind Ihre Leute sehr ärgerlich auf uns?«

»Wer soll ärgerlich sein?« fragte er zurück, gleichsam erwachend.

»Die Gefangenen auf uns ... auf die Adligen?«

»Worüber sollten sie denn ärgerlich sein?«

»Weil wir uns der Beschwerde nicht angeschlossen haben.«

»Warum hätten Sie sich denn beschweren sollen?« fragte er, vergeblich bemüht, mich zu begreifen, »Sie essen doch eigene Kost.«

»Ach, mein Gott! Von Ihren Leuten verköstigen sich schließlich auch manche selbst, und doch haben sie mitgemacht. Genauso hätten auch wir uns anschließen müssen ... aus Kameradschaft.«

»Aber ... wie könnten Sie denn unser Kamerad sein?« fragte er verständnislos.

Ich warf ihm einen schnellen Blick zu: er hatte mich tatsächlich nicht verstanden, er begriff einfach nicht, worauf ich hinauswollte. Dafür hatte ich ihn in diesem Augenblick völlig verstanden. Zum ersten Male war eine Vermutung, die sich schon lange undeutlich in mir geregt und mich verfolgt hatte, in mir zur Gewißheit geworden, und ich begriff schlagartig, was ich vorher nur vage geahnt hatte. Ich hatte begriffen, daß sie mich nie und nimmer als Kameraden anerkennen würden, selbst wenn ich als Schwerverbrecher zu lebenslänglicher Haft verurteilt in der Sonderabteilung säße. Vor allem aber hat sich mir Petrows Gesichtsausdruck eingeprägt. Aus seiner Frage: »Wie könnten Sie denn unser Kamerad sein?« klang soviel ungekünstelte Naivität, soviel treuherzige Verständnislosigkeit. Damals fragte ich mich, ob seine Worte wirklich keine Spur von Ironie, Verbitterung oder Spott enthielten. Aber kein Gedanke daran: du kannst uns nun einmal kein Kamerad sein, das ist alles. Geh deiner Wege, wir gehn unserer Wege, kümmere dich um deine Angelegenheiten, wie wir uns um die unseren kümmern.

Und wahrhaftig hatte ich angenommen, daß sie uns nach der Beschwerde gleichsam in Stücke reißen und uns das Leben zur Hölle machen würden. Aber nichts dergleichen geschah: nicht den leisesten Vorwurf, nicht einmal die geringste Andeutung eines Vorwurfs bekamen wir zu hören, keinerlei zusätzliche Feindseligkeit war zu spüren. Sie schikanierten uns ein bißchen, wenn sich Gelegenheit dazu bot, wie sie uns auch vorher schikaniert hatten, damit hatte es sein Bewenden. Übrigens zeigten sie genausowenig Ärger über diejenigen, die sich der Beschwerde nicht angeschlossen hatten und in der Küche geblieben waren, wie über die unter ihnen, die als erste gerufen hatten, sie seien mit allem zufrieden. Darüber wurde überhaupt kein Wort mehr verloren. Besonders dieser letztere Umstand blieb für mich ein Rätsel.

8

Meine Kameraden

Natürlich zog es mich mehr zu meinesgleichen, das heißt zu den Adligen, besonders in der ersten Zeit. Aber von den drei russischen Adligen, die sich in unserm Zuchthaus befanden (Akim Akimytsch, dem Spitzel A. und dem vermeintlichen Vatermörder), war ich nur mit Akim Akimytsch in nähere Beziehung getreten. Offen gestanden, hatte ich mich ihm eigentlich nur aus Verzweiflung, im Augenblick tiefster Niedergeschlagenheit angeschlossen, als noch nicht abzusehen war, mit wem ich mich sonst noch anfreunden würde. Im vorigen Kapitel habe ich versucht, unsere Gefangenen in Kategorien einzuteilen, jetzt aber, da ich mich an Akim Akimytsch erinnere, scheint mir, daß ich noch eine weitere Kategorie hinzufügen sollte. Er war zwar der alleinige Vertreter dieser Kategorie. Ich meine damit die Kategorie der absolut gleichgültigen Sträflinge. Absolut Gleichgültige, das heißt Menschen, denen es völlig einerlei war, ob sie in Freiheit oder im Zuchthaus lebten, gab es natürlich nicht unter uns, abgesehen von ebendiesem Akim Akimytsch, der offenbar eine Ausnahme bildete. Er hatte sich im Zuchthaus so wohnlich eingerichtet, als hätte er die Absicht, sein ganzes Leben darin zu verbringen: alles um ihn her, von der Matratze, den Kissen, den sonstigen Gerätschaften an, war so dauerhaft und solide, so auf lange Zeit hin angelegt, nichts Biwakartiges und Provisorisches war dabei zu erkennen. Er hatte noch viele Jahre im Zuchthaus vor sich, hatte sich aber wohl kaum jemals Gedanken über den Zeitpunkt seiner Entlassung gemacht. Wenn er sich solcherart mit der Realität abgefunden hatte, so gewiß nicht, weil es ihm eine Herzenssache gewesen wäre, sondern allein aus Subordination, was bei ihm freilich dasselbe war. Er war ein guter Mensch und stand mir anfänglich mit Rat und Tat zur Seite, und doch erfüllte mich, offen gestanden, seine Gegenwart besonders in der ersten Zeit manchmal mit beispielloser Schwermut, die meinen ohnehin schon bedrückten Seelenzustand nur noch verschlimmerte. Eigentlich war ich nur aus Langeweile und Melancholie mit ihm ins Gespräch gekommen. Da sehnte man sich so manches Mal nach einem lebendigen Wort, wenn es auch noch so bitter, ungeduldig und boshaft gewesen wäre und wenn wir uns nur gemeinsam über unser trauriges Los empört hätten; er aber saß schweigend da, klebte seine Lampions oder erzählte, was für eine Truppenschau sie in der und der Stadt abgehalten hätten, wer der Divisionskommandeur gewesen war, wie er mit Vor- und Vatersnamen geheißen habe, ob er mit der Parade zufrieden gewesen war oder nicht, wie man den Scharfschützen neue Signale gegeben hatte, und so weiter. Und das alles mit so manierlicher, unbewegter Stimme, als ob man Wasser heruntertropfen hörte. Er geriet nicht einmal in nennenswerte Begeisterung, als er mir erzählte, daß er für seine Teilnahme an irgendeiner Unternehmung im Kaukasus mit dem Annen-Orden am Degen* ausgezeichnet worden sei. Nur seine Stimme nahm in solchen Augenblicken einen ungewöhnlich würdigen Tonfall an, er dämpfte sie ein wenig, als ob er mir ein großes Geheimnis anvertraute, sobald er nur das Wort »Annen-Orden« aussprach, und bewahrte danach an die drei Minuten lang ein besonders würdevolles Schweigen. In diesem ersten Jahr hatte ich zuweilen dumme Augenblicke, in denen ich (und zwar stets aus heiterm Himmel) Akim Akimytsch beinahe zu hassen begann, ohne zu wissen, warum, in denen ich das Schicksal verfluchte, weil es mir den

* St.-Anna-Orden 4. Klasse (Anmerkung des Übersetzers).

Platz Kopf an Kopf mit ihm auf einer Pritsche zugewiesen hatte. Meistens machte ich mir schon eine Stunde später selber Vorwürfe wegen meiner Gefühle. Dergleichen widerfuhr mir aber nur im ersten Jahr; später söhnte ich mich innerlich völlig mit Akim Akimytsch aus und schämte mich meiner einstigen Torheiten. Übrigens hatte ich mit ihm, soweit ich mich erinnere, nicht ein einziges Mal Streit.

Außer diesen drei Russen waren zu meiner Zeit noch acht Adlige im Zuchthaus. Mit einigen von ihnen kam ich in engen und angenehmen Kontakt, aber nicht mit allen. Die besten von ihnen waren krankhafte, verschrobene und sehr intolerante Naturen. Mit zwei von ihnen habe ich später überhaupt kein Wort mehr gewechselt. Gebildet waren nur drei von ihnen, und zwar B., M. und der alte Z.*, der früher irgendwo Mathematikprofessor war, ein herzensguter, wunderlicher alter Kauz, dabei trotz seiner Bildung anscheinend recht borniert. Ganz anders geartet waren M. und B. Mit M. vertrug ich mich vom ersten Augenblick an sehr gut; wir hatten niemals Streit miteinander, ich achtete ihn, konnte aber nie so richtig warm mit ihm werden und mich näher mit ihm anfreunden. Er war zutiefst mißtrauisch und verbittert, konnte sich aber vortrefflich beherrschen. Eben diese allzu große Selbstbeherrschung war es, die mir an ihm mißfiel: man spürte zu deutlich, daß er sein Inneres niemals und keinem Menschen gegenüber wirklich offenbaren würde. Aber vielleicht täusche ich mich darin auch. Er war eine starke und sehr edle Persönlichkeit. Seine außerordentliche, sogar ein wenig jesuitenhaft wirkende Gewandtheit und Vorsicht im Umgang mit andern Menschen war nur das äußere Zeichen für seine verborgene, tiefe Skepsis. Dabei litt er selbst unter diesem Zwiespalt: unter seiner Skepsis auf der einen und dem tiefen, unverbrüchlichen Glauben an einige seiner besonderen Überzeugungen und Hoffnungen

* Gemeint sind die polnischen Revolutionäre Jósef Bogusławski, Aleksander Mirecki und Jósef Ziochowski (1800–1851); letzterer war für eine in Warschau gehaltene revolutionäre Rede 1848 zum Tod verurteilt, dann zu zehn Jahren Zwangsarbeit begnadigt worden (Anmerkung des Übersetzers).

auf der anderen Seite. Trotz seiner sonstigen Umgänglichkeit und Gewandtheit war er ein unversöhnlicher Feind von B. und dessen Freund T. B. kränkelte beständig, hatte einige Veranlagung zur Schwindsucht, war reizbar und nervös, dabei im Grund ein herzensguter und edelmütiger Mensch. Seine Reizbarkeit steigerte sich bisweilen zu höchster Unduldsamkeit und Launenhaftigkeit. Ich konnte diese seine Charaktereigenschaften nicht ertragen und zog mich später ganz von ihm zurück, obwohl er mir auch weiterhin sehr sympathisch blieb. Mit M. dagegen hatte ich niemals Streit, konnte aber auch nie richtig warm mit ihm werden. Als ich mich von B. zurückzog, mußte ich im selben Augenblick auch den Verkehr mit T. abbrechen, jenem jungen Mann, den ich im vorangegangenen Kapitel im Zusammenhang mit der Beschwerde erwähnte. Das tat mir sehr leid. T. war zwar ungebildet, aber gut und tapfer, mit einem Wort ein prachtvoller junger Mann. Die Sache war nämlich die: er schätzte und achtete, ja verehrte B. so sehr, daß er jeden, der sich nur ein wenig von B. zurückzog, sogleich fast schon als seinen persönlichen Feind ansah. Später hat er sich, wenn ich mich recht erinnere, wegen B. auch mit M. entzweit, obwohl er sich lange dagegen gewehrt hatte. Ganz allgemein waren diese Polen seelisch kranke, verbitterte, reizbare und mißtrauische Leute. Das ist verständlich: sie alle hatten es sehr schwer, schwerer als wir. Sie waren weit von ihrer Heimat entfernt. Einige von ihnen waren auf lange Zeit, für zehn oder zwölf Jahre, hierher verschickt worden, und vor allem betrachteten sie ihre Mitgefangenen mit tiefen Vorurteilen, sahen in ihnen nur die Bestialität und konnten oder wollten nicht einmal eine einzige gute Eigenschaft, nichts Menschliches an ihnen sehen, und auch das war nur zu verständlich: nur die äußeren Umstände, ihr trauriges Los hatten sie diesen unglückseligen Standpunkt einnehmen lassen. Es mußte jedem einleuchten, daß ihnen das Heimweh im Zuchthaus förmlich die Luft abschnürte. Zu den Tscherkessen, den Tataren und zu Issai Fomitsch waren sie liebenswürdig und freundlich, alle übrigen Zuchthäusler mieden sie voller Abscheu. Einzig der Altgläubige aus Starodub hatte sich ihren uneingeschränkten Respekt erworben. Übrigens war mir aufgefallen, daß während der ganzen Zeit meines Aufenthaltes kein einziger unserer Sträflinge ihnen jemals ihre Herkunft, ihren Glauben oder ihre Mentalität zum Vorwurf machte, wie es, wenn auch recht selten, seitens unserer einfachen Leute im Umgang mit Ausländern, insonderheit mit Deutschen, geschehen kann. Freilich werden die Deutschen dabei allenfalls ausgelacht, denn der Deutsche ist in den Augen des einfachen Russen nun mal ein zutiefst komisches Geschöpf. Unsern Polen gegenüber benahmen sich die Zuchthäusler jedoch durchaus respektvoll und hätten ihnen niemals auch nur ein Haar gekrümmt. Die aber waren anscheinend nicht gewillt, das auch nur zur Kenntnis zu nehmen. Ich habe soeben von T. gesprochen. Er war es, der, als sie von ihrem ursprünglichen Verbannungsort in unsere Festung verlegt wurden, seinen Kameraden B. fast den ganzen Weg getragen hatte, als dieser, kränklich und von schwacher Konstitution, schon auf halbem Weg erschöpft zusammengebrochen war. Sie waren zunächst nach U-gorsk verbannt worden. Wie sie erzählten, hatten sie es dort gut gehabt, das heißt viel besser als in unserer Festung. Zwischen ihnen und Verbannten aus einer anderen Stadt hatte sich eine übrigens völlig harmlose Korrespondenz entsponnen, darum hatte man es für notwendig erachtet, unsere drei in unsere Festung zu verlegen, wo die oberste Behörde sie besser im Auge behalten konnte. Ihr dritter Leidensgefährte war Z. Bis zu ihrem Eintreffen war M. ganz allein im Zuchthaus gewesen. Was mußte er in diesem ersten Jahr seiner Verbannung gelitten haben!

Dieser Z. war der ewig ins Gebet versunkene alte Mann, den ich bereits erwähnte. Alle unsere politischen Gefangenen waren junge Leute, manche sogar noch sehr jung; nur Z. hatte die Fünfzig bereits überschritten. Er war ein redlicher, aber dabei ein wenig sonderbarer Mensch. Seine Kameraden B. und T. mochten ihn gar nicht, ja sie redeten nicht einmal mit ihm und behaupteten, er sei halsstarrig und unvernünftig. Ich kann nicht sagen, ob und wieweit diese Behauptung zutreffend war. Ich glaube, daß man im Zuchthaus wie an jedem andern Ort, wo Menschen nicht freiwillig miteinander leben, sondern zwangsweise zusammengepfercht sind, leichter in Streit geraten oder einander sogar hassen kann als in der Freiheit. Viele Umstände spielen dabei eine Rolle. Übrigens war dieser Z. wirklich ziemlich beschränkt und vielleicht auch ein unangenehmer Mensch. Auch alle andern Polen konnten nicht mit ihm auskommen. Obwohl ich selbst nie Streit mit ihm hatte, nahm ich doch auch keinen näheren Kontakt mit ihm auf. Von seinem Fachgebiet, der Mathematik, schien er etwas zu verstehen. Ich weiß noch, wie er sich ständig bemühte, mir in seinem gebrochenen Russisch ein ganz spezielles, von ihm selbst erfundenes astronomisches System zu erklären. Wie man mir erzählte, hatte er es auch veröffentlichen lassen, in wissenschaftlichen Kreisen habe man jedoch nur darüber gelacht. Ich hatte den Eindruck, daß er nicht ganz richtig im Kopf war. Ganze Tage verbrachte er kniend im Gebet, wodurch er sich die allgemeine Hochachtung erwarb, derer er sich bis zu seinem Tod erfreute. Er starb nach schwerer Krankheit in unserm Hospital vor meinen Augen. Übrigens genoß er die Achtung der Gefangenen von seinem ersten Schritt im Zuchthaus an, das heißt seit seinem Zusammenstoß mit unserm Major. Man hatte die Gefangenen nämlich auf dem Marsch von U-gorsk bis in unsere Festung nicht rasiert, so daß sie mit dicken Stoppelbärten bei uns ankamen, und als man sie als erstes dem Platzmajor vorgeführt hatte, raste der vor Empörung über diese Verletzung der Subordination, woran sie ja überhaupt keine Schuld hatten.

»In was für einem Aufzug kommen die mir unter die Augen!« brüllte er, »Landstreicher sind das, Banditen!«

Z., der damals noch wenig Russisch verstand und geglaubt hatte, sie seien gefragt worden, ob sie Landstreicher oder Banditen wären, hatte darauf geantwortet: »Wir sind keine Landstreicher, sondern politische Gefangene.«

»Wa-a-as! Du willst obendrein noch frech werden? Frech will der werden!« schäumte der Major, »ab mit ihm in die Wachstube! Hundert Rutenstreiche, sofort, auf der Stelle!«

So wurde der alte Mann gezüchtigt. Er legte sich widerspruchslos unter die Ruten, zerbiß sich die Hand und ertrug die Schläge, ohne sich zu rühren, ohne zu schreien oder auch nur zu stöhnen. B. und T. waren unterdessen bereits im Zuchthaus angekommen, wo M. sie schon am Tor erwartete und ihnen als erstes um den Hals fiel, obwohl sie sich nie zuvor gesehen hatten. Ganz empört über die Art und Weise, wie der Major sie empfangen hatte, erzählten sie, was Z. widerfahren war. Ich weiß noch, wie M. mir später davon berichtete: »Ich war außer mir«, sagte er, »ich wußte nicht, wie mir geschah, und zitterte wie im Fieber. Ich erwartete Z. am Tor. Er mußte geradewegs aus der Wachstube kommen, wo man ihn abgestraft hatte. Auf einmal wurde die Pforte geöffnet: Z. ging wie ein Schlafwandler mit bleichen, bebenden Lippen an den Sträflingen vorbei, die zusammengelaufen waren, sobald sich herumgesprochen hatte, daß ein Adliger mit Ruten gestraft würde, er ging in die Kaserne, sogleich auf seinen Platz, fiel wortlos auf die Knie und begann zu beten. Die Sträflinge waren betroffen, gerührt. Als ich diesen weißhaarigen alten Mann sah«, fuhr M. fort, »der Frau und Kinder daheim zurückgelassen hatte, als ich ihn nach einer so schimpflichen Züchtigung betend auf den Knien liegen sah, stürzte ich hinaus, hinter die Kasernen und war wohl zwei Stunden lang wie besinnungslos; ich war rasend vor Zorn ...« Die Gefangenen hatten seit jenem Vorfall großen Respekt vor Z. und behandelten ihn stets ehrerbietig. Vor allem hatte ihnen imponiert, daß er unter den Ruten keinen Laut von sich gegeben hatte.

Freilich muß hier die ganze Wahrheit gesagt werden: dieses Ereignis ist keineswegs ein typisches Beispiel für die Art, wie die verschickten Adligen von den Vorgesetzten behandelt wurden, gleichgültig, ob es sich um russische oder polnische Adlige handelte. Dieses Vorkommnis beweist lediglich, daß man dabei das Unglück haben konnte, an einen übelwollenden Menschen zu geraten, und wenn man so einen Menschen zu allem Überfluß auch noch zum nächsten Vorgesetzten bekam, hatte ein Gefangener, den er besonders aufs Korn genommen hatte, wahrlich nichts zu lachen. Andererseits darf man nicht verschweigen, daß die höchsten Behörden in Sibirien, von denen Ton und Mentalität der örtlichen

Kommandanten abhingen, die verschickten Adligen recht behutsam behandelten und sich in einigen Fällen sogar bemühten, ihnen im Vergleich zu den Sträflingen aus dem Volk Vergünstigungen zu verschaffen. Die Gründe dafür liegen klar auf der Hand: erstens waren diese obersten Vorgesetzten selber Adlige; zweitens war es vorgekommen, daß sich Adlige der Prügelstrafe nicht gefügt, sondern die Vollzugsbeamten tätlich angegriffen hatten, was schreckliche Folgen gehabt hatte; und drittens, und das war, wie ich glaube, das Entscheidende, waren schon vor längerer Zeit, vor etwa fünfunddreißig Jahren, mit einem Schlag viele Adlige nach Sibirien verbannt worden, und diese Verbannten hatten sich im Lauf der Jahre in ganz Sibirien einen so guten Ruf erworben, daß die Behörden zu meiner Zeit schon aus Tradition die adligen Gefangenen einer bestimmten Kategorie unwillkürlich mit andern Augen betrachteten als alle übrigen Verschickten. Dem Beispiel der obersten Behörde folgend, bequemten sich auch die subalternen Beamten zu dieser Anschauung, die sie, wie auch den Umgangston, selbstverständlich nur von oben übernahmen, indem sie sich der oben herrschenden Gepflogenheit unterordneten und fügten. Dabei nahmen viele untergeordnete Beamte in dieser Angelegenheit einen recht engstirnigen Standpunkt ein, kritisierten insgeheim die Anordnungen von oben und hätten es nur zu gern gesehen, wenn man sie nicht gehindert hätte, nach Belieben mit den Adligen umzuspringen. Aber das wurde ihnen doch nicht so völlig freigestellt. Ich habe guten Grund zu dieser Annahme, und zwar aus folgender Überlegung: Die zweite Kategorie der zu Zwangsarbeit verurteilten Gefangenen, der ich angehörte, die einer Festung angegliedert war und unter militärischem Oberbefehl stand, war unvergleichlich härteren Bedingungen unterworfen als die beiden anderen Kategorien, das heißt als die dritte (die Fabrik-Kategorie) und die erste (die in Bergwerken eingesetzt war). Nicht allein für die Adligen war es härter, sondern auch für alle andern Gefangenen, eben weil diese Kategorie der Militärverwaltung unterstellt und rein militärisch aufgebaut war; sie hatte viel Ähnlichkeit mit den Strafkompanien im europäischen Rußland. Der militärische

Oberbefehl war strenger, die Disziplin schärfer, man bewegte sich nur in Ketten, nur unter Bewachung, lebte ständig hinter Schloß und Riegel. Das alles wurde in den beiden anderen Kategorien nicht so streng gehandhabt. Wenigstens versicherten mir das alle unsere Gefangenen, unter denen es wahre Spezialisten auf diesem Gebiet gab. Sie alle wären liebend gern in die erste Kategorie übergewechselt, die nach dem Gesetz als die härteste galt, ja manchmal schwärmten sie geradezu davon. Von den russischen Strafkompanien dagegen sprachen alle, die je dort gewesen waren, nur mit Entsetzen und versicherten, daß es in ganz Rußland nichts Schrecklicheres gäbe als die Strafkompanien in den Festungen und daß in Sibirien im Vergleich zu ihnen geradezu paradiesische Zustände herrschten. Wenn also trotz der strengen Disziplin in unserm Zuchthaus, trotz des militärischen Oberbefehls und unter den Augen des Generalgouverneurs höchstpersönlich, und obwohl sich schließlich mitunter Außenstehende, aber immerhin doch Amtspersonen, aus Bosheit oder aus dienstlichen Eifersüchteleien dazu hergaben, den zuständigen Stellen einen Wink zu geben, daß der und der pflichtvergessene Offizier den Gefangenen einer bestimmten Kategorie Vergünstigungen gewährte – wenn man selbst an einem solchen Ort, sage ich, die verurteilten Adligen mit andern Augen betrachtete als die übrigen Gefangenen, wieviel vorteilhafter mußte es dann erst in den beiden andern Kategorien um sie bestellt sein. Deshalb glaube ich mir auf Grund meiner eigenen Erfahrungen doch ein Urteil über die diesbezüglichen Zustände in ganz Sibirien erlauben zu können. Alle Erzählungen und Gerüchte, die von Verbannten der ersten und dritten Kategorie zu mir drangen, bestätigten überdies meine Beobachtungen. Tatsächlich behandelten die Vorgesetzten alle Adligen in unserm Zuchthaus besonders aufmerksam und vorsichtig. Vergünstigungen in der Arbeit oder in der Lebensweise wurden uns freilich nicht gewährt: wir mußten genauso arbeiten wie die andern, trugen die gleichen Fußketten, saßen genauso hinter Schloß und Riegel, kurz, in dieser Hinsicht erging es uns nicht besser als allen andern Gefangenen auch. Man hätte uns das Leben auch gar nicht erleichtern können. Ich weiß, daß es in dieser Stadt in jener *vor kurzem erst beendeten, doch längst vergangenen Zeit* so viele Zuträger und Intrigen gegeben hat, so viele Menschen, die es darauf anlegten, einander Gruben zu graben, daß die Behörden sich selbstverständlich vor einer Anzeige hüten mußten. Was aber war in jener Zeit gefährlicher als eine Anzeige, man hätte den Gefangenen einer bestimmten Kategorie Vergünstigungen gewährt! Daher hatte jeder Angst, und wir wurden genauso behandelt wie alle andern Gefangenen, einzig bei der körperlichen Züchtigung wurde eine gewisse Ausnahme gemacht. Man hätte zwar keinerlei Hemmungen gehabt, uns der Prügelstrafe zuzuführen, wenn wir es verdient, das heißt, wenn wir uns etwas hätten zuschulden kommen lassen. Das erforderte die Dienstvorschrift und das Prinzip der Gleichheit auch vor – der körperlichen Züchtigung. Aber leichtfertig und ohne jeden Grund hätte man uns denn doch nicht geschlagen, während einfachen Leuten gegenüber eine derartige Leichtfertigkeit durchaus vorkam, besonders von seiten mancher subalterner Vorgesetzten, die sich einen Spaß daraus machten, die Gefangenen herumzukommandieren und bei jeder sich bietenden Gelegenheit ihre Macht spüren zu lassen. Uns war zugetragen worden, daß der Kommandant sehr aufgebracht war, als er von dem Zwischenfall mit Z. erfuhr, und dem Major eingeschärft hatte, er möge sich hinfort gefälligst mehr Zurückhaltung auferlegen. Das hatte ich von mehreren Seiten gehört. Uns war auch nicht verborgen geblieben, daß sogar der Generalgouverneur persönlich unserm Major einen Rüffel erteilt hatte, als er von dieser Affäre hörte, obwohl er ihm Vertrauen entgegenbrachte und als energischen Mann mit einigen Fähigkeiten hoch einschätzte. Und der Major hatte sich diesen Rüffel hinter die Ohren geschrieben. Wie sehr hätte es ihn beispielsweise gelüstet, sein Mütchen an M. zu kühlen, den er auf Grund von A.s Ohrenbläsereien mit seinem Haß verfolgte, aber züchtigen lassen konnte er ihn doch nicht, obwohl er ihn unablässig schikanierte und ihm am Zeug zu flicken suchte. Von dem Vorfall mit Z. erfuhr bald die ganze Stadt, und die öffentliche Meinung verurteilte das Vorgehen des Majors, viele machten ihm Vorwürfe deswegen, einige sogar auf für ihn recht peinliche Art und Weise. Da fällt mir auch mein erstes Zusammentreffen mit dem Platzmajor ein. Wir beide, das heißt ich und der andere Adlige, mit dem ich den Weg nach Sibirien angetreten hatte, waren bereits in Tobolsk durch Berichte vom unausstehlichen Charakter dieses Mannes beunruhigt worden. Die schon seit langem, seit fünfundzwanzig Jahren dort in der Verbannung lebenden Adligen, welche uns mit großer Sympathie empfangen hatten und während der ganzen Zeit, die wir in der dortigen Etappenstation verbrachten, ständigen Kontakt mit uns hielten, hatten uns bereits vor unserem künftigen Zuchthauskommandanten gewarnt und uns versprochen, alles in ihrer Macht Stehende zu tun, um uns durch Fürsprache von Bekannten vor seinen Verfolgungen zu schützen. Und wirklich hatten die drei Töchter des Generalgouverneurs, die gerade aus Rußland eingetroffen waren, um ihren Vater zu besuchen, Briefe von ihm erhalten und hatten sich anscheinend bei ihm für uns verwandt. Aber was konnte er schon tun? Er hatte dem Major lediglich gesagt, daß er im Umgang mit uns etwas behutsamer und delikater sein solle. Gegen drei Uhr nachmittags waren wir, mein Kamerad und ich, in der Stadt angekommen, und die uns eskortierenden Gendarmen hatten uns sofort unserm neuen Gebieter vorgeführt. Wir standen in der Diele, um ihn zu erwarten. Inzwischen hatte man bereits nach dem Zuchthausunteroffizier geschickt. Kaum war dieser eingetroffen, erschien auch der Platzmajor. Sein rotangelaufenes, von Pickeln übersätes Gesicht wirkte sehr unsympathisch auf uns: er glich einer bösen Spinne, die sich auf eine arme Fliege stürzt, welche sich in ihrem Netz verfangen hat.

»Name?« fragte er meinen Kameraden. Er sprach schnell, scharf, abgehackt und wollte uns damit offensichtlich einschüchtern.

»N. N.«

»Und du?« wandte er sich an mich und funkelte mich aus seinen Brillengläsern hervor an.

»N. N.«

»Unteroffizier! Ab mit ihnen ins Zuchthaus, in der Wachstube unverzüglich scheren lassen, zivilmäßig, den halben Kopf, morgen andere Fußketten anlegen. Was sind das für Mäntel? Wo habt ihr die her?« fragte er plötzlich, als sein Augenmerk auf die langen grauen Mäntel mit den gelben Kreisen auf dem Rücken gefallen war, die man uns noch in Tobolsk ausgegeben hatte und in denen wir vor seine erlauchten Augen getreten waren. »Das ist wohl eine ganz neue Uniform? Bestimmt eine neue Uniform ... Die soll wohl erst noch ausprobiert werden ... Wahrscheinlich aus Petersburg ...« sagte er, indem er uns umdrehte und von vorn und hinten betrachtete. »Haben sie auch nichts bei sich?« wandte er sich dann unvermittelt an den Gendarmen, der uns eskortiert hatte.

»Privatkleidung haben sie, Euer Hochwohlgeboren«, erwiderte der Gendarm, der augenblicklich Haltung angenommen hatte, ja sogar ein wenig zusammengefahren war. Jedermann kannte den Major, alle hatten von ihm gehört, alle fürchteten ihn.

»Alles konfiszieren. Die Unterwäsche belassen, aber nur weiße; falls sie bunte haben, wird auch die konfisziert. Der Rest wird versteigert. Der Erlös als Einnahme verbucht. Ein Sträfling hat kein Eigentum«, fuhr er fort und fixierte uns strenge. »Nehmt euch zusammen, führt euch gut! Daß mir keine Klagen kommen! Sonst ... körperliche Züchtigung! Für den geringsten Verstoß: R-r-ru-ten! ...«

Dieser Empfang war so ungewohnt für mich, daß ich den ganzen ersten Abend fast krank davon war. Übrigens wurde dieser erste Eindruck noch verschlimmert durch das, was ich im Zuchthaus zu sehen bekam; aber meine Ankunft im Zuchthaus habe ich ja bereits geschildert.

Ich sagte eben, daß man uns keinerlei Vergünstigung zu gewähren wagte, keine Arbeitserleichterung im Vergleich zu den andern Sträflingen. Und doch hat man einmal versucht, dies zu tun: B. und ich waren drei volle Monate lang zur Schreibarbeit in die Ingenieurskanzlei abkommandiert worden. Das geschah aber ganz unter der Hand, und zwar auf Veranlassung der Ingenieuroffiziere. Das heißt, alle andern

Stellen, die es anging, wußten wohl davon, machten aber Miene, als hätten sie keine Ahnung. Das war noch unter dem Kommandanten G. Der Oberstleutnant G. kam zu uns wie vom Himmel gefallen, aber er blieb nur sehr kurze Zeit bei uns, kaum länger als ein halbes Jahr, wenn ich mich nicht täusche, vielleicht sogar noch kürzer, dann kehrte er nach Rußland zurück, aber er hatte bei allen Sträflingen einen unauslöschlichen Eindruck hinterlassen. Die Gefangenen liebten ihn nicht nur, sie vergötterten ihn, wenn man ein solches Wort in diesem Zusammenhang gebrauchen darf. Ich weiß nicht, wie er es fertiggebracht hatte, aber er hatte vom ersten Augenblick an ihre Herzen erobert. »Ein Vater ist das, ein leibhaftiger Vater! Der eigne Vater könnte nicht besser sein!« war die ständige Redensart der Gefangenen, solange er die Ingenieurabteilung kommandierte. Ich glaube, er war ein arger Saufbold. Er war klein, von schneidigem, selbstbewußtem Auftreten. Dabei war er freundlich, beinahe zärtlich zu den Gefangenen und liebte sie in der Tat buchstäblich wie ein Vater. Warum er sie so gern hatte, weiß ich nicht, aber er konnte keinen von ihnen sehen, ohne ihm ein freundliches, aufmunterndes Wort zu sagen, ohne mit ihm zu lachen und zu scherzen, und, was die Hauptsache war, bei all dem kehrte er nie den Vorgesetzten heraus, nichts in seinem Verhalten wirkte herablassend oder gönnerhaft. Er war ihnen Kamerad, er gehörte zu ihnen. Aber trotz dieser seiner ganz instinktiv demokratischen Mentalität hätten sich die Gefangenen ihm gegenüber nie auch nur die geringste Unehrerbietigkeit oder Familiarität herausgenommen. Ganz im Gegenteil. Jeder Gefangene strahlte übers ganze Gesicht, wenn er dem Kommandanten begegnete, und sah ihm mit gezogener Mütze lächelnd entgegen, wenn jener auf ihn zutrat. Und wenn er ihn gar ansprach, war das genausoviel wert, als hätte er ihm einen Rubel geschenkt. Es gibt solche populären Menschen. Er sah aus wie ein richtiger Draufgänger, hatte einen aufrechten, verwegenen Gang. »Ein Adler ist das!« pflegten die Sträflinge von ihm zu sagen. Er konnte ihnen natürlich auch keine Erleichterungen verschaffen; er hatte ja nur die Ingenieursverwaltung unter sich, wo die Arbeiten wie unter allen andern Kommandanten ihren alltäglichen, ein für allemal feststehenden und geregelten Verlauf nahmen. Das einzige, was er tun konnte, wenn er zufällig einen Trupp traf und sah, daß die Gefangenen ihre Arbeit erledigt hatten, war, daß er sie nicht länger zurückhielt, sondern schon vor dem Trommelsignal heimgehen ließ. Die Sträflinge wußten jedoch das Vertrauen zu schätzen, das er ihnen entgegenbrachte, das völlige Fehlen kleinlicher Pedanterie und Reizbarkeit oder anderer verletzender Formen in seinem Verhalten als Vorgesetzter. Hätte er tausend Rubel verloren, so hätte, glaube ich, auch der ärgste Spitzbube unter unsern Leuten ihm das Geld zurückgebracht, wenn er es gefunden hätte. Ich bin sogar sicher, daß dies der Fall gewesen wäre. Mit welcher Genugtuung hörten die Gefangenen, daß ihr Adler, der Kommandant, sich bis auf den Tod mit dem allseits verhaßten Major zerstritten hatte. Das war bereits im ersten Monat nach seiner Ankunft geschehen. Er und unser Major waren irgendwann einmal Regimentskameraden gewesen. So hatten sie sich nach langer Trennung wie alte Freunde wiederbegrüßt und miteinander gezecht. Aber dann war es zum Bruch zwischen ihnen gekommen. Sie hatten Streit gehabt, und G. wurde zum Todfeind des Majors. Man munkelte sogar, daß es dabei zu einer Prügelei gekommen sei, was bei unserm Major keineswegs ausgeschlossen war, denn er wurde öfters handgreiflich. Wie das den Gefangenen zu Ohren kam, kannte ihre Begeisterung keine Grenzen mehr. »Als ob man den mit dem Achtauge in einen Topf werfen könnte. Das ist ein Adler, unser Dreckskerl dagegen ...« dann folgte gewöhnlich noch ein nicht gerade druckreifer Ausdruck. Gar zu begierig war man bei uns, herauszukriegen, wer von den beiden die Oberhand behalten hatte. Wenn sich das Gerücht von ihrer Rauferei als falsch erwiesen hätte (was durchaus hätte sein können), so hätte das unsere Gefangenen wahrscheinlich sehr verdrossen. »Bestimmt hat der Kommandant ihm gehörig heimgegeigt«, sagten sie, »der ist klein, aber fix, der andere soll ja vor lauter Angst unters Bett gekrochen sein.« Bald darauf kam G. wieder fort, und die Gefangenen verfielen in ihre alte

Schwermut. Zwar waren die Kommandanten der Ingenieurtruppen samt und sonders ordentliche Leute; zu meiner Zeit wurden drei oder vier von ihnen abgelöst, »aber so einen wie den erleben wir nicht noch einmal, ein Adler war das, ein Adler und Nothelfer.« Eben dieser G. hatte viel für uns Adlige übrig, und zuletzt hatte er B. und mich hin und wieder zur Arbeit in der Kanzlei angefordert. Nach seinem Weggang wurde dieser Auftrag dann ganz offiziell geregelt. Unter den Ingenieuren gab es einige (besonders einen), die große Sympathie für uns empfanden. Wir gingen also in die Kanzlei und schrieben Akten ab, wodurch sich sogar unsere Schrift verbesserte, bis auf einmal von der obersten Behörde Anweisung erging, uns unverzüglich auf unseren alten Arbeitsplatz zurückzuversetzen: irgend jemand hatte uns also schon wieder denunziert! Übrigens hatte das auch sein Gutes: wir beide hatten die Kanzlei allmählich gründlich satt. Danach blieben B. und ich fast zwei Jahre lang unzertrennlich am selben Arbeitsplatz, meistens in der Drechslerwerkstatt. Wir plauderten miteinander, sprachen von unsern Hoffnungen und Überzeugungen. Er war ein prächtiger Mensch, nur vertrat er manchmal recht sonderbare und extreme Ansichten. Man erlebt es ja öfters, daß sich gerade in den Köpfen mancher sehr gescheiter Leute ganz paradoxe Begriffe festsetzen. Aber um dieser ihrer Überzeugungen willen haben sie so viel durchgemacht, haben sie sie so teuer erkauft, daß es zu schmerzlich, ja fast unmöglich für sie gewesen wäre, sich von ihnen loszusagen. B. jedenfalls nahm sich meine Einwände sehr zu Herzen und antwortete mir jedesmal bissig und gereizt. Vielleicht war er in mancher Hinsicht auch im Recht, das wage ich nicht zu entscheiden, aber zuletzt trennten sich unsere Wege, was mir sehr leid tat, hatten wir doch so vieles miteinander geteilt.

Unterdessen war M. im Laufe der Jahre immer schwermütiger und finsterer geworden. Die Sehnsucht hatte ihn überwältigt. Früher, in der ersten Zeit meines Aufenthalts, war er mitteilsamer gewesen und doch noch häufiger aus sich herausgegangen. Er war schon das dritte Jahr im Zuchthaus, als ich meine Strafe antrat. Zuerst hatte er sich lebhaft für alles interessiert, was inzwischen in der Welt geschehen war und wovon er hier im Zuchthaus natürlich keine Ahnung hatte. Er fragte mich aus, hörte sich alles an und ereiferte sich wohl auch darüber. Später aber, im Lauf der Jahre, zog er sich immer mehr in sich selbst zurück. Die glühenden Kohlen lagen unter einer Aschenschicht verborgen. Seine Verbitterung steigerte sich immer mehr. »Je hais ces brigands«, sagte er immer wieder mit feindseligem Blick auf die Sträflinge, die ich inzwischen besser kennengelernt hatte, und keines meiner Argumente vermochte ihn zu ihren Gunsten umzustimmen. Er begriff gar nicht, was ich eigentlich meinte, wenn er mir mitunter auch zerstreut beipflichtete; aber schon am nächsten Tag bekam ich wieder sein ewiges »Je hais ces brigands« zu hören. Übrigens unterhielten wir uns meistens auf französisch miteinander, was einen unserer Aufseher, den Pionier Dranischnikow, aus unerfindlichen Gründen veranlaßte, uns als »Feldscherer« zu bezeichnen. M. wurde nur dann lebhaft, wenn er auf seine Mutter zu sprechen kam. »Sie ist alt und krank«, sagte er, »sie liebt mich über alles, und ich weiß nicht einmal, ob sie noch am Leben ist. Es könnte ihr Tod sein, wenn sie erfahren muß, daß man mich hat Spießruten laufen lassen ...« M. war nicht von Adel und war vor der Verbannung gezüchtigt worden. Wenn er davon sprach, preßte er die Zähne aufeinander und sah krampfhaft zur Seite. In allerletzter Zeit hatte er sich immer häufiger abgesondert. Eines Tages wurde er gegen zwölf Uhr mittags zum Kommandanten gerufen. Dieser empfing ihn mit aufmunterndem Lächeln.

»Na, M., was hast du heute nacht geträumt?« fragte er.

»Ich bin richtig zusammengefahren«, erzählte M. danach, als er zu uns zurückkam. »Mir ging es wie ein Stich durchs Herz.«

»Mir hat geträumt, daß ich einen Brief von meiner Mutter bekommen hätte«, antwortete er.

»Besser, viel besser!« erwiderte der Kommandant. »Du bist frei! Deine Mutter hat für dich gebeten ... Man hat ihrem Gnadengesuch stattgegeben. Hier ist ihr Brief, und hier der dich betreffende Befehl. Du kannst das Zuchthaus auf der Stelle verlassen.«

Ganz bleich kam er zu uns zurück, noch völlig fassungslos über diese unverhoffte Wendung seines Geschicks. Wir beglückwünschten ihn und schüttelten seine kalten, zitternden Hände. Auch viele andere Gefangene gratulierten ihm und freuten sich mit ihm über sein Glück.

Er blieb in Sibirien und ließ sich als Ansiedler in unserer Stadt nieder. Bald danach erhielt er auch eine Anstellung. Anfangs kam er noch häufig zu uns ins Zuchthaus und brachte uns nach Möglichkeit die neuesten Nachrichten mit, wobei ihn die politischen am meisten interessierten.

Von den übrigen vier Polen, die außer M., T., B. und Z. bei uns gefangen saßen, waren noch ganz junge Leute, die nur kurze Strafen zu verbüßen hatten; das waren ziemlich ungebildete, aber biedere und aufrechte Menschen. Der dritte, A., war allzu einfältig und stellte nichts Besonderes dar, während B., der vierte, ein schon bejahrter Mann, auf uns alle einen höchst unangenehmen Eindruck machte. Ich habe keine Ahnung, wie er ausgerechnet in diese Gefangenenkategorie geraten war, auch legte er selbst größten Wert darauf, nicht dazugerechnet zu werden. Das war eine grobschlächtige Kleinbürgerseele mit den Gewohnheiten und der Moral eines durch Pfennigfuchserei reich gewordenen Krämers. Er war völlig ungebildet und hatte außer für sein Handwerk für nichts Interesse. Er war Anstreicher, aber ein ganz erstklassiger, hervorragender Anstreicher. Auch unsere Vorgesetzten hörten von seinen Fähigkeiten, und bald verlangte alle Welt nach B., um Wände und Decken anzustreichen. Nach zwei Jahren hatte er bereits die meisten Dienstwohnungen ausgemalt. Die Wohnungsinhaber zahlten ihm dafür, und so führte er kein schlechtes Leben. Das beste dabei war, daß man sich mit der Zeit daran gewöhnte, seine andern Kameraden als Handlanger mitzuschicken. Von den drei Polen, die ihn ständig begleiteten, erlernten zwei das Malerhandwerk von ihm, und einer der beiden, T., war bald kein schlechterer Anstreicher als er selbst. Unser Platzmajor, der ebenfalls eine Dienstwohnung innehatte, forderte seinerseits B. für sich an und ließ ihn alle Wände und Decken in der Wohnung streichen. Dabei gab sich B. die größte Mühe: auch der Generalgouverneur hatte keine so prächtig hergerichtete Wohnung. Es war ein einstöckiges Holzhaus, von außen ziemlich unansehnlich und baufällig, die Innenräume aber waren ausgemalt wie ein Palast, und der Major war hellauf begeistert ... Er rieb sich die Hände vor Vergnügen und meinte, jetzt müsse aber unbedingt geheiratet werden: »Wenn man eine so allerliebste Wohnung hat, muß man ja einfach heiraten«, fügte er in vollem Ernst hinzu. Seine Zufriedenheit mit B. wuchs von Tag zu Tag und übertrug sich auch auf die andern, die ihm zur Hand gingen. Die Arbeit dauerte einen ganzen Monat. Während dieser Zeit änderte sich die Einstellung des Majors zu allen Adligen von Grund auf, und er begann sie zu protegieren. Das ging so weit, daß er eines schönen Tages ganz unvermittelt Z. aus dem Zuchthaus zu sich kommen ließ.

»Z.«, sagte er, »ich habe dich beleidigt. Ich habe dich grundlos züchtigen lassen, ich weiß es. Es tut mir leid. Begreifst du, was das heißt? Mir, *mir, mir* tut es leid!«

Z. erwiderte, daß er wohl wisse, was das heiße.

»Begreifst du, daß ich, *ich* als dein Vorgesetzter dich habe rufen lassen, um dich um Verzeihung zu bitten! Ahnst du überhaupt, was das heißen will? Wer bist *du* im Vergleich zu mir? Ein Wurm! Ach was, weniger als ein Wurm: ein Sträfling bist du! Ich aber, ich bin Major von Gottes Gnaden*. Major! Begreifst du das?«

Z. gab zur Antwort, daß er auch das zu würdigen wisse.

»Nun, so schließen wir also Frieden miteinander. Aber begreifst du, begreifst du auch in vollem Umfang, was das bedeutet? Bist du imstande, es zu begreifen und zu ermessen? Stell dir nur das eine vor: ich, ich, ein Major ...« und so weiter.

Z. selbst hat mir die ganze Szene hernach geschildert.

* Eine wörtliche Redewendung, die zu meiner Zeit nicht allein unser Major, sondern viele subalterne Dienstgrade im Mund führten, vornehmlich solche, die sich vom Gemeinen heraufgedient hatten (Anmerkung des Autors).

Also war selbst in diesem versoffenen, bornierten und unbeherrschten Menschen noch eine menschliche Regung vorhanden. Wenn man sich dabei seine Begriffswelt und seine Entwicklung vor Augen hielt, konnte man sein Verhalten geradezu großmütig nennen. Aber vielleicht war er im Augenblick dieser Aufwallung auch nur besonders betrunken gewesen.

Indes sollte sein Traum nicht in Erfüllung gehen: er heiratete nicht, so fest er sich auch dazu entschlossen hatte, nachdem man ihm die Wohnung so prächtig hergerichtet hatte. Anstatt zu heiraten, wurde er vor Gericht gestellt, und man legte ihm nahe, seinen Abschied einzureichen. Dabei kamen auch alle seine alten Sünden ans Tageslicht. Er war, wenn ich mich recht entsinne, in dieser Stadt einmal Stadthauptmann gewesen ... Das war für ihn ein Schlag aus heiterm Himmel. Im Zuchthaus dagegen war alles außer Rand und Band. Ein Festtag war das, ein wahrer Triumph! Der Major soll, so erzählte man sich, geflennt haben wie ein altes Weib und in Tränen zerflossen sein. Aber das half ihm alles nichts. Er nahm seinen Abschied, verkaufte die beiden Grauschimmel, dann seine ganze Habe und geriet zuletzt sogar in Armut. Wir begegneten ihm hernach noch öfter, wie er in seinem abgetragenen Zivilrock, eine Mütze mit Kokarde auf dem Kopf, durch die Straßen ging. Er starrte die Gefangenen stets wuterfüllt an. Aber kaum daß er die Uniform ausgezogen hatte, war auch sein ganzer Zauber dahin. In Uniform war er ein Gewitter, ein Gott. Im Gehrock dagegen war er plötzlich ein Nichts und hatte Ähnlichkeit mit einem Lakaien. Es ist erstaunlich, wieviel die Uniform bei Leuten seines Schlages ausmacht.

9

Die Flucht

Bald nach dem Verschwinden des Platzmajors kam es zu einschneidenden Veränderungen im Zuchthaus. Die Zivilabteilung wurde aufgelöst, und an ihre Stelle trat eine Strafkompanie unter rein militärischer Verwaltung nach dem Muster der russischen Strafkompanien. Das hatte zur Folge, daß hinfort keine Sträflinge der zweiten Kategorie mehr in unser Zuchthaus eingeliefert wurden. Von diesem Zeitpunkt an wurde es nur noch mit Militärgefangenen belegt, das heißt, mit Soldaten, die straffällig geworden, aber ihrer Bürgerrechte nicht verlustig gegangen waren und nur kurzfristige Strafen verbüßen mußten (bis zu sechs Jahren) und die nach ihrer Entlassung aus dem Zuchthaus wieder als Gemeine in ihre alten Bataillone eingegliedert wurden. Die rückfälligen Verbrecher kehrten dann freilich genau wie früher zu zwanzigjähriger Zwangsarbeit ins Zuchthaus zurück. Wir hatten zwar auch schon vor dieser Umstellung eine Militärabteilung gehabt, aber sie war uns lediglich angegliedert, weil man keinen andern Platz für sie hatte. Jetzt aber wurde der gesamte Zuchthausbetrieb auf diese Militärabteilung zugeschnitten. Es versteht sich von selbst, daß die alten Zuchthäusler, das heißt die Zivilgefangenen, denen alle Bürgerrechte abgesprochen, die gebrandmarkt und deren Köpfe halb geschoren waren, bis zur Verbüßung ihrer Strafe im Zuchthaus verblieben; neue kamen nicht dazu, die alten brachten ihre Strafzeit allmählich hinter sich und wurden entlassen, so daß es in zehn Jahren keinen einzigen Zivilgefangenen in unserm Zuchthaus mehr geben würde. Auch die Sonderabteilung blieb erhalten, in diese Abteilung wurden von Zeit zu Zeit immer wieder neue, unter Militärgerichtsbarkeit stehende Schwerverbrecher eingeliefert, aber nur bis zur geplanten Errichtung besonders strenger Zwangsarbeitslager in Sibirien. Demzufolge blieb in unserm Leben im Grunde alles beim alten: dieselbe Unterbringung und Verpflegung, dieselbe Arbeit und fast dasselbe Reglement, einzig der Kommandostab war ausgewechselt und erweitert worden. Ein Stabsoffizier war ernannt worden, ein Kompaniechef und vier weitere Offiziere, die wechselweise im Zuchthaus den Wachdienst versahen. Auch die Invaliden wurden abgelöst, an ihre Stelle traten zwölf Unteroffiziere und ein Zeugmeister. Man teilte die Gefangenen in Gruppen zu je zehn Mann ein, außerdem wurden einzelne Gefangene zu Gefreiten ernannt, nur nominell, versteht sich, und ebenso selbstverständlich war es auch, daß Akim Akimytsch sogleich zum Gefreiten avancierte. Auch nach dieser Umstellung blieb das Zuchthaus mitsamt dem militärischen Personal und den Gefangenen nach wie vor dem Kommandanten als dem obersten Vorgesetzten unterstellt. Das war alles, was sich verändert hatte. Natürlich waren die Gefangenen anfangs sehr aufgeregt darüber, es wurde viel debattiert, man rätselte über die neuen Vorgesetzten herum und suchte zu ergründen, was das für Leute waren, als man aber sah, daß im Grund genommen alles beim alten blieb, beruhigte man sich augenblicklich, und das Leben nahm wieder seinen gewohnten Verlauf. Die wichtigste Veränderung dabei war, daß wir den Platzmajor los waren; alle atmeten auf und faßten neuen Mut. Wie weggeblasen war das geduckte und verschüchterte Gebaren; jeder wußte, daß er notfalls beim Vorgesetzten vorstellig werden konnte, daß ein Unschuldiger allenfalls noch aus Versehen bestraft werden würde. Selbst der Schnapshandel florierte wie eh und je und unter den gleichen Bedingungen wie zuvor, obwohl anstelle der Invaliden jetzt Unteroffiziere in den Kasernen die Aufsicht führten. Diese Unteroffiziere waren in der Regel ordentliche und vernünftige Leute, die sich gut in ihre neue Stellung fanden. Einige von ihnen zeigten anfangs die Neigung, sich aufzuspielen, und meinten, aus Unerfahrenheit natürlich, sie könnten mit den Gefangenen umspringen wie mit ihren Rekruten. Aber auch die hatten bald erkannt, woran sie waren. Denen, die zu lange begriffsstutzig blieben, erteilten die Gefangenen schon selber die notwendige Lektion. Es kam zu ziemlich heftigen Zusammenstößen: zum Beispiel verleitete man einen Unteroffizier zum Trinken und klärte ihn hernach, auf kameradschaftliche Weise natürlich, darüber auf, daß er schließlich mit den Gefangenen gezecht und folglich ... Das Ende vom Lied war, daß die Unteroffiziere gleichmütig zusahen, oder richtiger, nach bestem Vermögen übersahen, wenn die Schläuche hereingeschmuggelt und der Schnaps feilgeboten wurde. Nicht genug damit: bald erledigten sie, genau wie früher die Invaliden, die Einkäufe auf dem Markt und besorgten für die

Gefangenen Kalatschen, Fleisch und andere Dinge, das heißt alles, was sie verantworten konnten, ohne in Konflikte mit den Vorgesetzten zu kommen. Was man mit dieser Umstellung bezweckte, warum die Strafkompanien eingeführt wurden, kann ich beim besten Willen nicht sagen. Dies alles geschah bereits in den letzten Jahren meiner Haft. Aber zwei Jahre mußte ich doch noch unter dieser neuen Ordnung zubringen ...

Soll ich hier nun alle meine im Zuchthaus verlebten Jahre beschreiben? Ich glaube nicht. Wollte ich alles genau der Reihe nach zu Papier bringen, was in diesen Jahren geschehen war, was ich gesehen und durchgemacht hatte, könnte ich natürlich noch drei- oder viermal soviel schreiben wie bisher. Aber eine solche Beschreibung würde zuletzt ungewollt doch langweilig werden. Die einzelnen Begebenheiten würden eintönig wirken, besonders wenn der Leser durch die Lektüre der bereits vorliegenden Kapitel schon einen einigermaßen umfassenden Begriff vom Leben der zweiten Sträflingskategorie bekommen hat. Ich hatte die Absicht, unser ganzes Zuchthaus und alles, was ich in diesen Jahren erlebt hatte, in einem einzigen anschaulichen und klaren Bild zu zeigen. Ob mir das gelungen ist, weiß ich nicht. Freilich kann es auch nicht meine Sache sein, das zu beurteilen. Aber ich bin sicher, daß ich hiermit schließen kann. Übrigens werde ich bei diesen Erinnerungen noch heute zuweilen von der Schwermut übermannt. Außerdem kann ich mich auch kaum noch an alles erinnern. Die späteren Jahre haben sich in meinem Gedächtnis merkwürdig verwischt. Gewiß sind mir viele Umstände völlig entfallen. Zum Beispiel erinnere ich mich noch, daß alle diese Jahre, von denen eines dem andern so gleich war, träge und öde dahingingen. Ich weiß noch, daß diese langen, gleichförmigen Tage so eintönig waren wie das Wasser, das nach einem Regen vom Dach tropft. Ich weiß, daß allein der leidenschaftliche Wunsch nach Auferstehung, nach einem neuen Anfang, nach neuem Leben mir die Kraft gab, auszuharren und zu hoffen. Und zuletzt gelang es mir, meinen Gram zu bezwingen: ich wartete, ich zählte jeden einzelnen Tag, und wenn auch noch tausend Tage vor mir lagen, zog ich doch mit Befriedigung einen nach dem andern ab, gab ihm das letzte Geleit, trug ihn zu Grabe und war beim Anbruch des neuen Tages froh, daß nicht mehr tausend, sondern nur noch neunhundertneunundneunzig Tage vor mir lagen. Ich weiß auch noch, daß ich mich in der ganzen Zeit, ungeachtet der Hunderte von Kameraden um mich her, schrecklich einsam fühlte und daß ich dieser Einsamkeit zuletzt auch ihre guten Seiten abzugewinnen lernte. Als Folge dieser seelischen Einsamkeit unterzog ich mein ganzes vergangenes Leben einer Überprüfung, überdachte noch die letzten Kleinigkeiten, versenkte mich in meine Vergangenheit, hielt über mich selbst ein unbarmherziges und strenges Gericht und segnete in mancher Stunde sogar das Schicksal dafür, daß es mir diese Einsamkeit gesandt hatte, ohne die es weder zu diesem Selbstgericht noch zu einer so strengen Überprüfung meines früheren Lebens gekommen wäre. Und was für Hoffnungen erfüllten damals mein Herz! Ich dachte, ich nahm mir fest vor, ich schwor mir, daß mein künftiges Leben frei sein sollte von allen früheren Verirrungen und Fehlern. Ich machte mir ein Programm für die Zukunft und nahm mir vor, diesem Programm unbeirrt zu folgen. In mir wuchs der blinde Glaube, daß ich die Kraft finden würde, alle diese Vorsätze zu verwirklichen ... Ich wartete auf die Freiheit, ich hätte sie gern herbeigerufen, ich brannte darauf, mich in neuem Kampfe zu erproben. Manchmal packte mich krampfhafte Ungeduld ... Aber noch heute tut es mir weh, wenn ich mich an meinen damaligen Seelenzustand erinnere. Natürlich sind das alles nur meine persönlichen Erfahrungen. Aber ich habe sie ja gerade darum niedergeschrieben, weil ich glaube, daß jeder sie verstehen müßte, denn niemandem würde es anders ergehen, der in der Blüte seiner Jahre und Lebenskraft eine Zeitlang im Gefängnis verbringen muß ...

Doch genug davon! ... Lieber will ich noch etwas erzählen, um nicht gar so abrupt zum Schluß zu kommen.

Mir ist eingefallen, daß jemand fragen könnte, ob es denn niemals gelungen sei, aus dem Zuchthaus zu fliehen, und ob in all diesen Jahren niemand einen Fluchtversuch unternommen hätte. Ich schrieb ja schon, daß ein Gefangener, der be-bereits zwei oder drei Jahre Zuchthaus hinter sich hat, diese Jahre zu würdigen beginnt und sich unwillkürlich ausrechnet, daß es vorteilhafter für ihn ist, den Rest der Strafe ohne Ärger und Gefahr abzusitzen, um sich danach ganz legal als Ansiedler niederlassen zu können. Aber diese Rechnung ging nur im Kopf eines Gefangenen auf, der nicht zu einer sehr langen Haft verurteilt war. Ein langjähriger Sträfling war eher bereit, das Risiko einer Flucht auf sich zu nehmen. Bei uns kam es indes sonderbarerweise nie dazu. Es ist schwer zu sagen, ob unsere Leute zu feige waren, ob die Aufsicht besonders streng und militärisch gehandhabt wurde, ob die Lage unserer Stadt in vieler Hinsicht ungünstig war (sie war ja nach allen Seiten hin offen, zudem dicht bei der Steppe gelegen). Mir scheint, alle diese Gründe haben dabei eine Rolle gespielt. Es war wirklich nicht leicht, von uns zu fliehen. Und doch habe ich einmal einen solchen Fall miterlebt: zwei Gefangene riskierten die Flucht, sogar zwei der schwersten Verbrecher ...

Nach der Ablösung des Majors war A. (der ihm im Zuchthaus Spitzeldienste geleistet hatte) ganz verlassen und ohne jede Protektion zurückgeblieben. Er war noch sehr jung, aber mit den Jahren festigte sich sein Charakter. Im ganzen gesehen war er ein wagemutiger, entschlossener und sogar recht intelligenter Mensch. Er hätte zwar gewiß weiter herumspioniert und sich mit allerlei dunklen Machenschaften abgegeben, wenn er Gelegenheit dazu gehabt hätte, wäre jetzt aber bestimmt nicht mehr so töricht und unvernünftig dabei vorgegangen und folglich auch nicht so hereingefallen wie damals, als er seine Dummheit mit der Verbannung bezahlen mußte. Er hatte sich bei uns auf die Herstellung falscher Pässe spezialisiert, was ich allerdings nicht mit absoluter Sicherheit behaupten kann. Jedenfalls habe ich das von den andern Gefangenen gehört. Man behauptete, er habe sich auf diesem Gebiet schon betätigt, als er noch zum Platzmajor in die Küche gegangen war, und habe sich damit natürlich entsprechende Einkünfte verschafft. Kurzum, er war wohl zum Äußersten bereit, nur um sein Los zu ändern. Ich hatte

Gelegenheit, einigen Einblick in sein Inneres zu gewinnen: sein Zynismus ging bis zu empörender Frechheit, zu eiskaltem Spott und weckte in mir eine unüberwindliche Abneigung. Ich glaube, wenn es ihn einmal sehr nach einem Glas Schnaps gelüstet hätte und er sich dieses Glas nicht anders hätte beschaffen können als durch Mord, wäre er auch vor einem Mord nicht zurückgeschreckt, vorausgesetzt, daß er die Gewißheit gehabt hätte, daß diese Tat niemals ruchbar werden könnte. Im Zuchthaus hatte er kühle Berechnung gelernt. Auf diesen Mann also hatte der Sträfling der Sonderabteilung Kulikow sein Augenmerk gerichtet.

Von diesem Kulikow habe ich bereits gesprochen. Er war nicht mehr jung, aber leidenschaftlich und zäh, er war ein starker Charakter mit außerordentlichen und vielseitigen Talenten. Er steckte voll ungebrochener Kraft, und er wollte noch etwas vom Leben haben; Menschen seines Schlages wollen bis ins hohe Alter hinein noch etwas vom Leben haben. Und wenn ich mich gewundert hätte, warum niemand bei uns einen Fluchtversuch unternahm, so hätte ich mich vor allem über Kulikow gewundert. Aber Kulikow hatte sich entschlossen zu fliehen. Ich weiß nicht, wer von den beiden dabei die treibende Kraft war, Kulikow oder A., jedenfalls waren sie einander wert und genau die richtigen Leute, um einen solchen Plan gemeinsam auszuhecken. Sie schlossen Freundschaft miteinander. Ich glaube, Kulikow hatte gehofft, daß A. die nötigen Papiere beschaffen könnte. Außerdem war er von Adel, aus guter Familie, das verhieß einige Abwechslung für ihre künftigen Abenteuer, vorausgesetzt, daß es ihnen gelang, sich bis ins europäische Rußland durchzuschlagen. Wer weiß, was sie untereinander abgesprochen hatten und was für Hoffnungen sie hegten; aber ich bin sicher, daß sie über die üblichen Ziele und Wünsche sibirischer Landstreicher hinausgingen. Kulikow war der geborene Schauspieler, er konnte viele und mannigfache Rollen spielen; er durfte für sich noch einiges erhoffen, zumindest ein abwechslungsreiches Leben. Menschen seines Schlages mußten sich im Zuchthaus besonders bedrückt und eingeengt fühlen. Die beiden kamen also überein, die Flucht zu wagen.

Das war aber ohne Unterstützung eines Wachtpostens ein Ding der Unmöglichkeit. Also mußten sie einen Posten überreden, sich ihnen anzuschließen. In einem der in der Festung stationierten Bataillone diente ein Pole, ein energischer Mann, der wahrscheinlich ein besseres Los verdient hätte, ein schon älterer, schneidiger und doch besonnener Mann. Als er noch als junger Soldat frisch nach Sibirien versetzt worden war, war er aus unbezwingbarem Heimweh fahnenflüchtig geworden. Man hatte ihn gefaßt, bestraft und zwei Jahre lang in eine Strafkompanie gesteckt. Als er danach wieder in sein altes Regiment zurückkehrte, war er in sich gegangen, er versah seinen Dienst hinfort geradezu übereifrig und gab sich die größte Mühe. Als Auszeichnung wurde er zum Gefreiten befördert. Er war ein selbstgefälliger, ehrgeiziger Mensch, der wußte, was er wert war. Er sah auch so aus und redete wie jemand, der weiß, was er wert ist. Ich hatte ihn im Lauf der Jahre mehrmals unter unsern Wachsoldaten gesehen. Auch hatten mir die Polen schon von ihm erzählt. Ich hatte den Eindruck, daß sein einstiges Heimweh einem verborgenen, dumpfen Groll gewichen sei. Das war ein Mann, bereit, aufs Ganze zu gehen, und Kulikow hatte sich nicht getäuscht, als er ihn zum Komplizen ausersehen hatte. Sein Name war Koller. Die drei hatten alles genau abgesprochen und den Fluchttag festgesetzt. Es war im Juni, in der heißen Zeit. Diese Stadt hat ein ziemlich gleichmäßiges Klima; im Sommer bleibt die Witterung beständig und heiß, was dem Landstreicher sehr gelegen kommt. Selbstverständlich konnten die drei sich nicht einfach von Ort und Stelle aus der Festung davonstehlen; die Stadt liegt auf einem von allen Seiten her offenen Platz. Ringsum gibt es in ziemlich weitem Umkreis keinen Wald. Sie mußten Zivilkleidung anziehen, zu diesem Zweck aber mußten sie zunächst einmal in die Vorstadt gelangen, wo Kulikow seit langem einen Schlupfwinkel hatte. Ich weiß nicht, ob ihre Gönner in der Vorstadt restlos in ihre Pläne eingeweiht waren. Man sollte freilich annehmen, daß sie es waren, wenn das hernach, bei der Gerichtsverhandlung, auch nie völlig geklärt werden konnte. In jenem Jahr hatte in einem Winkel der Vorstadt just eine junge und sehr talentierte Dame, mit dem Spitznamen Wanka-Tanka, ihre Karriere begonnen. Sie berechtigte zu großen Hoffnungen, die sie hernach zum Teil auch verwirklichte. Man nannte sie auch das Feuer. Wie es scheint, hatte sie bei der Angelegenheit ihre Hand im Spiele. Kulikow hatte sich ihretwegen schon ein ganzes Jahr lang in Unkosten gestürzt. Unsere Helden fanden sich morgens wie gewohnt beim Arbeitsappell ein und wußten es so einzurichten, daß sie dem Sträfling Schilkin, einem Ofensetzer und Stukkateur, zugeteilt wurden, der die leerstehenden Bataillonskasernen neu zu verputzen hatte, aus denen die Soldaten längst in die Sommerlager ausgerückt waren. A. und Kulikow waren ihm als Handlanger zugewiesen worden. Koller meldete sich wie von ungefähr als Bewacher, und da für drei Sträflinge zwei Wachtposten als Begleitung vorgeschrieben waren, vertraute man Koller, als altgedientem Gefreiten, gern einen jungen Rekruten an, den er anlernen und dem er seine Erfahrungen beim Wachdienst weitergeben sollte. Jedenfalls mußten unsere Ausreißer unerhörten Einfluß auf Koller erlangt und er mußte ihnen blind vertraut haben, wenn er sich als ein gescheiter, solider, nüchterner Mann dazu bereit fand, mit ihnen zu fliehen.

Sie kamen in den Kasernen an. Es war gegen sechs Uhr morgens. Außer ihnen war kein Mensch dort. Nachdem sie etwa eine Stunde gearbeitet hatten, sagten Kulikow und A. zu Schilkin, daß sie in die Werkstatt wollten, erstens, um jemanden dort zu treffen, und zweitens, um bei der Gelegenheit gleich ein Werkzeug mitzubringen, das sie bei der Arbeit brauchten. Bei Schilkin mußte man die Sache schlau einfädeln, das heißt so natürlich wie möglich. Er war ein Moskauer Kleinbürger, gelernter Ofensetzer, gewitzt, pfiffig, gescheit und wortkarg. Er sah kränklich und abgezehrt aus. Nichts wäre ihm lieber gewesen, als sein Lebtag nach Moskauer Manier in Weste und Schlafrock herumzuspazieren, aber das Schicksal hatte es anders gewollt, und nach langen Irrfahrten war er für immer in unserer Sonderabteilung gelandet, das heißt in der Kategorie der schwersten Militärverbrecher. Ich weiß nicht, auf welche Weise er diese Karriere gemacht hatte, habe aber nie bemerkt, daß er sonderlich unzufrieden gewesen wäre; er führte sich still und unauffällig, ließ sich zwar mitunter vollaufen wie ein Schuster, benahm sich aber auch im Suff stets sehr anständig. Natürlich war er nicht eingeweiht, aber er hatte ein wachsames Auge. Es versteht sich von selbst, daß Kulikow ihm angedeutet hatte, sie wollten fort, um den Schnaps zu holen, der seit gestern in der Werkstatt versteckt lag. Diese Aussicht rührte Schilkin, er ließ sie ohne jeden Argwohn ziehen und blieb allein mit dem Rekruten zurück, während Kulikow, A. und Koller sich auf den Weg in die Vorstadt machten.

Eine halbe Stunde verging, ohne daß sie zurückgekehrt wären, da wurde Schilkin stutzig und begann nachzudenken. Er war keineswegs auf den Kopf gefallen und rief sich ins Gedächtnis zurück, was geschehen war: Kulikow hatte sich recht sonderbar benommen, ihm war, als hätte A. mehrmals mit ihm getuschelt, auf jeden Fall hatte Kulikow diesem wiederholt zugezwinkert, das hatte er gesehen, jetzt erinnerte er sich wieder genau daran. Auch bei Koller war ihm etwas aufgefallen: er hatte, ehe er sich mit den beiden auf den Weg machte, dem Rekruten noch genaue Anweisung gegeben, wie er sich während seiner Abwesenheit zu verhalten habe, auch das war keineswegs natürlich, wenigstens bei Koller nicht. Mit einem Wort, je länger Schilkin darüber nachdachte, desto verdächtiger kam ihm die Sache vor. Unterdessen verging die Zeit, die drei kehrten nicht zurück, und seine Unruhe wuchs ins Ungemessene. Er begriff sehr gut, was für ihn auf dem Spiel stand: wie leicht konnte ein Verdacht der Vorgesetzten auf ihn fallen. Man mochte annehmen, daß er die Kameraden wissentlich, in gegenseitigem Einverständnis habe ziehen lassen, und wenn er Kulikows und A.'s Verschwinden nicht unverzüglich meldete, würde dieser Verdacht nur neue Nahrung finden. Es war also keine Zeit mehr zu verlieren. Dabei fiel ihm ein, daß Kulikow und A. in letzter Zeit auffällig dicke Freunde gewesen waren, daß sie häufig die Köpfe zusammengesteckt und sich hinter den Kasernen herumgetrieben hatten, wo man sie nicht beobachten konnte. Er erinnerte sich, daß er sich auch damals schon seine Gedanken über die beiden gemacht hatte ... Prüfend schaute er zu seinem Bewacher hinüber; der gähnte, auf sein Gewehr gestützt, und bohrte unschuldsvoll mit dem Finger in der Nase, so daß Schilkin es nicht für notwendig hielt, ihm seinen Argwohn mitzuteilen, sondern ihm nur schlicht und einfach sagte, er wolle den beiden in die Werkstatt nachgehen. In der Werkstatt wollte er sich erkundigen, ob sie dort gewesen seien. Aber es stellte sich heraus, daß kein Mensch sie gesehen hatte. Jetzt war auch der letzte Zweifel ausgeräumt: Daß sie nur in die Vorstadt gegangen wären, um eins zu trinken und sich ein paar schöne Stunden zu machen, wie Kulikow zuweilen tat, ist in diesem Fall ausgeschlossen, dachte Schilkin. Dabei hätten sie ihn bestimmt ins Vertrauen gezogen, weil es sich nicht rentiert hätte, ihm so etwas zu verheimlichen. Schilkin ließ die Arbeit Arbeit sein und machte sich, ohne erst in die Kaserne zurückzukehren, ungesäumt auf den Weg ins Zuchthaus.

Es war fast neun Uhr, als er beim Feldwebel erschien und ihm meldete, was geschehen war. Der Feldwebel bekam einen Heidenschreck und wollte es zuerst nicht glauben. Auch Schilkin hatte ihm das alles natürlich nur als Vermutung und Verdacht hingestellt. Der Feldwebel stürzte auf der Stelle zum Major. Der Major unverzüglich zum Kommandanten. Schon nach einer Viertelstunde waren alle erforderlichen Maßnahmen getroffen. Auch der Generalgouverneur wurde in Kenntnis gesetzt. Immerhin handelte es sich um Schwerverbrecher, und man mußte sich ihretwegen auf einen tüchtigen Rüffel aus Petersburg gefaßt machen. Ob zutreffend oder nicht, jedenfalls galt A. als politischer Häftling; Kulikow gehörte zur Sonderabteilung, war also ein Erzbösewicht und Soldat obendrein. Bisher war es noch nicht dagewesen, daß ein Sträfling aus der Sonderabteilung geflohen wäre. Bei der Gelegenheit besann man sich auch darauf, daß die Zuchthausordnung für jeden Gefangenen der Sonderabteilung zwei Begleitposten vorschrieb, oder mindestens einen für jeden. An diese Vorschrift hatte man sich nicht gehalten. So war das Ganze eine höchst mißliche Angelegenheit. Man sandte Eilboten in alle Landbezirke, in jeden noch so kleinen Ort der Umgebung, um den Vorfall zu melden und die Steckbriefe der Flüchtigen zu hinterlassen. Man ließ Kosaken ausschwärmen, um sie zu fangen, man benachrichtigte die benachbarten Kreise und Gouvernements ... Kurzum, der Schreck war allen tüchtig in die Glieder gefahren.

Unterdessen hatte bei uns im Zuchthaus eine ganz anders geartete Erregung um sich gegriffen. Die Gefangenen hatten, als sie von der Arbeit zurückkehrten, natürlich sofort von der Sache gehört. Die Neuigkeit hatte sich mit Windeseile verbreitet. Alle nahmen sie mit ungewöhnlicher heimlicher Genugtuung auf. Allen Sträflingen krampfte sich bei dieser Nachricht das Herz zusammen. Abgesehen davon, daß dieser Zwischenfall das Einerlei des Zuchthausdaseins unterbrochen und einen Ameisenhaufen aufgestört hatte, fand die bloße Tatsache der Flucht, noch dazu einer solchen Flucht, einen vertrauten Widerhall in aller Seelen und schlug längst vergessen geglaubte Saiten in ihnen an; eine Art verwegener Hoffnung, daß es doch noch möglich sein könnte, sein Los zu ändern, regte sich in aller Herzen. »Die sind doch auch geflohen, warum sollte ich nicht? ...« Bei diesem Gedanken faßte jeder neuen Mut und schaute herausfordernd um sich. Jedenfalls gebärdeten sich alle auf einmal auffallend stolz und musterten die Unteroffiziere mit herablassender Miene. Selbstredend fand sich auch die hohe Obrigkeit unverzüglich im Zuchthaus ein. Auch der Kommandant persönlich war erschienen. Unsere Gefangenen waren mutig geworden und schauten dreist, ja sogar ein wenig verächtlich und mit einer stummen, finsteren Würde drein: »Auch wir sind imstande, ein Ding zu drehen«, sollte das heißen. Selbstverständlich hatte man diesen Besuch der Obrigkeit vorausgesehen. Desgleichen hatte man geahnt, daß es Durchsuchungen geben würde, und alles Verbotene rechtzeitig beiseite geschafft. Man wußte, daß die Behörden bei derlei Fällen gewöhnlich erst dann klug werden, wenn das Kind bereits in den Brunnen gefallen ist. So verhielt es sich auch dieses Mal, es gab ein riesiges Durcheinander: alles wurde um- und umgewühlt, alles wurde durchsucht und natürlich nichts dabei gefunden. Zur Nachmittagsarbeit schickte man die Gefangenen unter verstärkter Bewachung. Am Abend steckten die Wachtposten alle Augenblicke ihre Nase ins Zuchthaus, sie zählten die Gefangenen einmal mehr als sonst und verzählten sich dabei zweimal mehr als gewöhnlich. Das hatte neue Unruhe zur Folge: man jagte alle wieder auf den Hof hinaus und zählte sie noch einmal. Schließlich wurden sie noch ein weiteres Mal in den Kasernen gezählt ... Mit einem Wort, es gab eine Menge Scherereien.

Aber die Gefangenen ließen sich's nicht verdrießen. Sie alle trugen ein auffallendes Selbstbewußtsein zur Schau und benahmen sich, wie stets bei solchen Vorkommnissen, den ganzen Abend ungewöhnlich gesittet, als ob sie sagen wollten: »Versucht bloß nicht, uns am Zeug flicken zu wollen, wir geben uns doch keine Blöße.« Selbstverständlich argwöhnten die Vorgesetzten, daß möglicherweise noch Komplizen der Flüchtigen im Zuchthaus sein könnten, und gaben Anweisung, die Gefangenen zu beobachten und auszuhorchen. Aber die Sträflinge lachten nur darüber. »Als ob das eine Sache wäre, bei der man Mitwisser zurückläßt!« – »So was muß man auf leisen Sohlen vorbereiten, sonst wird nie was draus.« – »Als ob Kulikow und A. nicht die Richtigen wären, um alle Spuren zu verwischen! Das Ganze ist meisterhaft eingefädelt, in aller Heimlichkeit. Die beiden sind mit allen Wassern gewaschen, die gehen selbst durch verschlossene Türen!« Mit einem Wort, der Ruhm von Kulikow und A. war ins Unermeßliche gewachsen, alle waren stolz auf sie. Alle ahnten, daß noch spätere Generationen ihre Heldentat preisen, ja daß sie das Zuchthaus überdauern würde.

»Das sind tüchtige Kerle!« sagten die einen.

»Da hat man immer gemeint, von uns würde keiner ausreißen. Und siehe da, schon sind welche auf und davon! ...« setzten andere hinzu.

»Tja, die sind auf und davon!« hatte ein dritter zu bemerken und schaute gebieterisch in die Runde. »Wer aber ist auf und davon? ... Leute von deinem Schlag bestimmt nicht.«

Bei jeder anderen Gelegenheit hätte der Gefangene, dem diese Worte galten, zweifellos auf die Herausforderung geantwortet und seine Ehre verteidigt. Jetzt aber schwieg er bescheiden und dachte: »In der Tat, nicht jeder ist von solchem Schrot und Korn wie Kulikow und A., da muß einer erst mal beweisen, wer er ist ...«

»Was führen wir denn hier schon für ein Leben, Brüder?« unterbrach ein vierter das Schweigen, der bescheiden am Küchenfenster gesessen hatte; vor lauter heimlicher Selbstzufriedenheit sprach er in singendem, langgezogenem Tonfall und stützte eine Wange in die Hand. »Was sind wir denn schon? Nicht lebendig und nicht tot. Geht mir doch weg damit!«

»Der Knast ist schließlich kein Schuh, man kann ihn nicht einfach vom Fuß schütteln. Was heißt hier, geht mir weg damit?«

»Immerhin hat der Kulikow ...« begann ein junger Heißsporn, noch ein richtiger Grünschnabel.

»Der Kulikow, jawohl!« fiel ihm mit verächtlichem Seitenblick sofort ein anderer ins Wort. »Kulikow! ...«

Das sollte heißen: als ob's viele von Kulikows Schlag hier gäbe!

»Na, und A. genauso, Brüder, der ist euch ein ganz ausgekochter Hund, ein ganz ausgekochter!«

»Das will ich meinen! Der steckt den ganzen Kulikow in die Tasche. Dem kommt so leicht keiner auf die Schliche.«

»Ob sie schon weit gekommen sind, Brüder, das wüßte ich zu gern ...«

Und gleich entspann sich eine Diskussion darüber, wie weit sie wohl schon gekommen sein und welche Richtung sie eingeschlagen haben könnten, welcher Weg der vorteilhafteste gewesen wäre und welches der Nachbarbezirk sei. Es waren welche darunter, die die Umgebung kannten. Denen hörte man aufmerksam zu. Man sprach auch über die Bewohner der nahegelegenen Dörfer und kam zu dem Schluß, daß sie ein schlimmes Gesindel seien. So dicht bei der Stadt lebten nur ganz geriebene Spitzbuben, die hätten bestimmt kein Mitleid mit den Gefangenen, die würden sie eher noch selber festhalten und ausliefern.

»Ein übles Bauernpack ist hier zu Hause, Brüder. Gott bewahre. Das ist ein Gesindel!«

»Ja, auf die Leute von hier ist kein Verlaß!«

»Der Sibirier hat's faustdick hinter den Ohren. Dem komm lieber nicht in die Quere, der schlägt dich tot.«

»Mag alles sein, aber die Unsrigen . . .«

»Freilich kommt alles darauf an, wer dabei den kürzeren zieht. Die Unsern sind auch nicht auf den Kopf gefallen.«

»Wenn wir's erleben, werden wir's erfahren.«

»Was meinst denn du? Daß sie geschnappt werden?«

»Nie im Leben werden die geschnappt!« mischte sich einer der Heißsporne ein und hieb mit der Faust auf den Tisch.

»Man muß halt abwarten, wie's ausgeht.«

»Ich will euch was sagen, Brüder«, nahm Skuratow den Faden auf, »wenn ich Landstreicher wäre, würden sie mich im Leben nicht erwischen!«

»Ausgerechnet dich!«

Allgemeines Gelächter erklang, andere überhörten seine Worte geflissentlich. Aber Skuratow war nun mal in Fahrt gekommen.

»Nie im Leben würden die mich erwischen!« wiederholte er mit Nachdruck. »Ich hab mir schon oft darüber meine Gedanken gemacht und muß mich eigentlich über mich selber wundern: ich könnte durch die kleinste Ritze schlüpfen, erwischen würden die mich nie.«

»Schieb du erst mal so richtig Kohldampf, dann kriechst du von alleine zum Bauern, um Brot zu betteln.«

Allgemeines Gelächter war die Antwort.

»Um Brot betteln! Das glaubst du ja selber nicht!«

»Was schwätzst du auch solchen Unsinn daher. Du hast mit Onkel Wasja einen Kuhtod* kaltgemacht, dafür müßt ihr brummen.«

Das Lachen wurde immer lauter. Die Ernsthaften schauten noch entrüsteter drein.

»Das hast du dir ganz schön aus den Fingern gesogen!« schrie Skuratow. »Das hat der Mikitka über mich ausgestreut,

* Das heißt, sie hatten einen Bauern oder eine Bauersfrau umgebracht, die sie verdächtigten, eine Seuche in den Wind gestreut zu haben, an der das Vieh einging. Bei uns im Zuchthaus war ein solcher Mörder (Anmerkung des Autors).

und nicht mal über mich, sondern über den Wasja, und da hat man mich mit reingezogen. Schließlich bin ich aus Moskau und kenne mich von Kind auf in der Landstreicherei aus. Wie der Küster mich das Lesen gelehrt hat, zog er mich manch liebes Mal am Ohr: ‚Sprich mir nach', sagt er: ‚O Herr, erbarm dich mein nach deiner Güte!' und so weiter ... Und wie ich's ihm da nachgesprochen habe: ‚O Herr, vor Polizei und Knast mich stets behüte!' So hab ich's von frühester Kindheit an getrieben.«

Wieder lachte alles schallend. Aber das hatte Skuratow nur gewollt. Er mußte nun einmal um jeden Preis den Hanswurst spielen. Bald kümmerte sich niemand mehr um ihn, sondern alles wandte sich wieder ernsthaften Überlegungen zu. Jetzt hatten mehr die Älteren das Wort, die etwas von der Sache verstanden. Die jüngeren und bescheideneren Gefangenen waren schon zufrieden, wenn sie alles sehen und mit anhören konnten, sie reckten die Köpfe, um sich ja kein Wort entgehen zu lassen; eine große Menge hatte sich in der Küche versammelt, von Unteroffizieren war natürlich keine Spur zu sehen. In ihrer Gegenwart hätte man den Fall bestimmt nicht beredet. Unter denen, die in besonders freudiger Erregung waren, fiel mir einer der Tataren auf, Mametka mit Namen, ein kleiner Mann mit breiten Backenknochen, eine wahre Witzfigur. Er sprach fast kein russisches Wort und verstand auch so gut wie nichts von dem, was die andern sagten, streckte aber doch den Kopf über die Menge empor und hörte begierig und voller Begeisterung zu.

»Na, wie sieht's aus, Mametka, jakschi? (gut)« wandte sich der von allen vergessene Skuratow aus purer Langweile an ihn.

»Jakschi, uch, jakschi!« stammelte Mametka, plötzlich ganz lebhaft geworden, und nickte Skuratow mit seinem wunderlichen Kopf zu. »Jakschi!«

»Man wird sie doch nicht schnappen? jok? (nein)«

»Jok, jok!« schwätzte Mametka wieder los und fuchtelte mit den Armen.

»Also: Flausen hat im Kopf die Deine, und ein Trottel ist die Meine, stimmt's?«

»Ja, ja, jakschi!« stimmte Mametka eifrig nickend zu.

»Na schön, also jakschi!«

Und Skuratow schnippte mit der Hand gegen Mametkas Mütze, daß sie ihm bis über die Augen rutschte, und verließ in bester Laune die Küche, wo Mametka in einiger Verwirrung zurückblieb.

Eine ganze Woche dauerten die verschärften Maßnahmen im Zuchthaus und das intensive Durchkämmen und Absuchen der Umgebung. Ich weiß nicht, auf welchem Weg – aber die Gefangenen waren stets genauestens über alle behördlichen Manöver außerhalb des Zuchthauses informiert. In den ersten Tagen lauteten die Nachrichten für die Flüchtigen günstig: nicht die geringste Spur von ihnen, sie waren und blieben verschwunden. Unsere Leute lachten nur noch darüber. Alle Sorgen über das Schicksal der Flüchtigen war gewichen. »Die finden nichts, die fangen keinen!« sagten sie zufrieden.

»Nichts findet man, die sind weg, wie aus der Pistole geschossen!«

»Gehabt euch wohl, nichts für ungut, auf baldiges Wiedersehen!«

Man wußte bei uns, daß alle Bauern der Umgebung auf die Beine gebracht waren, daß alle verdächtigen Orte, alle Wälder und Schluchten scharf überwacht wurden.

»Ist ja doch alles umsonst«, spotteten die Zuchthäusler lachend, »die haben bestimmt jemanden, bei dem sie fürs erste Unterschlupf gefunden haben.«

»Verlaß dich drauf!« sagten andere, »die sind doch nicht dumm, die haben vorher alles genau ausgetüftelt.«

Sie gingen noch weiter in ihren Vermutungen: man munkelte, daß die Ausreißer heute noch in der Vorstadt versteckt säßen, daß sie in irgendeinem Kellerloch in aller Ruhe abwarten würden, bis der »Alarm« vorüber und ihr Kopfhaar wieder nachgewachsen war. Ein halbes Jahr, sogar ein ganzes, könnten sie dort zubringen, um sich dann erst aus dem Staub zu machen.

Kurzum, alle waren in einer recht romantischen Gemütsverfassung. Dann aber kam plötzlich, etwa acht Tage nach der Flucht, das Gerücht auf, daß man auf ihre Spur gestoßen sei. Selbstverständlich wurde diese unsinnige Behauptung sofort verächtlich zurückgewiesen. Aber am selben Abend noch fand das Gerücht seine Bestätigung. Jetzt wurden die Gefangenen unruhig. Am andern Morgen wollte man in der Stadt bereits wissen, daß sie gefaßt worden seien und ins Zuchthaus zurücktransportiert würden. Nach dem Mittagessen erfuhr man genauere Einzelheiten: sie seien siebzig Werst entfernt, in dem und dem Dorf aufgegriffen worden. Schließlich kam exakte Nachricht. Als der Feldwebel vom Major zurückkehrte, bestätigte er, daß man sie am Abend herschaffen würde, und zwar geradewegs in die Wachstube vor dem Zuchthause. Jetzt war jeder Zweifel ausgeschlossen. Es ist schwer, den Eindruck wiederzugeben, den diese Nachricht auf die Gefangenen machte. Anfangs kochten sie gleichsam vor Wut, dann machte sich tiefe Niedergeschlagenheit breit. Zuletzt gewann Spottlust die Oberhand. Sie begannen zu lachen, jetzt aber nicht mehr über die Häscher, sondern über die eingefangenen Ausreißer; zuerst lachten nur einzelne, dann aber fast alle, mit Ausnahme einiger weniger, ernsthafter und charakterfester Leute, die selbständig zu denken vermochten und sich durch den Spott der andern nicht irremachen ließen. Sie sahen verächtlich auf die wetterwendische Masse und behielten ihre Meinung für sich.

Kurzum, im selben Maß, in dem man Kulikow und A. vorher in den Himmel gehoben hatte, ließ man jetzt kein gutes Haar an ihnen und verhöhnte sie mit wahrer Schadenfreude. Es war, als hätten sie alle andern Gefangenen durch ihr Mißgeschick beleidigt. Man erzählte sich mit verächtlicher Miene, daß sie sich um jeden Preis etwas zu essen hätten verschaffen wollen, daß sie es vor Hunger nicht mehr ausgehalten hätten und ins Dorf gegangen wären, um bei den Bauern um Brot zu betteln. Das war die tiefste Stufe der Erniedrigung für einen Landstreicher. Nebenbei bemerkt, waren diese Gerüchte unzutreffend. Man hatte die Flüchtigen aufgespürt; sie hielten sich in einem Wald versteckt, und man hatte den Wald von allen Seiten umstellt. Als die drei erkannt hatten, daß es keine Möglichkeit zum Entkommen gab, hatten sie sich freiwillig ergeben. Es war ihnen auch nichts anderes übriggeblieben.

Als man sie dann gegen Abend tatsächlich zurückbrachte, an Händen und Füßen gefesselt und von Gendarmen eskortiert, eilten alle Gefangenen zum Palisadenzaun, um zu sehen, was mit ihnen geschah. Selbstverständlich gab es überhaupt nichts zu sehen außer den Kutschen des Majors und des Kommandanten vor der Wachstube. Die Flüchtlinge wurden in die Sonderzelle für Schwerverbrecher gesperrt, angeschmiedet und am andern Tag vor Gericht gestellt. Der Spott und die Verachtung der Gefangenen legten sich bald von selbst. Man erfuhr genauere Einzelheiten, erfuhr, daß ihnen gar keine andere Möglichkeit geblieben war, als sich zu ergeben, und alle verfolgten mit größter Anteilnahme den Verlauf des Gerichtsverfahrens.

»Tausend brummen sie ihnen bestimmt auf«, sagten die einen.

»Wo denkst du hin, nur tausend!« erwiderten andere, »zu Brei werden sie die schlagen. A. wird allenfalls mit tausend davonkommen, den andern aber werden sie kurz und klein schlagen, denn, mein lieber Mann, immerhin ist das einer von der Sonderabteilung.«

Aber sie hatten doch nicht richtig geraten. A. bekam insgesamt fünfhundert; man hatte seine gute Führung berücksichtigt und den Umstand, daß dies sein erster Verstoß gegen die Zuchthausordnung war. Kulikow wurde, wenn ich nicht irre, zu anderthalbtausend verurteilt. So war die Strafe noch relativ milde ausgefallen. Als besonnene Leute hatten sie vor Gericht niemanden hineingezogen, hatten klar und exakt ausgesagt und versichert, daß sie nach Verlassen der Festung nirgendwo hingegangen seien. Am meisten dauerte mich Koller: er hatte alles aufs Spiel gesetzt und nun auch die letzte Hoffnung verloren, er erhielt die härteste Strafe, zweitausend, glaube ich, und wurde dann als Sträfling verschickt, kam aber nicht in unser Zuchthaus. Bei A. ließ man besondere Rücksicht walten und strafte ihn gelinde, wobei die Ärzte das Ihre taten. Aber er spielte sich mächtig auf, und im Hospital verkündete er laut, jetzt würde er aufs Ganze gehen, jetzt sei er zu allem bereit und würde noch ganz andere Dinger drehen. Kulikow war wie immer, das heißt, er benahm sich würdig und gesittet, und als er nach der Züchtigung zu uns zurückkehrte, gab er sich so, als sei er nie fortgewesen. Aber die andern Gefangenen sahen ihn jetzt mit andern Augen an, sie hatten, obwohl Kulikow sich wacker gehalten hatte, allen Respekt vor ihm verloren und behandelten ihn mehr wie ihresgleichen. Kurzum, seit diesem Fluchtversuch war Kulikows Ruhm verblaßt. Der Erfolg bedeutet ja so viel bei den Menschen ...

10

Meine Entlassung aus dem Zuchthaus

Dies alles geschah bereits im letzten Jahr meiner Zuchthaushaft. Dieses letzte Jahr hat sich meinem Gedächtnis beinahe genauso fest eingeprägt wie das erste, besonders die allerletzte Zeit im Zuchthaus. Aber was soll ich das im einzelnen beschreiben. Ich weiß nur, daß mir dieses letzte Jahr trotz aller Ungeduld, meine Strafe so rasch wie möglich hinter mich zu bringen, leichter fiel als alle vorangegangenen Jahre meiner Verbannung. Inzwischen hatte ich unter den Gefangenen viele Freunde und gute Bekannte, die sich endgültig davon überzeugt hatten, daß ich ein guter Mensch sei. Viele von ihnen waren mir ergeben und hatten mich aufrichtig gern. Der Pionier weinte fast, als er sich von meinem Gefährten und mir verabschiedete, und als wir dann, schon als freie Leute, noch einen ganzen Monat in einem Dienstgebäude der Stadt wohnen blieben, suchte er uns fast täglich auf, ohne jeden Grund, nur um uns zu sehen. Freilich gab es auch solche, die sich bis zuletzt abweisend und feindselig verhielten, denen es offensichtlich schwerfiel, auch nur ein Wort mit mir zu sprechen, Gott mag wissen, warum. Es war, als ob eine Mauer zwischen uns stünde.

Ganz allgemein genoß ich in der letzten Zeit mehr Vergünstigungen als in allen vorangegangenen Haftjahren. Unter den in der Stadt stationierten Militärs hatte ich Bekannte getroffen, darunter sogar ehemalige Schulkameraden. Ich konnte diese Bekanntschaften wieder erneuern. Mit ihrer Hilfe konnte ich mehr Geld empfangen, konnte nach Hause schreiben und sogar Bücher bekommen. Seit ein paar Jahren hatte ich kein Buch mehr zu Gesicht bekommen, und es fällt mir schwer, mir über den seltsamen und aufwühlenden Eindruck Rechenschaft abzulegen, den das erste Buch auf mich machte, das ich im Zuchthaus lesen konnte. Ich weiß noch, daß ich abends zu lesen begonnen hatte, nachdem die Kaserne verschlossen worden war, ich las dann die ganze Nacht hindurch, bis der Morgen graute. Es war ein Heft irgendeines Journals. Mir war, als sei Kunde aus einer anderen Welt zu mir gedrungen; mein ganzes früheres Leben stand klar und leuchtend vor mir auf, und ich bemühte mich, anhand des Gelesenen herauszufinden, ob ich sehr hinter diesem Leben zurückgeblieben war, ob sich daheim während meiner Abwesenheit viel verändert haben, was die Menschen jetzt erregen, welche Fragen sie beschäftigen mochten. Ich vertiefte mich begierig in jedes einzelne Wort, suchte zwischen den Zeilen zu lesen, bemühte mich, eine geheime Nebenbedeutung, Anspielungen auf die Vergangenheit darin zu finden, suchte nach Spuren dessen, was die Menschen früher, zu meiner Zeit, bewegt hatte, und wie sehr betrübte mich dabei die Erkenntnis, wie fremd mir das neue Leben geworden, wie sehr ich von dem allen abgeschnitten war. Jetzt kam es darauf an, mich an das Neue zu gewöhnen, die neue Generation kennenzulernen. Mit besonderem Eifer stürzte ich mich auf einen Artikel, der mit einem mir bekannten Namen gezeichnet war, mit dem Namen eines Menschen, der mir früher nahegestanden hatte ... Aber daneben tauchten auch schon neue Namen auf, neue Geister waren auf den Plan getreten, ich wartete ungeduldig darauf, ihre Bekanntschaft zu machen, und ärgerte mich, daß mir nur so wenige Bücher zur Verfügung standen, daß es so schwer war, welche zu beschaffen. Früher, unter dem alten Platzmajor, wäre es gefährlich gewesen, Bücher ins Zuchthaus mitzubringen. Im Fall einer Durchsuchung hätte er unweigerlich gefragt: »Woher stammen diese Bücher? Wo hast du sie her? Also hast du Kontakt mit der Außenwelt? ...« Und was hätte ich auf solche Fragen antworten können? Daher hatte ich mich, solange ich ohne Bücher leben mußte, unwillkürlich in mich selbst versenkt, hatte mir Fragen gestellt und sie zu beantworten versucht, hatte mich so manches Mal mit ihnen herumgeschlagen ... Aber das alles kann man doch nicht erzählen! ...

Ich war im Winter ins Zuchthaus gekommen und mußte daher auch im Winter freigelassen werden, an genau demselben Datum, an dem ich eingeliefert worden war. Mit wie großer Ungeduld wartete ich auf den Winter, mit welcher Wonne sah ich gegen Ausgang des Sommers die Blätter am Baume welken und das Gras in der Steppe vergilben. Und dann war der Sommer vorbei, der Herbstwind heulte, und schon fielen die ersten Schneeflocken ... Endlich war er da, dieser so lange herbeigesehnte Winter! Mein Herz schlug zuweilen dumpf und heftig im großen Vorgefühl der Freiheit. Aber es war sonderbar: je mehr die Zeit verstrich und je näher mein Entlassungstermin heranrückte, desto geduldiger wurde ich. In den allerletzten Tagen wunderte ich mich sogar über mich selbst und machte mir Vorwürfe: denn mir schien, als sei ich völlig gelassen und gleichgültig geworden. Viele Gefangene, denen ich in der Freizeit auf dem Hof begegnete, sprachen mich an und beglückwünschten mich.

»Jetzt werdet Ihr bald entlassen, Väterchen Alexander Petrowitsch, bald, schon sehr bald werdet Ihr wieder frei sein. Und uns arme Teufel laßt Ihr hier zurück.«

»Wie steht's denn bei Ihnen, Martynow, sind Sie nicht auch bald an der Reihe?« erwiderte ich darauf.

»Ich? Na, doch nicht so bald! An die sieben Jährchen habe ich noch abzubrummen ...«

Und mit einem Seufzer blieb er stehen, blickte zerstreut um sich, als ob er in die Zukunft sehen wollte ... Ja, viele beglückwünschten mich aufrichtig und freudig. Ich hatte den Eindruck, als ob sich alle eines höflicheren Benehmens gegen mich befleißigten. In ihren Augen gehörte ich anscheinend schon nicht mehr dazu; sie hatten innerlich schon von mir

Abschied genommen. K., ein adliger Pole, ein stiller und bescheidener junger Mann, ging genau wie ich in der Freizeit sehr gern auf dem Hofe spazieren. Er wollte sich durch die frische Luft und die Bewegung gesund erhalten und einen Ausgleich schaffen gegen den Schaden, den die dumpfen, in der Kaserne verbrachten Nächte angerichtet hatten. »Ich warte schon ungeduldig auf Ihre Entlassung«, sagte er lächelnd, als wir uns eines Tages beim Spaziergang begegneten. »Wenn Sie gehen, weiß ich, daß ich noch genau ein Jahr bis zu meiner Entlassung vor mir habe.«

Hier möchte ich einflechten, daß die Freiheit den Zuchthäuslern infolge ihrer unablässigen sehnsüchtigen Träumereien und der langen Entwöhnung noch viel freier zu sein schien als die reale Freiheit, das heißt als die Freiheit, wie sie die Wirklichkeit tatsächlich bietet. Die Gefangenen vergrößerten den Begriff der wirklichen Freiheit, und das war nur natürlich, das ist so typisch für jeden Gefangenen. Jeder abgerissene Offiziersbursche galt bei uns fast soviel wie ein König, fast als das Ideal eines freien Menschen im Vergleich zu den Gefangenen, weil sein Haar nicht geschoren war, weil er ohne Ketten und Bewacher frei einhergehen durfte.

Am Vorabend des letzten Tages ging ich in der Dämmerung zum *letzenmal* an den Palisaden entlang um das ganze Zuchthausgelände herum. Wie viele tausend Male war ich in all diesen Jahren an diesem Zaun gewesen! Hier hinter den Kasernen war ich im ersten Jahr meiner Gefangenschaft einsam, verwaist und wie vernichtet umhergeirrt. Ich weiß noch, wie ich mir damals ausgerechnet hatte, wieviel tausend Tage ich noch vor mir hatte. Mein Gott, wie lange war das her! Und hier, in diesem Winkel, hatte unser Adler gehaust; und hier hatte Petrow mich so oft erwartet. Auch jetzt wich er nicht von meiner Seite. Er kam oft angelaufen, ging, als ob er meine Gedanken erraten wollte, schweigend neben mir her und schien sich insgeheim über etwas zu wundern. In Gedanken nahm ich auch Abschied von den rauchgeschwärzten Balkenwänden unserer Kaserne. Wie unwirtlich waren sie mir *damals* erschienen. Gewiß waren auch sie inzwischen gealtert, aber davon hatte ich nichts bemerkt. Und wieviel

Jugend ist hinter diesen Wänden sinnlos begraben, wieviel große Kraft geht hier ungenutzt zugrunde. Denn hier soll einmal die ganze Wahrheit gesagt werden: alle diese Gefangenen waren ganz außerordentliche Menschen, vielleicht waren sie die Begabtesten und Stärksten unseres ganzen Volkes. Aber all diese mächtigen Kräfte gingen sinnlos zugrunde, wurden auf abnorme, ungesetzliche Weise unwiederbringlich vernichtet. Wer trägt die Schuld daran?

Ja, das ist die Frage: wer trägt die Schuld daran?

Am andern Morgen in aller Frühe, noch vor dem Ausrücken zur Arbeit, als eben der Tag graute, ging ich durch die Kasernen, um mich von allen Gefangenen zu verabschieden. Viele schwielige, starke Hände streckten sich mir freundlich entgegen. Manche schüttelten mir ganz kameradschaftlich die Hand, aber das waren nur wenige. Die andern hatten sehr genau begriffen, daß ich jetzt wieder ein ganz anderer Mensch sein würde als sie. Sie wußten, daß ich in der Stadt Bekannte hatte, daß ich mich aus dem Zuchthaus sogleich zu den *Herrschaften* begeben und als Gleichberechtigter an ihrer Seite sitzen würde. Das hatten sie begriffen, und wenn sie sich auch freundlich, ja herzlich von mir verabschiedeten, so doch keineswegs wie von einem Kameraden, sondern vielmehr wie von einem Herrn. Manche wandten sich auch ab und überhörten meinen Abschiedsgruß. Sogar einige haßerfüllte Blicke trafen mich.

Dann schlug die Trommel, und alle rückten zur Arbeit aus. Suschilow war an diesem Morgen wohl noch früher aufgestanden als alle andern und gab sich viel Mühe, mir noch rechtzeitig den Tee zu bereiten. Armer Suschilow! Er brach in Tränen aus, als ich ihm meine abgelegten Sträflingskleider, meine Hemden, meine Fußschoner und etwas Geld überließ. »Das will ich nicht, das will ich doch gar nicht!« sagte er und suchte krampfhaft das Beben seiner Lippen zu bezwingen. »Aber daß ich Euch verlieren muß, Alexander Petrowitsch! Was wird aus mir, wenn ich jetzt ohne Euch zurückbleibe?« Zum letzten Male verabschiedete ich mich auch von Akim Akimytsch.

»Sie kommen ja auch bald frei!« sagte ich zu ihm.

»Ich muß noch lange hierbleiben, noch sehr lange, mit Verlaub«, brummelte er, während er meine Hand drückte. Ich umarmte ihn, und wir küßten uns.

Etwa zehn Minuten nach dem Ausrücken der Gefangenen verließen auch wir das Zuchthaus, um nie wieder dorthin zurückzukehren, ich und mein Kamerad, mit dem ich gekommen war. Wir mußten zuerst in die Schmiede gehen, um uns die Fußketten abnehmen zu lassen. Aber diesmal wurden wir nicht von einem Wachtposten mit Gewehr eskortiert: wir gingen in Begleitung des Unteroffiziers. Die Ketten wurden uns von unseren eigenen Mitgefangenen abgenommen, die in der Ingenieurswerkstatt arbeiteten. Ich wartete, bis mein Kamerad fertig war, danach trat auch ich an den Amboß. Die Schmiede drehten mich mit dem Rücken zu sich, hoben meinen Fuß nach hinten und legten ihn auf den Amboß. Sie gaben sich alle Mühe, wollten es recht flink und geschickt machen.

»Den Nietbolzen! Dreh zuerst den Nietbolzen nach oben!« kommandierte der Ältere. »Stell ihn aufrecht, so ist's richtig ... Und jetzt schlag mit dem Hammer zu ...«

Die Ketten fielen ab. Ich hob sie auf ... Ich hatte das Bedürfnis, sie noch einmal in der Hand zu halten, sie zum letzten Male zu betrachten. Fast mußte ich selbst darüber staunen, daß ich sie eben noch an den Füßen getragen hatte.

»Nun, mit Gott, mit Gott!« sagten die Gefangenen mit rauher, abgehackter Stimme, aus der aber doch etwas wie Genugtuung klang.

Ja, mit Gott! Die Freiheit, ein neues Leben, Auferstehung von den Toten ... Was für ein herrlicher Augenblick!

NACHWORT

1849 wurde Dostojewskij wegen Teilnahme an dem revolutionären Kreis Petraschewskijs verhaftet und zu einer vierjährigen Zuchthausstrafe verurteilt. Am Weihnachtsabend dieses Jahres verließ er mit einem Konvoi St. Petersburg. Die folgenden vier Jahre verbrachte er in einem unter Militärverwaltung stehenden Zuchthaus in der sibirischen Stadt Omsk. Dies ist das »tote Haus«, in dem Dostojewskij, wie er später in einem Brief schrieb, vier Jahre lang begraben lag.

Die früheste erhaltene Quelle der »Aufzeichnungen aus einem toten Hause« ist ein Notizheft, das unter dem Namen »Sibirisches Heft« bekannt ist, in dem sich Dostojewskij bald nach seiner Entlassung verschiedene Redewendungen, Phrasen und kurze Skizzen zu notieren begann.[1] Doch erst 1859–60, ein halbes Jahrzehnt nach der Entlassung aus dem Straflager, als Rußland am Vorabend großer Reformen stand, beschloß Dostojewskij die Veröffentlichung seiner Erinnerungen. Die Zeit dafür war günstig. Die autoritäre Regierung des Zaren Nikolaus I. war im Fiasko des Krimkrieges (1853–56) untergegangen. Der verlorene Krieg hatte die Rückständigkeit Rußlands scharf hervortreten lassen. Sein

[1] Von den etwa 500 Eintragungen in diesem Heft sind über 200 in die »Aufzeichnungen« eingegangen! Übrigens soll sich Dostojewskij bereits im Gefängnisspital Notizen gemacht haben, die der Gefängnisarzt für ihn aufhob. Sie sind nicht erhalten geblieben. Die erste Erwähnung der »Aufzeichnungen« findet sich in einem Brief Dostojewskijs vom Januar 1856.

Eine ausführliche Darstellung der Entstehungsgeschichte wird in Bd. 4 der 30-bändigen Gesamtausgabe F. M. D. »Polnoe sobranie sočinenij«, Leningrad 1972, S. 273–301 gegeben.

Sohn und Nachfolger Alexander II. schaffte nicht nur die Leibeigenschaft ab (1861), er führte eine begrenzte Selbstverwaltung (1864) in den Provinzen ein, reorganisierte das Militärwesen (1859–64) und unternahm eine längst überfällige Reform des Justizwesens (1862–64). Vor allem wurde das alte, korrupte Gerichtswesen entrümpelt und dem westeuropäischen Niveau angepaßt. Geschworenengerichte wurden eingeführt und die Rechtsprechung von der Verwaltung unabhängig gemacht. Ein Erlaß von 1863 schaffte Auspeitschung und Brandmal ab. Auch das Spießrutenlaufen in der Armee und den von ihr geleiteten Strafinstitutionen wurde abgeschafft. Ein neuer Strafrechtskodex, der wesentlich mildere Strafen vorsah, war in Vorbereitung. Dostojewskij konnte mit Recht in den »Aufzeichnungen« sagen, daß manche der von ihm beschriebenen Zustände schon der Vergangenheit angehörten. (S. 486) Trotzdem befürchtete er Schwierigkeiten mit den Zensurbehörden.[2] Die Einleitung und das 1. Kapitel passierten jedoch anstandslos und erschienen im September 1860 in der Zeitung *Die russische Welt (Russkij mir).* Aber schon beim 2. Kapitel hatten die Zensurbehörden Bedenken, da man annahm, daß labile Menschen, die nur durch die Androhung schwerer Strafen von Verbrechen zurückgehalten werden, aus den »Aufzeichnungen« den Eindruck gewinnen könnten, das Zuchthaus sei milde ... Auch das 8. Kapitel des II. Teils »Die Kameraden« wurde beanstandet und von Dostojewskij in fast allen späteren Ausgaben weggelassen. Man sprach besser nicht von politischen Häftlingen, die noch dazu aus dem unruhigen Polen kamen! Die »Aufzeichnungen« erschienen zur Gänze 1861–62 in *Zeit (Vremja)*, der Zeitschrift seines Bruders Michail, und kurz darauf auch in Buchform. Sie hatten einen sensationellen Erfolg beim Publikum, waren sie doch der erste Bericht in der russischen Literatur über sibirische Strafgefangenenlager, von denen man bis dahin nur durch dunkle Gerüchte wußte. Die Tatsache, daß der Autor selbst vor wenigen Jah-

[2] Im Oktober 1860 schrieb Dostojewskij an seinen Bruder Michail: »Ich werde voll und ganz mit der Zensur vor Augen schreiben.«

ren aus Sibirien zurückgekehrt war, verlieh dem Werk Authentizität. Dostojewskij schrieb im März seinem Freund Wrangel: »Mein ›Totenhaus‹ hat buchstäblich Furore gemacht und ich habe damit meine literarische Reputation wiederhergestellt«. Turgenjew, damals schon ein bekannter Autor, schrieb dem Verfasser, daß die Szene im Badehaus *wie aus Dante* wäre.[3] Auch A. I. Herzen zog einen ähnlichen Vergleich (1864): »Man darf außerdem nicht vergessen, daß die Epoche [des Zaren Nikolaus] ein schreckliches Buch hinterlassen hat, ein *carmen horrendum* eigener Art, das für immer den Ausgang aus der düsteren Herrschaft Nikolaus' I. schmücken wird, wie Dantes Aufschrift über dem Eingang zur Hölle: Es ist dies das ›tote Haus‹ Dostojewskijs, ein schrecklicher Bericht ...« L. N. Tolstoj meinte gar von den »Aufzeichnungen«: »Ich kenne kein besseres Buch aus der gesamten neueren Literatur, einschließlich Puschkins.«[4] Diese Einschätzung der »Aufzeichnungen« wurde von Lenin geteilt, der sie nach den Erinnerungen von Bontsch Brujewitsch ein »unübertroffenes Werk der künstlerischen Literatur in Rußland und in der ganzen Welt« nannte. In der Folge erschienen in großer Zahl Artikel, die sich mit den von Dostojewskij aufgeworfenen Problemen befaßten und weitreichende Reformen des Strafgerichtswesens forderten.[5]

Der Vergleich der Akten der Omsker Gefängnisverwaltung mit Dostojewskijs »Aufzeichnungen« zeigt, daß Dostojewskij im großen und ganzen die Zusammensetzung der Häftlingsbevölkerung richtig wiedergegeben hat, läßt aber

[3] Der Literaturkritiker A. P. Miljukow (1817–1897) nannte Dostojewskij in seinem Artikel »Kriminelle und Unglückliche« (1861) einen neuen Vergil, der seine Leser in die Hölle führe, und zwar in eine ganz reale und nicht in eine, die der Phantasie entsprungen sei. Von der lichten Gestalt des Alej sprach er als dem »traurigen Schatten des Francesco inmitten von Dantes Hölle«.

[4] Brief an Strachow vom September 1880.

[5] Vereinzelt wurden allerdings auch Stimmen der Kritik laut. So klagten Rezensenten, daß Dostojewskij keine allgemeinen gesellschaftspolitischen Schlußfolgerungen ziehe, daß er sich einer »sentimentalen Philantropie« hingebe und einem »verwaschenen Humanismus« huldige.

auch erkennen, wo er von der Schilderung der Wirklichkeit abgewichen ist.[6] Er konnte nicht umhin, auf die Zensur Rücksicht zu nehmen, die eine wahrheitsgetreue Schilderung mancher »Verbrechen« und der dafür zuerkannten Strafen kaum hätte passieren lassen, da die Grausamkeit und Ungerechtigkeit der Rechtsprechung allzu augenfällig gewesen wäre. Dostojewskij sah sich gezwungen, Straftat und Strafausmaß einigermaßen in eine vernünftige Relation zu bringen, die aber, wie die Gefängnisakten zeigen, in Wirklichkeit oft nicht bestand. So erzählt er von einem Mithäftling, der sich auf den Major gestürzt und ihn zu ermorden versucht hatte. (S. 518–519)[7] Dostojewskij berichtet, daß dieser Häftling drei Tage nach Verabreichung der Prügelstrafe – er nennt das Ausmaß der Strafe nicht – im Gefangenenspital gestorben sei. Die Gefängnisakten berichten, daß dieser Häftling zu vier mal tausend Streichen mit der Spitzrute verurteilt wurde! Tokarževskij teilt in seinen Erinnerungen mit, daß der nämliche Häftling noch während des Strafvollzuges gestorben und die letzten tausend Streiche bereits auf seinen leblosen Körper gefallen seien, d. h., daß selbst noch der Leichnam geprügelt wurde!! In anderen Fällen hat Dostojewskij den Häftlingen grausame Taten zugeschrieben, die sie nach Aussage der Gefängnisakten nicht begangen hatten. So sagt er vom Tataren Gasin, einem Häftling der *Besonderen Abteilung*, »daß er früher mit besonderem Vergnügen kleine Kinder umgebracht hat, aus purer Mord-

[6] Die von Dostojewskij genannten Zahlen von 200 bis 250 Häftlingen im Omsker Zuchthaus sind übertrieben, da zu Dostojewskijs Zeit das Gefängnis nur mit 150 bis 170 Häftlingen, vor allem aus dem Bauern- und Soldatenstand, belegt war.

[7] Der Major dürfte in Wirklichkeit noch viel grausamer gewesen sein, als aus Dostojewskijs »Aufzeichnungen« ersichtlich ist. In einem Brief vom Februar 1854 beschreibt ihn Dostojewskij als eine »ganz außergewöhnliche Kanaille, ein kleinlicher Barbar, Trunkenbold, Schikaneur, kurz, das größte Scheusal, das man sich vorstellen kann ... Er ließ sich die schrecklichsten Gesetzesübertretungen zuschulden kommen, ... kam zu uns immer sinnlos betrunken (nüchtern habe ich ihn überhaupt nie gesehen) ...« Er wurde schließlich entlassen und starb 1861 in großer Armut.

lust ...« (S. 70) In den Gefängnisakten heißt es von eben diesem Gasin, daß er »wegen häufiger Abwesenheit aus der Kaserne, Trunksucht und Diebstahl« ins Lager gekommen sei. In einem anderen Fall erzählt Dostojewskij von einem Altgläubigen und berichtet, er sei ins Lager gekommen, weil er eine orthodoxe Kirche in Brand gesteckt habe. (S. 57) Die Gefängnisakten geben Auskunft auch in diesem Fall: Demnach hatte der alte Mann lediglich sein Versprechen, zur Orthodoxie zurückzukehren, nicht eingehalten und sich geweigert, bei der Grundsteinlegung einer orthodoxen Kirche anwesend zu sein! Dafür wurde er mit unbefristetem Zuchthaus bestraft!

Eine andere Art Manipulation läßt sich im Falle des jüdischen Häftlings Issai Fomitsch Bumstein nachweisen. Dostojewskij schildert zwar wahrheitsgetreu das Äußere Bumsteins, auch Straftat (Mord) und Strafausmaß stimmen. (S. 95 u. 160 ff.) Er beschreibt dann detailliert die Gebetsrituale Bumsteins am Sabbat. (S. 164 ff.) Die Gefängnisakten zeigen jedoch, daß dieser Bumstein christlich-orthodoxen Glaubens war! Das jüdisch-mosaische Gebetsritual, das Dostojewskij ihm zuschreibt, konnte er kaum tatsächlich ausgeführt haben. Der Autor hat hier seiner künstlerischen Freiheit Lauf gelassen und das Bild eines Juden, wie *er* es sehen wollte, unter Weglassung all dessen, was nicht zu seiner Vorstellung paßte (eben des orthodoxen Glaubens!) gezeichnet. Es mag sein, daß sich hier Dostojewskijs latenter Antisemitismus, der später im »Tagebuch eines Schriftstellers« Ausdruck gefunden hat, bereits ankündigt.

Sehr getreu beschreibt Dostojewskij die adeligen Häftlinge, so vor allem den unglücklichen Dmitrij N. Ilinskij, der 1847 wegen Vatermordes ins Lager kam und über zehn Jahre dort verbrachte. Wie Dostojewskij im 7. Kapitel des II. Teils mitteilt, wurde er 1858 entlassen, da sich inzwischen seine Unschuld herausgestellt hatte. Aus diesem Anlaß formuliert Dostojewskij vorsichtig seine Anklage gegen ein System der Rechtsprechung, in dem solche Vorkommnisse möglich sind: »Die Tatsache als solche spricht für sich und ist erschütternd genug. Wir sind der Meinung, daß – wenn ein solcher Fall überhaupt möglich sein konnte – allein die Tatsache zur Charakterisierung jenes toten Hauses beiträgt und sein Bild durch einen neuen, sehr wesentlichen Zug vervollständigt.« (S. 345) Offener konnte er seine Kritik an der Justiz nicht äußern.

Eine eigentümliche Zurückhaltung erlegt sich Dostojewskij auf, wenn er auf den »Kameraden aus den Adeligen« zu sprechen kommt, der mit ihm zusammen ins Lager eingeliefert wurde. Er wird wohl mehrmals erwähnt, bleibt aber gleichwohl sehr blaß. Es handelt sich um den Schriftsteller S. F. Durow (1816–69), mit dem Dostojewskij einst sehr befreundet war. So schrieb er in seinen Erinnerungen: »Meine engsten Freunde waren damals: Pleschtschejew, Durow, Palm, . . . Durow und besonders Palm machten auf mich den angenehmsten Eindruck« (diese Worte beziehen sich auf die Zeiten von etwa 1844–48).[8] Nach Durow war der engere Kreis der Verschwörer benannt, dem auch Dostojewskij angehört hatte. Im Gegensatz zu Dostojewskij blieb Durow seinen revolutionären Anschauungen treu. Nach den Erinnerungen Tokarzewskis, der ein überzeugter polnischer Revolutionär war, zeichnete sich Dostojewskij im Gefängnis durch großrussischen Chauvinismus und Hurra-Patriotismus aus.[9] Nach anderen zeitgenössischen Berichten (P. K. Martjanow) verfeindeten sich beide im Lager und wechselten kaum je ein Wort. Auch das mag als Hinweis dafür gelten, wie rasch und tiefgreifend sich Dostojewskijs Ansichten während der Zuchthaushaft wandelten.

Viele der in den »Aufzeichnungen« geschilderten Häftlinge dienten Dostojewskij später als Vorbilder für seine großen Romane. Einige Beispiele mögen dies zeigen:

[8] Vgl. R. Neuhäuser, Das Frühwerk Dostoevskijs. Literarische Tradition und gesellschaftlicher Anspruch. Carl Winter Universitätsverlag, Heidelberg, 1979, Kap. 3.

[9] Der polnische Revolutionär und Mithäftling Dostojewskijs S. Tokarzewski (T-ski in den »Aufzeichnungen«) verfaßte zwei autobiographische Berichte: »Siedem lat katorgi« (Warschau 1907) und »Katorżnicy« (Warschau 1912). Weitere Erinnerungen finden sich in P. K. Martjanov, Dela i ljudi veka, Bd. 3, St. Petersburg 1896.

Der Adelige A. Aristow, den Dostojewskij im 5. Kapitel des I. Teils ausführlich als »das abstoßendste Beispiel dafür, wie tief ein Mensch sinken, wie nichtswürdig er werden, bis zu welchem Grad er mühelos und ohne Reue jedwedes sittliche Gefühl in sich ertöten kann« (S. 108) beschreibt, diente ihm als Vorbild für Swidrigailow in »Schuld und Sühne«, der in den Vorstudien des Romans als A-ow bezeichnet wird.

Der Vatermörder Dmitrij Iljin, der zehn Jahre unschuldig im Zuchthaus verbrachte, diente Dostojewskij als Vorbild für Dmitrij Karamasow, der gleichfalls einem Justizirrtum zum Opfer fällt.

In der Erzählung »Akulinas Mann« finden sich weitere Parallelen zu Dmitrij Karamasow. Filka Morosow, der die unschuldige Akulina verleumdet, ist ein Prahlhans, Säufer und Grobian. Von ihm sagt Schischkow, der Gatte Akulinas: »Was hat er nicht alles angestellt! Nur gestohlenes Gut hat er niemals angerührt: ›Ich‹ – sagt er – ›bin kein Dieb, sondern ein ehrlicher Mensch‹.« Diese Worte werden fast wörtlich von Dmitrij Karamasow wiederholt, der von sich sagt, er sei, »was immer euch einfällt, ein Tier, ein niederträchtiger Mensch, aber kein Dieb«. Als Filka zu den Rekruten gebracht wird und Akulina auf der Straße begegnet, verbeugt er sich vor ihr bis zur Erde und bittet sie um Verzeihung für seine Verleumdungen. Ebenso verhält sich Dmitrij Karamasow gegenüber Katerina Iwanowna (die er übrigens auch der Ehre berauben wollte, ähnlich wie Filka die Akulina!). So wie Akulina (»Ich liebe ihn jetzt mehr als alles auf der Welt«) reagiert auch Katerina Iwanowna (»Ich liebe ihn, ganz wahnsinnig . . .«).

Der Häftling Alej, das reine, unschuldige Herz, deutet Züge moralischer Vollkommenheit an, wie sie Dostojewskij später in Fürst Myschkin (»Der Idiot«) und Aljoscha Karamasow gestaltete.

Der Häftling Kulikow wiederum diente Dostojewskij als Vorlage für Fedka in den »Dämonen«.

Der Mordversuch eines Häftlings an einem Unteroffizier, der nur deshalb von ihm unternommen wurde, um eine größere Strafe und damit Leid auf sich zu nehmen, scheint

Dostojewskij besonders beeindruckt zu haben. In der Selbstbezichtigung des Hausmalers Dementjew und in den Worten Porfirij Petrowitschs hat Dostojewskij gleich zweimal in einem Werk (»Schuld und Sühne«) darauf Bezug genommen.[10]

Doch auch der umgekehrte Vorgang – die Einwirkung literarischer Modelle auf die »Aufzeichnungen« – läßt sich feststellen. Dostojewskij hat sich nicht nur an der populären Skizzenliteratur der 1850er Jahre orientiert (Turgenjews »Aufzeichnungen eines Jägers«, Aksakows »Aufzeichnungen eines Flintenjägers aus dem Gouvernement Orel«, Saltykows »Skizzen aus einer Provinzhauptstadt« u. a.),[11] sondern scheint auch bei der Gestaltung einer der Hauptfiguren des I. Teils seines Werks an ein literarisches Modell gedacht zu haben. Der bekannte sowjetische Literaturwissenschaftler W. B. Schklowskij hat die Vermutung ausgesprochen, daß der Stubenälteste Akim Akimytsch (S. 43 ff.), »ein Querulant sondergleichen, dabei peinlich genau wie ein Deutscher«, der Dostojewskij in den ersten Tagen des Zuchthausaufenthaltes behilflich war, in *Maksim Maksimytsch* (aus: Lermontows Roman »Ein Held unserer Zeit«) bzw. *Ivan P. Belkin* (aus: Puschkins »Erzählungen Belkins«) ein literarisches Vorbild hat. Nicht nur der Name – in Wirklichkeit hieß Akim Akimytsch laut Gefängnisakten Efim Belych –, sondern auch seine Funktion weist darauf hin. Sowohl bei Puschkin wie auch bei Lermontow handelt es sich um vorgeschobene Erzähler, die das Berichtete selbst erlebt haben und es dem Autor weitergeben (so besonders bei Puschkin), bzw. den Autor begleiten und ihn in die Geschichte einfüh-

[10] Der Jude Bumstein erscheint wieder in »Onkelchens Traum«. Das Siechtum des Lehrers Wasilij im selben Werk ist der Krankheit des Häftlings Ustjanzew nachgezeichnet.

[11] Der literarischen Tradition, der Dostojewskij folgte, müssen auch A. I. Herzens autobiographische Aufzeichnungen »Erlebtes und Erdachtes« (1855–58) und L. N. Tolstojs Berichte aus dem Krimkrieg »Sewastopoler Erzählungen« (1856) zugerechnet werden. Es handelt sich um ein Genre, in dem autobiographisches Material und literarischer Anspruch mit einer von der physiologischen Skizze herkommenden Form verschmelzen.

ren (so bei Lermontow). Dies scheint auch die Funktion des Akim Akimytsch zu sein, der Dostojewskij mit den Bräuchen im Lager vertraut macht und ihm über die Mithäftlinge berichtet. Auch in seiner sozialen Herkunft und seinem Stand entspricht Akim Akimytsch den genannten literarischen Vorbildern.[12]

Beachtenswert ist der Stil der Einleitung, der an den Stil der Feuilletons anknüpft, die Dostojewskij 1847 für eine St. Petersburger Zeitung schrieb. Es ist derselbe ironisch-verfremdete Stil, den wir etwas später in den »Winterlichen Aufzeichnungen zu sommerlichen Eindrücken« und in den »Aufzeichnungen aus dem Untergrund« (Kellerloch) finden und der stets das Gegenteil dessen meint, was er auszusagen scheint. Dostojewskij wendet sich sozusagen an zwei Lesertypen: den *naiven* Leser (= Zensor), der an den vordergründigen Wortbedeutungen haften bleibt, und den *gewitzten* Leser, der zwischen den Zeilen zu lesen versteht und fähig ist, das vom Autor Intendierte auch zu erfassen. So schreibt Dostojewskij nicht direkt von der Rückständigkeit Sibiriens und der Unfähigkeit der Sibirer, sich von der Vergangenheit zu lösen. Er formuliert es vielmehr wie folgt: »Die Menschen dort sind schlicht, gefeit gegen liberale Tendenzen, die Ordnungen alt und unerschütterlich, durch Jahrhunderte geheiligt.« (S. 9)

[12] Ein interessantes Beispiel für die Interferenz von literarischer Konvention und Realität ist die Erwähnung einer »Luise aus *Riga*« (Teil I, Kap. 9). In der Literatur des 19. Jahrhunderts galt Riga als lasterhafte Stadt. Nekrasow spricht von »neuangereisten Maiden aus Riga« (»...vnov' priechavšie devy iz Rigi/ nepoddel'nym rumjancem blestjat.«). V. Krestovskij (1840–95) erwähnt »Mädchen aus Riga und Mitau für Lust und Amusement« (»Dlja veselja i zabavy/ deva Rigi il' Mitavy.«). In Turgenjews Erzählung »Geschichte des Leutnants Ergunov« scheint ein Mädchen zweifelhaften Rufs aus Riga auf. Auch Dostojewskijs Lisa in den »Aufzeichnungen aus dem Untergrund« (Kellerloch) stammt aus Riga! Leskow hat noch 1885 festgestellt, daß Riga »in bezug auf seine Verdorbenheit den ersten Platz in Europa einnimmt und der wichtigste Frauenmarkt auf russischem Gebiet ist«. Der Herr Schulz, der Luise heiraten möchte, erscheint wiederum in den »Erniedrigten und Beleidigten«.

In den »Aufzeichnungen« spricht Dostojewskij von der weitverbreiteten Trunksucht. In der Einleitung liest sich dies so: »Man trinkt dort [= in Sibirien] ungewöhnlich viel Champagner.«

In den »Aufzeichnungen« ist die Rede von Frauen zweifelhaften Rufs, die sogar den Häftlingen für Geld zur Verfügung stehen. In der Einleitung liest man dazu: »Die jungen Damen blühen wie die Rosen und sind äußerst tugendhaft.« Auf den eben zitierten Satz folgt die merkwürdige Feststellung: »Das Federwild fliegt durch die Straßen und geradewegs auf den Jäger zu.«

Dostojewskijs Ironie beruht auf der Anhäufung von hyperbolischen Wendungen, die oft ans Absurde grenzen, ähnlich wie bei Gogol. Der *naive* Leser wird Dostojewskijs Schilderung als sehr schmeichelhaft für Sibirien verstehen. Der *gewitzte* Leser wird bald erfassen, daß mit all den schmükkenden Adjektiven im Grunde die gegenteiligen Eigenschaften gemeint sind. Sibirien ist in Wirklichkeit eben doch ein ungastliches Land. Die Einleitung endet mit Dostojewskijs Bemühung, die folgenden »Aufzeichnungen« dem naiven Leser als harmlos hinzustellen. Er meint von ihnen, es wäre eine »unzusammenhängende Schilderung ... unterbrochen durch sonderbare, schreckliche Erinnerungen, die wirr, krampfhaft, wie unter einem Zwang hingeworfen waren ... Ich ... war fast sicher, daß sie im Wahnsinn niedergeschrieben seien«! Damit entschuldigt sich der Autor beim Zensor zugleich für alle jene Stellen, an denen dieser Anstoß nehmen könnte.[13]

[13] Dostojewskijs vorgeschobener Erzähler, der Adelige Alexander Petrowitsch Gorjantschikow (»gorje« = Kummer), erinnert an den Menschen aus dem Untergrund. Wie dieser ist auch er »ungemein gebildet und belesen« und dabei »geradezu krankhaft menschenscheu«. Dostojewskij berichtet, daß Gorjantschikow wegen Mordes an seiner Frau ins Zuchthaus gekommen sei. Doch bereits im 2. Kapitel hat er diese Motivierung vergessen und gibt klar zu verstehen, daß der Verfasser der »Aufzeichnungen« ein *politischer* Häftling ist.

Zum Genre ist zu bemerken, daß Dostojewskij selbst sein Werk als eine Sammlung von »Artikeln« bezeichnete, d. h. es im Sinne journalistischer Berichterstattung verstand. Der russische Literaturhistoriker Tschirkow hat die »Aufzeichnungen« als eine »künstlerische Skizze« bezeichnet, »die an die Memoirenliteratur grenzt«.

Im *1. Kapitel* stellt Dostojewskij das Milieu des Zuchthauses der dort herrschenden Moral gegenüber. Er legt dabei dem Leser den Gedanken nahe, daß das eine das andere bedingt. Die Wirkung des Milieus wird eindrucksvoll geschildert: »Alle diese Menschen arbeiteten nur unter der Knute, folglich waren sie träge und liederlich, folglich wurden sie verdorben; wer von ihnen vorher noch nicht verdorben war, wurde es automatisch im Zuchthaus.« (S. 23)

Im *2. Kapitel* kommt der Autor bereits auf ein wesentliches Thema der »Aufzeichnungen« zu sprechen – die unüberbrückbare Kluft zwischen Adel und einfachem Volk. Der neue Häftling muß erfahren, daß das Volk den Adel haßt. Im folgenden Kapitel illustriert Dostojewskij dies mit einem Beispiel. Der Häftling Gasin will den Autor und seinen Mithäftling Dutow erschlagen. Die anderen Häftlinge sehen schweigend zu. Keiner ist bereit, auch nur einen Finger zu rühren, um den beiden »Herren« beizustehen.

Die folgenden sechs Kapitel *(Kapitel 3–8)* sind der Schilderung einzelner Häftlingstypen gewidmet. Im Zentrum der Aufmerksamkeit des Autors steht der willensstarke, von keinem Skrupel belastete Verbrecher. Hierzu gehören neben dem erwähnten Gasin der Bandit und Deserteur Orlow *(4. Kap.)*, dann das »Musterbeispiel an Verworfenheit«, der ehemalige Adelige A. *(5. Kap.)*, ferner der zu allem entschlossene und skrupellose Petrow, der »keinerlei Zwang über sich anerkannte«, und der sechsfache Mörder Lutschka *(8. Kap.)*. Diese Verbrechergalerie endet im *9. Kapitel* mit der Beschreibung des Badehauses, einem Höhepunkt des I. Teils. Dostojewskij selbst vergleicht die Szene im Dampfbad mit einem Bild aus der Hölle (S. 169–171) und beginnt seine Schilderung mit einer Charakterisierung des Juden Issai Fomitsch Bumstein, der als geldgierig, schlau, dreist, als naiv und unverschämt zugleich beschrieben wird. Es ist typisch für Dostojewskijs Einschätzung des Juden, daß gerade in der Hölle der Badestube »als Krönung des ganzen Bildes« Issai Fomitsch, der Jude, auf dem obersten Schwitzbrett thront und »aus vollem Halse lacht« (S. 171) – ihm ist selbst diese Höllenglut nicht heiß genug!

Mit dem *9. Kapitel* ist das Thema Verbrechen und Verbrecher einstweilen erschöpft. In den abschließenden beiden Kapiteln geht Dostojewskij auf die latente Religiosität und die schöpferischen Kräfte ein, die seiner Ansicht nach im russischen Volk ruhen. Der *I. Teil* endet mit einer Apotheose des russischen Volkes: »wieviel Kraft und Talent geht bei uns in Rußland in Knechtschaft und Not oft ungenutzt zugrunde!« (S. 224)

In der Schilderung von Untaten, Mördern, Betrügern, Wucherern, haltlosen und unmoralischen Menschen hat Dostojewskij immer wieder packende Beschreibungen des Alltagslebens im Gefängnis eingeschoben, die dem System der Alkoholbeschaffung (S. 61), dem Denunziantentum (S. 73), der Prostitution (S. 115) und dem Arbeitsleben der Häftlinge gewidmet sind. Dazwischen finden sich aber auch Szenen, die etwas Licht in das sonst überaus düstere Bild des Zuchthauslebens bringen, wie die Beschreibung des kindlich zutraulichen Häftlings Alej (S. 90 ff.), dem Dostojewskij anhand der Bibel das Lesen beibringt. Überdies unterbricht Dostojewskij immer wieder die Erzählung mit kurzen Abhandlungen, in denen er die Bedeutung des Geldes (S. 29), die Möglichkeit bzw. die Unmöglichkeit einer adäquaten Bestrafung für begangene Verbrechen (S. 73), die psychologischen Konsequenzen eines Mordes (S. 152), die Bedeutung der Menschenwürde (S. 158) für die Sträflinge u. ä. diskutiert.

Während der *I. Teil* vorzüglich dem Thema des Verbrechens, also der Schuld des Menschen, gewidmet ist, wendet sich der *II. Teil* der Thematik der Strafe und Sühne zu. Auch dieser Teil beginnt mit einer Milieuschilderung: Diesmal ist es das Zuchthausspital, das eindringlich in seiner ganzen abstoßenden und unmenschlichen Realität geschildert wird. Hier sieht Dostojewskij, wie verschiedene Häftlinge nach der Exekution der Prügelstrafe eingeliefert werden. Daran spinnt sich eine Diskussion über diese Art der Bestrafung, über verschiedene Henkertypen, wie z. B. über den Leutnant Scherebjatnikow, »eine Art Feinschmecker des Strafvollzugs«. (S. 261) Dostojewskij entdeckt, zu welcher Grausamkeit der Mensch fähig ist, und schließt mit der tief pessimistischen

Feststellung, daß Henkereigenschaften fast in jedem modernen Menschen vorhanden seien. (S. 274) Als Illustration des Gesagten folgt im *4. Kapitel* die Erzählung »Akulinas Mann«, die besonders eindringlich zeigt, wie grausam ein Mensch zu seinem Nächsten sein kann. Damit ist der Höhepunkt in der Schilderung der düsteren Aspekte, die mit der Beschreibung des Zuchthausspitals begann, abgeschlossen. Kompositionell nimmt die Erzählung »Akulinas Mann« etwa dieselbe Stelle ein wie die Schilderung des Dampfbades im I. Teil. Analog dazu folgt nun eine positive Thematik. Die *Kapitel 5* bis *10* sind dem Kommen des Frühlings, dem Erwachen der Natur und damit auch dem Erwachen der Gedanken an die Flucht gewidmet. Im *6. Kapitel* schildert Dostojewskij »Tiere im Zuchthaus«. Die Schilderung gipfelt in dem Bericht vom gefangenen Adler, der wohl als Symbol der Freiheit gelten soll. Die Szene des Abschieds, als der Adler von den Gefangenen freigesetzt wird, ist tief symbolisch: »Der Adler humpelte, mit den kranken Flügeln schlagend, geradeaus weiter und schien es eilig zu haben, so rasch wie möglich unserem Gesichtskreis zu entschwinden.« Er ist für immer von seinem Aufenthalt im Zuchthaus geprägt, da er nicht mehr fliegen kann. Im *7. Kapitel* beginnt sich der Kreis zu schließen (vgl. 2. Kap. des I. Teils): Anläßlich einer Beschwerde der Häftlinge kommt Dostojewskij zur Erkenntnis, daß selbst nach längerer Haft das Mißtrauen des Volkes ihm, dem Adeligen gegenüber nicht geschwunden ist. Als auch er an der Seite der Häftlinge protestieren möchte, erkennen sie ihn nicht als einen der ihren an. Selbst der ihm zugetane Petrow fragt verständnislos: »Aber ... wie könnten Sie denn unser Kamerad sein?« (S. 366) Die Kluft ist unüberbrückbar. Das *8. Kapitel*, das Dostojewskij in späteren Ausgaben ausgelassen hat, schildert, wie die Gefängnisverwaltung mit den Adeligen, besonders mit den polnischen Nationalisten, umsprang. Dieses Kapitel beinhaltet eine deutliche Kritik an dem ungesetzlichen Verhalten der Gefängnisbehörden. Dies mag auch der Grund sein, warum es von der Zensur ursprünglich beanstandet wurde. Im *9. Kapitel* schildert Dostojewskij eine mißlungene Flucht in die Freiheit. Im *10. Kapitel* folgt die Entlassung des Autors. Wiederum schließt sich der Kreis. Dostojewskij wiederholt die Feststellung, mit welcher der *I. Teil* endet, in einer ausführlicheren, prägnanteren Formulierung, die einer Anklage gegen eine verfehlte Gesellschaftsordnung gleichkommt: »Denn hier soll einmal die ganze Wahrheit gesagt werden: alle diese Gefangenen waren ganz außerordentliche Menschen, vielleicht waren sie die Begabtesten und Stärksten unseres ganzen Volkes.[14] Aber all diese mächtigen Kräfte gingen sinnlos zugrunde, wurden auf abnorme, ungesetzliche Weise unwiederbringlich vernichtet. Wer trägt die Schuld daran? Ja, das ist die Frage: wer trägt die Schuld daran?«

Unter den einzelnen Themenkreisen sollen einige herausgegriffen werden, die für Dostojewskijs Werk von größerer Bedeutung sind. Hierzu gehört vor allem die Verknüpfung von *Geld und Macht.* Dostojewskij betont, daß man wie im Leben so auch im Zuchthaus für Geld alles haben konnte. (S. 66) Deshalb bedeutete Geld eine »wirkliche Macht« (S. 113), und der Sträfling war »geradezu krampfhaft, bis zur Trübung seines Verstandes, hinter dem Geld her ...« (S. 114) Denn Geld zu besitzen und ausgeben zu können, war für ihn gleichbedeutend mit der Möglichkeit, selbst noch im Zuchthaus einen *»eigenen Willensakt«* setzen zu können. (ebda) Ohne die Möglichkeit, Geld zu erwerben, wären die Gefangenen »entweder wahnsinnig geworden oder eingegangen wie die Fliegen«. (ebda) Dostojewskijs Formel dafür – »Geld ist geprägte Freiheit«. (S. 29) Diese Geichsetzung der Begriffe *Geld – Macht – Freiheit* wurde zu einer wesentlichen Problematik im Aufbau der späteren Romane Dostojewskijs (s. »Der Jüngling«).

Im Zuchthaus hatte Dostojewskij Gelegenheit, ausgiebig über die Bedeutung und den Sinn der Strafe nachzudenken. Vor allem kam er zur Erkenntnis, daß die von den staatlichen Behörden verhängten Strafen notwendigerweise un-

[14] Es gehört zu den wesentlichsten Erfahrungen Dostojewskijs im Zuchthaus, daß die Verbrecher dort »vielleicht gar nicht so viel schlechter als die anderen sind, die draußen leben«. (S. 98 und 121) Jeder Mensch ist zumindest potentiell ein Verbrecher!

gleich und ungerecht seien. (S. 73) Er bezweifelte auch, daß die Androhung einer Strafe, selbst der größten Strafe, einen Menschen von einer Bluttat abhalten könne. Vielmehr, meinte er, käme es darauf an, daß der Mensch »von einer inneren Norm, einem inneren Gesetz gezügelt wird«. (S. 109) Diese Gedanken fanden eine Vertiefung in den Romanen »Schuld und Sühne« und »Die Brüder Karamasow«, in denen er die Fragwürdigkeit weltlicher Gerichtsbarkeit betonte.

Immer wieder stellt Dostojewskij die negative Wirkung des Milieus heraus.[15] Er betont, daß der Mensch in der Maschinerie der staatlichen Rechtsprechung zum Ding wird. Ohne Rücksicht auf seine Individualität und Menschenwürde wird er gleich einem Stück Vieh behandelt. Dostojewskij meint, daß auch der Häftling eine menschenwürdige Behandlung erfahren soll: »Mein Gott! eine *menschliche* Behandlung kann auch ein Geschöpf wieder zum Menschen machen, in dessen Antlitz Gottes Ebenbild schon lange erloschen ist.« (S. 158) In diesem Zusammenhang zeigt er, wie die Möglichkeit des Theaterspielens die Häftlinge innerlich verändert und den schöpferischen, den eigentlich menschlichen Qualitäten in ihnen zum Durchbruch verhilft. (S. 226 f.)

Eine wichtige Rolle spielt in den »Aufzeichnungen« das russische Volk. Weder vor noch nach diesen vier Jahren im Omsker Zuchthaus hatte Dostojewskij einen solch engen Kontakt mit dem einfachen Volk. Dies traf mit einem radikalen Überdenken seiner bisherigen Anschauungen zusammen. Er unterzog sich in Sibirien einem »unbarmherzigen und strengen Gericht« (S. 389) und brach mit den Ansichten, die er einst im Kreise Petraschewskijs vertreten hatte. Hand in Hand damit ging eine Hinwendung zu slawophilen Anschauungen. Dostojewskij neigte immer mehr dazu, das russi-

[15] Vgl. damit Dostojewskijs Ausfälle gegen die Milieutheorie im Roman »Schuld und Sühne« (Teil III, Kap. 5)! In den »Aufzeichnungen« lesen wir hingegen: »Dieses System saugt allen Lebenssaft aus dem Menschen, zermürbt und schwächt seine Seele, schüchtert sie ein und präsentiert hernach eine moralisch verdorrte Mumie, einen Halbwahnsinnigen als Musterbeispiel von Besserung und Reue.« (S. 26)

sche Volk im Sinne dieser Anschauungen zu idealisieren. Dafür ist symptomatisch, daß Dostojewskij mit ganz wenigen Ausnahmen überall dort, wo er von einzelnen Häftlingen berichtet, recht kritisch zu urteilen versteht und ein sehr düsteres Bild moralischer Verkommenheit zeichnet, dort aber, wo er verallgemeinert und vom ›Volk‹ spricht, eine deutliche Tendenz zur Idealisierung zeigt. So schreibt er dem russischen Nationalcharakter »Objektivität und Nüchternheit des Blicks« zu (S. 346), einen »Sinn für Gerechtigkeit und Durst nach Gerechtigkeit« (S. 212), Gefühlsreichtum, Gemüt und Herz, ein »klares Wissen um eigenes und fremdes Leid«. (S. 349) Anläßlich der Theateraufführung im Zuchthaus erkennt er die Bedeutung des Volkstheaters, das durch mündliche Überlieferung im Volk weiterlebt (S. 207), und sieht mit eigenen Augen, welch reiches Talent im Volk verborgen liegt. (S. 224) Auch erkennt er zum ersten Mal die Schönheit der russischen Volksmusik. (S. 215) Zu dieser Idealisierung des russischen Volkscharakters fügt sich harmonisch die Betonung religiöser Elemente im russischen Volk. In beide Teile der »Aufzeichnungen« hat Dostojewskij je ein Kapitel eingebaut, in dem er dazu Stellung nimmt. Im I. Teil ist dies das 10. Kapitel »Das Weihnachtsfest«, im II. Teil das 5. Kapitel »Sommerszeit«, das die Ereignisse der Osterwoche beschreibt. Als das Weihnachtsfest naht, sieht Dostojewskij bei den Häftlingen eine »angeborene Ehrfurcht vor dem hohen Fest« (S. 182), die sich im Benehmen, in einer ungewöhnlichen Ernsthaftigkeit und Friedfertigkeit äußert. So berichtet er, daß es zu den Feiertagen keinerlei Streit und keinerlei Mißgunst gab. Er betont, daß viele Gefangene andächtig beteten und zur Weihnachtsmette »alle in aufrichtiger Andacht herzutraten, um das Kreuz zu küssen«. (S. 189) Eine ähnliche positve Beschreibung gibt Dostojewskij vom Osterfest. Auch hier betont er, wie andächtig die Gefangenen ihre Gebete sprachen und »alle jedesmal ihr armseliges Scherflein für eine Kerze spendeten oder etwas in die Kollekte gaben«. (S. 312)

In der Sicht des russischen Volkes trifft sich Dostojewskij mit seinem großen Landsmann Tolstoj, der zu etwa derselben

Zeit an »Krieg und Frieden« zu arbeiten begann, in dem er im Bauern Platon Karatajew, ähnlich wie Dostojewskij, ein idealisiertes Bild des russischen Bauern und Soldaten zeichnete.

Der heutige Leser wird nur schwer die begeisterte Aufnahme verstehen, die das Werk Dostojewskijs beim Lesepublikum der 1860er Jahre fand. Ein halbes Jahrhundert nach Dostojewskij schilderte Tschechow einprägsam die Schrecken des Häftlings- und Ansiedlerlebens auf der Strafinsel Sachalin im Stillen Ozean (»Die Insel Sachalin«, 1893), und wiederum ein halbes Jahrhundert später gab Solschenizyn in »Ein Tag im Leben des Iwan Denisowitsch« (1962) ein einprägsames Bild aus den Stalinschen Lagern der 30er Jahre. Der Leser, der desselben Autors mehrbändige, enzyklopädische Schilderung des Straflagerwesens »Archipel GULAG« (1973–74) gelesen hat, wird Dostojewskijs Schilderung trotz aller unmenschlichen Härten und der Rechtlosigkeit eher harmlos finden. Ja, den Insassen des »Archipels« würde das Omsker Zuchthaus der 1850er Jahre stellenweise geradezu paradiesisch erscheinen: So hatte der politische Sträfling Dostojewskij einen Koch, der eigens für ihn ein besseres Essen zubereitete (S. 100), er hatte einen Diener, der seine Wäsche regelmäßig wusch (ebda), der Stubenälteste Akim Akimytsch nähte ihm seine Kleider, der Häftling Petrow bediente ihn in der Badestube. Selbst einfache Häftlinge hatten die Möglichkeit, sich Alkohol zu beschaffen, Geld zu verdienen, Trinkgelage abzuhalten, zu käuflichen Frauen zu gehen, Vorgesetzte zu bestechen. Einzelne geschickte »Branntweinhändler« wurden gar im Gefängnis zu »Unternehmern, Kapitalisten«, sie hielten sich Agenten und Gehilfen und ihr Profit wurde immer größer. (S. 61) Der Häftling Kulikow »hielt sich eine Liebste in der Vorstadt, trug ein Plüschwams, einen silbernen Ring und Ohrringe, dazu eigene Stiefel mit Pelzbesatz ...« (S. 331) Im Archipel GULAG gab es keine Vorgesetzten, denen die Häftlinge »einen gehörigen Schrecken einjagen« konnten; die sich »bleich und angstzitternd, eiligst auf den Weg« machten, um den Wunsch der Häftlinge weiterzutragen. (S. 357) Oder Kommandanten, die von den Gefangenen »geliebt«, ja sogar »vergöttert« wurden, wie Dostojewskij an anderer Stelle schreibt. (S. 379) Hier muß der Leser erkennen, daß es dem 20. Jahrhundert gelungen ist, das 19. Jahrhundert an Grausamkeit noch weit zu übertreffen.

Aus philosophischer Sicht lassen sich die »Aufzeichnungen« als Erkenntnis und Beschreibung einer menschlichen Grundsituation verstehen.[16] Die beengte, unzähligen Einschränkungen unterworfene Existenz des Gefangenen wird zum Symbol menschlichen Lebens in der Welt überhaupt. Hier ergibt sich eine Verbindung zu den Frühwerken Dostojewskijs, in denen er mit Vorliebe die Winkelexistenz, das rein physische Eingeschlossensein beschreibt (»Arme Leute«). Dies setzt sich fort in der Schilderung des Untergrunds bzw. Kellerlochs des namenlosen Untergrundmenschen und später im »Sarg« des lichtlosen Dachstübchens, in dem Raskolnikow haust. Diese physische Beengung schafft paradoxerweise die Voraussetzung für eine geistige Befreiung. Der Mensch wird dazu geführt, sein Dasein in der Welt als Gefangensein zu begreifen, aus dem er dank seiner Bestimmung als eines Wesens, daß »sich selbst unendlich überschreitet« (Pascal), auszubrechen hat. Erst in der Erkenntnis dieses Zustandes gewinnt der Mensch Freiheit. Dies zeigt sich deutlich am Beispiel Raskolnikows. Sein Dachstübchen symbolisiert die geistige Beengtheit, in der Raskolnikow lebt. Porfirij Petrowitsch erkennt dies und redet ihm zu: »Vor allem brauchen Sie Luft, Luft ...« Im Epilog des Romans, als Raskolnikow sich im sibirischen Lager befindet, hat er dies gefunden: »Jetzt aber, im Gefängnis, *in der Freiheit* [Dostojewskijs Hervorhebung!] überlegte er ...« Erst in der physischen Beengtheit des Gefängnisses findet Raskolnikow zu geistiger Freiheit. Ebenso hat Dostojewskij die Zeit seiner Haft als Befreiung empfunden, gab sie ihm doch die Möglichkeit, sein Leben radikal zu überdenken und zu ändern. (S. 389) Im Vergleich des Lebens außerhalb der Mauern mit dem im Zuchthaus enthüllt sich für ihn ein wesentlicher Aspekt

[16] Nach Martin Doerne, Gott und Mensch in Dostojewskijs Werk, Göttingen ²1962.

menschlicher Existenz überhaupt – der Mensch erscheint ihm, wie M. Doerne ausführt, als *homo viator*, als Mensch, der stets unterwegs ist. Dostojewskij meint: »Der freie Mensch ist beschäftigt, das wirkliche Leben zieht ihn immer wieder in seinen Strudel hinein. Der Gefangene dagegen ... fühlt, daß er nicht ›bei sich zu Hause‹ ist, sondern gleichsam zu Besuch.« Der Sträfling ist der unbehauste Mensch, der nur vorübergehend, als »Gast«, hier weilt. Am Beispiel Petrows wird dies von Dostojewskij besonders eindringlich dargestellt:

»Ich weiß nicht, warum, aber mir wollte es immer so scheinen, als ob er überhaupt nicht wie ich im Zuchthaus lebte, sondern irgendwo draußen in der Stadt, und das Zuchthaus nur dann und wann mit seiner Anwesenheit beehrte, um zu hören, was es Neues gäbe, um mich aufzusuchen und um nachzusehen, wie es uns ginge. Stets war er in Eile, irgendwohin zu kommen, als ob er jemanden irgendwo zurückgelassen hätte, der jetzt auf ihn wartete, als ob er noch irgendeine dringende Angelegenheit zu erledigen hätte. Dabei wirkte er durchaus nicht sonderlich geschäftig. Auch sein Blick war eigenartig: durchdringend, mit einer Spur von Dreistigkeit und Spott, dabei sah er immer in die Ferne, gleichsam durch sein Gegenüber hindurch. Es war, als mühte er sich, irgend etwas anderes, Entfernteres zu erkennen.« (S. 143)

»Diese Gast- und Träumerexistenz des Sträflings wird«, wie Doerne meint, »transparent für das *Fernweh* des Menschen schlechthin.« Wir können sagen, daß der Mensch, der das Schicksal der Haft erleidet, aus dem Leben herausgerissen und dadurch erst vom Verhaftetsein in der dinglichen Welt abgelöst und auf sein innerstes Wesen hingelenkt wird. Nach christlicher Anschauung ist dies eben die Aufgabe eines jeden Menschen, die Begrenztheit der irdischen Existenz zu überschreiten. Dafür dienen Dostojewskij das Zuchthaus und die weite unbegrenzte Steppe jenseits der Mauern als Symbol.

Rudolf Neuhäuser

ZEITTAFEL

1821 Fjodor Michailowitsch Dostojewskij am 11. November als Sohn eines Armenarztes in Moskau geboren.

1837 Am 11. März Tod der Mutter durch Schwindsucht.

1838–43 Besuch der Ingenieurschule der Petersburger Militärakademie. Lektüre und erste dichterische Versuche; besondere Begeisterung für Schiller und Puschkin.

1839 Ermordung des Vaters durch Leibeigene auf seinem Landgut.

1842 Ernennung zum Leutnant.

1843 Anstellung als technischer Zeichner im Kriegsministerium.

1844 Entschluß, als freier Schriftsteller zu leben; Aufgabe der Stellung im Ministerium.

1845 Bekanntschaft mit den Dichtern Nekrassow und Turgenjew und dem Literaturkritiker Wissarion Belinskij.

1846 Dostojewskijs Erstling, der Briefroman *Bednye ljudi* (dt. *Arme Leute*), erscheint mit triumphalem Erfolg in Nekrassows *Petersburger Almanach.* Unter dem Einfluß Belinskijs erster Kontakt zu der revolutionären Geheimgesellschaft um Petraschewskij und Durow.

1847 Novelle *Die Wirtin.* Bruch mit Belinskij.

1848 Mehrere Erzählungen, darunter *Weiße Nächte, Das schwache Herz, Der ehrliche Dieb.*

1849 Am 5. Mai Verhaftung Dostojewskijs und aller anderen Mitglieder der Petraschewskij-Gruppe. Im September Prozeß mit Todesurteil, dessen Umwandlung zu vier Jahren Zwangsarbeit und vier Jahren Militärdienst in Sibirien erst auf dem Richtplatz verkündet wird. In der Untersuchungshaft Abfassung der Erzählung *Ein kleiner Held.*

1850–54 Strafhaft in der Festung Omsk (Sibirien). Dort Auftreten der ersten schweren epileptischen Anfälle.

1854–56 Militärdienst in Semipalatinsk in Sibirien.

1856 Beförderung vom Unteroffizier zum Fähnrich.

1857 Am 14. Februar Eheschließung mit Marja Dmitrijewna Isajewa.

1859 Rückkehr nach Rußland. Der Roman *Das Dorf Stepantschikowo und seine Bewohner* erscheint.

1861 Bekanntschaft mit Gontscharow, Tschernyschewskij, Dobroljubow, Ostrowskij und Saltykow-Schtschedrin. Beginn der leidenschaftlichen Liebe zu Apollinarija (»Polina«) Suslowa. Die *Aufzeichnungen aus einem toten Hause,* Darstellungen der sibirischen Wirklichkeit, und der Roman *Erniedrigte und Beleidigte* erscheinen.

1861–63 Mit seinem Bruder Michail Herausgeber der Zeitschrift *Wremja*. Zusammenarbeit mit Nikolai Strachow und Apollon Grigorjew.

1862 Erste Europareise: Berlin, Dresden, Paris, London, Genf, Florenz, Mailand, Venedig, Wien. In London Zusammentreffen mit dem exilierten russischen Publizisten und Revolutionär Alexander Herzen sowie mit Bakunin.

1863 Zweite Europareise, z. T. in Begleitung Polinas. In Wiesbaden erstmals am Roulett-Tisch. Große Spielverluste in Baden-Baden und Bad Homburg. Im April Verbot der *Wremja*. Veröffentlichung des Berichts über die erste Europareise: *Winterliche Aufzeichnungen über sommerliche Eindrücke*.

1864 Am 27. April Tod seiner Frau Marja Dmitrijewna. Am 22. Juli Tod des Bruders Michail. Die *Aufzeichnungen aus einem Kellerloch* erscheinen.

1865 Dritte Europareise (Wiesbaden, Kopenhagen). Erneutes Zusammensein mit Polina. Wieder große Spielverluste.

1866 Der Roman *Prestuplenie i nakasanie* (dt. *Schuld und Sühne*, *Rodion Raskolnikow*) erscheint in der Zeitschrift *Russkij westnik*. Der in 26 Tagen niedergeschriebene Roman *Der Spieler* erscheint im Verlag Stellowskij.

1867 Am 27. Februar Eheschließung mit Anna Grigorjewna Snitkina. Im April Flucht beider vor den Gläubigern ins Ausland.

1867–71 Dauernder Aufenthalt in Westeuropa, überwiegend in Deutschland. Unüberwindliche Spielsucht; ständige Verluste. In Baden-Baden Zusammenkunft mit Turgenjew; endgültiger Bruch.

1868 Am 5. März in Genf Geburt der Tochter Sonja; am 24. Mai Tod des Kindes. *Der Idiot* erscheint.

1869 Am 26. September in Dresden Geburt der Tochter Ljubow.

1871 Im Juli Rückkehr nach St. Petersburg, wo der Sohn Fjodor geboren wird. Der Roman *Besy* (dt. *Die Dämonen*) beginnt in der Zeitschrift *Russkij westnik* zu erscheinen. Neuer literarischer Ruhm.

1873 Dostojewskij übernimmt für 15 Monate die Schriftleitung der Zeitschrift *Grashdanin*.

1875 Geburt des zweiten Sohnes Aljoscha (gest. 1878). Wegen eines Lungenemphysems Kuraufenthalt in Bad Ems. Der Roman *Der Jüngling* erscheint in *Otetschestwennye Sapiski*.

1876–77 Herausgeber und alleiniger Autor der Monatsschrift *Tagebuch eines Schriftstellers*.

1877/78 Aufnahme in die Kaiserliche Akademie der Wissenschaften als korrespondierendes Mitglied.

1879–80 *Die Brüder Karamasow* erscheinen in der Zeitschrift *Russkij westnik*.

1880 Am 20. Juni Ansprache anläßlich der Enthüllung des Puschkin-Denkmals in Moskau (*Puschkin-Rede*).

1881 Dostojewskij stirbt am 9. Februar an den Folgen eines Blutsturzes in St. Petersburg. Beisetzung im Alexander-Newskij-Kloster.

1882–83 *Polnoe sobranie sotschinenij*, 14 Bde. (St. Petersburg).

1906–19 *Sämtliche Werke*, 22 Bde., übers. v. E. K. Rahsin (München).

(Die Daten der Zeittafel sind nach dem Kalender neuen Stils angegeben.)

LITERATURHINWEISE

BIBLIOGRAPHIEN

Muratova, K. D. (Hrsg.): Istorija russkoj literatury XIX veka. Bibliografičeskij ukazatel'. Moskau/Leningrad 1962.

Seduro, Vladimir: Dostoyevski in Russian Literary Criticism 1846–1956. New York 1957.

Ders.: Dostoevski's Image in Russia Today. Belmont, Massachusetts: Nordland 1975.

F. M. Dostoevskij. Bibliografija proizvedenij F. M. Dostoevskogo i literatury o nem: 1917–1965. Hrsg. von A. A. Belkin, A. S. Dolinin, V. V. Kožinov. Moskau 1968.

Kampmann, Theoderich: Dostojewski in Deutschland. Münster 1931.

Setschkareff, V.: Dostojevskij in Deutschland. In: Zeitschrift für slavische Philologie, 22, 1954, S. 12–39.

Gerigk, Horst-Jürgen: Notes Concerning Dostoevskii Research in the German Language after 1945. In: Canadian-American Slavic Studies, VI, 1972, 2, S. 272–285.

Neuhäuser, Rudolf (Hrsg.): Bulletin of the International Dostoevsky Society, I–VII, 1972–1977. [Vertrieb durch: Douglas Freeman, University of Tennessee Library, Knoxville, Tenn. USA 37916.]

AUSGABEN

Zapiski iz mertvogo doma. Erstdruck 1860–1861 in der Zeitschrift Russkij mir (Auszüge); 1861–1862 in der Zeitschrift Vremja.

Zapiski iz mertvogo doma. (= Polnoe sobranie sočinenij v 30 tomach. Leningrad 1972–1976. Bd. 4.)

Übersetzungen: Aus dem todten Hause, Dresden 1886. Aus einem Totenhaus, übers. von E. K. Rahsin, München 1908 (= Sämtliche Werke, unter Mitarbeit von D. Mereschkowski, hrsg. von A. Moeller van den Bruck. 22 Bde. München 1906–1919. Bd. 18), zuletzt München 1977. Memoiren aus einem Totenhaus, übers. von H. Moser, Leipzig o. J. Das tote Haus, übers. von A. Scholz, Berlin 1921. Erinnerungen aus einem Totenhause, übers. von F. Scharfenberg, München 1922. Aufzeichnungen aus einem Totenhaus, übers. von A. Eliasberg, o. O. 1923.

ZU LEBEN UND WERK

Dostoevskaja, Anna G.: Vospominanija, hrsg. von L. P. Grossman. Moskau, Leningrad 1925. Deutsch: Die Lebenserinnerungen der Gattin Dostojewskijs, hrsg. von René Fülöp-Miller und Friedrich Eckstein. München 1925.

Nötzel, Karl: Das Leben Dostojewskis. Leipzig 1925. Reprint Osnabrück 1967.

Dostoevskij, F. M.: Pis'ma [Briefe], 4 Bde. Hrsg. von A. S. Dolinin. Moskau/Leningrad 1928–1959. Deutsch in Auswahl: Dostojevskij: »Als schwanke der Boden unter mir«. Briefe 1837–1881. Übersetzt von Karl Nötzel, hrsg. von Wilhelm Lettenbauer. Wiesbaden 1954; sowie: Gesammelte Briefe 1833–1881. Übersetzt, herausgegeben und kommentiert von Friedrich Hitzer, unter Benutzung der Übertragung von Alexander Eliasberg. München 1966.

Carr, Edward Hallet: Dostoevsky. A new biography. London 1931. Neuaufl. 1949.

Lauth, Reinhard: »Ich habe die Wahrheit gesehen«. Die Philosophie Dostojewskis in systematischer Darstellung. München 1950.

Doerne, Martin: Gott und Mensch in Dostojewskijs Werk. Göttingen 1957.

Grossman, L. P.: Dostoevskij-chudožnik. In: Tvorčestvo Dostoevskogo, hrsg. von N. L. Stepanov. Moskau 1959.

Onasch, Konrad: Dostojewski-Biographie. Zürich 1960.

Kovalevskaja, Sonja V.: Vospominanija i pis'ma. Moskau 1961. Deutsch: Sonja Kowalewski: Jugenderinnerungen. Frankfurt am Main 1968.

Onasch, Konrad: Dostojewskij als Verführer. Zürich 1961.

Magarshak, David: Dostoevsky. New York 1962. Reprint: Westport, Connecticut: Greenwood Press 1976.

Wellek, René (Hrsg.): Dostoevsky. A Collection of Critical Essays. Englewood Cliffs, New Jersey: Prentice Hall 1962.

Bachtin, Michail: Problemy poetiki Dostoevskogo. 2. Aufl., Moskau 1963. Deutsch: Michail Bachtin: Probleme der Poetik Dostojewskijs. München 1971.

Lavrin, Janko: Fjodor M. Dostojevskij. Reinbek b. Hamburg 1963.
Troyat, Henri: Dostojewski. Freiburg i. B. 1964.
Dolinin, A. S. (Hrsg.): F. M. Dostoevskij v vospominanijach sovremennikov. 2 Bde., Moskau 1964.
Fanger, Donald: Dostoevsky and Romantic Realism. Cambridge, Mass.: Harvard University Press 1965.
Jackson, Robert Louis: Dostoevsky's Quest for Form. A Study of his Philosophy of Art. New Haven/London 1966.
Holthusen, Johannes: Prinzipien der Komposition und des Erzählens bei Dostojevskij. Köln/Opladen 1969.
Thieß, Frank: Dostojewski. Realismus am Rande der Transzendenz. Stuttgart 1971.
Schmid, Wolf: Der Textaufbau in den Erzählungen Dostoevskijs. München 1973.
Braun, Maximilian: Dostojewskij. Das Gesamtwerk als Vielfalt und Einheit. Göttingen 1976.
Müller, Ludolf: Dostoevskij. Tübingen. 1977 (= Skripten des Slavischen Seminars der Universität Tübingen, 11).
Neuhäuser, Rudolf: Das Frühwerk Dostoevskijs. Literarische Tradition und gesellschaftlicher Anspruch. Heidelberg 1979.